Domestic Implementation of
International Human Rights
Treaties: Worldwide Perspective

国际人权条约的国内适用研究：
全球视野

戴瑞君 ◎著

社会科学文献出版社
SOCIAL SCIENCES ACADEMIC PRESS（CHINA）

总　序

自实行改革开放政策以来，中国的国际法学术研究事业取得了长足进步。学术研究队伍不断壮大，各类学术刊物应运而生，学术论文或专著的发表或出版呈现出了空前的繁荣景象。尤其是进入新世纪以来，中国国际法学者紧追时代的发展步伐，承担了大量的国际法课题，国际法学的各个领域或分支的研究都取得了丰硕的学术成果。中国的国际法学术研究事业，如同我们国家的国际地位不断提升一样，展现出了蒸蒸日上的局面。

目前我们需要加强对我国重大关切的核心利益事项的研究，以维护和平正义的国际秩序，维护我国的核心利益；需要加强对国际法与国内法关系的研究，解决国际条约在我国国内的实施问题，完善已经基本形成的中国特色社会主义法律体系；需要加强对国际法发展趋势的研究，使国际法研究有前瞻性和预见性，提高我国处理国际关系问题的主动性；需要加强对国际政治经济新秩序问题的研究，特别是要从国际法的角度深刻阐述我国在各种多边和双边国际场合积极倡导的构建和谐世界的重要思想，推动建设一个持久和平、共同繁荣的和谐世界。

一个强大的中国需要世界一流的国际法学术研究队伍和研究成果。新中国成立以来，中国国际法学术研究事业取得了巨大成就，基本满足了国家的需要。但是，高质量的在国际上有较大学术影响的研究成果还不够多，从总体上讲，我们的国际法研究和应用水平与中国的国际地位还不相称，与新形势新任务的需要还不相适应。找出和解决国际法学术研究领域存在的各种问题，全面推进中国国际法的学术研究事业，是全体中国国际法研究学者和所有国际法研究机构共同的历史使命。

中国社会科学院国际法研究所是中国社会科学院专事国际法研究的科研机构，也是我国国际法学研究的重镇。其前身是中国社会科学院国际法研究中心。1959 年，在中国科学院哲学社会科学部建立法学所之后的第二年，法学所即成立了国际法组。1978年9月，国际法组改建为国际法研究室。2002年10月，在原国际法研究室的基础上，正式建立了中国社会科学院国际法研究中心，2009年9月经中央机构编制委员会办公室批准更名为国际法研究所。研究所现下设国际公法、国际私法、国际经济法、国际人权法四个研究室和海洋法与海洋事务研究中心、竞争法研究中心、国际刑法研究中心，有一支高水平的研究队伍，在国际法许多领域中的研究居于国内领先地位，在国际上也有重大影响。

长期以来，国际法研究所结合我国对外开放的新形势，在国际法诸领域进行了广泛、深入的研究，取得了丰硕成果。截至2011年底，已出版学术著作100余部、译著30余部；发表学术论文600多篇、译文300多篇。国际法研究所承担了许多国家及中国社会科学院的重点科研项目和大量的立法、司法咨询的任务，就涉外法律法规的起草或修订，国际条约和协定的拟订与批准，重大国际政治外交事件的预案研究和对策性研究，重大国际经济案件的处理或咨询等问题向中央领导机关、有关政府部门以及有关决策机构报送立法建议、研究报告或法律意见书200多篇，为我国的法学研究和法治建设做出了重要贡献。

中国社会科学院自2010年起实施的创新工程项目，为激发国际法研究所全体同仁的科研创新热情提供了一个重要机遇。正值国际法研究所成立十周年之际，国际法研究所与社会科学文献出版社合作，推出《国际法论丛》，旨在创立一个崭新的更能整合和展示我院国际法研究同仁最新研究成果的学术平台。中国社会科学院国际法研究所愿与所有从事国际法实务、科研、教学的同仁一道，为共同促进中国的国际法事业和社会主义法治现代化进程而不懈努力！

陈泽宪

2012年10月12日 于北京

序

    戴瑞君是我亲自指导的国际人权法方向的博士。因为小戴性格沉稳，具有"板凳要坐十年冷"的功夫，加上本人悟性很好，所以，在当年确定博士论文题目的时候，我跟导师组的其他成员交换了意见，大家都同意让戴博士啃啃"硬骨头"。当时题目确定为"论国际人权条约制度对国家人权保障制度的影响"。这个题目的难点就在于如何发现"国际人权条约制度"对主权国家的"国家人权保障制度"产生了实质性的、可供评估的"影响"。其中"影响"是关键词。首先，怎样用合适的语言把"影响"的含义准确地表达出来；其次，所谓的"影响"在制度上是如何发生的，如何从理论上加以证明；再次，"影响"的法律效果如何，有无明显的制度或者是价值观念上的变化；最后，"影响"是否具有"共性"供理论上加以总结，以便在实践中作为一般性的范例来加以推广。这些问题要能够得到令人信服的答案，最重要的一点，就是作者在完成该论文时准备下多大力气，能够收集多少材料。搞国际法研究的圈内人都认可这样一个观点，就是写国际法的论文不能像国内法那样信马由缰，只能是"一分材料说一分话"，否则，讲出来的东西无论多形象和生动，在学术上的可信度仍很难保证。这样的学术任务交给小戴，确实要求高了一些。好在小戴克服了种种困难，包括为写论文去了美国、瑞士等好几个国家，甚至还到了地图上都找不到的安道尔。有了大量的第一手材料，加上本人的勤奋努力，最后向论文答辩委员会提交了一篇确实在当时国内人权法学界首屈一指的研究成果，当然，小戴的博士毕业论文在组织材料的角度和论证的方式上仍然存在一些需要加以调整和提升的地方，总之，瑕不掩瑜，交了一份很好的答卷。

    为了强化论证力度，小戴并没有着急出版自己的博士学位论文，而是根据大家的意见，加上这些年来在同一问题上产生的最新研究成果，补充和完善了博士学位论文的不足，使得原来看上去稍显薄弱的地方更加充实和丰满起来。目前呈现出来的《国际人权条约的国内适用研究：全球视野》

书稿，除保存了博士学位论文的整体框架之外，对原来论述问题的视角做了更加精准的调整和定位，将问题的中心放在"国际人权条约的国内适用"上。这样调整的结果避免了博士学位论文题目所使用的"影响"两字产生的解释性困境，降低了论证的难度，但又把问题的核心内容突出了，更重要的是增加了论述的客观性和可靠性。《国际人权条约的国内适用研究：全球视野》书稿突出了国际人权条约的宪法适用、立法适用、司法适用和行政适用等具体的国内适用特征，将国际人权条约对国内法的"影响"落实在具体行动层面，特别是从缔约国如何正确和有效地履行国际人权条约下的义务的角度进一步阐述了国际人权条约在缔约国国内法上适用的主观责任形式与客观影响效果两个方面的特征及其相互关系，比较清晰地介绍了国际人权条约在国内法上适用的具体制度路径，总结归纳出了许多带有共性的经验，为保证国际人权条约在中国国内法上的适用效果提供了很多具有实效的学术建议。此外，作者在书稿中，基于对国际人权条约的国内适用的资料分析和理论概括，对传统意义上的国际法与国内法之间的关系也做了层次清晰、逻辑合理的深入剖析，提出了许多具有制度借鉴和实践指导意义的新思路，对于深化国际法与国内法关系理论具有很好的学术建构作用。

我个人认为，戴瑞君博士的新作《国际人权条约的国内适用研究：全球视野》的出版，不仅为国际人权条约在国内法上如何适用的理论方案提供了新的思考进路，更重要的是，该书稿通过分析国际人权条约在缔约国国内法上适用的实际材料得出的带有规律性的认识结论，对于推动国际人权条约在我国的有效实施具有非常有效的示范和启发意义。

人权问题是当今国际法的核心话题。人权的国际保护与人权的国内保护从历史与逻辑的角度都是具有相对独立性的两种人权保障机制，但是，这两种机制通过国际法在国内法中得到有效实施的制度连接纽带，正呈现日益融合的趋势。戴瑞君博士的新作《国际人权条约的国内适用研究：全球视野》在理论方面进行了很好的尝试，我相信，该书的出版必然会将国内人权法学界对人权的国际保护与人权的国内保护相互关系的理论研究水平推进到一个新的高度。我也深信，凡事只要坚持，就会成功。衷心希望小戴在国际人权法研究领域取得更大的学术成就。

中国社会科学院法学研究所研究员　莫纪宏

2013 年 9 月 20 日于北京沙滩北街

目　录

导　论

　　自“增进并激励对于全体人类之人权及基本自由之尊重”作为联合国的宗旨之一被写入《联合国宪章》之后，人权国际保护事业日渐繁荣，近年来更是不断得到国际社会的重视和强调。2005 年联合国秘书长的改革报告《大自由：实现人人共享的发展、安全和人权》① 将保障“人权”同实现发展、安全并列作为联合国三项同等重要的使命。2006 年，成立于 1947 年的联合国人权委员会（Commission on Human Rights）在运行 60 年后迎来了重大变革。尽管该委员会曾为联合国处理人权事务做出了显著贡献，但是其工作方法的政治化和选择性等重大缺陷不断遭到诟病，终于为新的联合国人权理事会（Human Rights Council）所取代。② 以设立于联合国大会（以下简称“联大”）之下的人权理事会取代经济及社会理事会（以下简称“经社理事会”）的原职司机构人权委员会，这不仅是机构等级的升格，也意味着“保障人权”被提升到了联合国事务的优先地位。2008 年，人权理事会的重大制度创新“普遍定期审查制度”（Universal Periodic Review, UPR）全面启动，据此，所有 193 个③联合国会员国的整体人权状况均将公之于世，受到国际社会的监督。这标志着联合国对国家保障人权工作的审查进入了一个新阶段。

　　将联合国的人权保护工作专门化、规范化、日常化的重要制度是联合国人权条约体系。该体系由联合国核心人权条约（Core Human Rights Trea-

---

① UN Doc. A/59/2005（2005），*In larger freedom：towards development，security and human rights for all*，Report of the Secretary-General.

② UN Doc. A/RES/60/251（2006），*Human Rights Council*，Resolution adopted by the General Assembly.

③ 2011 年 7 月 14 日，随着南苏丹的会员国资格得到联合国的批准，联合国会员国数由 192 个增加到 193 个。

ties）及依其建立的监督缔约国履行人权条约义务的机构和程序构成。为促进联合国人权条约机构的有效运行，提高监督效力，始于 1984 年并于 1994 年起一年一度的人权条约机构主席年度会议（Annual Meeting of Chairpersons of Human Rights Treaties Bodies），以及始于 2002 年的一年一度的委员会间会议（Inter-Committee Meeting）一直在讨论包括改进条约机构工作方法在内的联合国人权条约体系的改革问题。2005 年，应联合国秘书长在联合国改革报告中的要求，时任联合国人权事务高级专员（以下简称"联合国人权高专"或"人权高专"）编写了一份应对联合国在人权领域面临的挑战的行动计划，① 并在该行动计划中提出了从长远看可以合并众条约机构，"建立统一的常设条约机构"的设想。随后，秘书处在《关于高级专员设立统一常设条约机构建议的构想文件》② 中，进一步阐释了这一设想。这使得关于联合国人权条约体系改革的讨论从工作方法的修补调整进入了结构性变革的新阶段。2009 年，联合国人权高专皮莱女士（Navanethem Pillay）启动了"加强条约机构体系的反思进程"，以进一步"合理化、适应、加强和简化在人权领域的联合国机制，以提高其效率和效果"。③ 2012 年，联大通过决议启动了"关于加强和增进人权条约机构体系有效运行的政府间进程"，④ 开启了由会员国主导推进人权条约机构有效性的新路径。

　　与联合国督促国家保障人权的工作同步，各区域也在不断完善各自的人权保护制度。区域层面的人权保护制度以区域人权条约体系为主要内容。最早实行区域人权保护的欧洲在 20 世纪 50 年代就依据《欧洲保护人权和基本自由公约》（以下简称《欧洲人权公约》）建成了由欧洲人权委员会、欧洲人权法院、欧洲理事会部长委员会组成的集初审、审判、执行于一体的欧洲人权条约体系。然而，案件激增与机制低效率、程序繁冗复杂的矛盾终于催生了欧洲人权机构改革。1998 年，随着《〈欧洲人权公约〉第十一议

---

① UN Doc. A/59/2005/Add. 3（2005），Annex，*Plan of Action Submitted by the United Nations High Commissioner for Human Rights*.

② UN Doc. HRI/MC/2006/2（2006），*Concept paper on the High Commissioner's proposal for a united standing treaty body*，Report by the Secretariat.

③ UN Doc. A/RES/48/141（1994），《促进和保护所有人权的高级专员》，第 4 段（j）项。

④ UN Doc. A/RES/66/254（2012），《大会关于加强和增进人权条约机构体系有效运作政府间进程》。

定书》的通过，欧洲人权委员会和欧洲人权法院并行的二元体制被单一、全职、具有强制管辖权的欧洲人权法院取代，欧洲人权条约体系的效率和效力因此大大提高。

继欧洲之后，在美洲国家组织主导下，经过 20 余年的发展，美洲地区也于 20 世纪 70 年代末期形成了以《美洲人的权利和义务宣言》与《美洲人权公约》为依据，以美洲人权委员会和美洲人权法院两大专司人权保护的机构并立的具有美洲特色的人权条约体系。近年来，实践中暴露出来的问题促使美洲人权委员会和美洲人权法院不断调整各自的程序规则和工作方法；与此同时，关于改革美洲人权机制组织架构的呼声也越来越高。

在非洲，1987 年根据《非洲人权和民族权宪章》成立的非洲人权和民族权委员会是非洲区域人权保护的执行机构。为补充和加强委员会的职能，2006 年，根据《关于建立非洲人权和民族权法院的〈非洲人权和民族权宪章〉议定书》，非洲人权和民族权法院正式成立，负责《非洲人权和民族权宪章》的解释和实施。2008 年 4 月，伴随着非洲联盟第十一届峰会上通过的《非洲司法与人权法院条例议定书》，非洲人权和民族权法院同早先成立的非洲联盟法院（the Court of Justice of the African Union）正式合并为"非洲司法与人权法院"（African Court of Justice and Human Rights）。非洲人权和民族权法院也因此成为非洲司法与人权法院中审理人权案件的分部（Human Rights Section）。

亚洲地区虽尚未形成完备的区域人权条约体系，但也已经出现了区域性的努力和次区域的尝试。在区域性层面，1993 年，世界人权大会之前在曼谷举行的"亚洲区域筹备会议"上通过了《曼谷宣言》，该宣言提出"有必要探讨是否能在亚洲设立关于促进和保护人权的区域安排"。[1] 2005 年 11 月，亚洲议会和平协会在第六届年会上通过了《亚洲国家人权宪章》，宪章中包含了有关设置"人权专家技术委员会"的内容。在次区域层面，东南亚国家联盟（Association of South East Asian Nations，简称"东盟"）、阿拉伯国家联盟（League of Arab States）、南亚地区合作联盟（South Asia Association for Regional Cooperation）对人权问题都给予了相当的重视。从 2001 年

---

[1]　UN Doc. A/CONF. 157/ASRM/8, A/CONF. 157/PC/59 (1993), Part I, *Final Declaration of the Regional Meeting for Asia of the World Conference on Human Rights*, para. 26.

开始，东盟开始探讨"东盟人权地区保障机制"，持续举办了多届论坛。2007 年通过的《东南亚国家联盟宪章》包含了创建人权机构的规定。① 2009 年 10 月，东盟政府间人权委员会宣告成立。南亚地区合作联盟于 2004 年通过了《南亚地区合作联盟社会宪章》，缔约国因此要承担保障经济、社会和文化权利的义务。② 阿拉伯国家联盟于 1994 年通过了《阿拉伯人权宪章》，并于 2004 年对该宪章进行了修改，决定设立阿拉伯人权委员会。

综观联合国和区域人权条约体系近年来的动向，不难发现，各体系均在探索提高效力、不断完善的改革之道，或调整工作方法，或丰富机制，或破旧立新。而在尚未形成区域人权条约体系的亚洲地区，经过多年的讨论，也开始迈出确立区域人权规范的步伐。由是观之，在第二次世界大战后走向繁荣的国际人权保护制度越来越受到人们的重视。以国际人权条约为主要内容的国际人权保护制度，其重要性或根本价值在于通过体系的不断完善，更加有效地推进国家人权保障事业的进展。国际人权保护制度是否发挥了这样的效能，国际人权条约是否真正在国家内部得到了有效的适用，只有通过系统的考察才能得出较为恰当的结论。本书正是在这样的背景下展开讨论，试图系统梳理国家对国际人权条约的适用状况、国际人权条约在国内法领域中的效力及特征。

一 本书研究的问题

(一) "国际人权条约"

就本书的研究范围而言，"国际人权条约"是指国家之间根据国际法制定的，旨在创制促进和保护人权的有法律拘束力的原则、规则和制度的国际书面协定。从国际人权条约创制的主体以及条约开放签字的对象来分析，国际人权条约包括联合国层面的人权条约或称普遍性人权条约和区域层面的人权条约。普遍性人权条约一般由联合国主持起草，开放给全球各国签署、批准或加入。普遍性人权条约内容覆盖面广，涉及各项基本人权及不同群体的人

---

① *Charter of the Association of Southeast Asian Nations*, art. 14.

② SAARC/SUMMIT. 12/SC. 29/27 (2004)，ANNEX-V. *Social Charter of the South Asian Association for Regional Cooperation*.

权。其数量也在不断增加，已经制定的普遍性人权文件达 90 余项。① 目前，联合国层面已经生效的核心人权条约（Core Human Rights Treaties）共有九项，分别是《消除一切形式种族歧视国际公约》、《公民权利和政治权利国际公约》、《经济、社会和文化权利国际公约》、《消除对妇女一切形式歧视公约》、《禁止酷刑和其他残忍、不人道或有辱人格的待遇或处罚公约》（以下简称"《禁止酷刑公约》"）、《儿童权利公约》、《保护所有移徙工人及其家庭成员权利国际公约》、《保护所有人免遭强迫失踪国际公约》和《残疾人权利公约》。各个国家对这九项核心人权条约的适用状况是本书研究内容的一个重要部分。区域人权条约一般由各区域主要的政府间国际组织主持起草，开放给本区域或本组织的所有国家批准或加入。目前，除亚洲之外，欧洲、美洲和非洲都制定了各自的区域性人权条约。此外，各区域的人权条约无论从数量上还是内容上仍在不断充实和丰富，且均已自成体系。三个区域最重要的人权条约分别是《欧洲人权公约》、《美洲人权公约》以及《非洲人权和民族权宪章》。相关国家对这些区域人权条约的适用状况是本书研究内容的又一重要部分。

从国际人权条约的具体内容分析，它主要规定个人或由个人组成之团体应享有的人权；缔约国为保护和促进人权应承担的义务；在国际层面监督缔约国履行条约义务的机构及监督程序等。因此，从内容上看，国际人权条约由三个方面的要素构成：规范要素，即关于人权保障的权利义务关系的国际法律规定；机构要素，即监督缔约国履行人权条约义务的条约机构；程序要素，即条约机构据以监督缔约国履约情况的程序和制度。实践中，条约机构在根据国际人权条约和条约所规定的监督程序履行监督职能的过程中，形成了大量的意见、建议、决定乃至判决。条约机构的这些工作产出或工作成果，有些已经具备了正式的法律拘束力，例如欧洲人权法院的判决；有些从性质上讲仍只是对国家的建议。但是这些文件也已经在不同程度上得到了国家的贯彻执行。因此，国家对条约机构的意见、建议等的适用状况也是本书研究内容的一个组成部分。

---

① 根据联合国人权高专办的不完全统计，普遍性的人权文件已有 90 余项，其中既包括对缔约国有正式法律拘束力的盟约、公约、规约、议定书等，也包括不具有正式法律拘束力的宣言、原则、指南、标准规则、建议等。后者尽管不具有正式法律拘束力，但是其道德效力以及在实际上对国家行为所发挥的指导作用不容否认。相关列表参见 http://www2.ohchr.org/english/law/，最后访问日期：2013 年 5 月 31 日。

由是观之，国际人权条约从内涵上讲，不仅仅是宣示权利和规定义务的法律规范，还包括依据人权条约所成立的条约监督机构、监督程序以及条约机构的工作产出；从外延上讲，不是指某一具体的人权条约，而是指不同层次、不同内容的多项国际人权条约所构成的体系。因此，本书所说的"国际人权条约"是一个概括性的称谓，除特别说明外，它与"国际人权条约体系"所指是一致的。

（二）　"国内适用"

通常所言的法的适用，"一般指拥有司法权的国家机关及其司法人员，依据法定职权和法定程序，把法律规范应用于具体案件的专门活动"。[①] 也即法的适用主要是指司法机关应用法律审判案件的过程。这可以看成是对法的适用的狭义解释。本书则是在更广泛的意义上解读国际人权条约的"国内适用"的。根据国际条约法，条约的适用就是条约的执行。一方面，条约可以由国际机关予以适用，例如国际法院解释条约或者运用条约审理案件，再如联合国安理会根据《联合国宪章》执行维护和平与安全的职责。另一方面，国际条约的缔约国为履行条约规定，一般都有在国内适用或执行条约的义务。而在国家适用条约的过程中，一国的立法机关、司法机关和行政机关，都有适用条约的职责。就立法机关而言，有些条约明确规定缔约国必须采取适当的立法措施以执行条约；就司法机关而言，在审判案件的过程中有适用条约的可能性；就行政机关而言，在执法过程中处理某些涉外事项时也不可避免会适用国际条约。[②] 因此，国际条约的国内适用是包含立法适用、司法适用、行政适用在内的内容广泛的概念。

国际人权条约的国内适用就是人权条约的缔约国为履行条约规定的义务而在国内采取的执行措施，这些措施包括根据国际人权条约确立或完善宪法的基本权利制度，通过国内立法保障国际人权条约所规定的具体人权，司法机关运用国际人权条约审理案件，以及行政机关根据国际人权条约的规定和要求规范执法行为或者推行保障人权的政策，等等。因此，本书在分析国际人权条约的国内适用时将从国家对国际人权条约的宪法适用、立

---

① 李步云主编《法理学》，经济科学出版社，2000，第 606 页。
② 以上关于条约适用的一般解释参见李浩培《条约法概论》（第 2 版），法律出版社，2003，第 313 页。

法适用、司法适用和行政适用等方面展开。国家为保障人权或者为实现蕴涵在国际人权条约中的普遍人权而从宪法、立法、司法和行政等方面采取的一系列措施和制度安排，就构成国家的人权保障制度。各个国家在国内适用国际人权条约的过程中，国家人权保障制度各个组成方面随着国际人权条约的发展而作出调整，这一方面是国家适用国际人权条约的结果，另一方面则体现了国际人权条约在国内法领域中所产生的效力。

就本书的研究而言，"国内适用"、"国内执行"、"国内实施"等用语可以替换使用。

二　本书的研究视角、思路及方法

（一）本书的研究视角

在国内外，研究国际人权保护制度的作品数量相当可观。从研究的主题来看，既有对国际人权保护制度的整体研究，也有对某一国际人权保护制度的专门研究。这些研究作品大多是对国际人权保护制度发展脉络的梳理、运作程序的评介、制度与制度的比较，其论述的主旨限于清晰地描绘其中的一种或几种制度。在众多的研究中，论及国际人权条约与国家人权保障制度关系的论著并不多见；即便有所涉及也多侧重从人权条约与缔约国国内法的关系，人权的国际保护与国家主权的关系等理论角度加以分析。从我国学者的研究成果来看，将国际人权条约在国内适用的实践进行专门梳理的作品尚难找到。而放眼国外，国家对国际人权条约的适用情况、国际人权条约在国内法领域内的实际效果正在引起国际社会和外国学术界越来越多的关注。

与"国际人权条约的国内适用"相关的理论命题涉及人权的国际保护与国家主权的关系、人权国际保护与人权国内保护的关系、国际人权条约与国内法的关系等方面。国内学者以往的研究多局限于对这些问题的理论阐释，方法上多是从理论到理论的推导，而忽视了实践的发展。理论研究只有不断从实践中汲取养分，才能成为指导实践的常青树。制定国际人权条约的目的是促进国家保障基本人权，国际人权条约的意义和价值最终要通过国家落实人权条约的状况来体现。因此，考察国际人权条约如何在各国得到适用不仅应成为学术研究的重点，而且为促进人权事业发展所必需。本书的研究期望能在这一领域发挥一定的补足作用。

本书主要从实证的角度系统地考察国家如何协调国际人权条约与国家主权的关系，如何处理国际人权条约与国内法的关系，如何在国内法领域中适用或实施国际人权条约的规定；从实践中考察国际人权条约体系在几十年的发展和运作过程中是否在国内法领域中产生了实质性的影响效力，在多大程度上产生了效力，为什么会产生这样的效力等一系列问题，继而提炼出国际人权条约与国家人权保障制度之间的新的理论关系。这些信息的获得还将为完善国际人权条约体系提供参考，为健全国家人权保障制度提供依据。

本书通过研究，将归纳出国际人权条约在国内适用的总体特征，这对完善国际人权条约体系和国家人权保障制度都具有重要的实践意义。首先，在明确国家对国际人权条约的执行状况，以及国际人权条约体系在国内法领域中的实际效果后，人们对国际人权条约体系的长处和弱点就会有较为清晰的认识，这会对思考国际人权条约体系今后应如何完善有所启迪。其次，不同的国家适用国际人权条约的状况和程度不同，国际人权条约体系在不同国家的实际效力不同，这与各国对国际人权条约的态度及其国内人权保障制度的建设状况密切相关。以保障人权为共同目标的国际人权条约体系和国家人权保障制度之间的良性互动对于实现这一目标不无裨益，而二者的良性互动不仅有赖于前者的完善，更有赖于后者的巩固。本书提供的大量例证表明：在各国保障人权的法理和法制状况中，既有可资借鉴的经验，也有值得汲取的教训。这些例证对于国家扬长避短，完善人权保障制度会有所助益。中国已经明确了"国家尊重和保障人权"的宪法原则，并且在人权的国际保护事务中表现出较为积极的姿态。但是，中国的人权保障制度建设水平与已经批准的国际人权条约对缔约国的义务要求之间尚有较大差距。本书提到的其他国家的有益经验可以作为完善中国人权保障制度的参考。

（二）本书的研究思路及方法

在"国际人权条约的国内适用"的主题下，"国内适用"是本书研究的核心。本书将以国内适用为主线，分别从各国宪法基本权利制度、对人权的立法保障、司法保障和行政保障等几个方面来描述国家适用国际人权条约的情况。本书主体分为三个部分：第一部分包括第一章和第二章，将梳理国际人权条约的国内适用涉及的基本理论问题，为接下来对实践的评析奠定基础。第二部分包括第三章至第七章，即国际人权条约在国内适用的实践评析，是研究的重点。本书将分别从国家保障人权的宪法、立法、司法、行政制度等几个方面，比照各国依据国际人权条约承担的义务来考察条约在各国的适用情况。依各国适用人权条约的不同方法和程度，在每一个方面都将归纳出国家适用人权条约的不同类型或层次，并分析导致人权条约在各国适用状况参差有别的主要原因。联合国人权条约和区域人权条约在不同国家的适用状况和程度都将得到分析。之后，本书将专门研讨国际人权条约在中国的适用，并针对性地提出中国更加全面地履行人权条约义务、完善人权保障制度的建议。在上述研究的基础上，本书第三部分，即第八章将对国家适用国际人权条约的状况作出总体评析，分析国家适用人权条约的激励因素和制约因素，进而提出增强人权国际保障效力和完善国家人权保障制度的可行性建议。

本书的论述建立在查阅和整理大量的法律文献、司法判例、政策文件、报告等一手资料的基础上，同时也参阅了多位国内外学者的著作。

国际人权条约的资料主要来源于联合国、欧洲人权法院、美洲人权委员会以及非洲人权和民族权委员会的官方网站。在联合国层面，所收集的资料涉及联合国人权条约文本，联合国人权条约机构活动的年度报告，联合国人权条约机构针对国家报告发表的结论性意见，条约机构审理的申诉案件及意见，条约机构进行调查访问后所发表的报告，条约机构针对条约条款或缔约国履约状况发表的一般性评论或建议，条约机构的工作程序文件，联合国各主要机构（联合国大会、经社理事会、安理会、秘书长等）、联合国人权理事会、联合国人权高专办等机构针对国际人权条约体系发表的各种报告，等等。为反映国际人权条约的近况和现状，本书所采用的资料绝大部分是1994年之后形成的。在区域层面，所搜集的资料涉及区域人权条约文本、区域人权条约机构的工作程序文件、人权机构的年度工作报告、人权机构审理的来文及意见、人权机构发表的咨询意见等。

国家适用国际人权条约的资料主要来源于国际人权条约机构的官方网站所载列的国别资料，以及各国政府、司法机构和立法机构的官方网站。其内容涉及各国递交给国际人权条约机构的国家报告，各国根据条约机构的结论性意见和来文审理意见采取的后续行动报告；各国宪法及宪法修正案，各国的人权立法，各国司法机关作出的涉及国际人权条约的判决，各国的人权政策、所设立的人权机构及其活动，等等。以宪法为例，本书收集的宪法绝大部分是 20 世纪 90 年代之后新制定或新修订的宪法，文本以各国官方网站的正式英文译本为准，更新截止到 2011 年 12 月；所采用的资料不仅包括最终的宪法文本，还包括近期的各次修正案，以微观地反映各国宪法的演变。为尽可能反映国家适用国际人权条约的全貌，笔者广泛收集和整理各国的资料，在本书论述过程中所采用的国别资料涉及全球 130 余个国家。

在具体论证过程中，本书多次用到制作统计图表、数据统计分析、比较等方法。通过图表可以清晰地比对不同层次的人权条约体系之间的异同，直观地反映某一具体制度的现状；而数据统计和分析在判断问题的总体状况和走势时很有帮助。在论证国家对国际人权条约的宪法适用和立法适用时，本书主要运用了法律条文解读的方法，通过对比宪法、法律及其修正的条文与国际人权条约的文本，阅读国家相关的修法说明等来寻找人权条约同国家宪法和法律改革之间的联系。在论证国家对国际人权条约的司法适用时，本书主要运用了典型案例分析的研究方法，通过展示法院在参考国际人权条约或条约机构的意见时所表达的观点来分析国家司法机构对待国际人权条约的态度。本书运用历史的方法，梳理了人权的国际保护运动与国际人权条约体系的发展脉络；运用归纳和演绎的方法，概括出国家适用国际人权条约、国际人权条约对国家人权保障制度的实际影响效力的总体趋势。本书各部分的论述以某种研究方法为主，并同时综合运用了多种其他研究方法。

三　本书的特色及创新

第一，本书的研究视角较新。尽管在国内外，与国际人权条约相关的著述较多，但是关于国际人权条约的实际效力的研究成果并不多见。特别是在我国，尚难找到这方面的学术作品；系统地梳理国际人权条约的国内适用状况、国际人权条约的国内影响效力的研究就更加罕见了。而从这一视角研究国际人权条约，不仅对人权的国际保护和国内保护具有重要的理论和实践意义，而且也是检验国际人权条约实际效果的主要途径。

第二，本书选取的资料较新。首先，资料形成的时间较近。本书采用的资料绝大部分是 20 世纪 90 年代之后形成的，这些资料反映了国际人权条约近期的活动轨迹，也反映了国家人权保障制度最近的变化和现状。例如，在考察国家宪法中基本权利制度的变化时，本书涵盖了一些国家 2012 年的宪法变化，而关于中国的论述依据的是截至本书付印时的信息。其次，本书所选用的大量资料是国内现有的研究未采用过的。例如，联合国人权文件中所反映的各国人权状况的信息，非洲和美洲各国制定的人权文件，非洲和美洲人权条约机构形成的关于人权的文件和意见，等等。

第三，本书的论证思路较新。面对"国际人权条约的国内适用"这样一个内涵宽广的题目，本书以国家人权保障制度各个方面的发展变化为主线来说明国家对国际人权条约的执行状况，证明国际人权条约在国家层面的影响效力。这一论证思路牢牢抓住了"国内适用"这个中心思想，逻辑较为清晰，层次感较强，使本书在展开论述时能够紧紧围绕而避免偏离这个中心。

第四，本书得出的结论较新。其他学者关于国际人权条约效力的论述多数是为了证明进一步强化国际制度的强制性的重要性和必要性。本书通过论证认为，国际社会的强制或压力在性质上属于外因，国家人权保障制度的完善与否是国际人权条约能否在国内得到有效执行以及国际人权条约有无效力的决定因素；增强国际人权条约的效力需要从完善国家的人权保障制度入手。

第一章
人权的国际保护与人权的国内保护

第一节　人权的国际保护

一　什么是人权的国际保护

所谓人权的国际保护，是指国家根据公认的国际法基本原则，主要通过缔结国际条约的形式，确立国际人权规范，为实现人权作出保证并进行合作；由国家组成之国际社会或国际机构对国际人权规范的履行进行监督，并对侵犯人权的行为加以防止和惩治。人权的国际保护包含以下几个要素。首先，开展人权国际保护的依据是国际法的基本原则、保护和促进人权的国际条约、习惯国际法等国际人权规范。其次，参与人权国际保护的主体主要是国家和国际组织。最后，人权国际保护的主要内容包括：推动确立保护人权的国际标准和国际规范，从而使国家承担保障人权的普遍或特定义务；国家之间或国家与国际组织之间为促进对人权的保障开展合作；由各国代表组成的或各国选举产生的国际组织和机构对国家履行人权义务的情况进行经常性监督，以预防发生严重侵犯人权的事件；对已经发生的严重侵犯人权的事件由国际组织或机构加以制裁。

有必要着重指出，人权国际保护不仅仅在于对危及国际和平与安全的严重侵犯人权的行为进行制裁和惩罚，更重要的是通过国际社会的共同努力与相互合作，促使人权在世界范围内普遍实现。这种国际社会的共同努力与相互合作，最经常地表现为国家通过批准或加入国际人权条约承担保障人权的义务，在国际上接受人权条约机构的监督。这是人权国际保护的核心，是人权国际保护的常态，也是本书讨论的重点。

二　人权国际保护的源起与发展

（一）20 世纪之前人权国际保护的萌芽

　　直到第二次世界大战，人权保护还基本被认为是完全属于一国国内管辖的事项。第二次世界大战结束之际，《联合国宪章》的通过以及联合国的成立，使人权正式成为国际社会的合理关切。然而，实际上早在第二次世界大战之前的几个世纪里，国际社会就关注过一些特定背景下的个人权利问题，只是当时尚未正式以"人权"的面目出现。例如，在对待外国人方面，国际法很早就要求国家达到"最低限度的国际标准"；国家之间通过条约承诺以宽容的方式对待宗教和种族问题；国家之间以条约来确认奴隶制和奴隶贸易的非法性；为减小战争给无辜者带来的不利影响，国家相互承诺采取更加人道的作战手段和方法；等等。这些现象可以看成人权国际保护的早期表现。

　　历史上，国家如何对待处于其领土范围内的个人完全是它自己的事，这是其领土主权的体现。但有一项例外，即国际法为一国如何对待合法进入其领土的外国人设定了"最低限度的国际标准"，即该国必须以文明的方式对待外国人，使其免遭酷刑，得到最低限度的公正待遇，否则将引起该国的国际责任。这种情况虽然包含了保护个人权利的因素，但一般认为，基于"当一国的国民受到损害时，就意味着该国本身受到了损失"的理论，被控承担国际责任的国家不是对受害的外国人负有义务，而是对该外国人的本国负有义务。既然牵涉到两个国家的利益，国际法发挥作用也是理所当然的。然而，如果换一个角度来分析，也可以说"一个国家感到被冒犯是源于其国民的'人权'受到了侵犯"。①

　　对少数者的保护是另一个较早受到国际社会关注的问题。17 世纪以来，伴随着频发的战争和国家重新划界，出现了许多语言、宗教或种族上的少数者，按照法律他们属于居住国的国民，但是基于民族、宗教、语言或文化的原因，仍然与毗邻的国家或者出生国有密切的联系。为保护这些少数

---

① Louis Henkin, *The Age of Rights*, Columbia University Press, 1990, pp. 13 – 20.

者的权利，毗邻国或出生国扮演了"保护国"的角色，通过与这些人的居住国达成协议，使后者承担尊重语言、种族、宗教上的少数者的国际义务，即便这些人是后者的国民。这就突破了国际法不涉足一国如何对待其本国国民的界限。事实上，到了 19 世纪末 20 世纪初，这些关于少数者的条约主要是被大国强加给了中欧和东欧的小国。① 小国如果侵犯这些少数者的权利，将会被大国认为是对其国家的侵犯，进而可能引发战争。由此可见，在当时国际社会之所以关注少数人的权利，是出于一些国家对其他国家某些居民的特殊的亲和力，而不是出于各国政府对所有人，包括其本国国民的基本尊严的关切。②

到了 19 世纪，针对国际性武装冲突中的人，特别是战俘、伤病员、不再参加武装冲突的战斗员以及受到军事行动影响的平民的待遇问题，国际社会制定了一些最低限度的规则。这些规则成为早期的国际人道法。例如，1864 年 8 月 22 日通过的日内瓦公约规定缔约国应尊重军事医院及其工作人员并免除对其的袭击，应照料受伤及生病的士兵，并尊重红十字标志。虽然这些最低标准的设定是出于人道考虑，但是由于当时这些规则只适用于具有国际性质的武装冲突，并且以国家之间的对等为基础，因此在这一方面与今天的人权国际保护有本质的区别。

在 19 世纪和 20 世纪早期，奴隶制和奴隶贸易的弊端逐步被人们认识。在主要的大国废除奴隶制之后，国际社会通过条约将奴隶制和奴隶贸易规定为非法行为。1885 年，在《关于中部非洲的柏林会议总法案》（the General Act of the Berlin Conference on Central Africa）中确认了"根据国际法原则，应当禁止奴隶贸易"。1889 年召开的布鲁塞尔会议不仅谴责奴隶制和奴隶贸易，而且就镇压措施达成了一致，包括互相授予搜查、逮捕和审判贩奴船只的权力。应当看到，废除奴隶制和奴隶贸易之所以引起国际社会的关注，除了其本身惨无人道的恶劣影响以至于没有哪个国家会坚持其仅属于一国的管辖事项外，经济方面的考虑可能是一个更大的动因——奴隶劳作的产品如果销往国外，与已经废除奴隶制的国家的产品相比，具有更大

---

① Manfred Norwak, *Introduction to International Human Rights Regime*, Martinus Nijhoff Publishers, 2003, pp. 18 - 19.

② Louis Henkin, *The Age of Rights*, Columbia University Press, 1990, pp. 13 - 20.

的竞争优势。与此同时，奴隶贸易本身就涉及国际因素，殖民者和殖民地之间的奴隶贸易属于国际贸易而不再仅仅是国内事项，这也是其引起国际社会关注的一个原因。

综上所述，在20世纪之前，尽管若干个人权利也曾进入过国际社会的视野，但是与之相伴的事件表明，在这些事件或场合中，个人权利并不是国际社会真正的关注点，它们在国际舞台上出现，多数不过是"搭便车"的结果，与今天国家之间或者国际社会所采取的以促进和保护人权为宗旨和目标的人权保护措施有很大的区别。尽管相关国际条约的缔结和实施在一定程度上产生了保护个人权利的效果，但是因为这些条约的首要目的和宗旨并不在于保护个人或团体的权利，因此一般也很难被视为国际人权条约。[①]

（二）　第一次世界大战之后人权国际保护的有限发展

第一次世界大战之后出现的两个组织在推动人权的国际保护方面发挥了不可忽视的作用，它们是国际联盟（League of Nations）和国际劳工组织（International Labor Organization，ILO）。

在起草《国际联盟盟约》（以下简称"《盟约》"）时，就曾有人提出在《盟约》中加入有关人权的内容，例如美国代表提出写入宗教自由，日本代表建议加上各国平等及给予各国国民公正待遇的条款；后来美国又提出作为加入国际联盟的前提条件，申请加入的国家应当保证将"授予所有种族和民族上的少数者以与本国种族和民族上的少数者完全相同的待遇"。但是，这些建议最终均未被采纳。巴黎和平会议认为，保护少数者可以通过其他条约或者各国在入盟时发表声明的形式加以解决，而不必在《盟约》中予以规定。尽管如此，在《盟约》中仍然可以找到与人权相关的条款。

[①]　构成国际人道法的条约是否属于国际人权条约，学者对此有不同的认识，这涉及国际人道法与国际人权法的关系。国际人道法是在战时或武装冲突时期保护没有参与或不再参与敌对行动的人员，以及限制作战手段和方法的规则体系。它的主要目的是减少或防止在武装冲突期间人们所遭受的痛苦。鉴于国际人道法与国际人权法在适用的时间范围、适用对象以及所调整的权利义务关系方面的明显区别，二者分属国际法两个独立的法律部门。但是考虑到二者虽然角度不同，但均致力于保护人的生命、健康和尊严，国际人权法与国际人道法又是互为补充的两个法律部门。因此，联合国人权高专办在列举普遍性的人权文件时也包含了国际人道法中保护战俘和平民的"日内瓦公约体系"。

《盟约》第 22 条规定，委任统治国应当禁止诸如奴隶贸易等各种弊端。①
《盟约》第 23 条规定，联盟各会员国应"勉力设法"确保公平、人道的劳动条件，承诺给予委任统治地的当地居民公平的待遇，并同意授权联盟监督贩卖妇女、儿童的行为。在实际工作中，国际联盟在保护少数者和废除奴隶制方面均有所作为。在保护种族、宗教和语言上的少数者方面，国际联盟要求一国在申请加入联盟时以条约或宣言的形式承诺承担保护义务。在废除奴隶制方面，国际联盟成立了专门的委员会来研究这一问题，该委员会负责起草了 1926 年的《废奴公约》。随后，当埃塞俄比亚申请加入联盟时，联盟要求其承诺将采取特别措施以废除奴隶制和奴隶贸易。埃塞俄比亚也表示这一问题已不是纯粹的国内事项，国际联盟有权介入。

国际劳工组织是早期另一个对人权国际保护有突出贡献的组织。它依据第一次世界大战之后通过的《凡尔赛和约》于 1919 年成立，旨在推动达成劳工和社会福利方面的共同的基本标准。截至 1939 年，该组织已经通过了 67 项创设劳工标准、保护劳动权利、改善工作条件的条约；与此同时，该组织还为这些条约设置了详尽的执行制度。这些条约和制度在世界范围内得到了广泛的接受和良好的遵守。虽然国际劳工组织没有明确提出保护"人权"的口号，但是鉴于它实际上在人权领域所确立的多项国际标准和有效的执行制度，该组织已被誉为"迄今在经济权利领域最重要的人权组织"。②

无论是国际联盟还是国际劳工组织，虽然二者已经在实际上处理了某些具体的人权问题，但是二者均未以保护"人权"的名义命名自己的活动。综观 20 世纪中叶之前各项国际文件中与人权相关的条款，无论当时写入这些条款的动机和背景如何，可以说这些文件已经为人权的国际保护播下了种子，为后来人权国际保护运动的发展奠定了基础。

（三）　第二次世界大战之后人权国际保护的全面发展

尽管几个世纪以前国际社会就萌发了与保护人权有关的理念并进行了

---

① 国际联盟时期的委任统治制度在联合国时代发展为托管制度。托管制度同样强调保障人权的内容。《联合国宪章》明确托管制度的基本目的之一在于"鼓励对所有人的人权和基本自由的尊重"。

② Manfred Norwark, *Introduction to the International Human Rights Regime*, Martinus Nijhoff Publishers, 2003, p. 141.

有益的尝试，但现代意义上的人权国际保护应当说始自第二次世界大战及其所宣布的战争目标，以《纽伦堡国际军事法庭宪章》（以下简称《纽伦堡宪章》）、《联合国宪章》的通过以及联合国组织的成立为标志，并于此后得到蓬勃发展，至今方兴未艾。

第二次世界大战的爆发让世界震惊于一国国内严重侵犯人权的问题，而战争的结束让心有余悸的世人不得不反思今后如何避免再发生类似惨剧。在时任美国总统罗斯福先生著名的"四项自由"的演讲中，"人权"被宣布为世界每一个角落所有人的权利，实现对人权的尊重成为盟军击败希特勒的首要战争目标。1944年，盟军在敦巴顿橡树园筹备成立一个新的国际组织，即后来的联合国，提出这个组织的目标应当包括促进对人权的尊重。随后，人权问题在战后新的国际秩序中占据了显著地位。无论是在《纽伦堡宪章》和《联合国宪章》中，还是在新的国际机构，特别是联合国、拉丁美洲、欧洲以及非洲等区域组织的大量决议和宣言中，"人权"都被摆在了突出的位置。

在纽伦堡，纳粹领导人不仅仅因为"战争罪行"而受到了审判，而且因为"反人类罪"而受到制裁。《纽伦堡宪章》确认了"反人类罪"是对国际法的违反。随后1946年12月11日，联合国大会一致通过了第95（I）号决议，认可了"纽伦堡法庭宪章及法庭的审判所确认的国际法原则"，并请国际法编纂委员会将阐释这些原则作为一项首要的工作计划。① 《纽伦堡宪章》，特别是它对反人类罪的承认和惩罚为第二次世界大战后人权法的许多内容奠定了基础。

《联合国宪章》宣布该组织的宗旨之一是"增进并激励对于全体人类之人权及基本自由之尊重"，"人权"第一次被明确写入了国际法律文件。联合国的这一承诺在1945～1948年间得到了联合国大会和联合国人权委员会的发展，《预防及惩治灭绝种族罪公约》和《世界人权宣言》于1948年12月9日、10日相继通过。《世界人权宣言》作为"所有民族和人民努力实现的共同标准"，在人类历史上首次宣示了人人应当享有的基本人权包括公民权利、政治权利以及经济、社会和文化权利。1966年通过的《公民权利和

---

① UN Doc. A/64/Add. 1（1947），p. 188，Resolution 95（I），*Affirmation of the Principles of International Law Recognized by the Charter of the Nurnberg Tribunal*.

政治权利国际公约》以及《经济、社会和文化权利国际公约》进一步将宣言的内容具体化、法律化。这两个公约与宣言共同构成了著名的"国际人权宪章"（International Bill of Human Rights）。"国际人权宪章"由各国的代表制定并经各国认可，它不仅规定了个人的人权和国家保障人权的义务，而且规定了保障其执行的机构和程序。与联合国同步，在欧洲和美洲也诞生了重要的区域性人权条约和人权机构。非洲紧随其后，于1981年通过了《非洲人权和民族权宪章》，建立了监督宪章执行情况的非洲人权和民族权委员会。至此，在联合国层面和区域层面均出现了以个人人权为核心内容的国际规范，并且设置了相应的机构和制度来监督这些规范的执行。

随着保护人权的国际法律体系不断完善，当一国发生大规模的严重侵犯人权的事件，致使这些国际规范遭到严重破坏时，国际社会将启动相应的制裁措施追究肇事者的责任。从第二次世界大战结束时成立的纽伦堡国际军事法庭和远东国际军事法庭到20世纪90年代为处理前南斯拉夫和卢旺达境内的种族灭绝问题而特设的前南斯拉夫问题国际刑事法庭和卢旺达问题国际刑事法庭，都给予了反人类、种族清洗、种族灭绝等严重侵犯人权事件的责任人不同程度的制裁。对侵犯人权的行为进行制裁，使人权的国际保护更具强制性。

至此，人权国际保护已经从最初的国家间制定人权规范，发展到由国际社会监督和促进规范的执行，并在规范遭到违反时进行必要补救的新阶段。

三　人权国际保护的现状

当前，人权国际保护运动可以大体划分为两个方面：一方面是国际社会为预防发生大规模的严重侵犯人权的情况而采取的行动，主要表现为国家承担国际人权条约义务，承诺保障人权；国际组织或国际机构以研究、审议、调查等形式对国家的人权保障情况加以监督。另一方面是国际社会对已经发生的大规模的严重侵犯人权的状况所采取的补救和制裁措施，主要表现为设立专门法院或常设法院对严重侵犯人权的责任人加以审判。

（一）　国际社会对侵犯人权行为的预防

人权国际保护的预防活动是其常态。在联合国层面已经形成了促进和保护人权的"宪章机制"和"条约机制"；区域层面的人权保护运动也可以划分为政府间国际组织主导的人权保护活动以及依据区域人权条约开展的人权保护活动。

1. 联合国保护人权的宪章机制

所谓"联合国保护人权的宪章机制",是指以《联合国宪章》为基础和依据建立起来的一套促进和保护人权的机构和制度。《联合国宪章》的规定有多处涉及人权议题。宪章第 1 条列举了联合国的主要宗旨,其中包括在"不分种族、性别、语言或宗教,增进并激励对于全体人类之人权及基本自由之尊重"方面实现国际合作。类似的规定出现在宪章第 55 条。根据该条,联合国有义务促进对"全体人类之人权及基本自由之普遍尊重与遵守,不分种族、性别、语言或宗教"。而根据第 56 条,联合国所有会员国"担允采取共同及个别行为与本组织合作,以达成第五十五条所载之宗旨"。为促成上述目标的实现,《联合国宪章》还赋予了联合国各主要机构一些与人权相关的重要职能。联合国大会为"助成全体人类之人权及基本自由之实现"有义务发动研究并作成建议。[①] 处于联合国大会权力之下的经社理事会可以"为增进全体人类之人权及基本自由之尊重及维护起见"作成建议案,[②] 并应设立"以倡导人权为目的之各种委员会"。[③] 安理会虽未被明确授权保护人权,但也以其有力的执行行动实际上起到了维护人权的作用;由安理会设立的前南斯拉夫和卢旺达国际刑事法庭直接促进了人权法和人道法的发展。联合国的另一主要机构秘书长作为所有主要机构的服务和执行机构,设立了专门负责人权事务的机关——联合国人权事务高级专员办事处(以下简称"联合国人权高专办")。人权高专办于 1993 年成立,目前是联合国开展的各种人权活动的协调中心,为包括宪章机构和条约机构在内的联合国机构提供技术支持和秘书服务。国际法院也在其司法实践中发展着国际人权法规则。而托管理事会目前虽然已经名存实亡,但是根据《联合国宪章》第 76 条,托管制度之基本目的之一在于"不分种族、性别、语言或宗教,倡导全体人类之人权及基本自由之尊重"。

尽管联合国各主要机构均直接或间接担当促进和保护人权的职责,但

---

① 《联合国宪章》第 13 条。
② 《联合国宪章》第 62 条。
③ 《联合国宪章》第 68 条。

联合国系统内具体、专门处理人权事务的主要机构则是联合国人权委员会。
该委员会是联合国经社理事会的职司机构，于 1946 年正式成立。在成立之
初的头 20 年里，联合国人权委员会将主要精力放到了创制人权规范上。这
是因为，当时联合国会员国主张联合国在人权领域的职能仅限于"促进人
权"而非"保护人权"。20 世纪 60 年代南非的种族隔离愈演愈烈，以促进
对人权的尊重为己任的联合国无法继续置若罔闻。联合国人权委员会决心
着手制定各种程序，以处理与种族主义相关的问题。1967 年，人权委员会
成立了特设专家工作组调查南非的人权状况，从而打破了"无权行动"的
禁忌。由于要求对南非的局势采取行动，人们认识到有必要对具体国家的
人权状况进行公开辩论。于是，应人权委员会的请求，经社理事会于同年
通过了第 1235 号决议，允许人权委员会对表现出一贯侵犯人权行为的案件
进行审查。① 南非种族隔离事件之后，联合国在人权领域的行动能力迅速扩
展，基于 1235 号决议的国别审查程序很快建立起来。每年在联合国人权委
员会的年度会议上，一些被指为"一贯严重侵犯人权"的国家，无须经其
同意，其人权状况便会被国际社会审查。1970 年，经社理事会又通过了第
1503 号决议，授权联合国人权委员会以保密的方式处理有关一贯严重侵犯
人权行为的申诉。② 该申诉程序不要求以国家的接受为前提，凡声称自己是
一国侵犯人权和基本自由的行为的受害人者均可直接向联合国相关机构提
出针对该国政府的申诉。考虑到国家主权原则，该程序要求提出的申诉需
以用尽国内救济为前提，且一般情况下整个程序均为秘密进行。到了 20 世
纪 70 年代中期，人权委员会开始关注发生在智利的强迫失踪问题，随后成
立了失踪问题工作组，处理世界各地的强迫失踪问题。从此，人权委员会
开始以专题程序来讨论世界范围内某些严重侵犯人权的专门问题。人权委
员会通过设置特别报告员或者工作组等机构和程序来开展国别审查程序和
专题程序，通过派遣前往世界各国、各地的真相委员会来调查侵犯人权事

---

① 　UN Doc. E/4393（1967），p. 17，Resolution 1235，*Question of the violation of human rights and fundamental freedoms，including policies of racial discrimination and segregation and of apartheid，in all countries，with particular reference to colonial and other dependent countries and territories*，para. 2.

② 　UN Doc. E/4832/Add. 1（1970），p. 8，Resolution 1503，*Procedure for dealing with communications relating to violations of human rights and fundamental freedoms.*

件。人权委员会从最初的促进人权发展到保护人权，其职能范围不断扩大。然而，与此同时，作为一个由政府代表组成的政治性机构，人权委员会在处理人权议题时所表现出的政治化、选择性、双重标准等问题愈演愈烈，其"国别审查程序"更是不断遭到成员国的抨击。2006年，联合国人权委员会在运行60年后，终于走下了历史舞台，取而代之的是联合国大会新设的附属机构——联合国人权理事会。

2006年改革之后的联合国宪章机制以附属于联合国大会的人权理事会为核心。人权理事会通过行使多项职能达成促进普遍人权，在联合国系统内促成人权问题主流化的目标。人权理事会不仅承担了其前身人权委员会的各项重要职能，而且开创性地建立了普遍定期审查制度。目前，人权理事会的主要工作程序或职能有以下几项。第一，普遍定期审查。它是由人权理事会的成员国组成的普遍定期审查工作组以四年左右为一个周期，对联合国所有会员国的人权状况普遍进行全面审查。该制度自2008年启动，截至2011年底第一轮审查已经结束。自2012年6月开始，人权理事会将用四年半的时间对193个会员国进行第二轮审查。第二，特别程序。它是由人权理事会指定的特别报告员、独立专家或工作组审查、监督、建议或公开报告某一特定国家或地区的人权状况，或世界范围内某一主要的侵犯人权的现象。因此，特别程序又分为国别程序和专题程序。截至2013年4月，仍在进行的国别程序有13项、专题程序有36项。第三，工作组程序。它是指人权理事会组建的对某一专门问题进行研究的小组，例如起草《土著人民权利宣言》的工作组、关于有效执行《德班宣言和行动纲领》的工作组等。还有一类工作组为特别程序而设立，这与特别程序是交叉的。第四，申诉程序。这是人权理事会建立在"1503程序"① 基础上并经过改进的新程序，旨在处理世界任何地方在任何情况下发生的一贯严重侵犯所有人权

---

① 1970年5月27日，经济及社会理事会以第1503号决议通过了一项程序，即"有关侵害人权及基本自由问题来文之处理程序"，俗称"1503程序"。该决议授权防止歧视和保护少数小组委员会对秘书长收到的揭露一国侵犯人权的指控进行审议，并将结果报人权委员会；由人权委员会再行审议提出建议，并决定是否请经济及社会理事会指派小组委员会到关系国进行调查。这项程序在2000年6月19日由经社理事会通过第2000/3号决议进行了修正。人权理事会成立后，以上述程序为基础，经必要修正，建立了自己的申诉程序。参见 UN Doc. A/HRC/RES/5/1（2007），《联合国人权理事会的体制建设》，附件。

和基本自由且得到可靠证实的情况。除上述工作外，人权理事会于 2008 年成立了人权咨询委员会（Advisory Committee）。该委员会由 18 位独立专家组成，充任人权理事会的智囊机构。

2. 联合国保护人权的条约机制

联合国保护人权的条约机制是以联合国通过的各项核心国际人权条约为基础建立起来的机构和制度。目前生效的联合国核心人权条约共有九项，每项条约均规定设立专门的条约机构，并依照一定的程序对条约的执行情况进行监督。

在 1965 年通过第一个核心人权条约《消除一切形式种族歧视国际公约》之际，人们认识到缔约国需要在履行其国际义务方面得到鼓励和协助，以确保其落实必要的措施，使国内每一个人都能享受公约所规定的权利。因此，每一个核心人权条约都设立了一个国际专家委员会，通过各种手段来监督条约的执行情况。这类专家委员会就是条约机构。条约机构的成员须是在相关领域具有公认造诣并且德高望重的专家，因此条约机构是专家机构而不是政治机构。它由数目不等的以个人身份任职的专家组成，不代表任何政府，专家们不受推举国政府的影响，具有较高的独立性。

几乎每一个核心人权条约都在条约中规定设立条约机构，只有一项例外，就是《经济、社会和文化权利国际公约》。监督该公约执行状况的机构并非依据公约规定创建，而是由经社理事会设立的，但这并不影响该机构对公约缔约国的监督。目前已经建立并正在运行的条约机构在名称上一般对应于它们所监督的核心人权条约，分别有消除种族歧视委员会，经济、社会和文化权利委员会，人权事务委员会（监督《公民权利和政治权利国际公约》），消除对妇女歧视委员会，禁止酷刑委员会，儿童权利委员会，移徙工人委员会，残疾人权利委员会和强迫失踪问题委员会。

条约机构通过行使一系列的职能来监督缔约国履行条约的状况。条约机构监督职能的范围被规定在所属条约及其议定书中。这些监督职能包括审查国家报告的职能、审查国家间指控的职能、受理个人申诉的职能、进行调查访问的职能、发出早期预警和启动紧急程序的职能、发表一般性评论的职能等。不同的条约赋予条约机构的职能范围不尽相同。

本书在导论部分对联合国人权条约体系的组成及运作情况已有所交代，并将于下文予以详述，此处不再赘述。

3. 联合国保护人权的宪章机制与条约机制的关系

第一，联合国保护人权的宪章机制孕育了联合国人权条约机制。首先，宪章机制的核心机构——人权委员会起草了《世界人权宣言》。该宣言成为其后几十年起草国际人权条约的基础，而《公民权利和政治权利国际公约》和《经济、社会和文化权利国际公约》就是直接以《世界人权宣言》为蓝本写就的。其次，宪章机构起草了人权条约。联合国人权条约均由经社理事会的职能机构组织起草，由联合国大会通过。这些人权条约是创建条约机制的基础和依据。除此之外，条约机制在一定程度上要受到宪章机制的监督。各条约机构每年都要向联合国大会提交年度报告，汇报一年来在监督缔约国履行条约义务方面的工作进展。

第二，联合国保护人权的宪章机制和条约机制相互支持、互为补充。首先，宪章机制与条约机制作为联合国促进和保护人权的两个轮子，相互支持、缺一不可。以人权理事会的普遍定期审查为例，一方面，条约机构的工作为普遍定期审查提供了依据。在 2006 年第 18 次人权条约机构主席会议上，条约机构主席和特别程序负责人认为，普遍定期审查可以成为条约机构和特别程序与人权理事会互动的主要平台；特别程序的建议以及条约机构的结论性意见应当构成普遍定期审查的一部分依据。这一点得到了人权理事会第 5/1 号决议的确认，条约机构对国家履约报告的结论性意见经人权高专办汇编已经作为普遍定期审查的依据之一。另一方面，普遍定期审查制度的结论有助于推动国家落实条约机构的结论性意见。从目前审查的结果文件来看，许多具体建议提及受审查国应该履行条约机构的结论性意见，或国家应该通过具体措施贯彻核心人权条约的规定。例如，在审查巴基斯坦的结果文件中，斯洛文尼亚建议巴方采取步骤，使禁止歧视的做法与《消除对妇女一切形式歧视公约》所载的禁止歧视规定相一致；[①] 在审查芬兰的结果文件中，墨西哥建议芬兰根据消除种族歧视委员会的建议，努力控制种族主义和排外情绪的爆发，尤其是应控制在因特网上的种族主义和歧视表现。[②]

[①] UN Doc. A/HRC/8/42 (2008), *Report of the Working Group on the Universal Periodic Review: Pakistan*, para. 25.

[②] UN Doc. A/HRC/8/24 (2008), *Report of the Working Group on the Universal Periodic Review: Finland*, para. 32.

其次，普遍定期审查制度也较好地体现了宪章机制与条约机制的互补性。对条约机制而言，这种补充不但体现在普遍定期审查制度审查包括国家落实人权条约义务在内的全面的人权承诺，也体现在普遍定期审查在一定程度上督促国家履行条约机构的结论性意见，还体现在普遍定期审查意在通过提升一国保障人权的能力来更好地落实其在人权条约下的义务。对宪章机制而言，鉴于宪章机制过去一度被政治化的弊端，条约机制规范化运作的经验可以在一定程度上平衡宪章机制的政治化倾向。

4. 区域人权保护机制

欧洲理事会是欧洲地区最早开始集中处理人权问题的政府间组织，也是当前欧洲促进和保护人权的主要机构。人权一直是该组织的优先考虑事项。欧洲理事会先后制定了侧重于保障公民权利和政治权利的《欧洲人权公约》以及侧重于保障经济、社会和文化权利的《欧洲社会宪章》。这两个条约构成了欧洲地区国际人权法的主体。目前，两个条约形成了各自的实施机制。

美洲国家组织主持制定的《美洲人权公约》及其关于经济、社会和文化权利的附加议定书构成了美洲地区人权法的主体。但是并非所有的美洲国家组织成员国都是该公约及其议定书的缔约国。对于那些非公约缔约国的国家，它们应根据《美洲国家组织宪章》及《美洲人的权利和义务宣言》承担保障人权的国际义务，接受国际机制的监督。因此，在美洲地区，存在着两套实施国际人权法的机制。

1981 年通过、1986 年生效的《非洲人权和民族权宪章》很快得到了非洲统一组织 53 个成员国的一致批准，成为非洲地区国际人权法的核心内容。2002 年，非洲联盟代替了非洲统一组织，并将"根据《非洲人权和民族权宪章》和其他相关人权文件促进和保护人权和民族权"作为其基本宗旨之一。根据该宪章第 30 条，1987 年非洲人权和民族权委员会（African Commission on Human and Peoples' Rights）成立，担负起审查国家报告、受理个人来文及国家间指控的职责。1998 年，非洲地区通过了《关于建立非洲人权和民族权法院的〈非洲人权和民族权宪章〉议定书》，议定书于 2004 年 1 月 25 日生效。2006 年，非洲人权和民族权法院（African Court on Human and Peoples' Rights）正式成立，负责《非洲人权和民族权宪章》的解释和实施工作。

（二）　国际社会对严重侵犯人权行为的惩治

对已经发生的严重侵犯人权的行径，国际社会建立了专门的法庭、法院，对侵犯人权行为的责任人加以审判，进行制裁，惩前毖后、警示后人。

1. 联合国建立或协助建立的国际法庭

1993 年 5 月，联合国安理会根据《联合国宪章》第七章的规定，设立了前南斯拉夫问题国际刑事法庭（ICTY，以下简称"前南国际刑庭"），以处理发生在克罗地亚、波斯尼亚和黑塞哥维那的严重侵犯人权的暴行。据媒体报道，在这些地区，成千上万的平民被打死、打伤，被逐出家园；在拘留营里，酷刑和性虐待泛滥。前南国际刑庭的主要职责是对最骇人听闻的侵犯人权行为的责任人作出审判并绳之以法。在该法庭被起诉的前南斯拉夫的政治、军事以及警察部门的领导有 160 余人，其中 60 余人已经被定罪，30 余人正在接受审理，还有一些案件尚未审理。

1994 年 11 月 8 日，联合国安理会根据《联合国宪章》第七章的规定，决定建立卢旺达问题国际刑事法庭（ICTR，以下简称"卢旺达国际刑庭"），以起诉 1994 年 1 月 1 日至 1994 年 12 月 31 日期间卢旺达境内发生的种族灭绝和其他严重违反国际人道法行为的责任者，以及应对这一期间邻国境内发生的种族灭绝和其他这类违法行为负责的卢旺达公民。卢旺达境内及邻国境内发生的大规模种族屠杀和种族灭绝已经严重违反了 1948 年《防止和惩治灭绝种族罪公约》第 3 条所列举的每一款规定。目前，卢旺达国际刑庭已经审结的案件有 70 余件，有 16 件提交上诉审，另有一件正在审理中。

除以上两个国际刑事法庭外，联合国还同塞拉利昂政府共同建立了塞拉利昂特别法庭，以审理自 1996 年 11 月 30 日以来应对在塞拉里昂境内发生的严重违反国际人道法的行为负责任的人。在联合国的协助下，2001 年一个名为柬埔寨法院特别分庭的法庭建立起来，以处理 1975～1979 年红色高棉执政期间发生的酷刑、奴役等严重违反国际人权法和国际人道法的罪行。应黎巴嫩政府的请求，为审理应对 2004 年 10 月以来发生的多次袭击事件，尤其是 2005 年 2 月 14 日发生的恐怖爆炸事件负责任的人，2009 年 3 月 1 日黎巴嫩特别法庭正式成立。

2. 国际刑事法院

2002 年，国际刑事法院根据《建立国际刑事法院的罗马规约》（以下简称"《罗马规约》"）正式成立。它是一个常设的国际法院，负责对国际社会整体认为犯有最严重罪行的个人进行调查、起诉和审判。目前，受国际刑事法院起诉的罪行包括种族灭绝罪、反人类罪、战争罪以及侵略罪。

国际刑事法院是独立于联合国系统的常设的自治法院，截至 2013 年 5 月，有 122 个国家成为《罗马规约》的缔约国，接受了该法院的管辖权。

各类国际刑事法院、法庭的建立能将严重侵犯人权的行为宣布为国际罪行，并对相关责任人施以刑事制裁。让侵犯人权罪行的个人承担国际刑事责任，这一进展大大突破了主权豁免原则和集体责任原则，极大地彰显了人权国际保护的强制力，也对传统的国家主权原则形成了冲击。

第二节　人权的国际保护与国家主权

尊重人权和尊重国家主权均是《联合国宪章》所明确的基本原则，[①] 二者缘何发生较量，全在于对"人权"应该由谁来管、如何来管的认识分歧。辨析这一问题不仅涉及法律规范的分析，还需要有政治的、利益的考量。本书将从相互关联的几个方面来分析人权的国际保护与国家主权的关系。

一　人权的国际保护与 "国内管辖事项"

主权是国家的基本属性之一，它表现为对内的最高权和对外的独立权。所谓对外独立权，简言之就是在国际关系中独立决策，不受外来干涉的权力；而对内的最高权则是国家对属于国内管辖的事项，即内政，具有不受干涉的最终决定权。"人权"属于绝对的国内管辖事项，这在第二次世界大战之前很少受到质疑。但是，国内管辖事项的范围并不是一成不变的。历史地看，许多在过去属于一国自主决定的问题，例如奴隶制度、种族隔离、殖民统治，后来均溢出了国界，成为众人批判的对象，甚至演变为万人谴

---

① 尽管"尊重人权"没有反映在《联合国宪章》第 2 条关于基本原则的规定中，但是《联合国宪章》序言就提到了"重申基本人权"的价值目标，第 1 条第 3 款又将增进并激励人权和基本自由作为联合国的宗旨之一。宪章全文多处对尊重人权作了规定，因此可以认为"尊重人权"也是联合国的一项基本原则。朱晓青主编《国际法》，社会科学文献出版社，2005，第 27 页。

责的国际罪行。此外，伴随国家间交往的空前密切，以缔结条约形式协调对于某些问题的政策成为国家间的惯常做法。此时，过去一国可以自作主张的事情现在要受到条约的约束。因此可以说，国内管辖事项的范围会随着国家卷入国际关系的程度及其承担的国际义务的程度而变化。

在这个变化过程中，人权显然也已从绝对的国内管辖事项延伸并成为国际社会关注的对象。第二次世界大战之后，国际社会起草了一系列国际人权文书，列举了人人应该享有哪些人权，并对国家应该履行哪些保护人权的义务提出要求。国家也以加入国际人权条约的形式表示承认条约中列举的人权，并表示愿意就自己履行保护人权义务的情况接受国际机构的监督。至此，人权受到国内法和国际法的共同调整。联合国的核心人权条约均设立了监督国家履行保护人权义务的机构和程序。在这些条约机构中，有五个机构，即人权事务委员会、消除种族歧视委员会、消除对妇女歧视委员会、禁止酷刑委员会和移徙工人委员会，它们不仅审议缔约国定期提交的履约报告，而且还审议个人指控缔约国侵犯其人权的申诉；有两个机构，即禁止酷刑委员会和消除对妇女歧视委员会，不仅有权调查有关侵权事项，而且有权在国家同意的前提下基于此目的访问缔约国。而且，根据《〈禁止酷刑公约〉任择议定书》设立的预防酷刑小组委员会（Subcommittee on Prevention of Torture）有权在该任择议定书缔约国"同意或默许"下，对其管辖和控制下任何确实或可能剥夺人的自由的地方进行查访（第4条）。以欧洲为代表的区域人权条约体系更加有力。在《欧洲人权公约》下设立的机制本质上是一个超国家的机制。欧洲人权法院的判决已在事实上形成了判例法，[①] 许多缔约国的司法机构在实践中以这些判例为指导。欧洲理事会成员国依照公约和法院的判决修订其立法和行政措施。在欧洲人权法院宣布国内法院判决违反公约时，欧洲理事会部长委员会将敦促国内立法者审查现行法律及其适用方式。欧洲的学者们评价道，执行欧洲人权法院的判决"表明出现了一个调整先前曾被认为完全属于国家主权范围某些最敏

---

① 根据《欧洲人权公约》第46条第1款，"各缔约方承诺在其为当事方的案件中服从法院的终局判决"。因此，按照条约的规定，欧洲人权法院的判决并不构成判例，但实际上许多缔约国将法院的判决视为判例法，在司法实践中将法院针对其他缔约国的判决作为裁判依据。

感领域的有效的国际法制度"。① 可见，促进和保护人权已经成为"国际社会的合法关注"。②

可以看到，在这个过程中，加入国际条约也好，接受国际监督也好，都是以国家的自愿接受和同意为前提的，是国家自愿让渡了部分主权，或者也可以说是国家行使主权权利的结果。之所以"人权的国际保护"与"干涉一国内政"的论战还在继续，这部分是由于主权国家之间的问题本身复杂而且敏感，而人权问题的政治属性③加剧了这一点；部分是由于全球范围内社会制度、文化和历史背景的不同而造成了对人权的不同理解。后者突出地表现为关于人权的普遍性与特殊性的争论。

二　人权的普遍性与特殊性

何谓人权？现有的人权文书从未对其内涵给过明确的界定，只是列举了人权的外延，概括而言，包括公民权利和政治权利，经济、社会和文化权利，以及包括已经得到承认的民族自决权、发展权、环境权等在内的集体人权。

在哲学意义上，普遍性与特殊性本质上并不是对立关系。但在国际人权领域，普遍性与特殊性代表着两种对立的观点和主张。人权是"普遍的"还是"特殊的"一度是西方国家或发达国家与非西方国家或发展中国家争论的焦点。西方国家主张某种人权观念和人权制度具有普遍适用性，而非西方国家则强调各国各地区在历史、文化、宗教背景等方面的差异会导致人权观念和制度的差异性。

以上所说的人权的"普适性"与作为国际人权法基本原则的人权的"普遍性"并不是同一个概念。1993 年世界人权大会通过的《维也纳宣言和行动纲领》中的两段话较好地阐释了国际人权法的人权普遍性原则："所有

---

① Mark W. Janis, Richard S. Kay, *European Human Rights Law*, Connecticut, 1990. pvii.

② UN Doc. A/CONF. 157/24（Part I）（1993），*III. Vienna Declaration and Programme of Action*, I. para. 4.

③ 人权作为社会意识和价值观念的一部分，在实践中的每一步发展都与政治相关或具有浓厚的政治色彩。具体表现为：（1）政治哲学和意识形态决定人权观念；政治体制决定人权保障体制；政治要求决定人权要求；政治斗争决定人权斗争。（2）政治权利构成人权的核心权利。（3）人权反过来也对政治产生影响，推动政治的稳定与发展。参见刘杰《人权与国家主权》，上海人民出版社，2004，第 15、16 页。

国家庄严承诺依照《联合国宪章》、有关人权的其他国际文书和国际法履行其促进普遍尊重、遵守和保护所有人的一切人权和基本自由的义务。这些权利和自由的普遍性质不容置疑。"① "一切人权均为普遍、不可分割、相互依存、相互联系。国际社会必须站在同样地位上，用同样重视的眼光，以公平、平等的态度全面看待人权。固然，民族特性和地域特征的意义以及不同的历史、文化和宗教背景都必须要考虑，但是各个国家，不论其政治、经济和文化体系如何，都有义务促进和保护一切人权和基本自由。"②

由此可见，人权的普遍性原则至少包括三重含义。

首先，人权的普遍性意味着享有人权的主体的普遍性，即人权是"所有人"的人权。无论男人、女人，白人、黑人，本国人、外国人，穷人、富人，信仰基督教的人或信仰佛教的人都是国际人权法所确认的人权的平等主体。人权主体的普遍性源于人的尊严和价值。既然人权是人作为人所固有的、与生俱来的权利，那么人仅仅因为是人就应当享有他们所应当享有的这些人权，否则他们将失去做人的资格，将不成其为人。所以，只要是人就应享有人权。

其次，人权的普遍性意味着人权内容的普遍性，即国际人权法平等地保障"一切"人权和基本自由。国际人权法所确认的人权内容非常广泛，既包括公民权利和政治权利，也包括经济、社会、文化领域的权利，既包括个人的人权也包括集体的人权，这些权利均受到国际人权法的平等保护。人权内容的普遍性源于一切人权均为"普遍、不可分割、相互依存、相互联系"的。所有的人权是一个整体，各项权利之间彼此联系、相互依赖，甚至互为条件，不能被分割开来、有选择地加以保护。增强对一项权利的保障也将促进其他权利的实现；反之，剥夺一项权利也将影响其他权利的行使。例如，如果剥夺一个人受教育的权利，将在实际上影响到他充分、有效地行使其选举权和被选举权。因此，人权内容的普遍性要求国家"用同样重视的眼光，以公平、平等的态度全面看待人权"。

再次，人权的普遍性意味着人权保护义务的普遍性，即"所有国家"、所有政府都有义务保护和促进人权。这种普遍性的义务来自两个方面：一

---

① 《维也纳宣言和行动纲领》，第一部分第一段。
② 《维也纳宣言和行动纲领》，第一部分第五段。

方面，国际人权法中的一些规范已经被接受为习惯国际法，习惯国际法对所有国家均具有法律拘束力，根据这些习惯国际人权法，各个国家均有义务保障人权；另一方面，国际人权法中的人权条约在世界范围内得到了广泛的接受。目前，所有的国家都至少批准了一项国际人权条约，而80%以上的国家批准了四项以上的国际人权条约；所有国家根据其加入的人权条约承担保障人权的义务。此外，"尊重和遵守人权"已逐步被接受为国际法的一项基本原则，① 作为基本原则它就为国际社会所公认，并对所有国家均具有法律拘束力。国家据此也普遍承担保护人权的义务。

但国际人权法中的人权普遍性原则并不意味着现阶段在世界范围内各类人权都得到了同等程度的保障。人权的实现是一个动态的发展的进程，人权实现的程度有赖于各种社会条件的完善。不同的国家在政治、经济、文化等方面处于不同的发展阶段，不同的国家又有各自不同的历史传统和文化背景，这就决定了各国所面临的人权问题和困难各不相同，各类人权在不同国家的保障程度也有所差异。但这并不妨碍将普遍人权作为全人类的共同目标，更不能豁免所有国家为了实现这个共同目标而不断努力的义务。

人权的普遍性原则并不排除各国在承认普遍人权的前提下，在人权政策和人权制度上采取符合本国国情的合理、具体的模式和道路；相反，它肯定民族特性、地域特征以及不同历史、文化和宗教背景是应予考虑的因素。人权的普遍性原则也没有指出哪一种人权模式是普遍适用的，而是认可了在追求人权的充分实现的过程中具体途径和方法的多样性。如果某个国家或某些国家一味强调自己模式的优越性而抨击其他国家的模式，并希望取而代之，则是对人权普遍性原则的误解和违反。

人权的特殊性则可理解为不同国家和地区由于历史传统、文化、宗教、价值观念、资源和经济等因素的差异，在追求人权充分实现的过程中其具体的方法手段和模式的多样性。② 普遍性和特殊性是针对人权保护的不同层面而言的，承认前者并不排斥后者。一方面，国际人权法的兴起及其约束

---

① 参见朱晓青主编《国际法》，社会科学文献出版社，2005，第 27～28 页。
② 李步云、杨松才：《论人权的普遍性和特殊性》，《环球法律评论》2007 年第 6 期；张立伟：《人权的普遍性与特殊性析论》，《西部法学评论》2008 年第 3 期。

力的不断增强使得联合国所确认的普遍人权准则得到了越来越多的国家和人民的尊重和接受；另一方面，人权最终是一种基于国家主权的实践。国家间的合作、理解和尊重在国际社会所共同关心的敏感而关键的人权问题上是十分必要的。根据国家主权原则，各国均有权决定自己的政治制度，自由谋求其经济、社会和文化发展，人权保障制度同样属于各国自由选择的范围。而"从哲学角度来说，任何一种选择都不具有固有的优越性，它只是环境的产物……每一种选择都有自己的道德理由。如果人民反对某一种选择，那么他们终究会抛弃它"。① 1994 年，荷兰著名人权法专家范·戴克（Pieter Van Dijk）教授在北京参加国际学术研讨会时指出："人权的普遍性并不要求在解释和实施人权方面不能有差异"，"在实行国际监督情况下，这些规范不应该以单方面的——例如西方的——价值模式强加于其他国家。"他同时认为，中国的下述主张完全正确：人们不应该也不能认为，某些国家的人权标准和模式是唯一适当的，也不应要求所有其他国家都遵照实行。②

近年来，各国依据各自的实际选择适合自己的人权实现模式的主张受到越来越多的重视和肯定，并且也得到包括一些西方国家在内的国际社会的认可。2009 年 10 月，联合国人权理事会通过了《通过更好地认识人类传统价值促进人权和基本自由》的决议，确认所有文化和文明的传统、习俗、宗教和信仰都有一套属于整个人类的共同的价值观，而且这些价值观都对人权规范和标准的发展做出了重要贡献。③ 2010 年 12 月，应人权理事会的要求，联合国人权高专组织召开了主题为"人类传统价值观"的研讨会，着重探讨了支持国际人权的传统价值观在普遍促进和保护人权方面的作用。④ 要激发国际人权标准的活力，就必须让世界各地的所有社会自主掌握

① 信春鹰：《多元的世界会有统一的人权观念吗？》，载刘楠来等编《人权的普遍性和特殊性》，社会科学文献出版社，1996。
② 〔荷〕范·戴克：《人权：价值的普遍性与相对性》，载刘楠来等编《人权的普遍性和特殊性》，社会科学文献出版社，1996。
③ UN Doc. A/HRC/RES/12/21（2009），《通过更好地认识人类传统价值促进人权和基本自由》。
④ UN Doc. A/HRC/16/37（2010），联合国人权事务高级专员的报告：《人类传统价值观研讨会》。

这些规范和标准，这就意味着要通过当地的语汇来接纳并吸收各种观念。①
2012 年，荷兰外交部长在联合国人权理事会第 19 次常会上发言时指出：
"人权是普遍的，但这并不意味着各个国家是一样的。关键的问题不是公民
的权利是如何得到保障的，而是公民的权利得到了保障。要交流，不要对
抗，因为人权不是可以从外部强加的。为了使我们的政策发挥效力，我们
应当对国家已经在人权领域的工作作出回应。这就是我们所说的人权政策
的'本土路径'。"② 可见，国际社会已承认，在人权保障领域，"殊途同
归"才是切合现实的适当选择。

三　"保护的责任"与国家主权

20 世纪 90 年代，"人道主义干预"（又被称为"新干涉主义"）的提法
出炉。它是相对于以军事干涉和入侵为主要特征的传统的干涉主义而言的，
它以解救人道主义灾难为名，但不排除以军事手段进行"解救"。"在国际
关系发展的目前阶段，实施人道主义干预通常不是为了保护被干预国的公
民，而是为了制止大规模、公然侵犯人权的罪行或推翻独裁当局。"③ 自联
合国成立以来，在许多案件中，国家或国家集团在未经联合国安理会授权
的情况下，"为了人道主义的目的"而诉诸武力。这种军事干涉行为对国家
主权原则、不干涉内政原则、禁止使用武力原则都形成了极大的挑战，并
且多数人道主义干涉都被指责为打着人道主义的幌子推行侵略行为之实。

近年来，"人道主义干预"这一备受争议的提法逐渐淡出了人们的视
线，取而代之的是一个新名词——保护的责任（Responsibility to Protect）。
2001 年 12 月，加拿大"干预和国家主权国际委员会"提交了一份名为《保
护的责任》的报告。该报告明确倡导"保护的责任"是基于人道保护的干
涉的一个新进路，主张不再谈"干涉的权利"，而仅谈"保护的责任"。"保

---

① UN Doc. A/HRC/16/37（2010），联合国人权事务高级专员的报告：《人类传统价值观研讨
会》，第 66 段。

② Speech by Minister of Foreign Affairs Uri Rosenthal at the 19ᵗʰ Regular Session of the UN Human
Rights Council, Geneva, 29 February 2012. Available at http：//www. rijksoverheid. nl/document-
en-en-publicaties/toespraken/2012/02/29/un-human-rights-council. html, latest visit on 1 Sep
2013.

③ UN Doc. E/CN. 4/Sub. 2/2006/7（2006），弗拉基米尔·卡尔塔什金先生根据小组委员会第
2005/105 号决定编写的工作文件：《人权与国家主权》，第 32 段。

护的责任"的基本原则是：首先，国家主权意味着责任，而且保护本国人民的主要责任在国家自己身上；其次，当人民因内战、叛乱、镇压或国家陷于瘫痪而遭受严重伤害，且当事国不愿或无力制止这种伤害的时候，不干涉原则就应让位于国际保护责任。可见，保护的责任被区分为两个层次：首先是国家的保护，当国家保护缺位时便由国际保护来补位。

上述民间报告中所提出的问题很快被列入了联合国的议事日程。2003年，联合国秘书长在联大致辞中宣布成立"威胁、挑战和改革问题"高级别名人小组。该小组在提交的报告《一个更安全的世界：我们的共同责任》中，对"干预和国家主权国际委员会"提出的"保护的责任"作出了回应。这份报告指出，安理会和广大国际社会已逐渐承认，为寻求一个对国际社会提供保护的集体责任新规范，安理会可批准采取行动，以纠正一个国家内部极为严重的弊害。"问题并不在于一个国家是否'有权干预'，而是每个国家都'有责任保护'那些身陷本来可以避免的灾难的人。"值得注意的是，在军事干预的授权程序上，名人小组的报告只肯定了"由安理会在万不得已的情况下批准进行"，实际上否定了安理会授权体制外的选择措施。① 2005年，秘书长发表了《大自由：实现人人共享的发展、安全和人权》的报告。报告赞同"新的规范，即集体负有提供保护的责任"，并且要求在必要时采取行动。报告肯定了这一责任首先在于每个国家，因为国家存在的首要理由及职责就是保护本国人民。但如果一国当局不能或不愿保护本国公民，那么这一责任就落到国际社会肩上，由国际社会利用各种方法包括必要时采取强制行动，帮助维护平民的人权和福祉。② 《大自由》一方面在名人小组报告的基础上，概括地肯定了灭绝种族、种族清洗和其他类似危害人类罪是对国际和平与安全的威胁，在此情形下，"集体负有提供保护"的第二顺位责任，使"保护的责任"在实体部分有了更明确的发展；另一方面，它将武力的使用区分为两种情况：对迫在眉睫的威胁允许依《联合国宪章》第51条的程序行使自卫的"自然权利"；但对并非紧迫的潜在威

① UN Doc. A/59/565（2004），*A more secure world：our shared responsibility*，Report of the High-level Panel on Threats，Challenges and Change，para. 201.
② UN Doc. A/59/2005（2005），para. 135；A/59/2005（2005），Annex，para. 7，Section（b）.

胁，须依安理会的授权决定行事，这反映了联合国秘书长既想照顾某些大国对"预防性自卫"的主张，同时又想对滥用所谓"人道主义干涉"的原则进行限制的思想，"实际上是对现状的妥协"。① 2005 年 10 月，联大通过了《世界首脑会议成果》，其中的第 138 段和第 139 段专门对"保护的责任"作出了规定。决议首次限定了"保护的责任"的适用范围和责任主体，明确了联合国的保护责任，并设定了国际社会的协助义务。② 《世界首脑会议成果》第 138 段和第 139 段成为联大及安理会相关活动的基本依据，并被诸多联合国法律文件援引。据此，2009 年 1 月，联合国秘书长潘基文作了题为《履行保护的责任》的报告。该报告提出了保护的责任的"三大支柱"。其中第一支柱为"国家的保护的责任"，即"国家始终有责任保护其居民，无论是否其国民，防止居民遭受灭绝种族、战争罪、族裔清洗和危害人类罪之害，防止他们受到煽动"；第二支柱为"国际援助和能力建设"，即"国际社会承诺协助各国履行其义务"；第三支柱为"及时果断的反应"，即"在一国显然未能提供这种保护时，会员国有责任及时、果断地作出集体反应"，③ 并认为"将保护的责任的构想付诸实践的时机已经成熟"。④ 2009 年 7 月，联大一致通过了第一个关于"保护的责任"的决议，要求尽快兑现承诺，落实"保护的责任"。⑤ 2009 年 9 月，联大下发了作为大会文件的《关于防止人民遭受灭绝种族、战争罪、族裔清洗和危害人类罪之害的保护责任的概念说明》⑥。2010 年 7 月，在第 64 届联大上联合国秘书长潘基文作了题为《预警、评估及保护责任》的报告，专门探讨其中的"预警和评估"机制。在第 65 届联大上，很多国家支持继续审议"保护的责任"，并希望制定具体实施办法，组建实施机构。特别值得注意的是，2011 年安

---

① 李杰豪、龚新连：《"保护的责任"法理基础析论》，《湖南科技大学学报（社会科学版）》2007 年第 5 期。

② UN Doc A/RES/60/1（2005），《2005 年世界首脑会议成果》。

③ UN Doc. A/63/677（2009），*Implementing the responsibility to protect*，Report of the Secretary-General，para. 11.

④ UN Doc. a/63/677（2009），para. 72.

⑤ UN Doc. A/RES/63/308（2009），*The responsibility to protect*.

⑥ UN Doc. A/63/958（2009），*Concept note on the responsibility to protect populations from genocide，war crimes，ethnic cleansing and crimes against humanity*.

理会关于利比亚问题的第 1970 号决议①和第 1973 号决议都重申了利比亚当局对其人民具有"保护的责任"。

　　"保护的责任"是人权的国际保护发展到一定阶段的产物。尽管联合国尚未对如何实施"保护的责任"构建起明确具体的制度，但是这一理论已经为联合国所接受。这一理论的提出对传统的国家主权原则提出了一定的挑战。首先，"保护的责任"理论强调"国家主权"的责任内涵。传统观点认为，国家主权是一种对内的最高权和对外的独立权，侧重强调主权的权利属性；而"保护的责任"揭示了国家主权的责任属性，认为国家主权不仅是一种权利，更是一种保护其公民基本人权的义务与责任。"国际社会的现实要求对主权理论进行新的诠释，特别是发生在卢旺达、索马里、波斯尼亚等地的屠杀事件更迫切要求国际社会对传统的主权理论进行反思。"②"保护的责任"理论提出了在人类面临人道主义危机之时，国家或国际社会应有预防、反应与重建的责任，其实质就是对传统的国际法上国家主权的重新诠释。其次，依据"保护的责任"理论，承担保护一国人民的责任的主体已不限于国家，还包括国际社会。尽管国家仍然是保护本国人民的首要的和基本的主体，但是当该国被认为"不能或不愿"履行保护责任时，国际社会就将顺位成为保护责任的承担者。这一理论为人权国际保护的正当性提供了新的依据。再次，由谁来判断国家"不能或不愿"履行保护的责任，判断的标准是什么，这些问题尚无普遍接受的答案，这可能成为滥用"保护责任"架空主权国家、侵犯国家主权的隐患。事实上，"保护的责任"已经出现了被滥用的倾向。例如，2011 年安理会第 1973 号决议决定在利比亚设立禁飞区，以履行国际社会对利比亚人民的保护责任。但是随后西方多国部队对利比亚的军事打击并未完全遵从安理会决议的精神，被认为滥用了"保护的责任"。

　　"保护的责任"尽管已纳入联合国的日程，但中国对此一向持谨慎的态度。在 2005 年《中国关于联合国改革问题的立场文件》中，中国政府一方面强调"各国负有保护本国公民的首要责任。一国内乱往往起因复杂，对

---

①　UN Doc. S/RES/1970（2011），序言部分"忆及利比亚当局对其人民的保护责任"；S/RES/1973（2011），序言部分"重申利比亚当局对利比亚人民的保护责任"。

②　高凛：《论保护责任对国家主权的影响》，中国国际法学会 2012 年学术年会参会论文。

判定一国政府是否有能力和意愿保护其国民应慎重，不应动辄加以干预"，这一点体现了我国素来对所谓人道主义干涉的反对立场，认为其是对"不干涉内政原则"的严重违背；而另一方面，中国也认为："在出现大规模人道危机时，缓和与制止危机是国际社会的正当关切。有关行动须严格遵守《宪章》的有关规定，尊重有关当事国及其所在地区组织的意见，在联合国框架下由安理会根据具体情况判断和处置，尽可能使用和平方式。在涉及强制性行动时，更应慎重行事，逐案处理。"① 这一点表明我国政府对国际社会行使"保护的责任"的谨慎认同，但仍强调以和平方式提供保护是首选。这与我国一贯主张的和平解决国际争端的立场是一致的。在联合国安理会通过关于利比亚局势的第 1970 号和 1973 号决议时，中国都投了弃权票，并在发言中指出，"一贯反对在国际关系中使用武力"，国际社会应当"尊重利比亚的主权、独立、统一和领土完整，通过和平手段解决利比亚当前的危机"。这一声明再次体现了中国的一贯立场。

"保护的责任"理论迅速发展，我国一些学者甚至认为"保护的责任"已经成为一项习惯国际法。② 然而，鉴于"保护的责任"尚有许多不明确之处，距离成为一项"国际法规则"还有很长的路要走。中国应当以更加积极的姿态参与到完善这一规则体系的进程中来，努力使新的规则能够符合国际法的基本原则，并能充分反映中国乃至广大发展中国家的关切。

第三节　人权的国际保护与国内保护的关系

本书是在承认人权是国际法和国内法共同调整的对象这一前提下探讨人权的国际保护与国内保护的关系的。人权国际保护一般由国家和国际组织依据国际人权条约或国际人权习惯法，为防止发生侵犯人权的行为或针对已经发生的侵犯行为而实施。人权的国内保护主要是指国家根据宪法和

---

① 2005 年 6 月 7 日发布的《中国关于联合国改革问题的立场文件》，中国外交部网站 www. mfa. gov. cn。

② 郭冉：《"保护的责任"的新发展及中国的对策》，中国国际法学会 2012 年学术年会参会论文；李寿平：《论联合国框架下"保护责任"法律制度的构建》，中国国际法学会 2012 年学术年会参会论文。

法律确立的人权保护制度，由立法机构、行政机构、司法机构以及专门的
国家人权机构共同进行的尊重、保护和实现人权的活动。人权的国内保护
的依据是国家的宪法或法律；在国家缔结的人权条约已经成为国内法律的
一部分时，也包括国际人权条约。人权的国内保护的常态包括立法机关对
人权的确认、行政机关保障人权的日常活动、司法机关对侵犯人权的救济，
以及国家人权机构对人权保障活动的整体协调、监督和促进。人权的国内
保护是人权保护的基础，人权的国际保护是国内保护的补充，同时国际保
护又将促进国内保护的完善。

一　人权的国内保护是人权保护的基础

　　人权的国内保护是实现人权的基本的首要的途径，是人权保护的基础。
首先，从历史上看，先有人权的国内保护，后有人权的国际保护；人权的
国际保护发挥影响最终要依赖于人权国内保护活动的开展。其次，个人作
为人权的主体，与国家的联系远比与国际社会的联系更为密切；个人最经
常诉诸国家的人权保障机构来获得人权的实现和救济。最后，普遍的人权
要通过特殊的国家行为得以实现。在多元的世界里，没有哪一种模式是放
之四海而皆准的。在实现人权的共同目标下，各国需要选择适合本国国情
的人权保障途径。总之，目前还没有哪一种国际人权机制像国家人权机制
那样可以产生直接而有效的拘束力。现阶段，"人权的实现主要还是立足于
国内法上的各种宪法和法律措施的保护"，"没有国内法上通过不同法律保
障措施建立起来的人权保障体系，要真正地实现普遍人权的有效保护是比
较困难的"。[①]

二　人权的国际保护是国内保护的补充

　　人权国际保护的产生是为了弥补人权国内保护的不足。人权的国内保
护顺利运行必须以民主的政治环境、良法之治、经济积累为前提条件。一
国对人权的政治保障程度依赖于一国的民主化程度。在不民主的社会，人
权的保障是不稳定的，随时有被侵犯和剥夺的危险。法治是实现人权的途
径，但"恶法"之治非但不会保障人权，还会为侵犯、践踏人权披上"合

[①]　莫纪宏、李岩：《人权概念的制度分析》，《法学杂志》2005 年第 1 期。

法化"的外衣。经济基础决定上层建筑，在如何让国民衣能蔽体、食可果腹仍然是政府日程上的头等大事时，它将无精力、无能力去考虑如何让国民生活得更加体面。这些问题的解决单靠国家自我觉悟恐怕是不现实的。这是因为，首先，尽管保护人权的主要责任在于国家，然而对人权的侵犯也主要来自国家，特别是政府行使权力的行为。国家关心人权、促进人权的内在动力并不充分。其次，一国人权状况深受其历史、文化传统的影响和制约，在整个国家对人权现状的不足浑然不觉，甚至作为民族特色引以为豪的时候，要求国家自觉改善人权状况是不可能的。再次，经济上处于不利地位的国家，单靠自己的力量去改进人权保护状况往往力不从心。在这种情况下，对不愿改进者，需要以人权国际保护的力量来督促其进步；对不知改进者，亦需要人权的国际保护的力量来让其觉醒；对不能改进者，则更需要人权保护的国际力量的援助和支持。总之，在人权的国内保护惰怠不前时，需要人权的国际保护作为一种外部力量来鞭策。

同时应认识到，人权国际保护的目的不在于由国际社会替代国家履行保护人权的义务，而在于通过人权国际保护推动各国国内人权保障制度的建立和完善，在各国国内形成浓厚的尊重人权的氛围，提高国内人权保护的水平。因此，一方面，国际人权条约将实施尊重、保护和实现人权的义务赋予了国家而不是国际机构；另一方面，国际人权机构对某些侵犯人权案件的受理需要以受害者用尽了国内所有的程序和措施仍不能得到有效救济为前提。正如经济、社会和文化权利委员会曾经指出："要求用尽国内补救措施的规则强调了国内补救措施在这方面的首要地位。存在和进一步发展处理个人申诉的国际程序是重要的，但这些程序只能是有效的国家程序的补充。"①

三　人权的国际保护监督并促进人权的国内保护

路易斯·亨金（Louis Henkin）写道："当一个国家尊重和保障人权方面有欠缺时，国际人权法不是去取代国内法和国家机制，而是努力促使该国

---

① UN Doc. E/1999/22，经济、社会和文化权利委员会第 9 号一般性意见：《公约》在国内的适用，第 4 段。

改进其国家的法律和机制，使它们更为有效。"① 在谈到区域人权条约体系与国家人权保障制度的关系时，学者们反复强调的一个观点是区域人权条约机构应该关注确保权利在国家一级得到执行。欧洲人权制度强调自己与国家人权保障制度相比的附属性地位（the Principle of Subsidiarity），认为区域人权文件不是规则清单而是确立标准，并留给国家去选择解释的方法；区域人权法院的存在是为了确保国家的解释与公约的标准相一致。而确保普遍人权得到有效保护仍依赖于国家的法院、立法以及行政部门，而不是由一个非常弱势的区域司法监督体系来承担。②

人权国际保护对人权国内保护的督促和促进作用具体体现在以下方面。首先，国家与国际社会在人权保护领域进行合作，国际社会为国内人权保护的改善提供援助和支持，以提高一国国内的人权保护水平。其次，国家加入国际人权公约后，一方面，公约往往具有了国内法上的效力，可以直接作为个人主张权利和法院裁判案件的依据；另一方面，为了履行国际义务，国家一般会主动调整与公约规定不一致的国内法，使国内法适应国际公约的要求，从而改善国内的人权保护机制。再次，国际社会通过人权国际保护机制对个案的解决，对主权国家的国内人权保护产生影响。对于当事国之外存在类似情况的国家，案件的处理结果有警示和预防作用；而对于当事国，要么坚持既有做法，将来面临被指控和败诉的风险，要么主动修改国内法以适应公约的要求。最后，国际社会通过人权的国际保护，不仅可以直接促进国内人权保护状况的改善，而且这种改善本身又深刻地影响了该国国民的人权意识，从而大大增强了该国人权保护的思想基础，间接为该国人权保护机制的进步提供了来自民间的强大动力。

---

① 转引自庞森《当代人权 ABC》，四川人民出版社，1991，第 66 页。

② Lord Lester of Herne Hill, "Universality versus Subsidiarity: a reply", in *European Human Rights Law Review*, No. 1, 1998, 转引自 Rachel Murray, "a comparison between the African and European courts of human rights", in *African human rights law journal*, vol. 2 no. 2 2002, p. 210。

第二章
国际人权条约与国内法的关系

第一节　国际条约与国内法的关系

国际条约如何在一国国内得以实施，以明确该国如何处理国际条约与国内法的关系为前提。"条约必须遵守"的国际法原则使国家负有在国内适用国际条约的法律义务。国家在国内适用国际条约时，需要解决如下问题：（1）国际条约如何被接受到一国的法律体系中；（2）已经被接受到一国法律体系中的国际条约与国内法的相互地位如何，在一国的法律体系中处于何种法律位阶；（3）国际条约的规定如何在国内得到适用，是否可以直接适用；（4）当国际条约的规定与国内法的规定发生冲突时，如何协调二者的关系；等等。

一　条约必须遵守：国际条约与国内法关系的指导原则

条约是"至少两个国际法主体意在原则上按照国际法产生、改变或废止相互间权利义务的意思表示的一致"。[①]条约产生于国际社会的实际需要，是国际法的主要渊源之一，构成条约当事国之间的法律。缔结条约不是开具空头支票，各缔约国应使条约产生国内法上的效力，人权条约的缔结尤

---

① 李浩培：《条约法概论》（第2版），法律出版社，2003，第3页。1969年《维也纳条约法公约》第2条将条约说明为"国家间所缔结而以国际法为准之国际书面协定，不论其载于一项单独文书或两项以上相互有关之文书内，亦不论其特定名称为何"。这个规定只是意在说明该公约所使用的"条约"所具有的意义，并没有包含国际组织间所缔结的条约，因此不能认为是条约的定义。故本书采用李浩培先生的定义。

为如此。尽管国家如何在国内适用条约一般被认为是一个国内法问题，但条约的当事国"不得援引其国内法规定为理由而不履行条约"。①"条约必须遵守"这一国际法基本原则为国家在国内适用条约奠定了坚实的国际法基础。

在语源上，"条约必须遵守"原则实际就是契约法上的"约定必须信守"原则，即罗马法律格言 *pacta sunt servanda*，后来发展成为国际法的一项基本原则，被称为"条约必须遵守"或"条约神圣"原则。它是指在条约缔结后，缔约各方必须善意遵守和履行合法有效的条约，不得随意违反。"善意"与恶意相对，是履约的首要因素，指公正和适当地履行，不以获取单方利益为目的，更不得以牺牲甚至榨取他方利益为手段。此外，还必须以"善意地解释"条约为前提，善意解释以客观、实事求是的态度为基础，而单方面、片面的恶意解释必然导致非善意履行的后果。

《联合国宪章》在序言中就申明"尊重由条约与国际法其他渊源而起之义务，久而弗懈"。宪章第2条第2项又规定："各会员国应一秉善意，履行其依宪章所担负之义务，以保证全体会员国由加入本组织而发生之权益。"1969年《维也纳条约法公约》序言开宗明义地强调"条约必须遵守规则乃举世所承认"。第26条"条约必须遵守"对该原则作出直接规定："凡有效之条约对其各当事国有拘束力，必须由各该国善意履行。"

在国际法理论上，为了论证"条约必须遵守"原则，先后有自然法学派、实证法学派、基本规范法学派等多种流派提出过多种理论学说。但无论根据什么学说，也不论属于哪一种学派，国际法学者们无不强调国家遵守条约的义务，一致承认"条约必须遵守"原则。在国际实践中，条约必须遵守原则得到了许多国际法判例的支持，也为一系列重要的国际法文件所反复申明。在国际社会内，各国遵守条约已有长期的历史，各国所缔结的条约绝大多数也得到了善意履行，而它们遵守条约是由于它们确信应当遵守，确信违反条约将受到谴责，遭受不利的后果。正如《哈佛条约法公约草案》所指出的："民族的自利、责任心、对于庄严地作出的许诺的尊重、避免违约恶名的愿望以及习惯的力量，在压倒多数的情形下，是足以保证严谨地遵守条约的一些有力因素。如果在特殊情形下，这些力量证明

---

① 《维也纳条约法公约》第27条。

还不够，那么对于报仇的恐惧大概会阻止一个国家违反条约。"① 即便有些当事国违反了条约，一般也不承认其违约行为，而借口情事已变，或对方违约在先，或曲解条约含义，或否认条约效力等理由来为自己的行为辩解。违约国家煞费苦心地为自己的违约行为开脱的做法从另一个角度证明了国家对"条约必须遵守"原则的认同。

由此观之，"条约必须遵守"通过各国以法的确信和长期的惯行，逐步被确立为一项国际习惯，并且得到了各国政府、国际组织、国际会议、国际条约、国际裁判和国际法学说的庄严宣告和一再确认。国际习惯法赋予了"条约必须遵守"原则以拘束力，使得国际社会的所有国家都要受到该原则的约束。

"条约必须遵守"原则为国际间的互信互赖创造了条件，也为维护主要以条约关系构建起来的国际社会的平稳有序提供了支持。如果各国都可以随意撕毁在平等基础上达成的协议，不遵守自愿承担的条约义务，条约本身将陷于崩溃，国际往来将不能继续，国际社会也将不复存在。因此，对"条约必须遵守"原则的确认和实行，对维系国际社会的稳定有序至关重要，也是保障国家权利义务实现的关键。

二　国际条约与国内法关系的理论发展

国际条约是除习惯国际法之外国际法的另一主要的法律渊源。国际条约与国内法关系的理论遵从国际法与国内法关系的理论。对于国际法与国内法的关系问题，学术界曾提出多种理论。概括而言，有一元论、二元论，后来又有所谓协调论。近年来，我国学者在反思这些理论的基础上，提出了"自然调整说"、"法律规范协调说"、"利益协调说"等思考国际法与国内法关系的新思路。

（一）　一元论

关于国际法与国内法关系的"一元论"（monism）认为，全部法律，无论它约束的是国家、个人还是非国家实体的行为，都构成一个统一体。在他们看来，法律科学是一个统一的知识领域，一旦承认国际法是具有真正

---

① 《美国国际法学报》1935 年增刊，第 990 页。转引自李浩培《条约法概论》（第 2 版），法律出版社，2003，第 286 页。

法律性质的规则体系，就无法否认国际法与国内法同属于法律科学这一整体的组成部分，并且是互有联系的两个部分。在这个大前提下，持一元论的学者对于"在法律科学的统一体中，国际法与国内法谁属优先"这一问题又有不同观点，大致上可以划分为"国内法优先说"和"国际法优先说"。

持"国内法优先说"者认为，虽然国际法是法律，但是他们认为国际法的效力来源于国内法，是从属于国内法的次一等的法律。这种学说认为，法律是国家意志的体现，并且国家的意志在法律上是绝对的和无限的；国家的一切活动，包括对外交往活动，均应依其国内法而定，例如若没有国内宪法关于缔约权的规定，国家便不得对外缔结条约。"国内法优先说"形成于19世纪末20世纪初。根据这一学说，既然国际法的效力来源于国内法，那么国家就可以依其国内法任意地否定国际法的法律效力，解除其根据国际法承担的义务，从而从根本上否定了国际法的存在。这一学说在理论上的片面性受到了其他学说，特别是二元论的强烈抨击；又因其同现实经验脱节，在第一次世界大战后便逐渐失去了影响力。

"国际法优先说"是第一次世界大战之后逐步兴起的学说。持这一观点的学者认为，国际法与国内法同属于一个法律体系。在这个法律体系中，国际法的地位高于国内法；国内法从属于国际法，在效力上依靠国际法。而国际法的效力则最终依赖于一个最高规范，就是"约定必须遵守"这个客观的规范。它的效力是不证自明的，它既是国际法的效力依据，也是整个法律规范体系的效力依据。① "国际法优先说"在第二次世界大战后受到欧美一些学者的推崇，至今仍有一定的影响。现代国际法学者，如英国的劳特派特、美国的杰塞普（Jessup）等均倾向于此说。但是"国际法优先说"的缺陷也是显而易见的。首先，理论上，所谓基础规范或最高规范的效力从何而来，该学说并没有给出令人信服的论据。其次，这一学说以世界主义思潮为背景提出来，主张国内法从属于国际法，在逻辑上将否定国家主权原则这一国际法的基本原则，与当今国际社会的现实不符。

（二）　二元论

二元论以实在法理论为基础，主张国际法和国内法分别构成各自的法

---

① 〔美〕汉斯·凯尔森：《国际法原理》，王铁崖译，华夏出版社，1989，第339～348页。

律秩序，属于完全不同的两个法律体系，国际法与国内法不是一种从属关系，而是一种平行关系，因此该理论又被称为"国际法与国内法平行说"。特里佩尔在其著作中阐明了国际法与国内法的主要不同。首先，二者调整的社会关系有别，国际法调整国家与国家之间的关系；国内法调整一国范围内的个人与个人之间的关系，或者国家同其管辖下的个人之间的关系。其次，二者的效力依据不同，虽然二者的效力均来自国家的意志，但是国内法的效力来源于一国单独的意志；而国际法的效力则来源于多数国家的共同意志。安齐洛蒂则进一步认为，国际法和国内法的区别还在于决定各自体系的基本原则不同，国内法取决于"国家立法必须遵守"的基本原则或规范，而国际法则是由"条约必须遵守"原则所决定的。基于上述理由，二元论者认为国际法与国内法属于法律的不同分支，各成体系，虽可以相互参考，但是彼此并不隶属，不存在等级高低的问题。除实证法学派的学者外，一些非实证法学派的学者，尤其是国内法院的法官们也支持二元论。但是他们的着眼点在于国际法与国内法的渊源不同，国际法的渊源主要是条约和习惯，而国内法的渊源则主要包括国家立法机构通过的成文法以及法院的判例。

依据二元论，国家应如何适用国际法呢？实证法学派认为，国际法规则不能直接、自动地适用于国内；要想适用国际法规则，国家在国内必须履行特别的纳入（specific adoption）或接受（incorporation）程序。对于条约规则，则必须转化（transformation）为国内法才能适用，因为条约在性质上属于承诺，而国内法在性质上属于命令，二者的形式不同，故需要转化。关于国家如何适用国际法另有一种授权理论（Delegation Theory）。[1] 根据这一理论，国际法中的宪章性规则授权由各国宪法决定条约的条款何时生效、在何种情况下纳入国内法中。国家为此而采取的程序或方法只是缔结条约程序的继续，既不是转化，也不是制定新的国内法规则，而不过是一个单纯的立法行为的延续。这样，国家宪法中所规定的要件，只是完整的国际立法程序的一个环节而已。

---

[1]　关于"授权理论"的主要观点可参阅〔英〕J. G. 斯塔克《国际法导论》（第 8 版），赵维田译，法律出版社，1984，第 71 页；沈克勤编著《国际法》（第 7 版），台湾学生书局，1984，第 73 页。

关于国际法与国内法平行或对立的二元论过分强调了二者在形式上的区别，而忽视了它们在实践中的联系。这种联系因为国家既是国内法的制定者，又参与制定国际法而愈加紧密，将二者简单对立起来不能全面地说明国际法与国内法之间在现实中的复杂关系。

（三）　协调论

协调论（theories of Coordination）是一种解释国际法与国内法关系的新理论。这种理论认为，既然国际法与国内法运作的领域不同，两种法律秩序作为体系就不会发生冲突，它们在各自的领域内都享有最高地位。但是国家可能会面临义务上的冲突。此时，需要将国际法和国内法解释得协调一致。同时，如果国家在国内法层面上未按照国际法所要求的方式运作，其结果并不是国内法的无效，而是国家应在国际层面上承担责任。这是因为，在协调论者看来，国际法是一种协调法，不会使与国际义务发生冲突的国内法规自动废止。英国国际法学者伊恩·布朗利（Ian Brownlie）也赞同这一理论，认为它与一元论和二元论相比，更加接近于现实。①

实际上，协调论与二元论有着共同的前提，即国际法与国内法属于两个不同的法律体系，两个体系在各自的领域中都是最高规范，哪一个领域都不能对另一个领域享有支配权。协调论者揭示了国家在处理国际法与国内法的冲突时一种常用的方法，那就是将二者解释得协调一致。

（四）　自然调整说

中国大部分学者既不赞同一元论，也不支持绝对的二元对立理论，而主张国际法与国内法关系的"自然调整说"。我国国际法学家周鲠生先生较早阐释了这一学说。他认为，国家制定国内法，同时也参与制定国际法，国家的对外政策和对内政策有密切的联系，而法律是为政策服务的，国家的对外政策自然影响到它对国际法的态度和立场。因此，国际法和国内法按其实质来看，不应该有谁属优先的问题，也不是彼此对立的。国际法和国内法的关系问题，归根到底，是国家如何在国内执行国际法的问题，也就是国家如何履行国际法义务的问题。按其性质，国际法约束国家而不直接约束国家的机关和国内的人民，即使国内法违反了国际法，其国内法庭

---

① 〔英〕伊恩·布朗利：《国际公法原理》（第5版），曾令良、余敏友等译，法律出版社，2003，第52页。

仍须执行，但国家因此将负违反国际义务的法律责任。所以，国家既然承认了国际法规范，就有义务使它的国内法符合国际法的规定。"从法律和政策的一致性的观点说，只要国家自己认真履行国际义务，国际法和国内法的关系总是可以自然调整的。"①

与协调论一样，自然调整说也承认国际法与国内法属于两个不同的法律体系。二者之间的关系之所以能够自然调整，是因为：首先，既然国家既制定国内法，又参与制定国际法，那么当国家在参与制定国际法时会考虑到本国国内法的制度，当制定国内法时也会考虑到自己依据国际法承担的义务，这就使得国际法和国内法能够在内容上保持一致。其次，自然调整说一方面确认了国际法具有不会使与之冲突的国内法当然无效的"协调法"性质，另一方面认为国家认真履行国际义务的态度，能够避免国际法与国内法之间的冲突，使二者达到自然调整的状态。而国家认真履行国际义务在实践中包括调整与其承担的国际义务不相符合的国内法。

自然调整说既强调国家主权，也强调国际法对国家的拘束力，较为全面地反映了国际法与国内法关系的现实。从自然调整说我们还可以看到国际法与国内法在内容上相互渗透、相互转化的动态关系，当今在人权保护等法律领域中国际法与国内法相互影响的趋势恰恰证明了这一点。

近年来，我国又有学者提出了国际法与国内法关系的"法律规范协调说"，此学说可以被看成运用规范法学的理论，对国际法与国内法规范的内在关联性的进一步思考。这一学说认为法律规范的和谐一致是准确把握国际法与国内法关系的理论起点，法的内在特质的普遍性与形式特征的共同性以及法治社会对法律体系融合协调的基本要求，决定了国际法与国内法必须而且只能在法律规范的统领下和谐共生、协调一致。国际法律规范与国内法律规范既分别在各自的法律系统范围内达到内部的和谐一致，又在总体上相互关联、互为因果、互相渗透、互相促进。② 另有学者根据全球化和国际治理的原理，以经济分析的方法提出了国际法与国内法之间实质上是一种和谐共处、互济共赢的"利益协调关系"。③

---

① 周鲠生：《国际法》（上册），商务印书馆，1981，第 20 页。
② 李龙、汪习根：《国际法与国内法关系的法理学思考——兼论亚洲国家关于这一问题的观点》，《现代法学》2001 年第 1 期。
③ 参见万鄂湘主编《国际法与国内法关系研究》，北京大学出版社，2011，第 34～59 页。

应当看到，随着经济全球化主导的全球一体化趋势的不断加深，国际法与国内法之间的区别"不像以前那么清楚而且是更加复杂"，① 以一元论、二元论为主的传统理论已经无法说明和解释全球化时代国际法与国内法的关系了。在全球化进程中，国际法在主体、范围以及立法和执法方面都发生了深刻的变化，因此，在国际法与国内法的关系方面，出现了国际法日益内化为国内法、国内法日益外化为国际法以及国际法与国内法相互融合的趋势。任何理论都必须不断从实践中汲取养分才能得到发展。一方面，关于国际法与国内法关系的理论探讨还在继续；另一方面，有关国际法与国内法关系的实践活动也颇为活跃和丰富。国际人权条约如何强调并努力发挥其在国内法领域中的影响效力，国家如何在国内适用国际人权条约等方面的丰富实践，为理解国际法与国内法的关系注入了新的活力。

三　国际条约在国内法上的接受

国际条约经过一定的缔结程序首先在国际法上生效，即条约在国际法上对缔约国产生法律拘束力，缔约国必须善意履行条约义务。但是，条约在国际法上对缔约国生效并不等于自动地在所有的缔约国国内生效。这时，即便一国的国内法与国际法的规定不符，也"并不构成对国际法的直接违反。只有国家在具体场合不履行义务时才发生违反国际法的情形"。② 因此，一个已经在国际法上生效的条约，其规定要在缔约国的国内得到执行，还必须在国内法上生效，得到国内法律体系的接受。③ 国际条约获得国内法律体系的接受是其在国内得到适用的前提。

各国在国内法上如何接受条约并无一定之规，一般是由各自的法律传统所决定的。总结各国在国内法上接受条约的做法，大致可以分为两种情况。第一种情况是将国际条约转化（transformation）为国内法，即条约在国

---

① 〔英〕詹宁斯、瓦茨修订：《奥本海国际法》（第 1 卷第 1 分册），王铁崖等译，中国大百科全书出版社，1995，第 32 页。

② 〔英〕伊恩·布朗利：《国际公法原理》（第 5 版），曾令良、余敏友等译，法律出版社，2002，第 40 页。

③ 在国际法著作中，经常使用的一个词是"incorporation"，该词有时被译为"并入"，含义与此处的"接受"是一致的。Cf. Karl Josef Partsch, in R. Bernhardt (ed), *Encyclopedia of Public International Law*, Vol. 10, Elsevier Science Publishers B. V. 1987, p. 245.

际法上生效后，必须再经一国立法机关用国内立法的形式把它转化为国内法，才在国内生效。采用这一做法的国家多是受实证法学派和二元论思想的影响，将国际法和国内法视为两个相互独立的法律体系，认为国际条约不能被自动地视为国内法的一部分，亦不能被国内法院直接适用；条约只有经转化为国内法后，才可以被国内法院适用，而国内法院所适用的规则从性质上讲已不是国际条约，而是国内法。以转化方式接受国际条约的国家，典型代表是英国和意大利。

第二种情况是条约无须转化为国内法即可被直接纳入（adoption）国内法领域。对于采取纳入方式接受国际条约的国家，该国签署、批准或加入条约后，条约就自动成为该国内法律体系的一部分，可以被国内法院直接适用，而无须再通过国内立法机关另行制定执行国际条约的国内法。其典型代表是美国。还有的国家规定该国批准的条约在国内公布后即成为国内法的一部分，如西班牙，实质也是以纳入方式接受国际条约。需要指出的是，即便是采用纳入方式接受国际条约的国家，在实际适用条约时也有可能会将条约或条约的具体条款区分为自动执行和非自动执行两类。对于可自动执行的条约或条约条款，法院才可以直接适用；对于非自动执行的条约或条约条款，仍需要进一步的法律措施协助，才可以被适用。对此问题，下文还将论及。

国际条约一经被国内法接受，即成为国内法律体系的组成部分，成为国内法的渊源，在国内法上便会产生法律效力并获得法律地位。

四　国际条约与国内法的相互地位

经接受的国际条约在国内法上产生法律效力，就成为其国内法律体系的组成部分。那么，已被一国接受的条约在国内法律体系中的地位如何？它与该国内法律体系的其他组成部分之间是什么样的关系？

（一）条约在国内法律体系中的地位

上文从理论的角度谈到了条约与国内法的关系，而"学说上的不同，未为国家实践或在这种情况下适用的国际法规则所解决"。[1] 各国在实践中

---

[1]　〔英〕詹宁斯、瓦茨修订：《奥本海国际法》（第1卷第1分册），王铁崖等译，中国大百科全书出版社，1995，第32页。

处理国际法与国内法之间的关系并没有严格地遵循"一元论"或"二元论"，而是一种混合，"有时甚至不太关注这种关系的理论合理性，而主要关注通过这种关系所要解决的问题"。①

而国际法本身也并不关心各国如何对待条约的问题。"条约在任何国家的国内法中的地位，乃是宪法方面的问题，而不是国际法问题。所有国家都在某种程度上以不同的方式把国际法纳入自己的法律制度之中，但各国的做法在程度上和方式上都有所不同。此外，各国还在把条约纳入国内法的必要要件方面和有关法律后果等问题上各不相同。"②

故此，一般情况下，各国都会在宪法或宪法性法律中对条约在国内法上的地位作出规定。例如，美国宪法第6条第2款规定："本宪法与依本宪法制定之合众国法律，以及在合众国权力之下缔结及将缔结之条约，均为美国之最高法律；即使任何州的宪法或法律与之相抵触，每一州之法官仍受其约束。"可见在总体上美国对待条约的态度是等同于联邦法律。法国1958年宪法第55条规定："依法批准或者认可的条约或协定，自公布之日起即具有高于各种法律的权威，但就每一个协定或条约而言以对方〔缔约国〕予以适用为限。"法国的这条规定虽然确定了条约在国内有高于一般法律的效力，但附加了相关缔约方相互实施条约的条件。荷兰宪法第93条规定："条约条款及国际机构决定中，就其内容对任何人都有约束力的规定，一经公布即生效。"第94条接着规定："王国内有效的法律规范，如其适用将与对所有人有拘束力的条约条款或是国际机构的决定相冲突，则不得被适用。"鉴于荷兰"法律规范"的含义中包含宪法的规定在内，可知荷兰宪法赋予了条约优于宪法的地位。

我国宪法对条约在国内法上的地位没有作出明确的规定。尽管中国的某些法律中规定"中华人民共和国缔结或参加的条约与本法有不同规定，适用国际条约的规定，但中华人民共和国声明保留的条款除外"，但是订有这些条款的法律都是宪法以外的普通法律，因此条约与宪法的关系并不明确。另外，这些主要集中于涉外民商法、经济法领域的分散、单个的规定，

---

① 莫纪宏：《现代宪法的逻辑基础》，法律出版社，2001，第398页。
② 〔美〕路易斯·亨金：《宪政·民主·对外事务》，邓正来译，生活·读书·新知三联书店，1996，第91页。

"尚不能使条约规定优于宪法之外的国内法规定的做法成为一项法律制度"。①

　　有人认为，条约在中国国内法中是处于低于宪法，高于一般国内法的"高位法"地位。② 得出这一结论主要基于以下几个因素的考虑：（1）从根本上说，国际条约在一国国内法中处于何种法律位阶是一国通过宪法自主决定的事情，而且规定条约高于或等同于宪法将有损国家主权，因此，条约的位阶应低于我国宪法。（2）"条约必须遵守"的国际法基本原则使国际法呈现一定的"优位"趋向。（3）世界主要国家的宪法多规定条约的法律位阶高于一般国内法。（4）立法（缔约）机关的层次高低并不是法律效力高低的决定因素，法律的效力主要应由法律自身的调整对象来决定，调整深刻、全面、重大社会关系的法律具有更高的法律效力。③

　　笔者认为，上述理由有些还有待进一步推敲。

　　首先，条约的效力低于我国宪法，这一点在我国学界已基本达成共识。从现代宪政原则出发，逻辑上是不可能确认条约具有高于宪法的法律效力的。某些国家的宪法虽然规定条约或协定在某些情况下有优于宪法的效力，但这样的规定不符合现代宪政"宪法至上"的基本原则，其主要的意义不过是强调该国"对履行条约义务的高度责任感"而已。④ 此外，将条约与宪法视为具有同等地位，一般必须具备两个条件：一是批准条约的程序与制定或修改宪法的程序必须保持一致；二是批准的条约如果与宪法不一致，那么被批准的条约必须视为对宪法的修改。我国宪法是国家的根本法，具有最高的法律效力。有关国家机关是根据宪法的规定和授权代表国家同外国缔结条约，⑤ 故其所缔结的条约不可能具有高于宪法的地位。

　　其次，"条约必须遵守"是国际法对条约各缔约方的要求，国家在和条约其他缔约方的关系上要信守承诺，善意履行条约义务。至于履行义务的

---

①　陶正华：《关于条约效力的几个问题》，载朱晓青、黄列主编《国际条约与国内法的关系》，世界知识出版社，2000。

②　王学崖：《国际条约在中国国内法中的法律位阶》，http://chinalawinfo.com/xin/disxw-pl.asp?code1=242&mark=3712。

③　同上注。

④　莫纪宏：《论国际法与国内法关系的新动向》，《世界经济与政治》2001年第4期。

⑤　《中华人民共和国宪法》第67、81、89条；《中华人民共和国缔结条约程序法》第1条。

具体方式、国际法如何在国内适用则是缔约国自主决定的事情，国际法一般不作强制性的规定。一国若违反约定，应该向其他缔约方承担违约的国家责任，但违约的后果并不直接及于国内法而使国内法当然无效。条约一旦经国内法接受成为国内法的一部分之后，它调整的就是国内法上各法律主体的关系。当条约规则与国内法规则竞相调整某一社会关系却因各自规定的不同而发生冲突时，如何协调这一冲突是各国国内法的任务。因此，条约必须遵守并不能使已被一国国内法接受的条约规则在该国法律体系中当然处于高位法的地位。

再次，影响某一规则在整个法律体系中法律位阶的因素主要是规则制定机关的级别高低和规则制定程序的严宽程度。这与"调整深刻、全面、重大的社会关系的法律具有更高的法律效力"的说法并不矛盾。实际上，宪法赋予级别较高的立法机关的职权之一就是处理带有全局性的、重大的社会事务，而调整深刻、全面、重大的社会关系的法律一般也都是由级别较高的立法机关经过严格的立法程序制定出来的。

因此，基于上述理由并不能得出条约在我国具有高于一般法律的"高位法"地位的结论。而且条约内部有无等级之分，也是需要进一步探讨的问题。

（二）　不同条约在国内法上的效力等级

讨论不同条约在国内法上的效力等级问题，只对经"纳入"进入一国法律体系的条约有意义。因为在"转化"体系中，"条约规则可以由国内法律和规则等级的任何层次的规则取代，可以是宪法层次的规则（如果存在优于其他法律的成文宪法），也可以是国会的法案"。① 经转化进入一国法律体系的条约，转化立法的主体及程序决定了其效力等级。

上述无论理论的论证还是实践的做法都是将"条约"作为一个整体与"国内法"这个整体进行比较，来谈论它在国内法律体系中的地位的。而我们知道，在国内法内部是有上位法与下位法、新法与旧法、特别法与一般法之分的。条约经接受在国内生效，成为国内法的一部分后，是作为一个整体在法律效力等级体系内占据一个位阶还是应进一步区分高下处于不同

① See J. G. Brouwer, National Treaty Law and Practice: The Netherlands, in Duncan B. Hollis, Merritt R. Blakeslee, Benjamin Ederington (ed.), *National Treaty Law and Practice*, Leiden; Boston: Martinus Nijhoff, 2005, p. 501.

的位阶？条约的性质、缔约主体、缔约程序等因素对不同条约的效力等级
会产生什么样的影响呢？

　　对此问题，我国一些学者也进行过探讨，并且形成了不同的观点。有
学者认为，我国的《缔结条约程序法》已经对条约作出了分类：以中华人
民共和国名义缔结的条约和协定，以中华人民共和国政府名义缔结的条约
和协定，以及以中华人民共和国政府部门的名义缔结的条约和协定。同时，
该法分别规定了三类条约不同的订立程序和生效办法，因此认为，条约的
效力等级由决定其生效的机关的地位所决定。[①] 另有人主张将缔约机关与立
法机关联系起来，以确定国际条约与国内法的关系，即由全国人大常委会
批准的条约的位阶要高于由国务院核准的条约，并且前者的法律位阶应当
与全国人大常委会通过的国内法律一致。[②]

　　在国内法律体系中，立法者的不同身份决定了法律文件的效力等级。
这是因为，立法权有高低等级之分。那么，缔约权有没有高低等级之分呢？
一国不同的机关代表该国对国际社会作出的承诺在该国国内法上效力相同
还是有高低之分？

　　1. 缔约权对条约效力等级的影响

　　关于条约的缔结，有两个概念应加以区别：缔约能力和缔约权。缔约
能力是指在国际上合法缔结条约的能力，是国家和其他国际法主体作为国
际人格者的一种固有的属性；而缔约权则指国家和其他国际法主体内部某
个机关或个人缔结条约的权限。前者主要由国际法决定，而后者主要由国
家和其他国际法主体的内部法律决定。对国家而言，缔约权是国家主权的
重要组成部分，不得任意剥夺。有关缔约权和缔约权的行使方面的具体规
则由国家宪法和其他有关法律加以规定。

　　（1）缔约权的性质。首先，缔约权是国家主权的重要内容。国家主权
包括对内的最高统治权和对外的平等交往权。缔约权作为国家处理对外事
务、进行国际交往的一项重要权利，在国与国之间是平等的。其次，缔约

[①]　车丕照：《论条约在我国的适用》，《法学杂志》2005 年第 3 期。

[②]　吴慧：《国际条约在我国国内法上的地位及与国内法冲突的预防和解决》，《国际关系学院
　　学报》2000 年第 2 期；陈寒枫、周卫国、蒋豪：《国际条约与国内法的关系及中国的实
　　践》，《政法论坛》2000 年第 2 期；慕亚平、冼一帆：《WTO 协议在我国国内适用的问题》，
　　《暨南学报（哲学社会科学版）》2003 年第 1 期。

权是一项宪法权力。在以往的宪法学理论中，缔结条约权往往是从属于宪法制定权的。因此，表现在宪法规范上，就是缔结条约行为由宪法加以规定。但是，如果条约与主权者的切身利益直接相关的话，制定宪法与缔结条约就都可以由主权者直接完成。所以，从逻辑上看，与主权者利益直接相关的条约与宪法一样对主权者而言具有同等效力。当然，主权者通过制定规范来实现自己的利益行为也可以仅仅限制在宪法规范的范围之内。在这种情况下，任何宪法规范形式之外的规范都不可能与宪法规范一样获得同等的效力，缔结条约的行为由宪法加以规范，缔结条约权表现为一种宪法权力，而不是宪法之外的权力或者权利。①

（2）宪法往往将缔约权分配给特定的国家机关统一行使。国家往往在宪法或宪法性法律中规定缔约权及其行使问题，通常情况下，一国将缔约权分配给特定的国家机关统一行使。

我国宪法规定，国务院"管理对外事务，同外国缔结条约和协定"；全国人民代表大会常务委员会"决定同外国缔结的条约和重要协定的批准和废除"；中华人民共和国主席代表中华人民共和国"批准和废除同外国缔结的条约和重要协定"。1949 年《德意志联邦共和国基本法》规定，联邦负责处理与外国的关系。②联邦总统在国际关系中代表联邦。总统以联邦名义与外国缔结条约。凡规定联邦政治关系或涉及联邦立法事务的条约，必须以联邦法律形式，取得在任何特定情况下都有权进行这种联邦立法的机构的同意或参与才能缔结。③法国宪法规定，共和国总统议定并且批准条约。为了缔结无须批准的国际协定而进行的一切谈判都应当报告总统。④美国宪法规定，各州不得缔结任何条约、结盟或加入邦联；⑤总统有权缔结条约，但必须争取参议院的意见和同意，并须出席的参议员中 2/3 的人赞成。⑥

上述宪法规定显示，无论是单一制还是联邦制国家，均将缔结条约的权力赋予特定的中央国家机关或联邦政府机关统一行使。在宪法规定范围内，一国

---

① 参见莫纪宏《现代宪法的逻辑基础》，法律出版社，2001，第 232～233 页。
② 《德意志联邦共和国基本法》第 32 条第 1 款。
③ 《德意志联邦共和国基本法》第 59 条。
④ 法国 1958 年宪法第 52 条。
⑤ 美国宪法第 1 条第 10 款。
⑥ 美国宪法第 2 条第 2 款。

的缔约权是统一的，没有高低等级之分。即便某一级别较低的政府部门被授权代表国家进行缔约谈判，其缔约谈判行为的法律后果也应归属于授权的机关。因此，透过宪法对缔约权的规定，无法直接判断国际条约的效力级别。

　　然而，例外的情况也赫然存在。根据《香港特别行政区基本法》和《澳门特别行政区基本法》，香港和澳门特别行政区可以在经济、贸易、金融、航运、通讯、旅游、文化、科技、体育等领域以"中国香港"或"中国澳门"的名义单独同其他国际法主体签订协议；此外，经中央政府的具体授权，两个特别行政区还可以以"中国香港"或"中国澳门"的名义与外国签订互免签证类、司法互助类、民航类协议。特别行政区在上述领域对外缔结条约，其法律后果由特别行政区自行承担。由此可见，虽然两个特别行政区是经基本法和中央政府的授权才可以对外缔约，但是其缔约行为的后果并不归于中央，而是自行承担，因此，两个特别行政区就享有了一定的缔约权。这与某一政府部门经授权参与缔约谈判有本质的不同。特别行政区对外缔结的条约将在特别行政区的法律体系中取得应有的地位。

　　上述例外情形，是中国"一国两制"制度安排的结果。需要说明的是，特别行政区只是在无涉国家主权的范围内经授权取得了一定的缔约能力。而对于涉及国家主权的事项，仍由中央政府统一行使缔约权。这就产生了中央政府缔结而适用于港、澳的条约与特别行政区政府自行缔结的条约之间是否存在效力等级的区分问题。鉴于特别行政区的缔约权不是其本身固有，而是由中央政府授权得来，又鉴于特别行政区的外交、防务事项由中央政府统一管理，因此，特别行政区缔结的条约至少不得同中央政府缔结的涉及外交、防务类的条约相抵触。

2. 缔约程序对条约效力等级的影响

　　各国宪法一般只原则性地对缔约权的行使进行分配，实施规则由相应的立法加以具体化。我国《缔结条约程序法》对缔约程序进行了较细致的规定。

　　　　"谈判和签署条约、协定的决定程序如下：

　　　　（一）以中华人民共和国名义谈判和签署条约、协定，由外交部或者国务院有关部门会同外交部提出建议并拟订条约、协定的中方草案，报请国务院审核决定；

　　　　（二）以中华人民共和国政府名义谈判和签署条约、协定，由外交部提出建议并拟订条约、协定的中方草案，或者由国务院有关部门提出建议并拟订条约、协定的中方草案，同外交部会商后，报请国务院审核决定。属于具体业务事项的协定，经国务院同意，协定的中方草案由国务院有关部门审核决定，必要时同外交部会商；

（三）以中华人民共和国政府部门名义谈判和签署属于本部门职权范围内事项的协定，由本部门决定或者本部门同外交部会商后决定；涉及重大问题或者涉及国务院其他有关部门职权范围的，由本部门或者本部门同国务院其他有关部门会商后，报请国务院决定。协定的中方草案由本部门审核决定，必要时同外交部会商。

经国务院审核决定的条约、协定的中方草案，经谈判需要作重要改动的，重新报请国务院审核决定。"

"条约和重要协定签署后，由外交部或者国务院有关部门会同外交部，报请国务院审核；由国务院提请全国人民代表大会常务委员会决定批准；中华人民共和国主席根据全国人民代表大会常务委员会的决定予以批准。"

"其他的国务院规定须经核准或者缔约各方议定须经核准的协定和其他具有条约性质的文件签署后，由外交部或者国务院有关部门会同外交部，报请国务院核准。"

从缔约程序上看，我国缔结的条约可以分为须经全国人大常委会决定批准的条约，以及无须全国人大常委会批准只需要国务院核准的条约。也正是因此，有学者认为，条约是有效力等级之分的，并且全国人大常委会决定批准的条约具有与法律同等的效力，国务院核准的条约具有与行政法规同等的法律效力。[①]

在国内法上，立法程序的繁简确实会影响到法律规范的效力等级，一般而言，效力等级越高的法律规范，它的制定和发布机构的级别也越高，其制定程序也越复杂。我国的《缔结条约程序法》也区分了几种繁简不同

---

① 吴慧：《国际条约在我国国内法上的地位及与国内法冲突的预防和解决》，《国际关系学院学报》2000 年第 2 期；陈寒枫、周卫国、蒋豪：《国际条约与国内法的关系及中国的实践》，《政法论坛》2000 年第 2 期；慕亚平、冼一帆：《WTO 协议在我国国内适用的问题》，《暨南学报（哲学社会科学版）》2003 年第 1 期。

的缔约程序，并且分别由不同级别的机关发布。这确实给人一种条约也应区分效力等级的印象。接下来需要回答的问题是，如果条约区分效力等级，那么它们应该对应于国内法上哪些法律规范的效力等级？笔者认为，同级规范应当具有同等或相当的制定程序。若如有些学者推论的，认为全国人大常委会决定批准的条约具有同法律相当的地位，那么，这一决定批准条约的过程就应当同制定法律的过程同样严谨。然而，实践并非如此。全国人大常委会制定或修改法律至少需要经过三读；而决定批准条约绝大部分只经一读便获通过，甚至从未有过决定不批准条约的情况。对于需要经国务院核准的条约，负责核准条约的部门是在条约签署后才介入，并且一般只作形式审查。由是观之，决定批准条约与制定法律，以及核准条约与制定行政法规，在程序的严谨程度上并不具有可比性，并且明显都是前者逊于后者。如果必须要赋予国际条约国内法上的相应地位，就应当认真对待国际条约，花大力气严肃和规范条约的议定、签署和批准程序。

3. 条约的性质对条约效力等级的影响

许多国家的宪法或宪法性法律根据条约所涉内容的不同，将条约区分为不同性质，不同性质的条约适用不同的缔结程序。例如，美国在条约之外，还有一类行政协定。缔结条约之权虽由总统掌控，但须受参议院建议和同意的制约；而对于行政协定的缔结，总统在不取得参议院同意的情况下就可以进行。再如法国宪法规定："媾和条约，商务条约，关于国际组织的条约或协定，涉及国家财政的条约或协定，有关修改立法性规定的条约或规定，关于个人身份的条约或协定，有关领土割让、交换或者合并的条约或协定，须以法律的形式予以批准或者认可。上述条约或协定只有在批准或者认可后才能生效。"此外的条约没有类似限制。我国《缔结条约程序法》将条约分为"条约和重要协定"及"协定和其他具有条约性质的文件"。前者须经全国人大常委会决定批准方能生效；后者经国务院核准后便可生效。

根据《缔结条约程序法》，全国人大常委会决定批准的条约确实是关系到国家主权等带有根本重要性的条约，包括友好合作、和平等政治性条约，领土与划定边界的条约，司法协助、引渡的条约，与中国法律有不同规定的条约等。[①] 但是这些具有根本重要性的事项是否也同时属于全国人大常委会

---

① 《中华人民共和国缔结条约程序法》第 7 条。

的立法权限，是有疑问的。根据中国宪法，全国人大有权制定和修改刑事、民事、国家机构的和其他的基本法律；而全国人大常委会只能制定和修改除应当由全国人大制定的法律以外的其他法律。但与此同时，决定批准条约的权限却被赋予了全国人大常委会而未包括全国人大。由此可见，立法权限的范围与决定批准条约的权限范围并不是完全对应的。基于这样的制度现状，不宜得出全国人大常委会决定批准的条约与法律具有同等的地位。同理，国务院核准的条约在地位上也不能与行政法规画等号。

综上所述，各个国家的宪法一般均将缔约权作为一个整体来规定，缔约权行使主体的不同并不直接导致条约效力等级的区分。具体到中国，特别行政区被赋予一定范围内的缔约权是极其特殊的制度安排，而且特别行政区的缔约权也不能超越中央政府的缔约权。对不同性质的条约规定不同的缔约程序，的确显示了条约间重要程度的差异。但是这种条约间重要程度的差异是否就是条约效力等级的差异，不同的条约是否对应于国内法中某一效力位阶的法律规范，目前在中国还处于理论推导的阶段，并没有宪法或法律的规定作为支撑。而且，当前的制度安排与实践，也不能推论出全国人大常委会决定批准的条约有等同于法律的地位，或者国务院核准的条约有等同于行政法规的地位。理顺国际条约与国内法的相互地位问题，需要在宪法或基本法律中解决国际条约与国内法的关系问题。

五　国际条约在国内的适用方式

国际条约在国内的适用方式要解决的问题是国际条约经接受为一国法律体系的一部分后，如何在国内得到适用，是否可以被直接适用的问题，即自然人或法人是否可以直接享受条约所赋予的权利，并要求国家的司法机关、行政机关保护这些权利；国家的司法机关是否可以直接援引条约来审办案件，行政机关是否可以依对该国有效的条约进行执法。

对于经转化接受国际条约的国家，一般不存在条约是否可以直接适用的问题，因为条约已经被转化为国内法，司法机关或者行政机关以及个人能够直接适用的是其国内法，通过适用国内法来间接达到适用国际条约的效果。如何转化国际条约，各国又有不同的实践。总体来看，主要有三种方法：一是在批准或加入国际条约前后，专门制定覆盖国际条约内容的国内法。二是在批准或加入国际条约前后，审查既有的国内法，宣布国际条约的规定已经被既有的国内法涵盖，无须另行立法。这里既有的国内法可以是一部法律，也可能是多部法律。三是通过一项适用国际条约的国内法，将要适用的国际条约作为国内法的附录列明。例如，中国香港特别行政区为适用其与美国签订的刑事司法协助协定而制定了《刑事事宜相互法律协助（美利坚合众国）令》，该条例正文只有两个条文，说明了本条例旨在适用香港与美国之间"附录于附表 1 的相互法律协助安排"，而所谓"附表 1"就是香港与美国"关于刑事司法协助的协定"的全文。

需要指出的是，以转化方式适用国际条约的国家和地区并不一定适用哪一种转化方法，而是可能对不同的条约适用不同的转化方法。就转化的效果而言，将国际条约作为法律附录的转化方法完全保持了国际条约的原貌，是转化最充分的。通过一部专门的国内法律来转化国际条约内容的做法，以及宣称国际条约的内容已经体现在一部或多部国内法律中的转化做法，能在多大程度上将国际条约的规定转化为国内法需要具体考察。在这两种方法下条约的转化程度受到国内立法用语和法律解释方法的制约。

而对于以纳入方式接受国际条约的国家，尽管条约一经批准或加入即成为该国法律体系的一部分，但这并不当然意味着这些条约就可以直接被个人、司法机关或行政机关加以适用。有些国家的实践把条约或条约的条款区分为自动执行和非自动执行两类。自动执行的条约或条约条款，经国家接受后，无须再由国内立法补充，即应由国内司法机关或行政机关予以适用。非自动执行的条约或条约条款，经国家接受后，并不能立即被适用。通常国家会以条约本身的规定、条约原则上只涉及缔约国政府的义务、条约约文过于笼统、条约须翻译为本国文字等理由，提出条约尚需要经国内立法予以补充规定后，才能由国内司法或行政机关予以适用。正如我国著名国际法学家李浩培先生所言："凡把条约一般地接受为国内法的国家实际上都有区分自动执行和非自动执行的条约的必要。"①

六　国际条约与国内法的冲突与协调

国家既是国内法的制定者，又是制定国际条约的参与者，对于一国而言，理论上其国内法与其缔结的条约不应发生抵触。但由于条约体现的是

---

① 李浩培：《条约法概论》（第 2 版），法律出版社，2003，第 323 页。

各缔约国的协调意志，而国内法体现的则是国家的排他性的意志，因此实践中常会出现在同一事项上条约和国内法的规定不一从而发生冲突的情况。本书所指的与国内法发生冲突的条约只可能是直接被纳入国内法律体系的条约。对那些经转化成为国内法的条约，因其只能间接通过相应的国内立法来适用，因此表现为国内法之间的相互关系。故只有直接纳入的条约，才会产生条约和国内法相冲突的问题。

条约与国内法冲突的解决，如同条约在国内法律体系中的地位、条约的适用方式等问题一样，也是由一国的国内法处理的。各国在处理这一问题时，除"条约当事国不得援引其国内法规定为理由拒不履行条约"的规则外，不受其他国际法的拘束。这就是说，国家有权从本国的情况出发，选择自己的解决条约与其他国内法律相冲突的方法。各国的经验表明，在处理条约与国内法的冲突方面有许多方法可以利用，如按照条约的要求制定新法律或者修订旧法律；推定国内法与条约不相抵触；赋予条约与国内法同等的效力，适用后法优于前法的原则；视条约为特别法，适用特别法优于一般法的原则；条约优于国内法，二者发生冲突时优先适用条约的规定；等等。有的国家甚至规定适用国内法优于条约的原则。

应当指出，一国在决定其解决条约与国内法律冲突的方法时并不是随意的，而应与其赋予条约在国内法律体系中的地位相适应。下面从各国宪法对条约在国内法律体系中的地位的不同规定出发，来具体探讨解决条约与国内法冲突的方法。

（一）　国内法优于条约

即在国际条约与国内法的规定发生冲突时，优先适用国内法。现在，明文规定国内法的地位优于条约的国家已非常罕见。1863 年阿根廷第 48 号法律第 21 条曾规定："阿根廷法院和法官执行职务时，应依本条所规定的优先顺序，适用宪法作为本国的最高法律，然后适用国会已通过或可能通过的法律、与外国缔结的条约、各省的个别法律、本国过去适用的一般法律和国际法原则。"按照这一规定，国会通过的国内法律要优先于国际条约来适用，与阿根廷宪法和国会制定的法律相抵触的条约将得不到执行，阿根廷因而难以避免承担违约的国际责任。如今《阿根廷宪法》中已明确了国际条约的高位法地位。该国宪法第 31 条规定："本宪法、国会根据本宪法制定的国内法以及阿根廷与外国缔结的条约是国家的最高法律"，同时在

第 75 条第 22 项又规定："条约、协定的效力高于法律。"可见，阿根廷如今已经不再适用国内法优于条约的原则。

（二）　条约与除宪法之外的一般国内法处于同等地位

在这种情况下通常采用两种方法来解决条约与国内法的冲突。一是和谐解释原则，即尽量将表面上与条约相冲突的国内法解释为并无抵触，因而两者可以并存，都可以适用。实践中，法院常把条约解释为特别法，按照特别法优于一般法的原则，在具体案例中适用条约的规定。二是后法优于前法的原则。即在条约与国内法的规定相抵触时，适用制定在后的国内法或缔结在后的条约。美国即采用这一办法来解决条约与国内法的冲突。

（三）　条约优于一般国内法

即宪法之外的国内法与条约规定发生冲突时，优先适用条约的规定。现在较多国家在宪法中宣示了这一原则。

法国的做法值得关注。它虽然在宪法中规定了条约的优先地位，但同时附有相互性的条件。法国现行宪法第 55 条规定："依法批准或者认可的条约或者协定，自公布之日起即具有高于各种法律的权威，但就每一个协定或者条约而言，以对方〔缔约国〕予以适用为限。"在法国，条约与国内法是否相抵触，由外交部来解释。外交部一般情况下会尽力把国内法的规定解释为与条约并无抵触；一旦外交部的解释认为两者确有抵触，而且在缔约他方确实适用该条约的场合，法国法院将排除国内法的规定，适用条约的规定。然而，这时与条约相抵触的国内法只是在本案中不予适用，并未失效，也不排除将来在其他案件中适用。在国内法与条约相抵触的情况下，如果缔约对方并未适用条约，宪法中规定的条约优于国内法的前提已不具备，这时就可以适用国内法。因此，法国宪法上条约对国内法的优越性具有相对意义。

（四）　条约优于宪法

荷兰被认为是承认条约优于宪法的先驱者。早在 1953 年的荷兰宪法第 65 条就规定："在荷兰王国内正在施行的法律规定，如其适用将与该法律规定制定以前或以后按照第 66 条公布的协定相抵触，应不予适用。"[①] 荷兰现

---

① 荷兰宪法 1956 年的规定，转引自李浩培《条约法概论》（第 2 版），法律出版社，2003，第 330 页。

行宪法再次确认了这一原则："王国内有效的法律规范，如其适用将与对所有人有拘束力的条约条款或是国际机构的决定相冲突，则不得被适用。"荷兰国会在针对该条的辩论中表明在荷兰"法律规范"的含义中包含宪法规定在内，因此荷兰宪法实际上赋予了条约优于宪法的地位。李浩培先生认为《荷兰宪法》在条约与国内法的关系上规定了最先进的制度。①

第二节　国际人权条约与国内法的关系

一　国际人权条约体系

国际人权条约体系，如本书导论部分的说明，从层次上分析，包括联合国层面的人权条约体系和区域层面的人权条约体系。其中，联合国人权条约体系主要是指由联合国核心人权条约、根据核心人权条约建立的条约监督机构以及条约机构监督缔约国履行人权条约义务的程序几部分组成的体系。区域人权条约体系以区域人权条约为基础，由区域人权条约、区域人权条约监督机构和区域人权条约监督程序几个部分组成。现已形成的区域人权条约体系有欧洲人权条约体系、美洲人权条约体系和非洲人权条约体系。

（一）　国际人权条约体系的历史沿革

国际人权条约是人权国际保护的中坚力量，它在人权的国际保护的进程中萌芽、发展、壮大。一般认为，人权的国际保护经历了 17 世纪到 19 世纪的萌芽阶段，19 世纪末至 20 世纪中叶的有限发展阶段，在第二次世界大战之后得到全面发展。尽管在人权保护进入国际视野的早期就出现了保护宗教自由、禁止奴隶制和奴隶贸易、保护少数者以及保护武装冲突受难者的国际条约，但是真正形成较为完备的人权条约体系的当属国际劳工组织努力创建的保护劳工权利的条约体系。

国际劳工组织（International Labor Organization）成立于 1919 年，于 1946 年成为联合国的第一个专门机构。截至联合国成立之前的 1939 年，国际劳工组织已经通过了 67 项创设劳工标准、保护劳动权利、改善工作条件

---

① 上述对条约与国内法的冲突及其解决的分类讨论参考了李浩培先生的观点。参见李浩培《条约法概论》（第 2 版），法律出版社，2003，第 324 ~ 331 页。

的公约。国际劳工组织独特的"三方代表制"将工人、雇主以及政府的代表集合在一起，平等参与劳工组织的政策制定和项目规划。1919 年《国际劳工组织章程》40 个条款中有 14 个涉及监督机制，内容涉及国家报告、调查与申诉程序，用以监督成员国履行其在尚未批准和已经批准的公约下所负义务的情况。（1）国家报告制度。成员国每年提交报告，说明他们采取了哪些措施来实施已经批准的劳工组织公约。这些报告由一个专家委员会仔细审查，并向有关国家提出问题，进行对话。（2）申诉程序。产业雇主团体和产业工人团体可以利用申诉程序，对国家违反公约的情况进行揭发或控告；国际劳工组织将请成员国代表对控告发表意见，若国家在合理期限内未能作出令人满意的答复，劳工组织将公开控告的内容。（3）指控程序。任何成员国如果认为其他成员国没有遵守对其有约束力的公约，均可向国际劳工组织提出指控。这样的指控将交由一个调查委员会调查。之后，指控涉及的任何政府都可以将委员会的调查结果提交国际法院。①

国际劳工组织在它 90 余年的历程中，不仅通过了近 200 项国际公约，而且发展出了许多人权监督程序，为日后联合国、欧洲理事会以及其他国际组织建立相关的机制树立了典范。它被学者誉为"迄今在经济权利领域最重要的人权组织"。②

第二次世界大战之后，在联合国层面和区域层面几乎同时迈开了构建人权条约体系的步伐。

1. 联合国人权条约体系的历史沿革

联合国经社理事会有"为增进全体人类之人权及基本自由之尊重及维护起见，得作成建议案"的职权，它还可以就自己职权范围内的事项起草条约，提交给联合国大会审议。③ 早在 1946 年经社理事会的第一届会议上，它就决定成立一个核心的人权委员会，并建议这个委员会起草一个"国际权利法案"（International Bill of Rights）。经社理事会的第二届会议就论及要为将来的"国际权利法案"建立相应的执行机制。在这次会议上，人权委

---

① See *Constitution of the International Labor Organization*, Art. 22 – 29, Art. 31 – 34. Available at http：//www. ilo. org/ilolex/english/constq. htm，最近访问日期：2013 年 6 月 30 日。

② Manfred Nowak, *Introduction to the International Human Rights Regime*, Martinus Nijhoff Publishers, 2003, p. 141.

③ 《联合国宪章》第 62 条第 2 ~ 4 款。

员会提出，促进和遵守《联合国宪章》中所规定的人权，只有通过制定执行"国际权利法案"和遵守人权的条款才能得到履行。经社理事会决定请人权委员会"尽早提交一份关于有效执行人权和基本自由的方式和途径的建议，旨在协助经社理事会作出同联合国的其他适当机构进行此类执行的安排"。① 1947 年，一个由来自澳大利亚、智利、中国、法国、黎巴嫩、苏联、英国和美国的代表组成的国际权利法案起草委员会成立并开始了起草工作。1947 年在人权委员会的第二届会议上，委员会决定，"国际权利法案"（草案）应该包括三个部分：一是一份宣言草案，宣誓一般原则；二是一份公约草案，规定可以产生法律义务的具体权利；三是关于执行措施的草案。将来这三部分，即"国际人权宣言"、"国际人权公约"以及"执行措施"将共同构成"国际人权宪章"（International Bill of Human Rights）。② 1948 年 12 月 10 日，作为国际人权宪章一部分的《世界人权宣言》在联合国大会获得通过；此时关于执行措施的条款草案"人人有权单独或与他人一起向其本国，或其居住国，或向联合国提出申诉或进行交涉"③ 尚未得到讨论。联合国大会随后作出决议，要求继续人权委员会的上述工作计划，继续讨论国际人权公约和执行措施的草案。④

在起草国际人权公约的过程中，由于不同国家对于公民权利和政治权利以及经济、社会和文化权利的态度难以调和，经过冗长的争论，终于在 1952 年第六届联合国大会上达成妥协，决定起草两份人权公约，一份关于公民和政治权利，另一份关于经济、社会和文化权利。但是联合国大会同时提出，希望两份文件能同时完成起草，同时开放签字；并且两份文件应该包含尽可能多的共同条款，特别是包含要求缔约国递交公约执行情况报告的条款。⑤ 关于建立什么样的执行措施的争议更大。

---

① See *Yearbook of the United Nations*, (1946 – 1947), pp. 523 – 524.

② UN Doc. E/600. cf. *Yearbook of the United Nations*, (1947 – 1948), p. 572.

③ "Everyone has the right, either individually, or in association with others, to petition or to communicate with the public authorities of the State of which he is a national or in which he resides, or with the United Nations". See *Yearbook of the United Nations*, (1947 – 1948), p. 576.

④ See UN Doc. A/RES/217 (Ⅲ) E (1948), *Preparation of A Draft Covenant on Human Rights and Draft Measures of Implementation*.

⑤ UN Doc. A/RES/543 (Ⅵ) (1952), *Preparation of two Drafts International Human Rights Covenant on Human Rights*.

在是否建立统一的执行机制、是否建立独立的监督机构、建立什么样的监督机构、包括哪些监督程序、哪些主体可以启动监督程序等问题上，许多国家提出了不同的提案，表达了对是否侵犯成员国主权、是否干涉国家内政等种种担心。

1954 年，经社理事会将《经济、社会和文化权利国际公约》（草案）和《公民权利和政治权利国际公约》（草案）提交给联合国大会审议。在此后的十余年间，联合国大会第三委员会（社会、人道与文化事务委员会）逐条审议了草案，并在征求意见的基础上不断进行修改。两公约最终在1966 年联合国第二十一届会议上获得通过；而关于执行措施，并没有单独作成文件，而是在两个公约中各自规定了相应的执行条款。由于个人来文和申诉程序在起草过程中一直是争议的焦点，所以这一程序单独规定在《〈公民权利和政治权利国际公约〉任择议定书》中，供公约的缔约国选择接受。而由于当时各国对经济、社会和文化权利的性质存在严重的认识分歧，最终的文件中并没有设置对应的申诉程序；公约中规定的执行秩序仅限于国家报告，甚至没有设立专门的委员会来监督执行。

1965 年 12 月 21 日，在人权两公约即将获得通过时，联合国大会第2106A 号决议率先通过《消除一切形式种族歧视国际公约》，它成为联合国系统内第一项规定条约监督机制的人权条约。该公约的第 8 条第 1 款规定，设立消除种族歧视委员会；第 9 条、第 11～14 条规定了消除种族歧视委员会监督公约在缔约国国内实施的程序。此后，在联合国系统内先后通过的《消除对妇女一切形式歧视公约》（1979 年）、《禁止酷刑和其他残忍、不人道或有辱人格的待遇或处罚公约》（1984 年）、《儿童权利公约》（1989年）、《保护所有移徙工人及其家庭成员权利国际公约》（1990 年）、《残疾人权利公约》（2006 年）以及《保护所有人免遭强迫失踪国际公约》（2006年）均创设了监督缔约国履行公约义务的机构和程序。有些公约还以制定任择议定书的形式进一步丰富了条约的实施机制。另外，1985 年，经社理事会通过第 1985/17 号决议，为《经济、社会和文化权利国际公约》设立了现在的经济、社会和文化权利委员会，取代了经社理事会下属的执行该公约的会期工作组，从此委员会成为公约的监督机构。2008 年 12 月 10 日，联合国大会第 63/117 号决议通过了《〈经济、社会和文化权利国际公约〉任择议定书》，将经济、社会和文化权利委员会的职能范围扩大到受理个人

来文、接受国家间指控以及应缔约国的邀请进行调查等方面。① 2011 年 12
月 19 日，联合国大会以第 66/138 号决议通过了《〈儿童权利公约〉关于设
定来文程序的任择议定书》，拟将儿童权利委员会的职能范围也扩大到受理
个人来文、国家间指控以及到缔约国进行调查访问等方面。目前，《儿童权
利公约》这一新的任择议定书尚未生效。

　　2. 区域人权条约体系的历史沿革

　　（1）欧洲人权条约体系

　　欧洲是"近代人权的起源地"，也是"战争的策源地"。② 如果说欧洲
的人权思想为人权保护制度的形成播下了种子，那么两次世界大战摧残了
人类，却也"催生"③ 了今天的欧洲人权条约体系。通过建立一种人权的国
际监督机制来防止历史的悲剧重演成为第二次世界大战之后欧洲人的共同
愿望。④ 在这种愿望的推动下，受到 1948 年《世界人权宣言》的启发，欧
洲人权保护制度的建设迅速而高效地开展起来。1949 年 5 月，欧洲理事会
（Council of Europe）成立。在它的主导下，《欧洲人权公约》于 1950 年获得
通过。根据该公约，欧洲人权委员会于 1955 年成立，负责接受国家间的指
控和个人来文，进行事实调查，并以调解的方式协助友好解决争议。《欧洲
人权公约》规定的另一监督机构——欧洲人权法院于 1959 年成立，主要负
责审理委员会提交的缔约国间的争议、发表咨询意见以及对公约进行解释。
鉴于《欧洲人权公约》集中规定的是公民权利和政治权利，1961 年欧洲理
事会又通过了重点保护经济、社会和文化权利的《欧洲社会宪章》。《欧洲
社会宪章》确立了自己的监督机构，主要包括审议国家报告和集体申诉的
欧洲社会权利委员会，以及进一步审议国家报告并作出建议的政府委员会。
在两个条约下运作的两套机制所作成的建议、意见或决定在缔约国的执行
情况，最终均由欧洲理事会部长委员会负责监督。

　　欧洲的人权条约体系在实践中以制定议定书的形式不断变革、完善。
1998 年随着《〈欧洲人权公约〉第十一议定书》的通过，欧洲人权委员会

---

① UN Doc. A/RES/63/117.
② 朱晓青：《欧洲人权法律保护机制研究》，法律出版社，2003，第 3 页。
③ 杨成铭：《人权保护区域化的尝试——欧洲人权机构的视角》，中国法制出版社，2000，第
　6 页。
④ 朱晓青：《欧洲人权法律保护机制研究》，法律出版社，2003，第 13 页。

结束了它的历史使命，单一、常设的欧洲人权法院成为实施《欧洲人权公约》的主要机构，法院的司法职能得到了空前的强化，个人可以直接向法院提起诉讼，法院作出的判决对涉案缔约国有法律拘束力。目前，欧洲人权法院每年都要受理数万件申诉，而欧洲的人权条约体系也被视为最有效的国际人权保护制度。

（2）美洲人权条约体系

美洲学者认为 1890 年美洲共和国国际联盟（International Union of American Republics）的成立是美洲人权保护组织化的开端，其后通过的一系列保护人权的文件为美洲地区建立人权保护制度奠定了思想基础。[①]

美洲地区正式将"人权保护"列为一项议题也是在第二次世界大战结束之际。1945 年，在墨西哥城召开的美洲国家战争与和平特别会议成立了法学家委员会，负责起草"人权宣言"。1947 年，美洲国家通过的《美洲互助条约》（Inter-American Treaty of Reciprocal Assistance）在序言部分宣布"在国际层面承认和保护人权和自由……是缔造和平的基础"。1948 年通过的《美洲国家组织宪章》专门订立了人权条款，规定"美洲国家宣布人人享有基本权利，不分种族、国籍、血统和性别"，[②]"各国均有权自由并自然地发展其文化、政治与经济生活。在这种自由发展中，各国应当尊重个人的权利与普遍的道德原则"。[③] 伴随着《美洲国家组织宪章》产生的美洲国家组织（Organization of American States，OAS）为了使宪章中的人权条款更加具体化，起草了《美洲人的权利和义务宣言》。宣言在 1948 年 5 月 2 日获得通过，成为区域组织通过的最早的人权宣言。为弥补宣言在法律性质上的缺憾，美洲国家组织于 1959 年成立了美洲人权委员会，由它负责起草一项人权公约，即今天的《美洲人权公约》（the American Convention on Human Rights）。该公约在起草过程中受到了 1966 年联合国人权两公约的启发和鼓舞，终于在 1969 年面世。根据《美洲人权公约》第 33 条，美洲人权委员会和美洲人权法院共同负责监督缔约国履行公约的情况。其中，美洲人权委员会具备审

---

① See Scott Davidson, *The Inter-American Human Rights System*, Dartmouth, 1997；另可参见谷盛开《国际人权法：美洲区域的理论与实践》，山东人民出版社，2007，第 16~17 页。

② Charter of the Organization of American States, article 3（1）.

③ Charter of the Organization of American States, article 17.

查国家报告、从事国别研究、进行现场调查、接受个人来文及国家间指控等较为广泛的权限；美洲人权法院则通过发表咨询意见和裁决有关缔约国违反公约的申诉来履行其解释和实施公约的职能。

在《美洲人权公约》之后，美洲国家组织又主持制定了多项专门的人权公约和议定书，内容涉及禁止酷刑、废除死刑、保护残疾人权利等方面。

（3）非洲人权条约体系

非洲区域性人权条约体系的诞生和发展较其他两个地区略为迟缓。实际上，早在1945年于英国曼彻斯特举行的第五届泛非洲大会上就提出了将保护人权同反对殖民主义结合起来的想法。伴随着越来越多的国家摆脱殖民统治，成为独立国家，制定非洲区域性人权公约的设想也浮出水面。1961年非洲法学家大会在尼日利亚首都拉各斯召开，会上通过了一项关于人权的决议，为未来建立非洲地区保护和促进人权的规范和机制奠定了基础。会上还提出了建立非洲人权法院和非洲人权委员会的设想。但是刚刚从殖民主义阴影中走出来的国家十分珍视来之不易的独立和自由，将人权作为完全的国内管辖事项，而强烈反对来自外界的干涉，因此以上的设想并没有得到多少响应。1963年成立非洲统一组织的《非洲统一组织宪章》虽然表示愿意在尊重《联合国宪章》与《世界人权宣言》的前提下开展国际合作，但并没有将人权纳入组织的工作范围。[①]

1961年的努力失败之后，联合国和非洲区域会议多次敦促创建非洲地区的人权制度。1979年，联合国关于建立区域人权委员会的论坛特别提到了非洲的问题。同年，非洲统一组织国家首脑大会通过了号召非洲统一组织秘书长组织专家起草非洲人权宪章的决议。[②] 1981年《非洲人权和民族权宪章》[③] 应运而生，拉开了创建非洲地区人权条约体系的序幕。根据宪章第30条，非洲人权和民族权委员会于1987年宪章生效时成立，担负起审查国家报告、审查个人来文、接受国家间指控的工作。也许是看到"如果没有

---

① See Vincent O. Orlu Nmehielle, *The African Human Rights System: Its Laws, Practice, and Institutions*, Martinus Nijhoff Publishers, 2001, pp. 67 – 71; See also Osita C. EZE, *Human Rights in Africa: Some Selected Problems*, Macmillan Nigeria Publishers Ltd, 1985.

② See B. G. Ramcharan, "Vie Travaux Preparatoires of the African Commission on Human Rights", in *Human Rights Journal*, Vol. 13, 1992, p. 307.

③ OAU Doc OAU/CAB/LEG/67/3/Rev. 5.

法院，欧洲和美洲体系几乎没有机会去影响社会"，① 1998 年非洲通过了
《关于建立非洲人权和民族权法院的〈非洲人权和民族权宪章〉议定书》②，
议定书于 2004 年 1 月 25 日生效。2006 年非洲人权和民族权法院正式成立，
负责《非洲人权和民族权宪章》的解释和实施工作。2008 年，非洲人权和
民族权法院并入非洲司法与人权法院，成为后者中负责审理人权案件的人
权分部（Human Rights Section）。

（二）　国际人权条约体系的现状

经过几十年的发展，在联合国层面和区域层面均已形成了以人权条约
为基础的内容丰富的人权条约体系。

1. 联合国人权条约体系

联合国在确立人权保护的国际规范方面成果颇丰，目前已建成包括核
心人权条约与其他普遍人权文件在内的，内容涉及自决权、土著人和少数
人权利、禁止歧视、妇女权利、儿童权利、老年人权利、残疾人权利、被
拘禁者的权利、发展权、健康权、劳动者权利、移民权利、难民权利、战
争中的人权保护等方面的较为完备的联合国人权保护法律制度。③ 本书以其
中的联合国核心人权条约及其监督机制为中心进行论述。本书所谓的"联
合国核心人权条约"涵盖了截至 2013 年 6 月 30 日已经生效的九项联合国核
心人权条约及其议定书；而本书讨论的"联合国核心人权条约监督机制"
则是为监督这九项核心人权条约所成立的各委员会，也称条约机构（treaty
body）④，以及在国际层面监督缔约国履行条约义务的措施和程序的总称。
表 2 - 1 反映了核心人权条约的状况，表 2 - 2 反映了不同条约之下的监督
机制。

---

① Christof Heyns, "The African Regional human rights system: in need of reform?" in *African Human Rights Law Journal*, vol. 1, no. 2, 2001, p. 166.

② OAU/LEG/MIN/AFCHPR/PROT（III）.

③ 此处关于权利内容的分类参考了联合国人权事务高专办关于"人权文件"的说明，可访问 http://www2. ohchr. org/english/law/，最近访问日期：2009 年 3 月 31 日。

④ 尽管经济、社会和文化权利委员会不是根据条约设立的，但将负责监督人权条约执行情况的委员会称为"条约机构"已被包括联合国人权高专办在内的国际社会普遍接受，本书为讨论方便，亦采用"条约机构"的称谓。

表 2-1 联合国核心人权条约

条约名称	生效日期	缔约国数	对条约的修改
消除一切形式种族歧视国际公约（ICERD）	1969 年 1 月 4 日	176	拟修改第 8 条第 6 款，未生效
经济、社会和文化权利国际公约（ICESCR）	1976 年 1 月 3 日	160	
《经济、社会和文化权利国际公约》任择议定书（ICESCR-OP）	2013 年 5 月 3 日	10	
公民权利和政治权利国际公约（ICCPR）	1976 年 3 月 23 日	167	
《公民权利和政治权利国际公约》任择议定书（ICCPR-OP1）	1976 年 3 月 23 日	114	
旨在废除死刑的《公民权利和政治权利国际公约》第二任择议定书（ICCPR-OP2）	1991 年 7 月 11 日	76	
消除对妇女一切形式歧视公约（CEDAW）	1981 年 9 月 3 日	187	拟修改第 20 条第 1 款，未生效
《消除对妇女一切形式歧视公约》任择议定书（OP-CEDAW）	2000 年 12 月 22 日	104	
禁止酷刑和其他残忍、不人道或有辱人格的待遇或处罚公约（CAT）	1987 年 6 月 26 日	153	拟修改 17 条第 7 款和第 18 条第 5 款，未生效
《禁止酷刑公约》任择议定书（OP-CAT）	2006 年 6 月 22 日	69	
儿童权利公约（CRC）	1990 年 9 月 2 日	193	修改第 43 条第 2 款，已生效
《儿童权利公约》关于儿童卷入武装冲突的任择议定书（CRC-OPAC）	2002 年 2 月 12 日	151	
《儿童权利公约》关于买卖儿童、儿童卖淫和儿童色情制品问题的任择议定书（CRC-OPSC）	2002 年 1 月 18 日	163	
《儿童权利公约》关于来文程序的任择议定书	2011 年 12 月 19 日通过，未生效	6	
保护所有移徙工人及其家庭成员权利国际公约（ICRMW）	2003 年 7 月 1 日	46	
残疾人权利公约（CRPD）	2008 年 5 月 3 日	132	
《残疾人权利公约》任择议定书（OP-CRPD）	2008 年 5 月 3 日	77	
保护所有人免遭强迫失踪国际公约（CPED）	2010 年 12 月 23 日	39	

数据来源：联合国人权高专办网站：www.ohchr.org，统计截止日期：2013 年 6 月 30 日。

　　1995 年 12 月 21 日联合国大会第 50/155 号决议同意对《儿童权利公约》第 43 条第 2 款的修正，将儿童权利委员会的组成人数从 10 人增加到 18 人。2002 年 11 月 18 日修正案经 2/3 以上缔约国同意而生效。另外，《消除一切形式种族歧视国际公约》和《禁止酷刑公约》的缔约国拟通过修订公约，将条约机构的薪金由缔约国负担改为由联合国负担；《消除对妇女一切形式歧视公约》的缔约国拟修订第 20 条第 1 款，取消对条约机构会期的限制。这些修订因尚未达到法定批准国数（一般须达到公约缔约国的 2/3 以上）而未生效。但实践中，条约机构成员的薪金已从联合国预算中划拨，而消除对妇女歧视委员会每年开会的次数也已不限于公约中规定的两次。

　　联合国核心人权条约的监督机制包括各条约机构及其实施监督的程序。这些监督程序包括国家报告程序、个人来文审查程序、国家间指控程序以及调查访问程序等。依不同条约的规定，各条约机构的监督职能不尽相同。

表 2 - 2　联合国人权条约监督机制

条　约	条约机构	委员数	职　能
ICERD	消除种族歧视委员会（CERD）	18	国家报告 国家间指控 个人申诉 早期预警与紧急程序
ICESCR	经济、社会和文化权利委员会（CESCR）①	18	国家报告 国家间指控 个人申诉 调查访问
ICCPR	人权事务委员会（CCPR）	18	国家报告 国家间指控 个人申诉
CEDAW	消除对妇女歧视委员会（CEDAW）	23	国家报告 个人申诉 调查访问

---

① 根据 2008 年 12 月 10 日通过的《〈经济、社会和文化权利国际公约〉任择议定书》，经济、社会和文化权利委员会将具有接受个人来文、接受国家间指控以及应缔约国邀请进行调查等职能。该议定书已于 2013 年 5 月 3 日生效。

续表

条　约	条约机构	委员数	职　能
CAT	禁止酷刑委员会（CAT）	10	国家报告 国家间指控 个人申诉 调查访问
CRC	儿童权利委员会（CRC）①	18	国家报告
ICRMW	移徙工人委员会（CMW）	14	国家报告 国家间指控 个人申诉
CRPD	残疾人权利委员会（CRPD）	12	国家报告 个人申诉 调查访问
CPED	强迫失踪问题委员会（CED）	10	国家报告 国家间指控 个人申诉 调查访问 早期预警与紧急程序

数据来源：联合国人权高专办网站：www.ohchr.org，统计截止日期：2013 年 6 月 30 日。

（1）国家报告程序

"国家报告程序"（state report）是联合国各核心人权条约共同规定的唯一一项强制性的国际监督程序。国家加入任何一项核心人权条约，均须承担定期向条约机构提交国家履行人权条约状况的报告的义务，并接受条约机构对国家报告的审议。通过审查国家报告来监督人权的想法最初是在1956 年经社理事会的一个决议中提出来的，该决议要求联合国的成员国就推进人权的进展情况定期提出报告。后来这一想法被写入了 1965 年的《消除一切形式种族歧视国际公约》，1966 年的人权两公约以及后来的每一项核心人权条约都包含了这一制度。所有条约机构的首要任务就是通过审查缔约国定期提交的报告对相关条约的执行情况进行监督。

从理论上讲，准备报告的过程可以使国家全面审查它采取了哪些措施

---

① 2011 年 12 月 19 日通过的《〈儿童权利公约〉关于来文程序的任择议定书》规定了儿童权利委员会接受和审查个人来文的职能。但该议定书尚未生效。

使国家的法律、政策与有关国际人权条约的规定相一致；监测在保障条约所规定的权利方面取得了哪些进展；识别或找出国家履行人权条约的方法有无问题；评估今后的需求和目标，筹划并拟定适当的政策以实现这些目标。

通常而言，国家要在加入公约后一年或两年内提交一份全面介绍该国国情、政治、法律制度以及人权保障制度的初步报告；然后每隔四年或五年提交一份反映这四、五年间履行人权义务的进展情况的定期报告。各条约关于报告周期的规定也只是原则性的。在实践中，考虑到国家报告负担繁重、委员会待审报告积压等因素，各条约机构对报告周期作了不同程度的灵活处理。经济、社会和文化权利委员会自 2000 年起在审议国家报告的结论性意见中明示递交下一次报告的时间；从 2004 年后该委员会还较为频繁地接受合并报告。从 2002 年开始，人权事务委员根据国家遵守公约的状况以及递交报告的纪录要求缔约国早于或晚于规定时间递交报告。消除种族歧视委员会从 1984 年起开始接受合并报告；从 1988 年起决定缔约国可以每四年递交一份综合报告，中期提交更新信息的临时报告；自 2001 年开始，当某缔约国接受对前次报告的审议和递交下次报告的时间间隔较短时，委员会可以决定推迟递交下次报告的时间。儿童权利委员会在结论性意见中明示是否接受合并报告，但这种做法仅属例外情况。消除对妇女歧视委员会和禁止酷刑委员会也接受合并报告。

为规范各国的国家报告，使其能够包含足够多的实质信息，各个条约机构都对国家报告从内容和形式上提出了要求，制定了报告指南。各国在提交报告时应当按照报告指南的要求去做。为了协调各条约机构之间的工作，现在条约机构每年都会召开会议，着手考虑制定国际人权条约下的统一报告指南。

国家提交报告后，条约机构根据报告中提出的事项向国家提出议题和问题清单。拟定问题清单时，有些条约机构也考虑联合国机构、国家人权机构以及非政府组织提供的信息。国家在收到议题及问题清单后可以提交书面答复。之后，条约机构安排同国家代表团就履约情况围绕报告及问题清单，以问答的形式进行建设性对话。在对话过程中，一些条约机构也邀请联合国机构、国家人权机构以及非政府组织的代表出席，甚至为他们提供发言的机会。若得到适当通知的国家在最后一刻表示将不出席建设性对话，条约机构可以在该国缺席的情况下审查其报告。建设性对话结束后，条约机构根据报告和建设性对话的情况提出结论性意见，指出缔约国下一步努力的方向，包括建议某些具体的履约措施。许多条约机构还确立了形式不一的结论性意见（concluding observations）的后续行动程序（follow-up procedure），监督缔约国落实结论性意见。

虽然各项核心人权条约以及条约机构在实际工作中对国家报告程序从报告周期、报告指南、报告审查程序等方面作了详尽的设计，但是该程序仍然暴露出各种问题。虽然是一项强制性程序，但由于没有有效的监督办法，许多国家不递交或不按时递交报告；已经递交的报告在内容和形式上多有不合要求之处，常倾向于避重就轻、报喜不报忧；由于不同条约的内容有所交叉，导致国家报告在内容上也时有重复，加重了国家和条约机构的负担；条约机构由于工作积压，难以及时审议报告；鉴于条约机构难以全面掌握各国的情况，在建设性对话过程中，一些委员无法进行有效的提问，影响到对话的深度和效果；而条约机构针对国家报告的结论性意见也并不总是符合相关国家的情况，导致一些国家对结论性意见持不信任态度，没有给予足够的重视。鉴于存在诸多问题，如何改进国家报告程序已经成为目前联合国人权条约机制改革中的一项重要内容。

（2）个人来文程序

联合国核心人权条约及相关议定书规定的个人来文程序（individual communications），有时也被称为个人申诉程序（individual complaints），以国家的自愿接受为前提。目前，除儿童权利委员会外，其他条约机构均具备了接受个人来文的资格。

各条约下的个人来文程序为条约机构接受来文设定了一些共同条件，例如来文申请人所属国与被指控国均表示接受个人申诉程序、已用尽国内救济、来文已具名、非滥用申诉权、申诉所涉事项不在另一国际机构或程序的审查中等。对不符合条件的来文，条约机构将不予受理；对可予受理的来文，条约机构收到申诉后，应将有关事项提请相关国家注意，并请缔约国在一定时间内提交答复。条约机构审议个人来文一般不公开进行。审议结束后，条约机构将就缔约国是否违反人权条约发表意见。为避免对主张权利受到侵犯的受害人造成不可弥补的损害，每个条约机构均可以要求缔约国采取临时措施。当条约机构发表"存在对公约的违反"的意见后，一些条约机构同时确立了相关的程序来保证缔约国履行条约机构的意见。人权事务委员会自 1990 年起设立了一套监测缔约国执行委员会对个人来文意见的后续行动程序，指派特别报告员督促国家提交后续行动的资料。消除种族歧视委员会自 2006 年起也任命了个人来文意见后续行动程序协调员，并由其对缔约国执行委员会决定的后续行动提出报告。消除对妇女歧视委员会则要求国家在一定时间内或在下次国家报告中反映执行委员会关于个人来文意见的情况。

现行联合国核心人权条约下的个人来文程序均以国家自愿接受为前提，同公约整体被接受的程度相比较，个人来文制度被接受的程度还较为有限。而在接受了此项制度的有限的国家里，能充分利用该制度的仍为数不多（见表 2 - 3）。该制度在运作过程中也逐渐暴露出多方面的问题。例如，条约机构本身将主要精力放在了审议国家报告上，对个人来文不够重视。这也部分地导致了第二个问题，即处理个人来文的过程相当耗时，仅决定来文是否可被接受就需要花费一年到一年半的时间；进一步确定是非曲直并最终作出决定则要经历更长的时间；而国家合作与否更可能使来文的决定变得遥遥无期。此外，一些国家对条约机构针对来文的决定置之不理。个人来文不能及时被处理及其决定不具有法律拘束力的状况严重动摇了这项制度的效力及人们对它的信赖程度。

表 2 - 3　联合国人权条约机构对个人申诉的审理情况

条约机构	接受国数	未审结	不予受理	停止审理	发表意见	总数
CCPR①	114	330	582	317	916	2145
CAT②	64	103	63	138	202	506
CERD③	54	4	17	0	24	45
CEDAW④	104	10	8	3	6	27

数据来源：联合国人权高专办网站：www. ohchr. org。

---

① Statistical survey of individual complaints dealt with by the Human Rights Committee under the optional protocol to the International Covenant on Civil and Political Rights, 23 April 2012.

② Status of Communications dealt with by CAT under article 22, 24 July 2012.

③ Status of Communications dealt with by CERD under article 14, 14 March 2011.

④ CEDAW-Optional Protocol, status of registered cases, as of 2 March 2011.

（3）国家间指控程序

国家间指控程序（inter-state complaints）是人权条约规定的另一项申诉程序，即一个缔约国如果认为另一个缔约国没有执行公约条款，可以向条约机构提出申诉或指控。有几个核心人权条约规定了国家间指控程序。其中，《经济、社会和文化权利国际公约》、《公民权利和政治权利国际公约》、《禁止酷刑公约》、《保护所有移徙工人及其家庭成员权利国际公约》以及《保护所有人免遭强迫失踪国际公约》规定以国家自愿接受该程序为前提；《消除一切形式种族歧视国际公约》则规定该程序适用于所有缔约国，只要批准公约就视同接受了国家间指控程序。此外，《公民权利和政治权利国际公约》和《消除一切形式种族歧视国际公约》还规定了详细的申诉和解决程序，包括设立专门的和解委员会来解决争端。然而，相关程序从未被适用过。

（4）调查访问程序

《禁止酷刑公约》、《〈消除对妇女一切形式歧视公约〉任择议定书》、《〈残疾人权利公约〉任择议定书》、《保护所有人免遭强迫失踪国际公约》以及《〈经济、社会和文化权利国际公约〉任择议定书》均规定了调查访问程序。当条约机构得到可靠信息表明某一缔约国境内正在发生大量、严重或系统侵犯公约权利的情势时，条约机构可以启动调查程序，要求缔约国对相关信息作出说明，在所获情报和说明的基础上指派专人进行调查并立即向条约机构报告。在征得有关国家同意的前提下，调查活动还可以包括到该国进行访问。调查结束后，条约机构将发表评论或建议，并将这些评论或建议转交给缔约国。为确保调查访问活动能够起到应有的作用，条约机构还可以要求国家在一定期限内对条约机构的意见进行反馈。为最大限度地寻求缔约国的合作，一般情况下条约机构的调查活动都是秘密进行的。不过，《保护所有人免遭强迫失踪国际公约》并不要求调查访问活动的保密性。

人权条约规定的调查访问程序通常是任择性的，即国家可以自由选择接受或不接受条约机构的相关职能。对于《〈消除对妇女一切形式歧视公约〉任择议定书》以及《〈残疾人权利公约〉任择议定书》的缔约国而言，他们可以随时表示承认条约机构的相关职能；而《禁止酷刑公约》的缔约国则要在批准或加入时对委员会的这项职能作出选择，是承认还是保留。

与上述三项条约不同的是，《保护所有人免遭强迫失踪国际公约》并没有在相关程序下规定任择性的条款，言下之意是国家成为该公约的缔约国即表示接受了条约机构的这项职能。

（5）早期预警与紧急程序

1993 年，消除种族歧视委员为预防违反公约，以及对已经违反公约的情况作出有效的反应，确立了早期预警措施和紧急程序，[1] 并将这两项程序作为其常规议程。早期预警措施旨在预防已经存在的问题进一步升级为冲突或防止曾出现过的冲突再次发生；紧急程序则指向需要立即关注的问题或限制和阻止严重违反公约事件的规模和次数。

消除种族歧视委员会自身或利益相关者均可以发起程序，委员会可以成立相关工作组，还可以要求国家递交相关情势的书面报告，也可以要求国家参加讨论相关问题的会议。之后委员会将通过正式决定、声明或决议，要求国家在下一次国家报告中提供进一步的信息。自 1993 年起，委员会已经针对 20 余个国家运用了这一程序，进行了两次相关的实地访问，其中 6个国家的情势引起了秘书长、安理会及其他机构的关注。

2010 年生效的《保护所有人免遭强迫失踪国际公约》也规定了类似的紧急程序，即当有充分的迹象表明一国境内正在发生大规模或有组织的强迫失踪问题时，条约机构可以要求有关国家提供资料，并通过联合国秘书长将问题紧急提请联合国大会注意。

（6）一般性评论或一般性建议

根据核心人权条约的规定，各条约机构均有发表一般性评论或建议（general comments/general recommendations）的权限。最初，这些一般性评论或建议都是针对缔约国提交的国家报告而发表的，目的在于帮助缔约国履行其报告义务。条约机构在审议大量的国家报告后发现了一些共同的问题，于是希望通过一般性评论或建议的形式将积累的经验告知所有缔约国，请它们注意报告中暴露的不足之处，建议改进提出报告的程序，并激励这

---

[1]　UN Doc. A/48/18 (1993), Annex III. *Prevention of racial discrimination, including early warning and urgent procedures*, working paper adopted by the Committee on the Elimination of Racial Discrimination.

些国家在促进和保护人权方面的活动，以协助国家更好地履行公约。最早的一般性评论是 1972 年由消除种族歧视委员会发表的，旨在建议缔约国根据公约的要求完善立法措施。目前，各条约机构发表了大量的一般性评论或建议，这些意见或建议大部分是针对人权条约的具体条款发表的，用以阐释条约条款的具体内涵，明确缔约国在某一条款下的具体义务，并建议缔约国应当采取哪些措施来落实这些义务。虽然从法律性质上讲条约机构的一般性评论或建议不具有正式的法律拘束力，但是因为条约机构由相关领域的专家组成，具有较高的独立性和权威性，他们发表的这些评论和建议受到很多国家的重视，在实践中已经成为国家履行人权条约义务的一般指导。

条约机构在通过上述程序行使监督职能后会把条约机构的意见通过一定的文件形式反映出来，这些都是条约机构的工作成果或工作产出。其中，审查缔约国的国家报告后，条约机构将发表结论性意见（concluding observations）；[①] 条约机构在审议个人来文后，将发表个人来文意见（views）；[②] 禁止酷刑委员会和消除对妇女歧视委员会在对缔约国进行调查访问后将公布调查结果（result of an inquiry）。条约机构的这些工作产出虽然一般都不具有正式的法律拘束力，但是国家在国内适用国际人权条约的过程中经常参考条约机构的这些工作产出，赋予了其实际的效力。

2. 区域人权条约体系

欧洲、美洲和非洲地区先后建立了以人权条约为基础，以人权委员会和/或人权法院为实施机构，以审查国家报告、审理个人来文、接受国家间指控、调查访问等程序中的一项或几项为监督措施的人权条约体系。几个区域人权条约体系的设计和运作有较多类似之处，但也各有特色。

（1）欧洲人权条约体系

在欧洲地区，至少有三个组织对欧洲人权法的发展做出了重要贡献，它们是欧洲理事会、欧洲联盟（European Union）和欧洲安全与合作组织

[①]　消除对妇女歧视委员会针对国家报告的结论被称为结论性评论（concluding comments），本书为方便讨论，将条约机构针对国家报告的结论统一称为结论性意见。

[②]　条约机构在收到个人来文后，首先将作出是否可予受理的决定（decisions），对于可受理的来文将进一步审议并发表是否违反公约的意见（views）。本书主要讨论条约机构发表的个人来文意见对缔约国的影响。

（Organization for Security and Cooperation in Europe，OSCE）。本书研究的欧洲人权条约体系限于在欧洲理事会的主导下制定的《欧洲人权公约》、《欧洲社会宪章》，以及以其为依托建立起来的条约监督机制。

《欧洲人权公约》于 1953 年生效，批准《欧洲人权公约》是加入欧洲理事会的前提条件，因此欧洲理事会 47 个成员国都是《欧洲人权公约》的缔约国。《欧洲人权公约》规定了广泛的公民权利和政治权利，这些权利与《公民权利和政治权利国际公约》所确认的大部分权利相一致。另外，在公约之后，欧洲理事会还通过了多项公约的附加议定书，这些议定书使公约所保障的权利范围逐步得到扩展，不仅吸收了更多之前公约所未规定的但被《公民权利和政治权利国际公约》确认的权利，而且规定了一些后者未确认的权利，例如财产权、禁止驱逐本国人及禁止集体驱逐外国人等。此外，《欧洲人权公约第一附加议定书》将受教育权也纳入了公约的保护范围，而未按照习惯将其视为经济、社会和文化权利来看待。目前，欧洲人权法院是负责实施《欧洲人权公约》的主要机构，所有缔约国强制性地接受法院对个人来文和国家间指控的管辖。法院的司法职能得到空前的强化，个人可以直接向法院提起诉讼，法院作出的判决对涉案缔约国具有法律拘束力。部长委员会不再参与对争端的决策，而是主要负责监督缔约国在国内执行法院的判决。

《欧洲社会宪章》于 1961 年通过，其实质条款共分为两部分，第一部分宣示了 19 项由缔约各国作为政治目标逐步加以实现的"权利和原则"，或称为目标权利，这些目标权利对缔约国而言不具有正式的法律拘束力；第二部分规定的则是缔约国有义务保证实施的 19 项权利，这些权利与第一部分的目标权利相对应。《欧洲社会宪章》的一个重要特点在于，它授权缔约国在一定范围内选择自己的法律义务，即宪章的缔约国不必立即承担保障全部 19 项权利的义务，而是可以选择承担保障其中几项权利的义务。这样安排的主要理由是鼓励更多的国家批准或加入宪章。1999 年对《欧洲社会宪章》的修订生效，修订后的宪章要求缔约国承诺至少保障 9 项核心权利中的 6 项权利，并且承担保障一定数量的其他权利的义务。一国如果批准或加入了修订后的《欧洲社会宪章》，则不再适用 1961 年宪章；尚未批准修订后宪章的原宪章的缔约国继续受原宪章的约束。截至 2013 年 6 月，仅批准或加入 1961 年宪章的国家有 15 个，批准或加入修订后的宪章的国家共

33 个。①《欧洲社会宪章》目前由欧洲社会权利委员会、政府委员会以及部长委员会这三个机构通过国家报告程序、集体申诉程序这两项程序来监督执行。

（2）美洲人权条约体系

在美洲，所有的美洲国家都是《美洲国家组织宪章》的缔约国，而该宪章拥有自己的人权条款以及人权文书——《美洲人的权利和义务宣言》；另外有一部分国家是《美洲人权公约》的缔约国，这部分国家将受到公约的约束，因此美洲地区存在两套保障人权的国际机制。

所有美洲国家组织 35 个成员国均应按照《美洲国家组织宪章》中的人权条款以及《美洲人的权利和义务宣言》承担保障人权的国际义务。《美洲国家组织宪章》第 3 条第 12 项规定："美洲国家宣布人人享有基本权利，不分种族、国籍、信仰和性别。"为使宪章中的人权条款更加具体、更具规范性，在同一届会议上，《美洲人的权利和义务宣言》获得通过。该宣言列举了 27 项权利，包括公民权利、政治权利、经济、社会和文化权利，以及10 项义务。美洲人权委员会负责宪章及宣言的实施，它主要通过国别研究和受理个人申诉等程序实现对美洲国家组织成员国的监督。其中，国别研究包括筹划调研、撰写报告、向成员国政府提出一般性评论等；而个人申诉程序对所有美洲国家组织的成员国均具有拘束力。个人如果认为其基本权利受到了某成员国的侵犯，就可以依据《美洲国家组织宪章》及《美洲人的权利和义务宣言》向美洲人权委员会提起个人申诉。

此外，批准《美洲人权公约》的 25 个美洲国家还将承担该公约下的义务。《美洲人权公约》创建了美洲人权法院，并规定由美洲人权法院和美洲人权委员会共同负责监督公约的执行情况。《美洲人权公约》赋予了美洲人权委员会受理个人来文和国家间指控的职能。美洲人权委员会受理个人来文的职能是强制性的，即一国加入公约即可视为它接受了人权委员会对指控该国的个人来文进行审查的权力；而委员会受理国家间指控的职能则需要涉及指控的国家事先特别接受。美洲人权法院根据《美洲人权公约》的授权，行使争议管辖权和咨询管辖权。所谓争议管辖，是指美洲人权法院

---

① 统计数据来源于欧洲理事会条约办公室网站，available at http：//www. conventions. coe. int/Treaty/Commun/ListeTraites. asp？ CM = 8&CL = ENG，latest visit on 30 June 2013。

可以受理公约缔约国或者美洲人权委员会提交给它的申诉案件，包括个人申诉和国家间指控。个人不可以直接向法院提起申诉。① 法院的这一争议管辖权并不是强制性的，即需要以缔约国事先的接受为前提。但案件一旦转交给法院，法院就可以作出对涉案缔约国有拘束力的终局判决。法院的咨询管辖权是指美洲国家组织的任何成员国都可以就与《美洲人权公约》及其他人权条约的解释有关的问题向法院咨询；所有美洲国家组织的机构也可以在它们的权力范围内就同样的问题向法院提出咨询；此外，美洲国家组织的成员国还可以请求法院就国内法与人权公约的一致性发表意见。

（3）非洲人权条约体系

与其他区域性人权条约相比，《非洲人权和民族权宪章》有许多独特之处：它不仅规定了权利，而且规定了义务；不仅规定了个人的权利，而且规定了集体权利；不仅规定了公民权利和政治权利，而且规定了经济、社会和文化权利。宪章所规定的集体权利包括人民自决权、发展权和环境权。

在非洲，非洲人权和民族权委员会依《非洲人权和民族权宪章》设立，具有审查缔约国国家报告、接受个人申诉及国家间指控等广泛的监督职能。2006 年成立并于 2008 年开始运作的非洲司法与人权法院在人权领域具有与欧洲人权法院和美洲人权法院类似的争议管辖权和咨询管辖权。值得注意的是，非洲司法与人权法院在行使职权时，既可以适用《非洲人权和民族权宪章》，亦可适用经缔约国批准的其他人权条约。这将使法院的管辖权扩展到非洲任何与人权相关的文件，甚至包括联合国的人权文件。对此，已有学者提出质疑："由一个体系的机构来执行另一个体系的条约是非常不寻常的事。"② 非洲司法与人权法院如何在实践中解释和适用广泛的人权文件还有待观察。本书主要考察非洲人权和民族权委员会的意见对缔约国人权保障制度的影响。

表 2－4 反映了三个区域人权条约体系的现状。

---

① 根据 2001 年 5 月 1 日生效的美洲人权委员会新的《议事规则》，个人可以在一定情况下要求委员会将案件转交给美洲人权法院审理，即如果美洲人权委员会认定存在侵犯人权的情况，相关国家没有遵守委员会的建议，而申诉者希望将案件提交给法院，则委员会原则上必须将案件提交到法院，除非委员会以绝大多数票作出相反的合理决定。

② "It would be highly unusual for an institution from one system（AU）to enforce the treaties of another system（UN）". See Christof Heyns, "The African Regional Human Rights System: in Need of Reform?", in *African Human Rights Law Journal*, vol. 1, no. 2, 2001, p. 166.

表 2 − 4　区域人权条约体系一览①

	欧　洲	美　洲	非　洲
所属区域组织	欧洲理事会	美洲国家组织	非洲联盟（2002 年取代非洲统一组织）
作为制度基础的人权条约	《欧洲人权公约》（1953）及 13 个议定书，47 国批准	《美洲国家组织宪章》（1951）、《美洲人的权利和义务宣言》，35 国批准；《美洲人权公约》（1978），25 国批准	《非洲人权和民族权宪章》（1986），53 国批准；《关于建立非洲人权和民族权法院的〈非洲人权和民族权宪章〉议定书》（2004），24 国批准
其他重要的人权文件	《欧洲社会宪章》、《欧洲防止酷刑、不人道或有辱人格的待遇或处罚公约》、《保护少数民族权利框架公约》、《生物化学与人权公约》	《〈美洲人权公约〉在经济、社会和文化领域权利的附加议定书》、《〈美洲人权公约〉废除死刑的附加议定书》、《美洲防止和惩治酷刑公约》、《强迫个人失踪美洲公约》、《预防、惩治和根除针对妇女暴力的美洲公约》、《消除对残疾人一切形式歧视美洲公约》	《非洲统一组织关于非洲难民的某些方面问题的公约》、《非洲儿童权利和福利宪章》、《〈非洲人权和民族权宪章〉关于非洲妇女权利的议定书》
受保护的权利类型	公民权利、政治权利、受教育权；《欧洲社会宪章》保护经济、社会和文化权利	公民权利、政治权利；议定书保护经济、社会和文化权利	公民权利，政治权利，经济、社会和文化权利，以及集体人权
是否承认义务	行使表达自由时	《美洲人的权利和义务宣言》中承认	广泛承认
监督机构及成员数	欧洲人权法院47 人；欧洲社会权利委员会15 人	美洲人权委员会 7 人；美洲人权法院 7 人	非洲人权和民族权委员会11 人；非洲司法与人权法院人权分部11 人

① 表格的数据主要参考了 Christof Heyns, Wolfgang Strasser and David Padilla, "A schematic comparison of regional human rights systems", in *African Human Rights Law Journal*, Vol. 3 No. 1, 2003, pp. 76 – 87; Christof Heyns, David Padilla and Leo Zwaak, "A schematic comparison of regional human rights systems: An update", in *African human rights law journal*, vol 5 no. 2, 2005, pp. 308 – 320; 以及各区域人权条约体系的官方网站：European Court of Human Rights, available at http：//www. echr. coe. int/echr/; Inter-American Commission on Human Rights, available at http：//www. cidh. oas. org/DefaultE. htm; African Commission on Human and Peoples' Rights, avaiable at http：//www. achpr. org/english/_ info/news_ en. html。

续表

	欧　洲	美　洲	非　洲
监督 程序	个人来文 国家间指控 《欧洲社会宪章》下的国家报告、集体申诉	个人来文 国别研究 调查访问 国家间指控	个人来文 国家报告 调查访问 国家间指控
法院管辖权	争议管辖、咨询管辖	争议管辖、咨询管辖	争议管辖、咨询管辖
申诉提起者	个人、国家、非政府组织	委员会接受来自个人、团体以及非政府组织的申诉； 法院接受国家、委员会转来的申诉	委员会接受来自个人、团体以及非政府组织的申诉； 法院接受国家、委员会的申诉，国家可以宣布允许个人、非政府组织提起申诉
临时措施的运用	法院运用	委员会和法院均可运用	委员会和法院均可运用
对争议案件的处理	1人法官处理可受理性；① 3人简易程序决定可否受理；7人审判分庭决定是否违反，可令公正补偿（Just satisfaction）；17人大审判庭受理上诉审	委员会提出建议，发表报告； 法院作出判决，可令金钱或其他赔偿	委员会提出建议，发表报告； 法院作出判决，可令补偿或赔偿
监督决定执行的机构	欧洲理事会部长委员会	美洲国家组织大会和常设理事会	非盟执行理事会和大会
特别报告员	无	专题报告员和国别报告员	专题报告员
监督机构工作时间	常设、全职	委员会：每年2次为期3周的会议 法院：每年3次为期2周的会议	委员会：每年2次为期2周的会议

---

①　2010年，致力于优化申诉筛选及处理以确保法院长久效能的《〈欧洲人权公约〉第14号附件议定书》正式生效，对《欧洲人权公约》中法院处理案件的相关程序作出了修改。其中重要的改革包括增设了"一人法官"（Single Judges）来处理个人申诉案件的可受理性；以及将申请人未遭受"重大不利"（Significant Disadvantage）作为案件不予受理的标准之一。

续表

	欧　洲	美　洲	非　洲
监督机构工作量	2012 年收到申请 65150 件，处理 87879 件①	2012 年委员会收到申诉 1936 件，处理 811 件②	2012 年 2 月至 2012 年 10 月收到来文 16 件，处理 26 件③
其他人权机构	欧洲理事会人权专员	无	儿童权利和福利专家委员会，负责监督遵守《非洲儿童权利和福利宪章》的情况

3. 联合国人权条约体系与区域人权条约体系的关系

（1）联合国人权条约体系与区域人权条约体系的宗旨和目标一致

无论联合国人权条约体系还是区域人权条约体系，它们存在的理由都是督促国家切实履行在人权条约下承担的义务，最终目标都是促进人权的实现；二者在不同层面上发挥着促进和保护人权的作用。④ 联合国一方面不断改进联合国人权条约体系，另一方面也呼吁建立并加强增进和保护人权的区域安排。⑤

（2）区域人权条约来源于并发展了联合国人权条约

一方面，区域人权条约的缔结受到了联合国人权条约的鼓励和启发。欧洲国家的领导人受到《世界人权宣言》的激励，迅速完成了《欧洲人权公约》的起草，公约在开篇便提到，本公约的缔约各国"虑及 1948 年 12 月 10 日联合国大会宣布的《世界人权宣言》"，并决定"采取首要措施以集体保障《世界人权宣言》中所宣告的某些权利"。"国际人权宪章"的通过也加快了《美洲人权公约》的缔结进程。另一方面，区域性人权条约又丰富了国际人权法的内容。与联合国人权条约相比，区域人权条约所规定的

---

① European Court of Human Rights, *Analysis of Statistics* 2012, p. 4, January 2013.

② IACHR 2012 Annual Report, Chapter III.

③ AU Doc. EX. CL/782 (XXII) Rev. 2 (2013), *Combined 32nd and 33rd Activity report of the African Commission on Human and Peoples' rights*, pp. 8 - 9.

④ 杨成铭：《简评区域性人权机构与世界人权机构的关系》，《法学评论》1999 年第 4 期。

⑤ 联合国多次呼吁并提出各种建议，希望在区域一级设立增进和保护人权的机构。参见 UN Doc. A/10235，第 93～97 段，以及第 173～178 段；《经济及社会理事会正式纪录，第四十四届会议，补编第 4 号》（UN Doc. E/4475），第十八章；UN Doc. A/RES/32/127。

权利更具体、更全面。以《非洲人权和民族权宪章》为例，它在同一份文件中不仅规定了公民权利和政治权利，而且规定了经济、社会和文化权利；不仅规定了个人的权利，而且规定了民族的集体权利；不仅规定了权利，而且规定了广泛的义务。这份文件对于发展权的详尽阐释是任何一项联合国核心人权条约所不及的。

（3）区域人权条约体系或将启迪联合国人权条约体系的发展

与联合国人权条约体系相比，区域人权条约体系的法制化程度更高。首先，区域性人权文件被成员国普遍接受的程度更高。在欧洲，加入欧洲理事会以接受《欧洲人权公约》为前提；在非洲，53 个国家均是《非洲人权和民族权宪章》的缔约国。而在联合国层面，尚无哪一个人权条约得到所有联合国会员国的批准。其次，作为区域人权条约监督机构的人权委员会或人权法院，与联合国的人权条约机构相比，前者权限更加广泛，具有接受来文、进行调查、采取临时措施、促成友好解决等多项职能。再次，建立人权法院并作出对当事方有法律拘束力的决定是三个区域人权条约体系的重要特色，却是联合国人权条约体系望尘莫及的。最后，三大区域人权条约体系中都安排了专门的机构负责监督申诉案件决定的执行情况，而联合国条约体系没有这样的机构。区域人权条约体系的法制化程度一定意义上解释了它的高效率，其理论和实践可以为联合国人权条约体系的发展提供可资借鉴的经验。①

二 国际人权条约与其他条约相比的共性与个性

（一） 国际人权条约与其他国际条约的共性

就形式而言，人权条约与其他国际条约并无大异。② 人权条约之所以被特别对待，是因为人们怀疑它是否具有条约的一个重要特性——相互性或

---

① 参见蔡高强等《人权国际保护与国内实践研究》，法律出版社，2007；贺鉴：《论区域性人权保护与人权的国际保护》，《世界经济与政治》2003 年第 4 期。

② 有学者专门对人权条约的形式作了研究，总结出人权条约在形式上的两个特点：（1）人权条约都是多边条约；（2）人权条约大部分是立法性而非编纂性的条约。参见孙世彦《国际人权条约的形式分析》，《现代法学》2001 年第 1 期。笔者认为，上述两个人权条约所具备的特点并非人权条约所独有，其他领域同样存在大量的多边条约，同样存在大量由联合国主持或组织起草、通过的立法性条约。因此，这两个形式上的特点不足以将人权条约单列为一类，成为一类特殊的条约。

称互惠性。依"条约"之定义，缔结条约的国际法主体意在产生、变更或消灭相互间的权利义务关系。因此，相互性一直被认为是国际条约的一个突出特征。

最常见的观点认为，将人权条约与其他条约区分开来的最显著特征就在于前者的非互惠性："与大部分的多边条约不同，人权条约并不在缔约国之间创设互惠关系，它仅仅创制了保护人权的客观体制……人权条约的义务常常被理解为是针对个人的单方面义务，而不像其他条约下的义务是国家之间互相承担的。"① 还有一种观点更进一步，认为国际人权条约中所包含的规范属于强行性规范，国家在国际人权条约下所承担的义务是普遍性义务，体现在一般性多边条约关系中的相互性原则不适用于国际人权条约。因此，对于国际人权条约的任何保留都是无效的。②

诚然，国际人权条约因为其调整内容的重要性，确实存在特殊性。对于这一点，1951 年国际法院关于《防止和惩治灭绝种族罪公约》保留案的咨询意见中已有阐述："在这种公约中，各缔约国并无任何自己的利益，而只有一个共同的利益，即达到这些崇高的目的，后者也就是公约存在的理由，因此，在这种公约中，不能说各国有自己的利益，也不能说在权利和义务之间维持完全契约上的平衡。"③

对禁止灭绝种族这样的强行性规范而言，国家所承担的当然是一种普遍性的义务。然而，并非人权条约中的所有规范都是强行性规范，它也包含一些交互性的义务，比如一些国际人权条约中的国家间指控程序。反之，也并非只有人权条约中才包含强行性规范和非互惠性的规范，关于环境保护的公约、关于裁军的公约中也包含大量的非互惠性规范。因此，很少有哪个条约整个是强行性的或整个是互惠性的；大部分的情况，包括人权条约，都是既包括承认互惠性的权利和义务的契约性条款，也包括强行性条款。即便是强行性规范较密集的人权条约也不可能完全缺失互惠性。

国际人权条约由国家制定并认可，只有国家才可以成为国际人权条约

---

① See Konstantin Korkelia: "New challenges to the regime of reservations under the international covenant on civil and political rights", in *European Journal of International Law*, vol. 13. No. 2, 2002.

② 参见邵沙平、余敏友主编《国际法问题专论》，武汉大学出版社，2002，第 171 页。

③ See Lori Damrosch, Louis Henkin, Richard Rugh, Oscar Schachter, Hans Smit: *International law: cases and materials*, (Fourth edition), West group, 2001, p. 480.

的缔约方。如同其他国际条约一样，国际人权条约也规定了缔约国之间的权利和义务关系，即一个缔约国在本身遵守条约义务的前提下有权要求其他缔约国履行条约义务。这种对于其他国家的请求权或监督权可以通过许多途径实现，例如当一国对人权条约提出保留时，其他缔约国可以对其认为有违条约目的和宗旨的保留表示反对；各国可以利用各种国际机制或程序对一国履行人权条约义务的情况进行审查；当一国认为另一国有违反人权条约的情形时，可以对另一国提起指控。人权条约缔约国之间的权利义务关系还体现为相互间为促进和保障人权而开展国际合作。例如，《经济、社会和文化权利国际公约》就规定每一个缔约国有义务"个别采取步骤或经由国际援助和合作，特别是经济和技术方面的援助和合作"，来达到公约中所承认的权利的充分实现。由此可见，通过国际合作来争取发展，从而实现经济、社会和文化权利等人权是所有国家的一项义务。在这方面，有援助其他国家能力的缔约国将承担更大的义务；相应的，国家也有请求别国提供国际援助或合作的权利。

如果试图将人权条约从其他多边条约中划分出去，有必要找到人权条约共同具有而其他条约所不具有的特征；而从上面实证的分析我们看到，这样的尝试都没有足够的说服力。事实上，目前在这一点上人们基本达成了共识：尽管人权条约有其特点，但是"人权条约本身并不属于特殊的法律类别"。①

（二） 国际人权条约的个性

人权条约一方面具备一般条约的共性，另一方面也是一类个性明显的条约。人权条约的个性主要体现在条约对缔约国履行义务的新要求，以及人权条约自身创设的富有特色的条约监督机制两个方面。

1. 国际人权条约缔约国义务的不对等性

国际法主要是调整国家之间关系的法律。条约作为国际法最主要的渊源，其内容也主要是规定缔约国之间的权利和义务关系；而人权条约更强调缔约国保障其管辖范围内的个人人权的义务。缔约国的义务主要指向个人，而个人却没有指向国家的对等义务。

---

① UN Doc. E/CN. 4/Sub. 2/1999/28（1999），*Reservation to human rights treaties*，working paper submitted by Ms. Francoise Hampson pursuant to Sub-Commission decision 1998/113，paras. 7&8.

（1）人权条约下缔约国义务的指向

如前文所述，人权条约具有条约的一般特性——相互性，因此它同样会在缔约国之间创设权利义务关系。然而不可否认的是，国际人权条约保护和实现人权的价值取向又决定了缔约国在人权条约下最主要的义务是保障"在其领土内和受其管辖的一切个人"的人权，而不是"在缔约国之间建立关系"。例如《公民权利和政治权利国际公约》第 2 条就阐述了这样一个原则——国际人权法的实施主要是国内事项。

因此，"一个国家根据人权条约承担的义务是指向两方面的：在形式上是针对其他缔约国，但在实质上是对'在其领土内和受其管辖的一切个人'承担的……人权条约的根本目的是为了实现处于各个国家管辖权之下个人的人权"。[①]

（2）人权条约下缔约国义务的性质

人权条约普遍要求缔约国"采取措施"，保证在国内实施有关条约的规定，使得处于其管辖下的人们享受到条约所承认的权利。为便于缔约国充分履行义务，学者们从理论角度根据权利的不同性质对缔约国的义务进行了分类。

第一，积极义务与消极义务。有学者将缔约国的义务分为积极义务和消极义务。所谓积极义务，是指需要缔约国采取适当行动才能履行的义务，例如实现男女同工同酬、保护儿童、保障受教育权等，主要体现为国家在实现个人的经济、社会和文化权利时承担的义务；而消极义务是指那些缔约国应该对某些事物加以制止、废止或避免采取行动的义务，如禁止酷刑、废止奴隶制等，主要体现为国家保障实现公民权利、政治权利时承担的义务。

但事实上，积极义务和消极义务的划分并不是绝对的，即使是消极义务也需要采取一些必要措施，"从而保证国家行政当局和一切受国内法约束的人遵守法律的规定，不干预公民的自由"。[②]而经济、社会和文化权利中同样存在只需要国家确认、不需要国家干涉的权利内容。

---

① 孙世彦：《论国际人权法下国家的义务》，《法学评论》2001 年第 2 期。
② 〔意〕卡波道蒂：《人权：走向世界的艰难历程（Human Rights：The Hard Road Towards University)》，载沈宗灵、黄枬森主编《西方人权学说》（下），四川人民出版社，1994，第 479～487 页。

　　第二，立即履行的义务与逐步实现的义务。这一分类与上述分类相关联。通常认为，国家在保障公民权利和政治权利的实现时只需要承担消极的不作为义务，因此，要求国家立刻尊重和确保有关权利的实现，这就是所谓立即履行的义务。但对于经济、社会和文化权利而言，国家需要采取适当行动才能保障实现；而鉴于当今世界资源的有限性和各国国力不平衡的现实，在短期内一般无法充分实现所有的经济、社会和文化权利，因此要求缔约国逐步达到有关权利充分实现的目标，这就是所谓逐步实现的义务。

　　这种对于"立即履行"和"逐步实现"的解释存在一定的误读。国家保障公民权利和政治权利的义务并不全是立即履行的义务，而保障经济、社会和文化权利的义务也并非都属于逐步实现的义务。"立即履行"与"逐步实现"实际上是对国家义务的不同阶段的划分，前者是国家的行为义务，而后者则是结果义务。就国家在《经济、社会和文化权利国际公约》下的义务而言，国家既担负立即"采取步骤"的行为义务，也担负"逐步实现"公约权利的结果义务。正如著名人权法专家艾德所指出的："经济、社会和文化权利与公民权利、政治权利相比具有特殊性，是一个关于是否具备必要条件的问题；至于国家义务本身则都是立即生效的。"①

　　第三，缔约国义务的层次。鉴于国家的义务不能根据人权条约规定的权利作简单的区分，理解国家义务性质的另一种方法是将其划分为不同的层别。②

　　a. 尊重的义务。此义务要求国家不去妨碍个人行使权利或不为侵犯特定权利的行为。例如，警察有禁止使用酷刑的义务；国家有不得任意将公民逐出其居所的义务。

　　b. 保护的义务。此义务是指保护个人的权利不受其他私人的侵害。例如，国家通过立法形式将煽动种族仇恨定为犯罪；国家通过立法形式保护职业健康和安全。

---

① See Asbjorn Eide, "Human Rights Requirements for Social and Economic Development", 刘海年主编《〈经济、社会和文化权利国际公约〉研究——中国挪威经社文权利国际公约研讨会文集》，中国法制出版社，2000。

② 国际人权法教程项目组：《国际人权法教程》（第1卷），中国政法大学出版社，2002，第5、6页。

c. 实现的义务。这种义务分为两个部分：通过"协助"实现的义务，即国家有义务促进特定权利的实现，通过积极的行为增强人们获取资源和享有这种权利的能力；通过"提供"实现的义务，即国家有义务提供某种东西，这种义务与经济和社会权利的关系最为明显，它适用于个人没有能力享有特定权利的情形。

国家尊重、保护和实现义务的范围与每项权利的具体内容相关，而不能以公民权利和政治权利或是经济、社会和文化权利这两大类的权利类别作笼统的区分。

2. 国际人权条约监督机制的准司法性

虽然人权条约的执行主要是各缔约国自身的任务，然而若没有监督机制，仅凭缔约国的自觉，恐怕会使人权条约成为一纸空文。实践证明，"横向的实施——来自其他的人权条约缔约方的反应所构成的威慑，或者，各国一般地对违反习惯人权法的反应所具有的威慑——对各国人权方面的行为只有微小的影响"。[①] 于是，国际人权条约规定了以专家组成条约机构来监督缔约国执行公约情况的特殊的国际监督机制。

国际人权条约的监督机制是一种介于政治性监督和司法性监督之间的准司法性的国际监督制度。[②] 政治性监督是国际监督的方式之一，主要是以国际组织的宪章或基本法律文件为依据，通过国际组织最高权力机关及其附属机构的决议或决定，对其成员是否尊重国际人权标准进行审议或审查。司法监督是国际监督的另一种形式，由国际司法机构根据正当的法律程序解决争端并作出对当事方有拘束力的判决。国际人权条约的监督机构由在人权领域德高望重的独立专家组成，他们以个人身份任职，不代表任何政府，因此有别于政治性监督。条约机构的准司法性集中体现在对个人来文的处理程序上。条约机构根据适当的法律程序，在申请人和缔约国双方提出主张和辩论后作出意见。对于联合国人权条约体系而言，审理来文的程

---

① 〔美〕路易斯·亨金：《国际法：政治与价值》，张乃根等译，中国政法大学出版社，2005，第 303 页。
② See HR/PUB/91/1（Rev.1）：*Manual on Human Rights Reporting*，United Nations Publication，1997，pp. 13 - 14；万鄂湘、陈建德：《论国际人权条约的准司法监督机制》，《武汉大学学报（哲学社会科学版）》1997 年第 6 期；彭锡华：《国际人权条约实施的国际监督制度》，《西南民族学院学报（哲学社会科学版）》2001 年第 10 期。

序亦颇具司法特点，但是作出的意见尚不具有正式的法律拘束力；而区域人权条约体系更接近于司法监督制度。欧洲、美洲以及即将运作起来的非洲司法与人权法院均可作出对申诉所涉缔约国有法律拘束力的判决；判决的执行将得到政府间国际组织的监督。与司法机构不同的是，区域人权法院的判决只对涉案的国家有拘束力，而并没有形成对其他缔约国也有拘束效力的判例法；对判决执行的监督依然是政治性监督，是否执行法院的判决很大程度上还取决于缔约国的意愿。

3. 国际人权条约体系正在实现从规范宣示型向规范实施型制度的转变

"国际人权法的实施说到底，主要靠主权国家政府的意志，靠国际社会道义的力量，靠国际社会的鼓励、规劝、监督、批评、谴责和制裁等。比如，对实行种族主义和种族隔离制度的南非政权，联合国中止了它的会籍以作为一种制裁。联合国还通过决议，呼吁国际社会成员国不同南非发展政治、经济、军事等各个领域的关系。"[①] 可以说，这段话较好地描述了联合国人权宪章机制的情况。联合国的人权条约机制绝大部分形成于 20 世纪 80 年代之后。而在此之前，以联合国大会、经社理事会及其人权委员会、安理会、秘书长等为主要监督力量的联合国人权宪章制度已经运作了近 40 年，形成了一套包括由联合国秘书长接受针对国家的来文指控、由人权委员会及其小组委员会秘密审议指控、公开针对不合作国家的指控、设立特别报告员或派遣特别使团调查一国的人权状况、召开紧急会议呼吁或鞭策国家改善人权状况以及通过强制性的制裁措施刺激国家改变做法的全方位的人权监督程序。这些程序，如果运用得好会起到伸张正义、促进人权保障的目的，但若应用不当，则会带来许多副作用。实践证明，这些程序在很大程度上被某些国家利用为政治斗争的工具。每届人权委员会上围绕国别人权决议的唇枪舌剑就是其突出表现，以至于这个机构终于在 2006 年难以为继，为联合国人权理事会所取代。

联合国人权宪章制度虽设法增强人权保护的强制性，但因为《联合国宪章》中并没有对"人权"作出界定，导致实践中并无共同的规范可循。一些国家以自己的人权观为标准衡量别国的人权观，给非人权保护的问题扣上侵犯人权的帽子，不可避免地出现人权保护政治化、随意化的局面，

---

① 参见庞森《当代人权 ABC》，四川人民出版社，1991。

严重损害了联合国的信誉。

相比之下，联合国人权条约体系具有更高的规范性、客观性和权威性。作为体系核心的人权条约对缔约国具有无可争议的法律拘束力；作为体系监督机构的条约机构由以个人身份任职的在该领域公认的专家组成，政治色彩淡薄，其决定和意见更易为国家所接受；作为体系执行程序的各种监督措施要么作为条约的一部分为缔约国自愿接受，要么规定在任择议定书中供国家选择接受，一旦被接受则成为国家自愿承担的国际法律义务。联合国人权条约体系的工作重心正从创建规范、鼓励国家接受规范转移到如何更有效地监督缔约国实施规范上来，联合国内部日益高涨的加强条约监督机制的呼声即是其明证。

而早在联合国忙于设计一些政治性程序的时候，在区域一级已经开始探索建立规范性更强的人权条约监督机制，并且逐步赋予这些机制对国家的法律拘束力。无论是欧洲地区以可作出具有强制力判决的欧洲人权法院代替过去的人权委员会与人权法院并行的繁冗制度，还是非洲地区以欧、美洲为榜样建立具有司法管辖权的非洲人权和民族权法院，在区域一级，人权条约体系的法律性、强制性的特征正在逐步显现出来。其中，于20世纪50年代起步的欧洲人权条约体系已经成长为最有效率、对国家人权保障制度影响最大的制度。似可揣测，联合国建立人权条约体系，或是反省了宪章制度的深刻教训，或是受到了区域人权条约体系的启发；而联合国近年来对改革人权条约体系的反复讨论也正说明了联合国及其成员国希望进一步强化这一体系的实效。联合国和区域的人权条约体系均已从制定规范的阶段进入实施规范的阶段。有学者甚至认为，欧洲和美洲的人权制度已经转向强制执行型的国际法制度。[①]

三　国际人权条约与国内法关系的宪法规定

国际人权条约作为一类国际条约，它与国内法的关系受到国际条约与国内法关系的一般理论与制度的指导。然而，鉴于国际人权条约又有区别于一般国际条约的特征，加之各国和国际社会对人权保护的日益重视，人

---

① 参见〔美〕杰克·唐纳利《普遍人权的理论与实践》，王浦劬等译，中国社会科学出版社，2001，第十一章"国际人权机制"。

权条约与国内法的关系受到了突出强调。许多国家除了在宪法中对条约与国内法的关系进行一般规定外，还专门规定了人权条约的地位问题。有些国家在司法实践中诠释了人权条约在国内法律体系中的地位。而某些区域人权条约在区域各国的国内法律体系中已经获得了普遍的至上性。

综观各国宪法中对人权条约与国内法关系的专门规定，大致呈现出以下几个方面的新动向：一是人权条约的地位得到提升，被赋予高于普通法律，甚至等同于宪法的地位；二是人权条约被赋予直接适用的法律效力，同时宪法规定人权条约可以作为解释宪法和法律的依据；三是以保障人权为宗旨，当人权条约与国内法对同一项人权作出规定时，适用其中保障水平更高的规定。

1. 人权条约在法律位阶上优于法律甚至等同于宪法

视一国批准的人权条约具有等同于宪法的法律地位，充分体现了国家对人权保障的重视，以及履行国际人权条约的诚意。阿根廷和委内瑞拉的宪法都作出了这样的规定。

1994 年修正后的阿根廷宪法明确规定，人权条约的地位不仅优于普通法律，而且等同于宪法。根据该宪法第 75 条第 22 项，国际条约和协定的效力高于法律；而《美洲人的权利和义务宣言》、《世界人权宣言》、《美洲人权公约》、《经济、社会和文化权利国际公约》、《公民权利和政治权利国际公约》及其议定书、《防止及惩治灭绝种族罪公约》、《消除一切形式种族歧视国际公约》、《消除对妇女一切形式歧视公约》、《禁止酷刑公约》和《儿童权利公约》，具有宪法的效力等级；其他人权条约和公约在经国会批准后，如果获得了两院议员 2/3 以上的同意，则可以取得宪法的效力等级。阿根廷宪法的这一规定将条约及其在国内法律体系中的地位作了分类：普通条约具有高于法律的效力；明确列举的几项人权条约具有等同于宪法的地位；而未明确列举的其他人权条约，经过一定的程序，也可以获得等同于宪法的地位。关于如何适用这些条约，阿根廷宪法第 75 条第 23 项接着规定："国家通过立法或采取积极措施保障本宪法和生效的国际人权条约承认的，尤其是关于儿童、妇女、老年人和残疾人权利的充分行使、平等机会和待遇。"这一项规定表明，人权条约尽管可以具有等同于宪法的地位，但是人权条约在阿根廷国内法领域中并不是直接适用的，人权条约中的权利还需要通过国内立法或者其他措施进一步确认。也就是说，对于国际人权条约，阿根廷主要是采用转化的方式予以接受。

另一个赋予人权条约宪法地位的国家是委内瑞拉。根据委内瑞拉 1999 年宪法第 23 条的规定，"委内瑞拉执行和批准的关于人权的条约、协定、公约具有宪法地位，优于国内立法，应当被法院和公共权力机构及时和直接适用"。由此可以判断，委内瑞拉不仅赋予了人权条约等同于宪法的地位，而且大体上采取了纳入的方式来接受国际人权条约。

更多的国家明确赋予了人权条约与除宪法之外的普通法律相比的优先地位。例如，俄罗斯 1993 年 12 月 12 日通过的《俄罗斯联邦宪法》第 17 条第 1 款规定，俄罗斯联邦和本宪法保障与公认的国际法原则和规范相一致的基本权利和自由。当俄罗斯联邦缔结的国际条约与国内法律规定了不同的内容时，根据该国宪法第 15 条第 4 款，应当适用条约的规定。根据 1992 年生效的《蒙古国宪法附加法》第 7 条关于蒙古国宪法与人权的规定，与蒙古国宪法不相抵触的蒙古国法律，若与国际条约中有关人权方面的规定相抵触时，以该国际条约为准。哥伦比亚 1991 年宪法第 93 条规定，国会批准的承认人权和禁止紧急状态限制人权的国际条约和协定，其效力优于国内法。土耳其 2004 年 5 月在《宪法》第 90 条中增加了以下内容，即在基本权利和自由方面，如果国内法与有适当效力的国际条约相冲突时，则国际条约具有优先效力。类似的宪法立法例还有很多，此处不一一列举。

荷兰宪法的规定更加特殊。根据该国 1983 年经全面修订后的宪法第 94 条的规定，王国内有效的法律规范，如其适用将与对所有人有拘束力的条约条款或是国际机构的决定相冲突，则不得被适用。据我国著名国际法学者李浩培先生的解读，其中"王国内有效的法律规范"应当包括荷兰的宪法在内。据此，荷兰宪法实际上赋予了条约优先于宪法的地位。① 至于荷兰是如何在国内法中接受人权条约的，人权条约在国内的适用方式如何，根据荷兰学者的解释，"对所有人有拘束力的条约"在荷兰的法律实践中被解释为自动执行的条约。规定个人权利的人权条约即属于此类条约。② 因此，对于人权条约，荷兰主要采用纳入的接受方式，而且人权条约在荷兰具有

---

① 参见李浩培《条约法概论》（第 2 版），法律出版社，2003，第 330～331 页。

② 荷兰有关条约的法律与实践，参见 Jan. G. Brouwer, "National Treaty Law and Practice: the Netherlands", in Duncan B. Hollis, Merritt R. Blakeslee, Benjamin Ederington, *National Treaty Law and Practice*, Martinus Nijhoff, 2005, pp. 483–536.

直接适用性。

2. 人权条约是解释宪法基本权利的依据

许多国家在宪法中明确规定，人权条约以及其他国际人权文书可以作为解释宪法和法律中确认的人权的依据。按照国际人权条约的规定解释宪法或国内法律，客观上起到了避免国内法与人权条约相冲突的作用。这样的规定一方面是"条约必须遵守"原则在国家适用国际人权条约时的一个体现，表明宪法和法律中有关基本权利的规定以国际人权条约为指导而制定，另一方面也为国家依据国际人权条约丰富宪法基本权利的内涵创造了条件。

这方面的宪法立法例非常普遍。例如，葡萄牙 1976 年宪法第 16 条第 2 款规定，宪法和法律中有关基本权利的规定应以符合《世界人权宣言》的方式解释并与之保持一致。根据 1978 年《西班牙王国宪法》第 10 条第 2 款，"本宪法所承认的基本权利、自由及有关准则将根据《世界人权宣言》和西班牙所批准的其他相关国际条约和协议进行解释"。① 哥伦比亚 1991 年宪法第 93 条第 1 款规定，本章提到的权利和义务应当按照哥伦比亚批准的国际人权条约进行解释。安哥拉 2010 年宪法第 26 条第 2 款规定，宪法和法律关于基本权利的规定应该按照《世界人权宣言》、《非洲人权和民族权宪章》以及安哥拉遵守的其他国际文件进行解释和适用。② 秘鲁 1993 年宪法的"最后与过渡条款"第 4 条规定，宪法承认的关于权利和自由的条款应该按照《世界人权宣言》和秘鲁批准的关于这些权利的国际条约和协定进行解释。埃塞俄比亚 1994 年宪法第 13 条第 2 款作出了类似规定："本章中规定的基本权利和自由应该以符合《世界人权宣言》、国际人权盟约，以及埃塞俄比亚批准的国际协定的方式进行解释。" 1997 年修订的斐济宪法在第四章"权利法案"第 43 条第 2 款规定，在解释本章的规定时，法院应该促进民主社会自由和平等的价值，必须考虑相关的可予适用的国际公法，以保护本章确立的权利。2003 年修订的罗马尼亚宪法第 20 条关于国际人权条约的规定，第 1 款要求宪法关于公民权利和自由的规定应该按照与《世界

---

① 参见潘灯、单艳芳译《西班牙宪法典》，中国政法大学出版社，2006。
② See *CONSTITUIÇÃO DA REPúBLICA DE ANGOLA*（2010），available at http：//www. governo. gov. ao/Constituicao. aspx？lang = en – US, latest visit on 30 June 2013.

人权宣言》、人权盟约和罗马尼亚参加的条约相一致的方式进行解释和执行。

还有一些国家以其他方式表明宪法中的基本权利制度受到国际人权规范的约束。例如，加纳1992年宪法第37条第3款规定："国家在履行本条第二款规定的义务时，应该以国际人权文件中确认和适用的发展进程中基本人权的特定类型为指导。"阿尔巴尼亚1998年宪法第17条第2款规定，宪法中对基本权利和自由的限制不得侵犯这些权利和自由的本质，并且在任何情况下都不得超越《欧洲人权公约》规定的限制。

3. 人权条约与国内法的规定择优适用

为最大限度地保障人权，许多国际人权条约表达了国际人权规范和国家人权规范择优适用的思想，即适用其中对人权提供了更高保障的规定。例如，《公民权利和政治权利国际公约》和《经济、社会和文化权利国际公约》均在各自的第5条第2款规定：对于公约的任何缔约国中"依据法律、惯例、条例或习惯而被承认或存在的任何基本人权，不得借口本公约未予承认或只在较小范围上予以承认而加以限制或克减"。《1950欧洲人权公约》第53条也规定："本公约的规定不应被解释为限制或克减根据任何缔约国的法律或根据缔约国参与的任何其他协定所保证的任何人权和基本自由。"

一些国家的宪法在处理人权条约与国内法的关系时，也体现了这种从优适用的精神。例如蒙古1992年《宪法附加法》第7条规定，蒙古人民共和国法律和国际条约及其条款，凡有削弱蒙古国宪法明确规定的人权者，从该宪法生效之日起废止。罗马尼亚2003年修订的宪法第20条第2款规定，如果罗马尼亚参加的关于基本人权的盟约、条约与国内法有不一致的规定，国际规则优先适用，除非宪法或国内法包含了更加有利的规定。而哥斯达黎加宪法第7条则赋予了国际人权条约优于宪法的地位，只要这些条约所承认的权利和保障的范围比宪法更广，就优先适用条约的规定。① 葡萄

---

① 《哥斯达黎加宪法》第7条规定：国际公约、条约或协定经议会批准后，自批准之日起具有高于议会立法的效力。根据此条，哥斯达黎加政府在向联合国人权条约机构提交的报告中指出，国际人权条约在特定条件下甚至可以具有超越宪法的地位。参见 UN Doc. CAT/C/24/Add. 7，哥斯达黎加向禁止酷刑委员会递交的初次报告；UN Doc. CERD/C/384/Add. 5，哥斯达黎加向消除种族歧视委员会递交的第16次报告。

牙、巴西和安哥拉采用了另一种类似的立法模式。葡萄牙 1976 年宪法第 16 条第 1 款规定，本宪法包含的基本权利不排除其他法律或可予适用的国际法规则中规定的基本权利。安哥拉 2010 年宪法第 26 条第 1 款规定，本法规定的基本权利不应该排除源于其他法律和可予适用的国际法规则中的权利。而且根据该条第 3 款，安哥拉法院在解决争端时，即使当事方没有援引，法院也可以适用这些国际文件。巴西宪法第 5 条第 78 款第 2 项也规定，本宪法规定的权利和保障并不排除其他来自巴西缔结的国际条约中规定的权利。按照这些规定，一国参加的国际人权条约与本国宪法对基本权利的规定相比，何者对人权的保障更充分就适用何者，何者保障的人权范围更广泛就适用何者。

对于人权条约与国内法的关系在宪法中作出明确的规定体现了世界范围内宪法发展的新趋势。除此之外，仍有许多国家的宪法只是对条约与国内法的关系作了概括的规定，而没有专门规定人权条约的地位问题；还有一部分国家在宪法中并没有明确条约与国内法的关系。但这并不表明，国际人权条约在这些国家的影响效力低，或者这些国家对国际人权条约的适用状况不佳。在这些国家，他们常常通过其他的方式表达对人权条约的重视和遵守。例如，许多国家在向联合国人权条约机构递交国家报告时，纷纷表示人权条约在国内法中具有高于一般法律的优先性。更为重要的是，许多国家在国家报告中明确表示，人权条约在国内可以被司法机关和其他公共当局直接援引，例如土耳其、[1] 突尼斯、[2] 哥斯达黎加、[3] 西班牙、[4] 爱沙尼亚、[5] 多哥、[6] 阿尔巴尼亚、[7] 阿尔及利亚、[8] 摩洛哥、[9] 冰岛、[10] 危地

---

[1] UN Doc. CAT/C/7/Add. 4，土耳其向禁止酷刑委员会递交的初次报告。

[2] UN Doc. CERD/C/431/Add. 4，突尼斯向消除种族歧视委员会递交的第 13~17 次报告。

[3] UN Doc. CERD/C/384/Add. 5，哥斯达黎加向消除种族歧视委员会递交的第 16 次报告。

[4] UN Doc. CAT/C/55/Add. 5，西班牙向禁止酷刑委员会递交的第 4 次报告。

[5] UN Doc. CERD/C/329/Add. 2，爱沙尼亚向消除种族歧视委员会递交的第 1~4 次报告。

[6] UN Doc. CRC/C/3/Add. 42，多哥向儿童权利委员会递交的初次报告。

[7] UN Doc. CCPR/C/ALB/2004/1，阿尔巴尼亚向人权事务委员会递交的初次报告。

[8] UN Doc. E/19990/5/ADD. 22，阿尔及利亚向经济、社会和文化权利委员会递交的初次报告。

[9] UN Doc. CERD/C/225/Add. 1，摩洛哥向消除种族歧视委员会递交的第 9~11 次报告。

[10] UN Doc. CERD/C/226/Add. 12，冰岛向消除种族歧视委员会递交的第 10~12 次报告。

马拉、① 萨尔瓦多、② 毛里塔尼亚、③ 拉脱维亚、④ 埃及、⑤ 朝鲜⑥等。与之相呼应，一些国家的国内法院在审理案件时援用人权条约的做法也得到了条约机构的肯定。例如，消除对妇女歧视委员会注意到哥伦比亚的法院曾经援引《消除对妇女一切形式歧视公约》审判案件；⑦ 消除种族歧视委员会赞赏波斯尼亚和黑塞哥维那赋予《消除一切形式种族歧视国际公约》与宪法等同的地位，并可以在国内法院直接适用；⑧ 经济、社会和文化权利委员会也确认，在斯洛文尼亚，《经济、社会和文化权利国际公约》可以被法院直接援引。⑨

综上所述，宪法对国际人权条约与国内法的关系采用了三种处理模式：一是概括地规定国际法与国内法的关系，而不单独说明人权条约与国内法的关系；二是在国际法与国内法关系的一般规定之外，将人权条约与国内法的关系作专门说明；三是宪法中未说明国际法与国内法的关系，留给国内司法实践来解决。

20 世纪 90 年代以来新制定或修订的许多宪法对人权条约在国内法中的地位作了专门说明。大部分国家赋予人权条约优于一般国内法的地位，有些国家甚至将其提高到与宪法等同的地位。人权条约成为解释宪法和法律规定的基本权利的依据。许多国家通过在宪法中规定人权条约与国家立法择优适用的原则来表达最大限度地保护人权的意愿。各国还通过向人权机构承诺人权条约的直接适用性来说明人权条约在国内法律体系中的执行力。总之，与其他国际条约相比，人权条约已经成为备受各国宪法瞩目的焦点。不仅如此，国内法院在司法实践中援引人权条约，甚至援引人权条约机构的决定的情形也越来越常见；政府当局乃至公民个人援用人权条约的情况

---

① UN Doc. CERD/C/256/Add. 1，危地马拉向消除种族歧视委员会递交的第 2～6 次报告。
② UN Doc. CERD/C/258/Add. 1，萨尔瓦多向消除种族歧视委员会递交的第 3～8 次报告。
③ UN Doc. CERD/C/330/Add. 1，毛里塔尼亚向消除种族歧视委员会递交的第 1～5 次报告。
④ UN Doc. CERD/C/309/Add. 1，拉脱维亚向消除种族歧视委员会递交的第 1～3 次报告。
⑤ UN Doc. CERD/C/384/Add. 3，埃及向消除种族歧视委员会递交的第 13～16 次报告。
⑥ UN Doc. CRC/C/3/Add. 41，朝鲜向儿童权利委员会递交的初次报告。
⑦ UN Doc. A/54/38/REV. 1，消除对妇女歧视委员会向联合国大会第 54 届会议提交的报告，第 352 段。
⑧ UN Doc. A/61/18，消除种族歧视委员会向联合国大会第 61 届会议提交的报告，第 25 段。
⑨ UN Doc. E/2006/22，经济、社会和文化权利委员会第 34 和第 35 届会议报告，第 377 段。

也时常出现。正如有学者指出："近年来，在各国的实践中已经形成一种明显的趋势，那就是正式承认（人权）公约条款为国内法的一部分。"① 这一点，强有力地证明了体现在国际人权条约中的普遍人权观念对世界各国国家人权保障制度的积极影响。

四　国际人权条约在国内法上的接受

国际人权条约在国内法律体系中的效力如何，关键在于它能否被国内的执法者②所实际适用。实践中，国家在国内法律体系中接受国际人权条约的做法大体也可区分为纳入方式和转化方式两类。

第一类，国家在宪法中明确赋予人权条约国内法上的直接效力，即得到适当批准和公布的人权条约自动成为国内法律体系的一部分，并且经常具有低于宪法而高于普通法律的地位。在这些国家，国际人权条约被概括地"纳入"了国内法律体系中。原则上，人权条约的每一个条款都可以在任何法院程序中援引，而实际上，法院可能考虑人权条约条款本身是否能够自动执行，即对个人权利和义务的规定是否足够具体。另外，法院在决定是否适用条约时，还可能考虑条约的宗旨、措辞、与案件的相关性等因素。因此，执法者在决定是否适用人权条约时有很大的自由裁量权，在这个过程中，政治意愿以及法官对人权条约的认知水平和态度都会产生影响。因此，即便在人权条约被赋予直接效力的国家，往往还会进一步将条约乃至条约条款作自动执行和非自动执行的划分，对其直接适用性也要作个案的具体分析。然而，近年来，将人权条约或者人权条约机构的一般性评论、结论性意见作为审理案件的主要依据，或者将其作为国内法的解释依据的案例越来越多。这与国际人权条约在国内影响力的扩大、国家人权保障水平的提升有密切关联。

第二类，在人权条约在国内不具有直接效力的国家，当局往往选择订立载有条约内容的国内立法的形式"转化"接受条约。而转化条约的国内法可能存在转化不充分的问题，即有关的国内法并没有完全、充分地反映

① 〔奥〕曼弗雷德·诺瓦克：《〈公民权利和政治权利国际公约〉评注》（修订第 2 版），孙世彦、毕小青译，生活·读书·新知三联书店，2008，第 8 页。
② 这里的"执法"应理解为广义执法，不仅包括行政部门日常执行法律的工作，也包括法院对法律的适用。

人权条约的规定。这将减损国家在国内适用国际人权条约的程度。近年来，有些国家通过一个专门的法案将人权条约一体接受（incorporation）到国内法中，这里就有常被我国学者提及的 1998 年英国人权法案和 1999 年挪威人权法案。除此之外，爱尔兰也以英国的法案为模板，于 2003 年颁布了接受《欧洲人权公约》的法案。

　　英国向来以欧洲人权的发源地自居。然而到了 20 世纪 80 年代，英国开始在欧洲人权法院输官司，这使英国的法官认识到，普通法对《欧洲人权公约》所规定的权利的保障并不充分，于是掀起了如何将公约接纳到英国法律体系中的讨论。1997 年政府发布了一份名为《将权利带回家》（Rights Brought Home）的报告，决定通过一个法案将公约并入国内法中，但这不是一个罗列权利的法案，而是将《欧洲人权公约》作为整体并入的法案。实际上，公约的条款最终以附件的形式成为法案的一部分。政府的报告解释了这么做可能带来的益处：当事人可以通过国内法院救济公约的权利，从而降低了诉讼成本；减少了提交到斯特拉斯堡（欧洲人权法院总部）的案件数量，也使得英国政府较少面临政治上的窘境；英国法院受理的涉及公约的案件增多，用英国的法理来影响斯特拉斯堡的法理的概率增大，等等。①

　　在多方推动下，1998 年英国人权法案（UK Human Rights Act 1998）获得通过。该法案于 2000 年生效。法案将《欧洲人权公约》和欧洲人权法院的判例法"接受"到英国的国内法中。法案要求英国的法院和其他公共当局直接适用《欧洲人权公约》，并授权个人直接根据公约在英国法院提起诉讼。通过该法案将公约"接受"到国内法体现在以下几个方面：第一（法案第 6 条），英国的公共当局，包括法院如果不按照与公约权利相一致的方式行事将被认定为违法。第二（法案第 8 条），英国的法院有权审理侵犯公约权利的案件。第三（法案第 2 条），所有公共当局在作出有关公约权利的决定时必须考虑欧洲人权法院的判决、决定。英国的法院应该按照与公约规定相一致的方式解释所有的议会法令（法案第 3 条）。第四（法案第 4

---

①　See Samantha Besson, "The Reception Process in Ireland and the United Kingdom", in Helen Keller & Alec Stone Sweet, (eds.) *A Europe of Rights*: *The impact of the ECHR on domestic legal systems*, Oxford, 2008, pp. 31 – 106.

条），如果议会法令同公约的规定确实存在冲突，则由更高级别的法院提请议会注意这一情况，但是法院的提醒对议会并不具有拘束力。①

挪威于 1999 年 5 月 21 日通过了《关于加强人权在挪威法律中的地位的法案》（Act Relating to the Strengthening of the Status of Human Rights in Norwegian Law），明确将《欧洲人权公约》、《经济、社会和文化权利国际公约》、《公民权利和政治权利国际公约》并入挪威法律体系中，具有同挪威法律相同的地位（第 2 条）。该法案第 3 条紧接着规定，第 2 条中提到的公约优于与之相冲突的国内立法。很显然，该法案只针对三项人权条约，对于挪威缔结的《儿童权利公约》、《消除对妇女一切形式歧视公约》、《消除一切形式种族歧视国际公约》、《禁止酷刑公约》该如何接受的问题尚没有解决。对此，挪威政府在稍后递交给联合国的《人权行动计划》中表示将比照法案，就后四个核心人权条约在挪威法律中的执行提出建议。②

爱尔兰于 2003 年颁布了《欧洲人权和基本自由公约法案》（European Convention on Human Rights Act 2003），成为继英国和挪威之后，另一个将《欧洲人权公约》并入国内法中的坚持"二元论"传统的国家。根据该法案，《欧洲人权公约》在爱尔兰国内的执行体现在以下五方面：第一（第 3 条第 1 款），每一个国家机构都必须以同公约一致的方式履行职责。第二（第 3 条第 1 款），蒙受损失、伤害或破坏的人在用尽了其他救济之后，可以就所蒙受的损失在巡回法院（Circuit Court）或高级法院（High Court）提起诉讼。第三（第 4 条），司法机关应该对《欧洲人权公约》的规定和欧洲人权法院的判例法予以关注。第四（第 2 条第 1 款），法院应该尽可能以与公约相一致的方式解释法律、法令规则。第五（第 5 条），如果确实存在冲突，高级法院或最高法院可以宣布法律、法令的规定与国家在人权公约下承担的义务不一致，但是宣布并不会影响相关法律的效力和继续适用。③

---

① UK Human Rights Act 1998, available at http：//www. opsi. gov. uk/acts/acts1998/ukpga _ 19980042_en_1，最近访问日期：2013 年 6 月 30 日。

② See Plan of Action for Human Rights（1999 - 2000），Norway, available at http：// www. unhchr. ch/html/menu2/norway. htm，最近访问日期：2013 年 6 月 30 日。

③ European Convention on Human Rights Act, 2003, available at http：//www. ihrc. ie/legal_documents/ll_ehrc. asp，最近访问日期：2013 年 6 月 30 日。

五　国际人权条约的国内适用

尽管有一种担心认为，人权的国际保护空前蔓延可能导致人们对国家才应该承担保护人权的主要义务这一观点的淡化，[①] 但不争的事实是，保障人权的义务主要在国家。这一点不仅被各国政府反复强调，而且也被相关的国际文件反复申明。[②] 国际人权条约得到国内法律体系的接受后，关键的问题是国家如何在国内适用条约，哪些机构负有实施人权条约的职责，可以通过哪些途径落实人权条约的规定。

早在 16 世纪末 17 世纪初，美国人权理论的奠基人托马斯·潘恩（Thomas Paine）就提出了人权保障的问题。他认为，抽象的人权要想得到有效的保护，至少需要有政体和法律作保证。一个好的政体，即共和政体或代议制政体，是对人权的最根本的保障；而将抽象、概括的人权转化为具体的、法律上的权利则是人权的最切实有效的保障。[③] 目前，国际人权条约对国家保障人权的措施提出了更多要求，人权条约的缔约国要通过立法的、司法的、行政的以及其他一切必要手段来实现条约中规定的权利。人权保障是一个系统工程，需要方方面面的协调合作，国家需要将保障人权的各种措施整合成一套相互关联、相辅相成的制度，这就是国家人权保障制度。国际人权条约的国内适用主要通过体系化的国家人权保障制度来实现。

（一）国家人权保障制度：国际人权条约在国内适用的制度依托

20 世纪 90 年代初关于"人权"讨论的禁区在中国刚刚被打破，我国学者就提出了"人权保障制度"的概念，认为其含义是国家运用法律的、经济的、社会的及其他的方法保障该国确认的人权不受侵犯或得以实现的一系列制度的总称。[④] 按照这一定义，国家人权保障制度所保障的对象是

---

① Cf. Jean-Bernard Marie, "National Systems for the protection of human rights", in Janusz Symonides, (eds.) *Human Rights*: *International Protection*, *Monitoring*, *Enforcement*, Ashagate UNESCO Publishing, 2003, p. 267.

② 例如《联合国宪章》第 55、56 条；《维也纳宣言和行动纲领》第一部分第 1 段、第 5 段；《公民权利和政治权利国际公约》第 2 条；《经济、社会和文化权利国际公约》第 2 条。

③ 许崇德、张正钊主编《人权思想与人权立法》，中国人民大学出版社，1992，第 155 页。

④ 许崇德、张正钊主编《人权思想与人权立法》，中国人民大学出版社，1992。

经一国确认的人权，即已载入一国法律中的权利。国家人权保障的途径是预防性和增进性的。所谓预防性，即预防人权受到侵犯；所谓增进性，则是促进人权得以实现。而国内人权保障制度的内容至少应包括立法保障、司法保障、经济保障和社会政治保障。这里所谓"人权的社会政治保障"，是指运用各政党、社会团体、群众组织以及公民等所发挥的社会力量来保障人权的实现。① 今天看来，这一概念存在一定的局限。首先，对于人权范围的界定较为狭窄，将人权等同于法律规定的权利。其实，并不是所有的法定权利都属于人权；反过来，一国通过立法确认的权利并不一定涵盖了它以缔结国际人权条约的形式所承诺保障的所有人权。其次，误将某些人权赖以实现的条件当成人权保障制度的构成要素。例如经济繁荣、社会稳定只能是国家人权保障制度得以有效运行的外部条件，而不是国家为保障人权建立的具体制度。

21 世纪初，有学者总体性地界定了人权制度，认为它是国家或国际社会根据现实需要构建的关于人权保障的制度性安排，是有关保障人权的组织、原则、程序及这些要素互动与耦合的整合物。② 由此，人权制度由四个要素构成：一是宗旨和原则，这是人权制度的价值基点和基本思路；二是规则的制定；三是组织形式，这是人权制度的外在表现，即机构和部门；四是运作程序，既包括组织机构如何有效执行规则，又包括国家如何调试和完善人权制度。

参考上述讨论，本书认为，国家人权保障制度是国家以尊重、保护和实现人权为宗旨而制定的规范、创立的机构和设计的程序的总体。国家人权保障制度保障的对象既包括一国接受的国际人权规范性文件中规定的权利，也包括一国在宪法或法律中确认的而国际人权规范尚未涵盖的基本权利。国家人权保障制度是国际人权条约能够在国内得以适用的制度依托，创建并不断完善国家人权保障制度是实现国际人权条约目标的内在要求。

（二） 国际人权条约在国内适用的主要路径

"体现在一系列富有权威的国际准则中的人权的道德普遍性，必须通过

---

① 许崇德、张正钊主编《人权思想与人权立法》，中国人民大学出版社，1992。

② 参见刘杰《国际人权体制——历史的逻辑与比较》，上海社会科学院出版社，2000。

国家行为的特殊性才能得以实现。"① 各国保障人权的具体制度可能因为历史、文化传统以及政治、法律制度的不同而有所差异，但是在不同的国家，保障人权的制度中有一些共同的要素。

我国学者对国家人权保障制度的内容提出了广泛建议，包括通过立法建立人权制度，通过司法程序为权利提供有效救济，通过建立专门的人权机构推进人权实现，通过承认个人在国际人权机构的申诉权利监督国家的人权保障活动，通过接受国际技术援助提高国家保障人权的能力和水平，依靠非政府人权组织提高政府实现人权的能力，建立人权教育体系推动人权保障事业可持续发展等，并认为这些方面正在成为国家实现基本人权的制度要素和特征。② 这些要素涵盖了以宪法中的基本权利制度为基础，以立法机关、司法机关和行政执法部门为主要实施机构的保障人权的传统机制，以及萌芽于 19 世纪，至 20 世纪 90 年代得到蓬勃发展的保障和促进人权的专门的国家人权机构，还考虑到了在民间社会发展人权文化对于实现人权的重要性。毫无疑问，这些都可以成为在国内适用国际人权条约的路径。本书认为，国际人权条约在国内适用一般包括如下主要路径，而这些方面也恰是构成国家人权保障制度的主要方面。

1. 宪法对人权的保障

国家对人权的保护最早都是从宪法性文件开始的。这其中有我们耳熟能详的美国 1776 年《独立宣言》、1787 年《美利坚合众国宪法》，以及作为法国宪法序言的 1789 年《人权和公民权宣言》。现代宪法几乎都将尊重人权或人的尊严作为宪法的基本原则，并形成了一套保障人权的宪法制度。宪法所载的权利按照不同的标准划分，内涵和外延会有所不同。③ 一国所承认和保障的人权在宪法中通常表现为个人或个人组成的群体的基本权利。宪法基本权利制度是国家人权保障制度的基石，集中体现了国家人权保障的宗旨和原则，是国际人权条约在国内适用的首要路径。宪法基本权利制度可以从权利主体、权利内容、权利保障机构和权利救济途径几个方面进

---

① 〔美〕杰克·唐纳利：《普遍人权的理论与实践》，王浦劬等译，中国社会科学出版社，2001，第 319 页。

② 莫纪宏：《国际人权公约与中国》，世界知识出版社，2005，第 69～77 页；莫纪宏等：《人权法的新发展》，中国社会科学出版社，2008，第 137～144 页。

③ 莫纪宏：《宪法学原理》，中国社会科学出版社，2008，第 280 页。

行考察。

2. 立法机关对人权的保障

立法机关是一国保护人权的主要机构。立法机关制定的法律是公民个人主张权利、行政部门开展工作、司法部门裁判案件最主要的依据，与人们的日常生活和人权的保障息息相关。因此，立法被看成保障人权最有效的途径。主要的国际人权条约均要求缔约国通过立法措施实施公约所承认的权利。① 对于国际人权条约在国内不具有直接效力的国家，履行条约义务的主要措施是通过颁布国内立法，将条约的内容转化规定在国内法中。在一些国家，宪法基本权利制度也有必要通过立法来加以具体化。鉴于宪法基本权利是人权的体现，转化国际人权条约的立法和根据宪法基本权利进行立法二者往往是合而为一的。

通过立法保障人权还包括对既有的国内法律进行审查，修改或废除与人权条约规定相冲突、与宪法基本权利制度相违背的内容。这时，对法律进行合宪性审查就成为保证尊重人权的又一关键环节。许多国家已经形成了对立法进行合宪性审查的制度，它们或由现有的司法机构来执行，或由专门的宪法法院或者宪法委员会来执行。在中国，对法律合宪性的审查是由最高国家权力机关——全国人民代表大会及其常委会来进行的。

3. 司法机关对人权的保障

"没有救济就没有权利。"一国的法院系统担负着对侵犯公民或团体基本权利的行为实施日常救济的任务。对于国际人权条约在国内具有直接效力的国家，公民个人和法院可以直接援用人权公约的规定作为主张权利和裁判案件的依据。当人权条约在国内不具有直接效力时，人权主要以宪法基本权利的形式出现。在这种情况下，当宪法可以作为司法机关的审判依据时，公民可以依据宪法主张基本权利，法院可以依据宪法对侵犯基本权利之诉实行救济。在宪法不能作为法院审判依据的国家，"立法适用"就成

---

① 例如《公民权利和政治权利国际公约》第 2 条第 2 款；《经济、社会和文化权利国际公约》第 2 条第 1 款；《消除一切形式种族歧视国际公约》第 2 条第 1 款第 4 项；《消除对妇女一切形式歧视公约》第 2 条（b）；《禁止酷刑和其他残忍、不人道或有辱人格的待遇或处罚公约》第 2 条第 1 款，等等。

为实现宪法基本权利的主要形式。① 宪法基本权利已具体体现在立法机关制定的法律中，司法机关通过适用法律间接地实现了对人权的救济。

司法系统除了直接引用国际人权条约、宪法中的基本权利条款、规定基本权利的普通法律来裁判案件、保障人权外，它还可以在作成判决的过程中引证国际的或外国的机构在相关问题上的评论、决定或判决，也有机会通过自己对于人权规范的解释来确立先例，发展人权法，在实践中深化对人权的保障。

4. 行政机关对人权的保障

从广义上讲，在一国范围内，为实现人权创造条件和积累资源主要依靠行政力量，即政府和各政府部门力量的运作，它们通过日常的执法和管理活动维持社会的稳定和正常运转。从狭义上说，行政部门以保障人权为直接目的的举措体现在以下几个方面。首先，缔结国际人权条约，接受在保障人权方面的国际监督与合作。其次，响应国际社会的号召，或自觉地制定直接以尊重、保护和实现人权为目标和主要内容的政策规划或行动计划。再次，成立促进和保障人权的机构。最后，通过宣传、培训、授课等形式，提高整个社会特别是国家机关工作人员的人权意识，营造尊重和保障人权的文化氛围。

（三）　国家有效适用国际人权条约的社会条件

人权的实现是一个复杂的过程。国际人权条约能够在国内得到有效适用当然需要具备一定的社会条件，这其中，市场经济、民主政治和法治国家被认为是人权实现最重要的社会条件。② 这些要素也是国家人权保障制度得以运行的基本前提条件。

市场经济为人权的实现提供了经济基础。市场经济是权利经济，它不仅带来政府职能的转变，而且可以促使人们观念的变化。市场经济主体的主体意识、权利意识、自由思想、平等思想与民主观念是在市场经济的运行过程中培养起来的，为人权观念的养成和发展奠定了基础。

民主政治为人权的实现提供了政治基础。《世界人权宣言》指出："人

---

① 刘松山：《人民法院的审判依据为什么不能是宪法——兼论我国宪法适用的特点和前景》，《法学》2009 年第 2 期。

② 参见李步云主编《人权法学》，高等教育出版社，2005，第 94～98 页。

民的意志是政府权力的基础；这种意志应以定期的真正的选举予以表现，而选举应依据普遍和平等的投票权……进行"，"人人有直接或通过自由选举的代表参与治理本国的权利。"① 一方面，公民的民主权利是人权的一项重要内容；另一方面，民主和社会环境为科学决策、公民广泛参与创造了条件。"人权得不到基本保障的国家不可能是一个民主国家；而一个没有民主的国家，也不可能是人权可以得到基本保障的国家。"②

与此同时，"法治"原则的确立也是保护人权的前提之一。这一原则必须贯彻到所有国家机关、社会机构及公民的行为当中。如今，一些国家虽然存在理论上的法治要素，但并没有真正对国家制度或社会组织的运作产生影响。同时，法治是实现目标的途径，建立法治的原则是为了实现正义和对人格尊严的根本尊重。因此，法治原则首要的是"良法"之治，其内涵必然包括对国际人权义务的尊重。③

---

① 《世界人权宣言》第 21 条第 3 款和第 1 款。
② 李步云主编《人权法学》，高等教育出版社，2005，第 96 页。
③ UN Doc. E/C. 12/1998/24（1998），General Comment No. 9：*The Domestic application of the Covenant*，by CESCR，para. 14.

第三章
国际人权条约的宪法适用

　　国际人权条约所确认和保护的人权具有主体的普遍性和内容的普遍性，因此，通常被称为普遍人权。国际人权条约在国内的适用其实质是普遍人权在国内的实现。任何促进人权的路径都必须将宪法作为出发点，因为宪法是法律体系的基础。它勾勒了政府机构之间的关系，确认了执法、立法和司法权力的一般要素，包含了依法保障的个人的基本权利。因此，本书首先考察国际人权条约的宪法适用。各国宪法中规定的基本权利是普遍人权在宪法中的体现。所谓"基本权利"是指宪法所确认的个人或个人组成的群体所享有的权利。各国宪法对基本权利的称谓有所不同，常见的称谓除"基本权利"外，还有"权利"、"自由"、"人权"、"公共权利"、"基本人权"等，但内涵基本一致。一直以来，各国宪法中的基本权利主要是指公民的基本权利，权利的内容较为有限。这距离国际人权条约所确立的普遍人权的标准还有较大差距。随着国际人权条约在各国国内的影响效力不断深化，普遍人权的理念越来越广泛地反映在各国的宪法中，宪法中基本权利的内涵也随之不断扩展。特别是20世纪90年代以后的许多新宪法在"公民"的基本权利之外，还规定了"所有人"均享有的基本权利，基本权利的内容不断丰富，宪法对基本权利的保障在国际人权条约的指引下不断完善。

　　本章将以宪法基本权利制度的变迁为主线，说明国家通过宪法对国际人权条约的适用状况。宪法基本权利制度概括而言可以从宪法所列举的基本权利清单、基本权利的保障机构和基本权利的救济途径几个方面加以描述。近年来，宪法基本权利制度出现了一些新动向，具体表现为基本权利在宪法中的地位得到提升、基本权利主体在扩大、基本权利内容在扩展、基本权利保障机构不断完善、基本权利的宪法救济程序呈现多元化。这些变化与国际人权条约的规定和要求有着密切的联系，是各国宪法受国际人权条约影响的直接体现。

20 世纪 70 年代中期，荷兰有学者进行了一项关于成文宪法的比较研究，他们选取的对象是 1976 年 3 月 31 日前刊登在 A. P. 布劳斯坦和 G. H. 弗朗茨编辑的《世界各国宪法汇编》中的 142 个国家的成文宪法。研究涉及各国宪法与《世界人权宣言》的比较。人们一般会设想，宣言的诞生会对宪法产生积极影响，成为宪法制定和修改可资借鉴的范例。然而，这项研究的结果并没有验证通常的设想。通过对调查数据的分析，研究者认为，一部宪法中的规定与宣言的规定相仿，可能不是受国际的而是受国内的政治法律思想的启发，还可能是受已有宪法的启发，甚至《世界人权宣言》的诞生也是导源于 1948 年之前制定的宪法。研究者谨慎地以假设的形式得出以下结论：（1）1949 年以前的宪法对宣言所包含的观念具有启发性影响；（2）1949 年以前的宪法也对 1948 年以后的宪法所体现的宣言中的观念具有启发性影响；（3）宣言影响了 1948 年以后的宪法；（4）1948 年以后的宪法在不同程度上体现了与宣言相似的那些观念。①

上述研究距今已经 30 余年。研究采样截止时（1976 年 3 月 31 日），联合国核心人权条约大多还没有生效，《公民权利和政治权利国际公约》刚刚生效一周（1976 年 3 月 23 日），《经济、社会和文化权利国际公约》生效不足三个月（1976 年 1 月 3 日）；大多数国际人权条约尚未形成或仍处于起步阶段。在此后的 30 余年里，国际人权条约体系日渐成熟，许多国家不断修订、完善宪法中的基本权利制度；更用大量立法改革来细化和强化基本权利制度。30 多年后，这种基本权利制度的变动同国际人权条约的发展之间是否存在内在的联系很值得再作考察。因此，本书将主要选取 1976 年之后制定或修订的宪法作为研究样本。②

---

① 关于此项研究的详细内容可参阅〔荷〕亨利·范·马尔赛文、格尔·范·德·唐《成文宪法的比较研究》，陈云生译，华夏出版社，1987。

② 本书参考的宪法文本除特别注明外皆引自 "Human and Constitutional Search-national links"，available at http：//www. hrcr. org/national/，latest updated on March 26, 2008. 以此为基础，参考《世界各国宪法》予以更新。《世界各国宪法》，中国检察出版社，2012。

第一节　国际人权条约与宪法对
基本权利的定位

自近代以来，宪法就被赋予了限制国家权力、保障公民权利的基本特征。20 世纪中叶以后，特别是进入 21 世纪前后，这一特征更加凸显出来。"基本权利"在宪法中地位的提升有力地反映了这一点。20 世纪 90 年代以来的宪法大都确认了保障人权是宪法的基本原则，或强调国家的首要任务在于保障人权，并在宪法文本结构的安排上突出基本权利的地位。

一　宪法确认"保障基本权利"的宪法原则

1993 年《俄罗斯联邦宪法》在第一章关于"宪法体系的基本原则"中宣布，保护人权是宪法的基本原则，人的权利和自由是最高价值，国家有义务承认、尊重和保护人和公民的权利和自由。[①] 意大利宪法关于"基本原则"的第 2 条规定，共和国承认并保障人权之不可侵犯。马耳他宪法关于"国家原则"的第 1 条第 1 款宣称，马耳他是建立在劳动和尊重个人基本权利和自由基础上的民主共和国。捷克于 1992 年颁布了新宪法，在该宪法第 1 条第 1 款便规定："捷克共和国是主权、统一、民主、法治的国家，建立在尊重人和公民的基本权利的基础上。"马拉维 1994 年宪法第 12 条关于"宪法的基本原则"的第 1 款第 4 项规定："每个人固有的尊严和价值要求国家和所有人应该承认和保护基本人权，并为所有个人、集体和少数民族……享有权利和主张提供充分的保护。"

除直接确认保障人权是宪法的基本原则外，还有许多国家在宪法序言中重申或确认了《联合国宪章》、《世界人权宣言》以及各个国际人权条约中保障基本人权和自由的原则。例如，贝宁共和国在 1990 年宪法的序言中申明，1945 年《联合国宪章》、1948 年《世界人权宣言》、1981 年《非洲人权和民族权宪章》等文件中确认的人权和民主的原则，是贝宁宪法的组成部分，具有优于国内法律的效力。喀麦隆 1996 年宪法、乍得 1996 年宪

---

① 俄罗斯联邦 1993 年宪法第 2 条。

法、尼日尔 2010 年宪法等均作出了类似的规定。中非共和国 1994 年宪法和 2004 年宪法均规定，确认《世界人权宣言》、《公民权利和政治权利国际公约》、《经济、社会和文化权利国际公约》、《非洲人权和民族权宪章》以及经适当批准的国际公约中的承诺。加蓬共和国 1991 年宪法除了确认上述国际人权文件中所包含的基本原则外，还表示遵守 1789 年法国《人权和公民权宣言》的规定。卢旺达 2003 年宪法在序言第 9 段中表示："重申我们对《联合国宪章》、《防止和惩治灭绝种族罪公约》、《世界人权宣言》、《消除一切形式种族歧视国际公约》、《公民权利和政治权利国际公约》、《经济、社会和文化权利国际公约》、《消除对妇女一切形式歧视公约》、《儿童权利公约》中所包含的人权原则的遵守。"宪法序言与正文应具有同等法律效力。在宪法序言中明确提及国际人权条约，并确认将遵守条约中所包含的人权原则，一定意义上将人权条约的有关规定提升到了与宪法其他规定同等的法律地位，使其成为这些国家宪法的组成部分。

保障人权或保障基本权利一经成为宪法的基本原则，就将统领一国政治、经济、社会生活的各个方面，为国家人权保障制度顺利运行和国际人权条约在国内得到有效适用提供根本依据。

二　宪法宣布 "保障基本权利" 是首要任务

相对于国际人权机制在保障人权方面的监督作用，国家应该承担保障人权的首要义务；而相对于国家在发展政治、经济、文化等方面的任务，保障基本人权又是各国政府的首要任务。许多国家在宪法中明确了这一点。这不仅是对保障基本权利的地位的权威认定，也是对处于一国管辖范围内的所有人的庄严承诺。

例如，希腊宪法第 2 条第 1 款明确规定："尊重和保护人的价值构成国家的首要义务。" 1987 年全面修订的韩国宪法第 10 条规定："国家有义务确认、保障个人不可侵犯的基本人权。"《孟加拉人民共和国宪法》在序言部分指出："国家的基本目标是通过民主进程……建立一个全体公民能够享有法治、人权、自由、平等、正义，享有政治、经济和社会保障的社会。" 2002 年第四次修订后的印度尼西亚宪法第 28 - 9 条第 4 项规定："保护、提高、维持、履行人权是国家尤其是政府的责任。"尼泊尔 1990 年宪法第 25 条第 4 款规定："国家的主要责任是通过制定保护和促进人权的规定，通过保持社会的安宁和有序，促进一般的福利。"匈牙利 2011 年宪法在"自由和责任"一章的第 1 条第 1 款规定："尊重和捍卫人不容侵犯、不可剥夺的基本权利是国家的首要义务。"① 莫桑比克 2004 年宪法第 11 条规定，共和国的基本目标之一是"促进人权以及公民在法律面前的平等"。秘鲁 1993 年宪法第 44 条第 1 款规定，政府的首要责任是：维护国家主权，保障人权的充分享有，保护人民的安全免遭威胁，促进基于正义和国家全面、均衡发展基础上的福利。

三　宪法置"基本权利"于显要位置

虽说宪法中每一条款在法律效力上都居于国内法中的至上地位，规定在前或在后不会产生法律位阶上的差异，但是宪法典内容结构的安排可以反映出一国对于国家权力与公民权利相互关系的认识。一些国家，例如，中国在 1982 年现行宪法的修订过程中，就调整了"公民基本权利"与"国家权力"的先后次序。将基本权利置于国家权力之前，是对"保障人权是宪法的基本原则"的呼应，体现了保障人权是国家的首要任务，传递出国家权力存在的目的是为了保障人权的信息。②

许多国家在宪法典正文开篇部分就对基本权利作出了规定。例如，荷兰宪法第一章规定了"基本权利"。意大利宪法在第一部分即规定了公民的权利和义务。1978 年通过的《西班牙王国宪法典》第一章也规定了"基本权利和义务"。加蓬共和国 1991 年宪法总纲部分（Preliminary Title）即规定"原则和基本权利"。哥伦比亚 1991 年宪法的第一部分规定了基本权利，第二部分规定了权利、保障和义务。秘鲁 1993 年宪法第一部分"个人与社会"中分四章依次规定了个人的基本权利、经济和社会权利、政治权利以及关于公民服役的条款。

另有一些国家不仅在宪法中首先规定基本权利，而且规定基本权利对

---

① The Fundamental Law of Hungary (2011), Freedom and Responsibility, article I (1), available at http：//www. mkab. hu/rules/fundamental-law, latest visit on 30 June 2013.

② 关于中国 1982 年宪法将"公民权利"置于"国家权力"之前的意义的论述，可以参见曲卫国《广泛而真实的权利——十一届三中全会以来在保护公民权益方面的立法变化》，《人民之声》1999 年第 1 期；孙力：《完善权利保护机制　促进政治文明建设》，《政治与法律》2003 年第 3 期。

国家权力具有直接的法律拘束力。例如，修订后的《德意志联邦共和国基本法》第一章即规定"基本权利"，并在第 1 条就宣布："（1）人的尊严不可侵犯，尊重及保护人的尊严是一切国家权力机关的义务；（2）德意志人民承认不可侵犯与不可让与的人权是所有人类社会和世界和平与正义的基础；（3）下列基本权利作为直接适用的权利，约束立法、行政及司法。"几经修订的《葡萄牙共和国宪法》在第一部分"基本权利与义务"的第 18 条规定，宪法关于权利、自由、保障的规定应该直接适用于公共和私人机构，并对它们有拘束力。1993 年《俄罗斯联邦宪法》第一章是关于宪法基本原则的规定，紧接着在第二章对"人和公民的权利和自由"作了全面规定。根据该国宪法第 18 条，人和公民的权利和自由具有直接的法律效力，它们决定法律的含义、内容和解释，决定行政机关活动的内容，并且受到司法机关的保障。

还有很多国家虽没有将"基本权利"规定在第一章，但也放在了比较靠前的位置。例如，1992 年《蒙古国宪法》第一章规定"国家主权"，在第二章规定了"人权、自由"。1994 年修订的比利时宪法第一部分是"联邦、组成与领土"，在第二部分规定了"比利时公民及其权利"。希腊宪法第二部分规定了"个人和社会的权利"。韩国宪法在第一章"总纲"之后规定了"国民的权利和义务"。1997 年，波兰新宪法正式生效，该宪法在第二章规定了"个人和公民的自由、权利和义务"。贝宁共和国 1990 年宪法第二章规定了"个人的权利和义务"。乍得 1996 年宪法第二部分是"自由、基本权利和义务"。莱索托 1993 年宪法第二章规定了"基本人权和自由的保障"。巴西 1988 年宪法第二部分规定了"基本权利和保障"。尼日尔 1999 年和 2010 年宪法都在第二章规定了"个人的权利和义务"。巴拉圭 1992 年宪法第二章规定了"权利、义务和保障"。虽然这些国家的宪法将基本权利的相关章节放在了第二部分，但仍然是放在"国家权力"的规定之前，同样显现了基本权利与国家权力相比的重要地位。

另有国家将基本权利规定在单独的文件中，作为宪法的组成部分。例如，捷克 1992 年在颁布新宪法的同时颁布了《基本权利和基本自由宪章》，作为宪法的组成部分。

各国宪法对保障基本权利的突出强调一方面是由宪法的目的、功能和价值追求所决定的，另一方面也与人权保护在国际社会中的主流化不无关系。尊重和遵守人权已被公认为国际法的一项基本原则；联合国将"人权"与"发展"、"安全"并列为其三项使命，近年来联合国在人权保障机制领域进行重大改革，紧锣密鼓地通过了多项人权条约。众多举措表明，"保障人权"已经成为国际社会的一个主流议题，"普遍人权"在国际层面得到了空前的强调。宪法作为"人民权利的保障书"，突出强调对基本权利的保障，顺应并呼应了时代发展的趋势，也是各国认真对待国际人权义务的具体体现。

第二节 国际人权条约与宪法中的 基本权利主体

人权是所有人的权利。人权主体的普遍性被国际人权条约反复申明。国际人权条约一方面在宣示人权的条款中规定"人人有权……"、"人人有……权利"或者"任何人不得被剥夺……权利"；另一方面，在规定缔约国义务的条款中规定"缔约国应确保在其管辖下的任何领土内，人人均能……"或者"缔约国确保在其管辖的领土范围内，人人不被……"。可见，国际人权条约施加给缔约国的义务不仅仅是保障"本国公民"的人权，而且要保障受其管辖的"所有人"的人权，特别是处在其领土范围内的所有人，既包括本国公民，显然也包括外国人的人权。根据国际人权条约，缔约国承担的是一种保障"普遍人权"的义务。"普遍人权"可以被诠释为，人权要及于所有的人；人权要不需附带任何外在条件地及于所有的人；人权要在任何情况下不受剥夺地及于所有人。① 基本权利作为普遍人权在国家宪法中的体现，其主体的范围也不应再局限于具有本国国籍的人。但是一直以来，各国宪法中的基本权利往往仅指的是"公民"的基本权利和自由。公民基本权利的范围单从权利享有的主体角度分析，显然就要远远窄于普遍人权的范围。早年，我国有学者认为："公民权是法律上的权利，而人权不仅仅是法律上的权利，还包括许多尚未受到法律保护的权利。"② 近

---

① 徐显明：《对人权的普遍性与人权文化之解析》，《法学评论》1999 年第 6 期。
② 徐显明：《人权主体之争引出的几个理论问题》，《中国法学》1992 年第 5 期。

年来，各国宪法关于基本权利主体的规定正在发生变化，公民之外的更多人的人权已开始受到法律乃至宪法的保护。

综观各国宪法对基本权利主体的规定，大致有以下几种模式。

一　宪法相关章节名称以"个人"权利取代"公民"权利

现在许多国家的宪法在规定基本权利的章节中不再笼统地使用"公民权利"的提法，而代之以人权、人的权利、个人的权利等措辞；或是分别规定"人"的权利与"公民"的权利。例如，丹麦在1953年修改宪法时增加了第八章关于"个人权利"（individual rights）的规定。秘鲁宪法第一章规定的是"个人"的基本权利。俄罗斯联邦宪法相关章节规定为"人和公民"的权利和自由。蒙古宪法使用的是"人权、自由"的章节题目。希腊宪法规定的是"个人和社会的权利"。尼日尔宪法相关章节的名称为"个人"的权利和义务。马耳他宪法第四章为"个人"的基本权利和自由。卢旺达2003年宪法在第二部分"基本人权以及公民的权利和义务"下设两章：第一章规定基本人权，除特别说明外，其主体是每个人；第二章则专门规定公民的权利和义务。芬兰2000年全面修订了1919年颁布的宪法，在权利制度方面，新宪法第二章的题目由原来"芬兰公民的一般权利和法律保护"修改为"基本权利和自由"，显而易见，基本权利的主体已不再限于芬兰公民。

二　宪法的具体条款规定权利主体为"每个人"

有一些国家的宪法，在关于基本权利的章节题目中没有对权利的主体作出限定，而是在具体条款中规定某项权利是"人人"享有、"所有人"享有，或是"公民"享有。例如《德意志联邦基本法》除了对集会（第8条）、结社（第9条）、迁徙（第11条）、职业自由（第12条）明确说明是德国公民所享有的权利外，其余权利的主体均为"人人"，即并不限于德国公民。俄罗斯联邦宪法第二章将集会（第31条）、参与公共事务（第32条）和请愿权（第33条）规定为公民的权利，其余权利的主体皆规定为"人人"。西班牙宪法在第一章第二节中分两小节进行规定，第一小节是基本权利和公共自由；第二小节是公民的权利和义务。可见对第一小节而言，权利的主体为"每个人"。而实际上，西班牙宪法除明确规定个别权利是公民的权利外（例如第 19 条居住和迁徙自由，第 23 条公民参与社会事务的权利），其他权利的享有者均规定为"人人"。印度尼西亚于 2000 年修正宪法时，增加了第 10A 章"基本人权"的规定，其中规定的权利均为"人人"享有的权利。利比里亚 1984 年宪法在第三章关于基本权利的规定中，权利的享有者均被规定为"所有人"（All persons）。巴西宪法第 5 条规定："所有人在法律面前一律平等，没有任何区别，居住在本国的巴西人和外国人在下列条件下其不可侵犯的生命权、自由、平等、安全、财产受保障……"由此可见，在巴西，至少"所有人"的生命权、自由权、平等权、安全权、财产权受到宪法的平等保护。

三　宪法总括性地规定权利主体是境内的所有人

还有些国家在宪法有关基本权利的章节下首先进行总括性的规定，除特别说明外，该章规定的权利为本国境内的所有人享有。例如，乍得 1996 年宪法第 15 条规定，合法进入乍得共和国的外国人，除政治权利外，与乍得公民享有同样的权利和自由。捷克 1992 年《基本权利和基本自由宪章》第 42 条第 2 款规定，外国人享有本章保障的人权和基本自由，除非这些权利或自由明确仅适用于公民。该条第 3 款进一步指出，当现行有效的法律使用"公民"这一术语时，如果它涉及本宪章所规定的无论国籍适用于每一个人的基本权利和基本自由，那么该术语应当被理解为指的是每一个个人。据此，在捷克，除非法律明确限定，否则基本权利和基本自由的主体是在捷克境内的所有人。阿尔巴尼亚 1998 年宪法第 16 条第 1 款规定："本宪法为阿尔巴尼亚公民规定的基本权利、自由和义务对处于阿尔巴尼亚共和国境内的外国人和无国籍人也同样有效，除非宪法专门将某些权利和自由与阿尔巴尼亚国籍联系起来。"尼日尔 2010 年宪法第 42 条第 2 款规定，在尼日尔领土范围内，根据法律确定的条件，外国人应该享有同尼日尔公民相同的权利和自由。赞比亚 1996 年宪法第 11 条关于基本权利和自由的条款规定："赞比亚境内的每一个人享有并将继续享有个人的基本权利和自由，即无论种族、出生地、政治见解、肤色、宗教信仰、性别、婚姻状况，除本法规定的限制外，均享有下列权利……"委内瑞拉 1999 年宪法第 19 条规定，国家根据渐进原则无差别地保障人人享有和行使不可剥夺的、不可分割的、相互联系的人权。

"人权毕竟是一种抽象的概念……本身不会自动实现，势必要经过权利形态的转化过程，人权作为人的应有权利转化为法定的公民权利之后，才真正表现出它的充沛活力和巨大力量。"① 这一观点正确地指出了人权作为应有权利需要转化为国家宪法和法律确认的法定权利才有可能实现。从应有权利转化为法定权利，由法律确认某些人权是人权实现过程中最有效、最基本的手段。但是，这一观点代表了人们对法定权利的内涵的传统理解，将其限定在"公民"权利的范围内。今天看来，仅将人权转化为公民权利显然是不够的。在国际交往日益频繁的时代，每一国境内都有成千上万甚至更多的不具有该国国籍的外国人，若仅保障公民的权利而不及其余，不仅不符合国际人权条约的要求，而且也不能满足现实的需要。从上述宪法的立法例中我们可喜地看到，许多国家不再囿于对基本权利的传统理解，而将权利的主体逐步扩大到"所有人"。这说明，国际人权条约所体现的普遍人权的观念已经为越来越多的国家所认可和接受。鉴于这些宪法大多修订或制定于 20 世纪 90 年代前后，我们可以乐观地假设国际人权条约在一定程度上推动了宪法关于基本权利主体规定的积极变化。当然，还有不少国家的宪法依然坚持公民是基本权利的主要享有者，对外国人的权利作出较大的限制。此外，即便是上述立法例，对基本权利的规定与国际人权条约的要求仍有一定差距。例如，《公民权利和政治权利国际公约》中唯一提及公民享有的权利是第 25 条规定的选举权、被选举权和参加公共事务的权利，而一些国家将公民独占享有的权利扩大到集会、结社、迁徙甚至职业自由。这种差距会伴随着国际人权条约在国内法领域中影响力的不断提升而逐渐缩小。

第三节　国际人权条约与宪法中的基本权利内容

在很长一段时间里，各国宪法均在有关基本权利的章节中规定了范围

---

①　韩延龙：《中国法律对人权的保护》，载王家福主编《人权基本理论》，中国社会科学院法学研究所、中国社会科学院人权研究中心，1997，第 170 页。

不等的公民权利和政治权利，但对于经济、社会和文化权利由于一直以来在认识上的分歧，往往不作规定或被理解为国家的社会政策。而国际人权条约所规定的普遍人权，不仅体现为权利主体的普遍性，而且体现为权利内容的普遍性，即无论公民权利还是政治权利，抑或是经济、社会和文化权利，都是人权，各项人权之间是相互联系、相互依存、不可分割的，应当得到国家一体的、平等的保护。近年来，国际人权条约的要求得到了各国宪法的贯彻。各国宪法对国际人权条约的贯彻执行不仅体现为基本权利的主体不断扩大，而且体现在基本权利类型的增加和基本权利内容的扩展方面。新近制定或修改的宪法在权利类型和内容上都呈现扩大的趋势，具体表现在越来越多的国家开始承认经济、社会和文化权利为基本权利，许多国家还在宪法中规定了集体人权，增加了公民权利和政治权利的项目，缩小对权利的限制。在这些变化中随处可见国际人权条约的影子，有些宪法规范甚至直接使用了人权条约的措辞。

一　宪法增加了对经济、社会和文化权利的规定

有些国家在宪法中，用专门的章节来规定经济、社会和文化权利。例如，捷克 1992 年《基本权利和基本自由宪章》专门将经济、社会与文化权利作为一部分加以规定。波兰 1997 年宪法在第二章"个人和公民的自由、权利和义务"下专门规定了经济、社会和文化权利和自由，内容涉及保护自由从事职业权、安全工作条件权、社会保障权、教育权、住房权等。阿尔巴尼亚 1998 年宪法第二部分"基本人权和自由"包括经济、社会和文化权利和自由。莫桑比克 2004 年宪法在关于基本权利、义务和自由的部分也专门规定了"经济、社会和文化权利和自由"。哥伦比亚 1991 年宪法第二部分第二章是关于"经济、社会和文化权利"的专门规定。多米尼加 2010年宪法在"基本权利"一章下区分为四节，分别是：公民权利和政治权利，经济和社会权利，文化权利和体育权利，集体权利和环境权。[1] 苏里南宪法第六章专门规定了社会、文化和经济权利。[2]

有些国家则是在"基本权利"部分逐条规定经济、社会和文化权利。

---

① 参见多米尼加 2010 年宪法第二部分第一章"基本权利"。
② UN Doc. E/1990/5/Add. 20，苏里南向经济、社会和文化权利委员会递交的初次报告。

如 1993 年《俄罗斯联邦宪法》在"人和公民的权利和自由"一章全面规定了公民权利，政治权利，经济、社会和文化权利。所列举的经济、社会和文化权利包括工作权利（第 37 条），社会保障权（第 39 条），住房权（第 40 条），保健权（第 41 条），受教育权（第 43 条），艺术、科学、文化活动自由（第 44 条）等。1992 年《蒙古国宪法》也全面规定了经济、社会和文化权利以及公民权利、政治权利，其中列举的经济、社会和文化权利包括财产权、劳动权、社会保障权、健康权、受教育权和文化权等。① 荷兰宪法也规定了经济、社会和文化权利，分别是劳动权（第 19 条）、社会福利（第 20 条）、健康权（第 22 条）、受教育权（第 23 条）。乌干达 1995 年宪法第 37 条规定了文化权利及相关权利，第 40 条规定了经济权利。比利时也将经济、社会和文化权利纳入了 1994 年新的宪法文本中。② 1992 年颁布、2001 年修订的越南宪法更是采用"人权"的措辞来称谓经济、社会和文化领域的权利。该宪法第 50 条规定："在政治、公民、经济、文化、社会领域的人权受到尊重。它们包含在公民权利中，由宪法和法律加以确定。"

还有些国家在历次宪法改革中逐步加大对经济、社会和文化权利的保障范围和保护力度。一些国家的宪法甚至明确规定对侵犯此类权利的行为给予司法救济。以葡萄牙为例，该国于 1982 年、1989 年、1992 年、1997 年对 1976 年宪法进行了四次修订，在宪法修订中不断完善对经济、社会和文化权利的保护。③ 在宪法第 59 条关于"工人的权利"的第 1 款增加第 6 项"工伤事故或职业病的受害人有权获得协助和公正赔偿"；该条第 2 款增加"保护学徒的工作条件"的规定；增加了第 3 款"薪水根据法律的规定受到特别保护"。第 64 条关于"健康权"的规定，增加了第 3 款第 6 项"国家有义务确立预防和治疗滥用药物的政策"。第 65 条的名称由"住宅"改为"住宅和城市规划"，增加第 2 款第 2 项，即国家有义务"与地方当局一起促进经济和社会住房的建设"；增加第 5 项"应确保利益相关方参与到起草城市规划文件和对领土进行实质规划的文件中来"。

---

① 参见 1992 年《蒙古国宪法》第 16 条第（3）款至第（8）款。

② UN Doc. E/1990/5/Add. 15，比利时向经济、社会和文化权利委员会递交的初次报告。

③ 本书涉及葡萄牙宪法的文本参照的是葡萄牙政府网站公布的 1997 年第四次修订本 Constitution law no. 1/97 of 20 September, 1997。可访问：http：//www. portugal. gov. pt/Portal/EN/Portugal/Sistema_ Politico/Constituicao/. 最近访问日期：2009 年 3 月 31 日。

　　巴西 1996 年修正宪法时在第 6 条明确规定了社会权利，并指出："教育、健康、工作、休闲、保障、社会保障、保护母亲和儿童、援助贫困者是本宪法规定的社会权利。"改革后的巴西宪法还设立了教学发展和提高维持基金，对初级教育系统进行了改革，并划拨更多资源用于教育事业。

　　芬兰 1995 年第 969 号法案对宪法进行修正时就增加了对经济、社会和文化权利的规定，2000 年修订的宪法进一步扩大了这些权利的内容。现行规定包括第 16 条受教育权、第 18 条劳动权和自由参与商业活动的权利、第 19 条社会保障权等。其中，受教育权和获得社会救助与照顾的权利都可以获得司法救济。为经济、社会、文化权利提供救济的国家还有萨尔瓦多。该国提交给联合国人权条约机构的报告称，根据萨尔瓦多 1983 年宪法，为保护经济、社会和文化权利，可以实行宪法权利保护令程序。①

　　在宪法中明确列举公民权利、政治权利以及经济、社会和文化权利，这是"国际人权宪章"的内容在各国宪法中的直接体现。一国的宪法在基本权利部分对各方面的权利一体加以规定，表明了国家对人权内容普遍性的认知，以及对各类人权彼此联系、相互依存、不可分割的性质的肯定。这里有必要回顾一下本章开篇提到的 20 世纪 70 年代中期荷兰学者的研究。在他们所作的调查中，所有 142 个国家的宪法只有 10 部宪法用到了"经济权利"这个词或是类似的词；只有 5 部宪法用了"文化权利"这个词或类似的词。② 本书上述任意抽取的立法例在数量上已远超过 30 多年前的统计结果。目前，《经济、社会和文化权利国际公约》的缔约国已达 160 个，表明当今世界至少这 160 个国家都认可了此类权利的人权属性。可以推测，如今明确规定经济、社会、文化权利的宪法应不在少数。这一成果的取得，体现了《经济、社会和文化权利国际公约》以及其他国际人权条约中的相关规定对各国的人权观念所产生的积极影响，是国家在适用国际人权条约领域不断前进的又一例证。

二　宪法完善了对公民权利和政治权利的保护

　　国际人权条约对公民权利和政治权利的宣示集中体现在《公民权利和

---

① UN Doc. E/1990/5/Add. 25，萨尔瓦多向经济、社会和文化权利委员会递交的初次报告。
② 〔荷〕亨利·范·马尔赛文、格尔·范·德·唐：《成文宪法的比较研究》，陈云生译，华夏出版社，1987，第 135～136 页。

政治权利国际公约》中，该公约规定了 20 余项公民权利和政治权利，范围相当广泛。① 各区域的人权条约体系也都有集中规定公民权利和政治权利的国际人权条约，而且这些条约常常也是区域人权条约体系的核心内容。各国宪法的传统是倾向于承认公民权利和政治权利的人权属性，因此各国宪法都会或多或少地包含对公民权利和政治权利的规定。但是，宪法所保障的公民权利和政治权利在权利的种类和具体内容上通常都没有达到国际人权条约所规定的广度和深度。近些年，许多国家在修订宪法的过程中进一步巩固和加强了对此类权利的保障，缩小了与国际人权标准之间的距离。各国宪法在相关领域的进展主要体现在以下几个方面。

（一） 废除死刑

《公民权利和政治权利国际公约》第 6 条关于生命权的规定中严格限制判处死刑的情形。《旨在废除死刑的〈公民权利和政治权利国际公约〉第二任择议定书》仅允许一项例外，即 "可对在战时犯下最严重军事性罪行被判罪的人适用死刑"（第 2 条第 1 款）。截止到 2013 年 6 月，这项议定书已得到 76 个国家的批准。《关于废除死刑的〈欧洲人权和基本自由公约〉第六议定书》作出了类似的规定。该公约的第十三议定书则禁止在任何情况下适用死刑。

许多国家在近些年制定或修订宪法时明确限制死刑的适用范围或全面废除了死刑。例如，2007 年意大利对宪法第 27 条进行了修改，废除了第 4 款 "除遇战争中军法所规定的情况" 的限制条件，单纯规定不准采用死刑，因此全面废除了死刑。1997 年葡萄牙宪法将第 24 条关于生命权的规定之第 2 款由 "必要时将执行死刑" 修订为 "任何时候都不适用死刑"。2001 年修订后的希腊宪法修改了第 7 条第 4 款关于死刑的规定，改为 "除战时或与战争相关的重罪外不得适用死刑"，限制了死刑的适用范围。比利时 2005 年修正后的宪法第 14 条之二规定废除死刑。爱尔兰 2002 年第 21 号宪法修正

---

① 本书作者逐条对照《公民权利和政治权利国际公约》，将其所保障的权利总结为人民自决权、不受歧视的权利、男女平等权、生命权、免受酷刑的权利、免受奴役的权利、人身自由和安全权、被拘禁者的人格尊严、免因债务受拘禁的权利、迁徙自由、免受任意驱逐的权利、公正审判权、法律人格权、隐私权、思想良心和宗教自由、表达自由、禁止战争宣传和煽动仇恨、集会自由、结社自由、婚姻家庭权利、儿童权利、政治权利、受法律平等保护的权利、少数人权利等。

案禁止死刑和废除援用死刑。尼泊尔王国 1990 年宪法第 12 条第 1 款规定废除死刑。1990 年 12 月生效的克罗地亚新宪法也宣布废除死刑。[①] 1996 年 6 月生效的乌克兰新宪法也全面废除死刑，包括战争期间的死刑。[②] 科特迪瓦 2000 年颁布的新宪法也规定废除死刑。

国家在宪法中明确禁止死刑的适用，或者是为加入国际人权条约做准备，或者是在批准条约后根据条约对国内法律进行了修正。无论出于何种考虑，都是为了加强对生命权的保护，都是适用国际人权条约的结果。

（二）　扩大选举权与被选举权的主体范围

有些国家，主要是欧洲国家，其宪法近年来扩大了行使选举权与被选举权的主体范围，不仅是本国公民，居住在本国的欧洲联盟其他成员国的公民，甚至欧盟之外的外国人也可以在一定条件下行使选举权。例如，葡萄牙宪法第 15 条关于"外国人、无国籍人、欧洲公民"的规定新增了第 4 款："在互惠原则下，法律可将选举和被选举为地方当局成员的权利授予居住在葡领土内的外国人"，以及第 5 款"在互惠原则下，法律可将选举和被选举为欧洲议会成员的权利授予居住在葡领土内的欧洲联盟成员国公民"。比利时 1998 年修正了原宪法第 8 条关于国籍的规定，增加第 3 款和第 4 款，规定欧洲联盟的公民可以在一定程度上享有选举权和被选举权。爱尔兰 1984 年第 9 号宪法修正案将参加选举的权利扩展到某些非爱尔兰公民。1992 年 11 月立陶宛新宪法生效，该法第 119 条赋予外国常住居民享有参加当地自治政府（市政会）的选举权和被选举权。

赋予欧洲联盟成员国公民在一定条件下的选举权可以说很大程度上是欧洲高度一体化背景下，国家间相互履行条约义务的结果。而赋予其他外国人部分的选举权，其动因何在呢？根据人权事务委员会关于《公民权利和政治权利国际公约》第 25 条的第 25 号一般性评论，公民在享受第 25 条规定的这些权利方面，"不得受到基于种族、肤色、性别、语言、宗教、政治或其他见解、国籍或社会出身、财产、出生或其他身份等任何理由的歧视"。[③] 委员会要求缔约国在提交国家报告时说明界定"公民资格"的法律

---

① UN Doc. CCPR/C/HRV/99/1，克罗地亚向人权事务委员会递交的初次报告。

② UN Doc. CCPR/C/UKR/99/5，乌克兰向人权事务委员会递交的第 5 次报告。

③ UN Doc. A/51/40（Vol. I），附件五，人权事务委员会第 25（57）号一般性评论，第 3 段。

规定，是否在以出生而获得公民资格的人与通过入籍而获得公民资格的人之间进行区别，以及是否有任何群体如永久居民在享有这些权利方面受到限制。可见，虽然公约第 25 条将选举权和参加公共事务的权利赋予了公民，但是各国对公民的界定或有不同；同时，保障这项权利还应同禁止歧视的规定结合起来进行考虑。

（三）　保障诉讼程序中的权利

保障诉讼当事人在刑事审判和民事审判中的程序权利是《公民权利和政治权利国际公约》第 14 条和第 15 条所规定的一组重要权利。根据相关条款的规定，当事人所享有的与诉讼程序相关的权利包括：法庭面前的平等权、获得公正和公开审判的权利、无罪推定、被告人的知情权、辩护权、获得法律援助的权利、不得自证其罪、上诉权、一事不再审、禁止溯及既往的刑法等，内容十分广泛。

近年来，各国宪法比照国际人权条约的规定，不断加强和完善宪法中关于诉讼程序权利的规定，以保障诉讼当事人的权利。例如，修订后的葡萄牙宪法第 20 条增加第 2、3、4、5 款，分别规定了获得法律援助权，刑事调查中适当的保密性，由公正的法庭在合理时间内进行审判，法律应为维护公民的权利、自由和保障提供便捷、优先的法律程序等内容。该法第 30 条关于"刑罚与治安措施的限制"，增加了第 5 款："被宣告有罪并正在接受涉及剥夺自由的刑罚或安全措施的人仍然保留为执行刑罚所要求的限制之外的基本权利"。第 32 条"刑事程序中的保障"，增加了 3 款有关受害人、犯罪嫌疑人和被告人参加听证和辩护的权利。希腊 2001 年修订后的宪法增加了第 6 条第 4 款，补充规定同一案件禁止重复计算审前羁押的期限。印度 1976 年第 42 号宪法修正案增加了第 39A 条关于公平正义、免费法律援助的规定。

（四）　禁止酷刑

许多国家新颁布的宪法明确写入了禁止酷刑的内容。例如，亚美尼亚 1995 年通过的新宪法纳入了禁止酷刑的内容。[1] 芬兰宪法修正案将禁止酷刑和其他残忍、不人道和有辱人格的待遇或处罚的条款列入其中。[2] 乌克兰

---

①　UN Doc. CAT/C/24/Add. 4/Rev. 1，亚美尼亚向禁止酷刑委员会递交的初次报告。

②　UN Doc. CAT/C/25/Add. 7，芬兰向禁止酷刑委员会递交的第 2 次报告。

1996 年 6 月 28 日通过的宪法第 28 条禁止酷刑。① 巴拉圭宪法第 5 条规定，宪法禁止酷刑和残忍、不人道或有辱人格的待遇，而且规定对惩罚这些罪行的司法程序没有法定追诉时效期间的限制。② 葡萄牙宪法第 32 条第 6 款宣布，以酷刑获取的证据无效。③ 波兰 1997 年 10 月 17 日生效的新宪法规定，"任何人不受酷刑或残忍、不人道或有辱人格的待遇或处罚"。④ 卡塔尔 2005 年 6 月 9 日生效的新宪法第 36 条规定，任何人不得遭受酷刑或有辱人格的待遇；酷刑是依法应予惩罚的犯罪行为。⑤ 在宪法中总体规定废除或禁止酷刑是国际人权条约的要求，也是国家适用国际人权条约的宪法举措。而且在上述宪法例中，许多国家采用了"酷刑或残忍、不人道或有辱人格的待遇或处罚"这一《禁止酷刑公约》中的措辞，体现了宪法对国际人权条约规定的忠实"转化"。

有的国家通过对宪法的不断修正逐步增强打击酷刑的力度，不断向国际人权条约的规定靠拢。仍以葡萄牙为例，葡萄牙几次修宪，对宪法第 33 条关于"驱逐、引渡、庇护权"作了大幅度的修改。其中，第 1 款修改为"葡萄牙公民不被驱逐"；增加第 2 款："驱逐的决定只能由司法当局作出"；增加第 3 款："葡萄牙公民只能在恐怖罪行或有组织国际罪行中，根据互惠的国际条约引渡给保证公正审判的国家"；第 4 款修改为"任何人不得引渡给可能对被引渡者的身体完整性造成不可挽回的伤害的国家"；第 5 款修改为"根据请求国的法律被引渡者可能被判处无期徒刑或不确定刑期的，只有在请求国承诺相应的刑罚不被执行时才可以引渡"。这些逐步得到完善的规定正是《禁止酷刑公约》第 3 条的要求。

三 宪法加强了对特定群体权利的专门保护

联合国核心人权条约以及一些区域人权条约的议定书对某些特定人群，例如妇女、儿童、残疾人以及语言、民族或种族上的少数人的权利作了专门的规定。随着越来越多的国家批准或加入这些人权条约，各国宪法逐步

---

① UN Doc. CAT/C/34/Add. 1，乌克兰向禁止酷刑委员会递交的第 3 次报告。
② UN Doc. CAT/C/29/Add. 1，巴拉圭向禁止酷刑委员会递交的第 2 次报告。
③ UN Doc. CAT/C/25/Add. 10，葡萄牙向禁止酷刑委员会递交的第 2 次报告。
④ UN Doc. CAT/C/44/Add. 5，波兰向禁止酷刑委员会递交的初次报告。
⑤ UN Doc. CAT/C/58/Add. 1，卡塔尔向禁止酷刑委员会递交的初次报告。

加强了对特定群体权利的专门保护。

（一）　宪法加强对妇女权利的保障

近些年新制定或修改的宪法的一个突出特征是加强了对两性平等以及对妇女权利的保障。这些保障性的规定处处体现了《消除对妇女一切形式歧视公约》的内容和精神。

大部分国家的宪法会在非歧视的一般条款中提及禁止基于性别的歧视。但为了强调对两性平等的追求，许多国家的宪法在非歧视条款之后还会专门明确：保障男女在各个方面的平等。例如，比利时 2002 年修正宪法，为原来关于"平等"的第 10 条增加第 3 款"保障男女平等"。冰岛 1944 年宪法经 1984 年、1991 年、1995 年、1999 年等几次修订后，对基本权利的规定更加完善和系统化。修订后的宪法第 65 条增加了非歧视的规定，并且直接采用了"人权"的措辞："人人无论性别、宗教、观点、民族、种族、肤色、财产、出生或其他地位在法律面前平等并享有人权。男女在任何方面均享有平等的权利。"柬埔寨王国 1993 年宪法第 45 条第 1 款规定"禁止对妇女一切形式的歧视"。德国 1994 年第 42 号宪法修正案修改了宪法第 3 条第 2 款，在原来"男女享有平等权利"的基础上增加了一句"国家应促进男女平等之实际贯彻，并致力消除现存之歧视"。莫桑比克 2004 年宪法第 36 条规定了男女平等的原则，即"男女在政治、经济、社会、文化生活的所有领域，在法律面前平等"。巴拉圭 1992 年宪法第 48 条规定："男女享有平等的公民、政治、社会和文化权利。国家应该创造保证实现平等的条件和机制，清除阻碍或弱化其实现的障碍，促进妇女参与国民生活的各个领域。"1995 年《毛里求斯宪法法》修正了宪法第 16 节，增列了禁止法律或公共当局基于性别歧视的条款。[1] 列支敦士登 1992 年宪法修正案规定男女权利平等，为 1996 年保障男女平等的法律的出台奠定了基础。[2] 圭亚那在宪法改革进程中将不得有基于性别、婚姻状况和妊娠的歧视的规定作为基本人权写入了宪法。[3] 消除对妇女歧视委员会评价乌干达于 1995 年颁布的新宪法时说，这是一部对性别问题具有敏感认识的宪法，该宪法把对性

---

[1]　UN Doc. CCPR/C/64/Add. 12，毛里求斯向人权事务委员会递交的第 3 次报告。

[2]　UN Doc. CEDAW/C/LIE/1，列支敦士登向消除对妇女歧视委员会递交的初次报告。

[3]　UN Doc. CEDAW/C/GUY/2，圭亚那向消除对妇女歧视委员会递交的第 2 次报告。

别问题敏感的方法纳入了性别歧视的定义中，与《消除对妇女一切形式歧视公约》保持了一致。^① 墨西哥于 2001 年 8 月 14 日修订了宪法，也纳入了禁止性别歧视的具体规定。^②

《消除对妇女一切形式歧视公约》的创新点之一是在第 4 条第 1 款授权缔约国"为加速实现男女在事实上的平等而采取暂行特别措施"。这一规定的精神为许多国家的宪法所贯彻。例如，意大利 2003 年对 1948 年宪法的第 51 条关于担任公职的权利进行了修改，在第 1 款后增加一句："为达此目的，共和国采取特别措施（Specific Measures）以促进男女享有平等的机会。"希腊于 1999 年修改了宪法，特别是修改了第 116 条第 2 款，使得公约第 4 条第 1 款规定的为实现男女实际平等而采取的临时特别措施合法化。^③ 该条款规定："采纳促进男女平等的积极措施不构成基于性别的歧视。国家应当采取措施消除实际存在的，特别是对妇女有害的不平等。"

《消除对妇女一切形式歧视公约》的创新点之二是打破了国家只对公领域的侵犯人权的行为负责，而与私领域的侵犯人权行为毫不相干这种对公领域和私领域的人为分野，公约要求缔约国同时根除公、私领域存在的歧视。例如，该公约第 2 条（d）项要求缔约国承担"保证政府当局和公共机构""不采取任何歧视妇女的行为和做法"；同时，该条（e）项要求缔约国"采取一切适当措施，消除任何个人、组织或企业对妇女的歧视"。马耳他 1992 年宪法很好地实施了国际人权公约的相关精神和规定。该国宪法关于性别平等的第 14 节规定："国家应促进男女在经济、社会、文化、公民和政治权利方面的平等，为达此目的，应该采取适当措施，根除任何个人、组织或企业在两性之间的一切形式的歧视；国家尤其应该确保女职工享有同男职工平等的权利和同工同酬。"根据该条规定，国家有义务消除来自个人、企业等私领域的歧视妇女的做法。

《消除对妇女一切形式歧视公约》特别关注妇女参与政治和公共生活的权利。消除对妇女歧视委员会鼓励缔约国通过采取规定数字指标和保障名

---

① UN Doc. A/57/38（2002），消除对妇女歧视委员会的报告，第 268 段。

② UN Doc. CEDAW/C/MEX/5，墨西哥向消除对妇女歧视委员会递交的第 5 次报告。

③ UN Doc. CEDAW/C/GRC/4 - 5，希腊向消除对妇女歧视委员会递交的第 4 次至第 5 次报告。

额等形式的暂行特别措施来加速这一权利的实现。① 一些国家在宪法中响应
了条约机构的号召。例如，比利时 2002 年修正宪法时增加了第 11A 条，保
障妇女与男子平等参与选举和公共事务的权利；并规定各级政府部门以及
公共机构中应该有两性的代表。坦桑尼亚第 14 次宪法修正案规定，议会中
妇女的数量应不少于议员总数的 30%，总统有权提名 10 名议员，其中 5 名
应为妇女。② 尼泊尔 1990 年宪法第 26 条第 7 款规定，国家应该制定政策，
通过特别的教育、健康和就业规定使妇女在更大程度上参与到国家发展的
任务中来。该宪法第 114 条规定，妇女候选人"参加议会选举时，来自任
何组织或政党的候选人中应至少 5% 为女性"。2007 年，尼泊尔又颁布了临
时宪法，在这部宪法中将制宪会议候选人中女性的比例提高到了 1/3。③ 丹
麦 1953 年修改宪法时为女性成为国家元首提供了可能性；2006 年 6 月，丹
麦议会通过了《王位继承法修正案》，规定国王和王后的第一个孩子，无论
性别，均有权继承王位。这就赋予了女性在继承王位时实际上的平等权。④

《消除对妇女一切形式歧视公约》的规定在各国宪法中得到了充分的体
现。对该公约进行宪法适用的典型代表当推埃塞俄比亚 1994 年宪法。该宪
法第 35 条关于"妇女权利"的规定全面适用了《消除对妇女一切形式歧视
公约》中的实质条款。该国宪法第 35 条是这样规定的："（1）妇女应该享
有同男子平等的权利，平等享有宪法规定的权利和保护（参照公约第 1 条、
第 2 条）。（2）根据宪法，在婚姻方面妇女享有同男子平等的权利（参照公
约第 16 条）。（3）考虑到埃塞俄比亚妇女所遭受的历史遗留的不平等和歧
视，为补救遗留问题，妇女有权采取积极措施（Affirmative Measures）。此类
措施意在给予妇女特别关注，使其能够在与男子平等的基础上参与竞争，
参与政治、社会、经济生活以及公共和私人机构的活动，并与男子竞争
（参照公约第 4 条）。（4）国家应当保障妇女权利之实现，以消除不良习俗
对妇女的影响。压抑或危害妇女身体或精神的法律、习惯或惯例应予禁止。

---

① UN Doc. A/52/38，消除对妇女一切形式歧视公约第 23 号一般性建议：政治和公共生活，第
15 段。

② UN Doc. CEDAW/C/TZA/6，坦桑尼亚向消除对妇女歧视委员会递交的第 4~6 次合并报告。

③ 《尼泊尔临时宪法 2063》（2007）第 63 条第 5 项。

④ *My Constitutional Act with Explanations*, available athttp: //www. thedanishparliament. dk/Publica-
tions/，latest visit on 30 June 2013.

（参照公约第 5 条）。（5）①妇女有权带薪休产假。产假期限由法律在考虑工作性质、母亲健康、儿童和家庭的利益后确定。②根据法律规定，产假可以包括孕期带薪休假。（6）妇女有权充分参与国家发展政策的制定，参与项目，特别是关涉妇女利益的项目的规划和执行（参照公约第 7 条）。（7）妇女有权获得、管理、控制、使用及转让财产。特别是，妇女享有同男子平等地使用、移让、管理和控制土地的权利。在财产继承中，她们应该获得与男子平等的对待（参照公约第 14 条）。（8）妇女在就业、晋升、报酬、养老金的让与方面享有同男子平等的权利（参照公约第 11 条）。（9）为预防在怀孕和分娩过程中的危害，保障健康，妇女有权获得计划生育方面的指导、信息和能力（参照公约第 12 条）。"

　　埃塞俄比亚宪法关于妇女权利的规定，反映了《消除对妇女一切形式歧视公约》在否定公领域和私领域的二分法、提倡采取暂行特别措施以及承认文化和传统的影响限制了妇女享有基本权利等方面的创新之处。文化和传统的力量以陈规定型的观念习俗及规范形式出现，使得妇女地位的提高在法律、政治和经济上受到限制。因此，公约要求缔约国"消除基于性别而分尊卑观念或基于男女定型任务的偏见、习俗和一切其他做法"。[1] 埃塞俄比亚公开承认了该国社会存在侵害妇女权利的有害习俗，并决心予以消除。在非洲，宪法明确规定根除来自历史习俗和传统的基于性别的歧视的国家还有乍得、埃及、冈比亚、马拉维、纳米比亚、南非、乌干达等。

　　（二）宪法加强对儿童权利的保障

　　芬兰、尼泊尔、斯洛文尼亚、厄瓜多尔、泰国、科特迪瓦、冈比亚、马拉维、比利时、瑞士、波兰、印度尼西亚、圭亚那、卢旺达、巴西等国均在宪法中以专门的章节或条款对儿童权利作出了规定。

　　各国宪法中对儿童权利的规定或者直接援引《儿童权利公约》或其他人权条约中有关儿童权利的规定，以此确定宪法所保护的儿童权利的范围；或者在条款中转述国际人权条约的内容和原则。例如，西班牙 1978 年宪法第 39 条第 4 款规定，"儿童受为儿童谋权利的国际协议的保护"。西班牙于 1977 年成为《公民权利和政治权利国际公约》的缔约国，该公约第 24 条专门规定了儿童的权利，包括儿童的平等权利、出生登记的权利、获得国籍

---

① 《消除对妇女一切形式歧视公约》第 5 条 a 项。

的权利以及受到家庭、社会和国家的特别保护的权利等。虽然西班牙宪法通过时《儿童权利公约》尚未出台，但是该国宪法的规定为宪法保障此后出现的国际人权条约所规定的权利留下了余地。类似的例子还有哥伦比亚1991年宪法。根据哥伦比亚1991年宪法第44条的规定，儿童"应该享有宪法、法律、哥伦比亚批准的国际条约所承认的权利"。柬埔寨1993年宪法第48条第1款规定，国家保护《儿童权利公约》中规定的儿童权利，特别是生命权、教育权、战争中的保护以及免受经济和性剥削。卢旺达2003年宪法第28条规定，每个儿童有权获得来自国家、社会及其家庭的特殊的保护措施，必要的措施取决于儿童在国内法和国际法上的地位。这些宪法规定直截了当地指出各该国家将适用国际人权条约关于儿童权利的规定，使儿童的基本权利获得了宪法的保障。

葡萄牙于1997年在宪法第68条关于"父母"的规定中增加了第4款："法律规定应当分配给父母足够的假期，以满足儿童的利益和家庭的需要。"莫桑比克2004年宪法关于儿童权利的第47条第3款规定："公共或私人部门颁布的所有关于儿童的法案都应该首先考虑儿童的最大利益。"上述规定是《儿童权利公约》最大利益原则在国家宪法中的直接体现。

此外，许多国家的宪法具体列举了儿童的权利或保障儿童权利的禁止性规定。例如，葡萄牙于1997年在宪法第69条关于"儿童"的规定中增加了第3款："根据法律应当禁止未成年的学龄儿童参加工作。"2000年，比利时宪法增加第22A条，据此，"儿童有权在其道德、身体、精神和性的完整性上受到尊重"；"本宪法第134条提到的法律、法规和规则也保护儿童的权利"。爱尔兰2004年第27号宪法修正案赋予父母为非爱尔兰国籍的儿童爱尔兰国籍。印度2002年《宪法（第86次修正案）法案》规定，为所有6～14岁的儿童免费提供义务教育。埃塞俄比亚1994年新宪法第36条特别提到《儿童权利公约》所载的某些权利。[1] 洪都拉斯1995年修订宪法时废除了义务兵役制，禁止18岁以下的人服兵役。[2] 这些规定逐步缩小了宪法与《儿童权利公约》及其附加议定书的规定的差距。

---

① UN Doc. CRC/C/8/Add. 27，埃塞俄比亚向儿童权利委员会递交的初次报告。
② UN Doc. CRC/C/65/Add. 2，洪都拉斯向儿童权利委员会递交的第2次报告。

（三）　宪法加强对少数人权利的保障

少数人权利是《公民权利和政治权利国际公约》明确规定的一项人权；《消除一切形式种族歧视国际公约》从禁止歧视的角度对少数人的权利作了全面规定。一些区域人权条约，例如《欧洲保护少数民族权利框架公约》也专门规定了少数人的权利。

许多国家的宪法根据国际人权条约的规定逐步增强和完善了对少数人权利的保障。例如，1993年俄罗斯联邦宪法第69条规定，"根据一般接受的国际法原则和标准以及俄罗斯缔结的国际条约保护少数土著人的权利"。墨西哥于1992年1月对宪法第2条进行修正时指出，墨西哥源于土著居民，是多文化国家；并首次承认了生活在其境内的土著人民的特别宪法权利。① 阿根廷1994年修宪时增加了若干对土著人民权利的规定，主要包括赋予土著团体法律人格、保证这些团体的文化特征受到尊重、保证土著人拥有和集体拥有土地的权利、土著人民参与对自然资源的管理及其他与他们有关的活动的权利等。② 哥伦比亚1991年宪法规定了少数人社团的权利不受歧视，包括正式承认土著人和黑人主张对某些祖传土地的所有权的权利。③ 委内瑞拉共和国1999年宪法在序言部分确立了委内瑞拉社会的多族裔和多文化性质；同时，第21条和第八章专门规定保障土著人民的权利，例如接受跨文化双语教育的权利、采用传统医学的权利、参与政治生活的权利等。④ 萨尔瓦多宪法第62条第2款规定，萨尔瓦多国内的土著语言应当得到保护、传播和尊重。⑤ 埃塞俄比亚1994年宪法承认埃塞俄比亚每一个部落、民族和人民都有运用和发展自己语言的权利，并制定政策推广这些不同语言作为工作语言，有几种语言甚至成为国家级的工作语言。⑥ 1995年7月23日修正的挪威宪法增加了第110条A、B、C三个条款，其中第110A规定了萨米少数人的权利："国家当局有责任创造条件使萨米人能够保持和发展他们的语言、文化和生活方式。"2007年1月，尼泊尔通过了新的《临时宪法》，

---

① UN Doc. CERD/C/260/Add.1，墨西哥向消除种族歧视委员会递交的第9、10次报告。
② UN Doc. CERD/C/299/Add.11，阿根廷向消除种族歧视委员会递交的第11~14次报告。
③ UN Doc. CERD/C/332/Add.1，哥伦比亚向消除种族歧视委员会递交的第8~9次报告。
④ UN Doc. CERD/C/476/Add.4，委内瑞拉向消除种族歧视委员会递交的14~18次报告。
⑤ UN Doc. CERD/471/Add.1，萨尔瓦多向消除种族歧视委员会递交的9~13次报告。
⑥ UN Doc. A/62/18，para.130.

禁止贱民制度和其他种姓歧视。①

对人种、宗教或语言的少数人权利的确认和保护，不仅是包括《公民权利和政治权利国际公约》和《消除一切形式种族歧视国际公约》等国际人权条约的要求，也是实现对人权的普遍保护的要求。上述规定，是各国全面实施国际人权条约的规定、履行人权条约义务的具体体现。

第四节　国际人权条约与宪法中的
基本权利保障机构

将国际人权条约所确认的基本人权在宪法中以基本权利的形式加以宣示，只是万里长征走完了第一步；只有设置了必要的保障基本权利得以实现的机构和程序，这些权利才能具有实际意义。许多国家把基本权利的日常实施交给立法机关、行政机关和普通的司法机关来完成，规定宪法中所确认的基本权利具有直接适用性，对立法、司法、行政当局以及公民个人有直接的拘束力。例如，《德意志联邦共和国基本法》宣布，本法第一章所规定的基本权利是拘束立法、行政及司法而直接有效的权利。② 1993 年《俄罗斯联邦宪法》第 18 条规定，人和公民的权利和自由有直接的法律效力，它们决定法律的含义、内容及解释，决定行政部门和地方政府活动的含义及内容，并且受到司法机关的保障。《葡萄牙共和国宪法》第 18 条第 1 款规定："宪法关于权利、自由、保障的规定应该直接适用于并约束公共和私人机构。"

传统的国家权力机关在运作过程中，一方面应当受基本权利的约束，并保障基本权利的实现；但另一方面，鉴于权力本身易于膨胀的特性，它又可能反过来侵犯基本权利。因此，许多国家在宪法中设置了监督权力的机构，通常为议会下的督察专员。而 20 世纪 90 年代以后，通过宪法或法律建立专门的国家人权机构（National Human Rights Institutes，NHRIs）已经成为一种潮流。设立专门的国家人权机构，并不是与人权的立法、司法、行

---

① UN Doc. E/C. 12/NPL/2，尼泊尔向经济、社会和文化权利委员会递交的第 2 次报告。
② 《德意志联邦共和国基本法》第 1 条第 3 款。

政保障相竞争，而是对前者的补充。专门的国家人权机构的出现，对于切实保障宪法所规定的基本权利，监督国际人权条约在国内的适用状况发挥着不可替代的作用。国家权力与国家人权机构运用各自不同的方法和资源来达到保障人权的共同目标。

一　督察专员

督察专员制度于1809年发轫于瑞典，之后为斯堪的纳维亚国家所仿效，如今已在世界范围内广泛流行。截止到2004年，据不完全统计，全球已有近120个国家在国家政府层面建立了督察专员办公室。[①] "Ombudsman"来源于瑞典语，其本意是"代表"，对这一职位最初的设想是由国会任命，并授权监督法律机构和行政管理机构执行法律的情况。如今，督察专员已日渐演变为公民权利的维护者。

一般来说，督察专员由议会选举产生并向其负责，监督政府部门履行职责的行为，报告所发现的玩忽职守、滥用权力、过失及侵害行为，并发表评论或建议。督察专员独立于受监督的部门，因此具有完全的独立性。督察专员有权接受来自个人的申诉，并且可以主动调查她/他所发现的案件。她/他通常被赋予广泛的调查权力，可以询问证人，可以自由获取行政机关的信息、文件和官方资料，并直接向负责人报告。督察专员有权对受理的投诉进行评议，有权就制止或纠正不公正行为向主管机关提出必要的建议，有权提议采取措施，还可以提出立法的建议，但是没有裁决权。在一些国家，它甚至还可以充当原告向法院提起诉讼。鉴于督察专员大多是依议会指派而设立，因此，督察专员需要定期向议会汇报工作。

实践中，在不同国家、不同体制内，督察专员的职能、职位和称谓也有所不同。葡萄牙、阿根廷、莫桑比克、哥伦比亚等国设置了"督察专员"（Ombudsman）；奥地利称为"督察专员委员会"（Ombudsmen Council/Board）；芬兰设置的是"议会督察专员"（Parliamentary Ombudsman）。匈牙利2003年修订宪法后，其宪法第32B条规定设置议会督察专员，具体又分

---

① 数据来源于国际督察专员协会（International Ombudsman Institute）网站，可访问 http：//www. law. ualberta. ca/centres/ioi/About-the-I. O. I. /History-and-Development. php，最近访问日期：2009年3月31日。

为公民权利议会督察专员（Parliamentary Ombudsman for Civil Rights）和少数
民族权利议会督察专员（Parliamentary Ombudsman for the Rights of National
and Ethnic Minorities）。在英国和斯里兰卡，督察专员机构被称为"驻行政
部门议会专员"（Parliamentary Commissioner for Administration）。法国、加
蓬、毛里求斯、塞内加尔等国称为"共和国调停人"（Médiateur de la
République）。2008 年 7 月 23 日，法国参众两院通过了《法兰西第五共和国
机构现代化的宪法性法律》，创设了"权利保护人"（le Défenseur des
Droits）机构，取代原先的"共和国调停人"。① 在南非，类似的机构称为
"公众保护人"（Public Protector）；尼日利亚称为"公众申诉委员会"（Pub-
lic Complaints Commission）；波兰宪法第 208 条规定设置"公民权利专员"
职位；阿尔巴尼亚 1998 年宪法规定了"人民拥护者"（People's Advocate）；
在罗马尼亚，类似的机构也称为"人民拥护者"（Advocate of the People）；
在委内瑞拉，叫做"人民卫士办公室"（People's Defender's Office）；尼加拉
瓜将之称为"人权调查办公室"；在加纳，总统在与国务院咨商后，可以指
定"人权和行政司法专员"（Commissioner for Human Rights and Administra-
tive Justice）。由此可见，督察专员职责的重心已由最初的监督国家机关的舞
弊行为逐步转移到了捍卫人权和保护基本权利上。

但是，督察专员的行为一般不具有法律拘束力，因此它的有效运作主
要建立在传播信息、提高意识、支持公众意见的基础上。公众的意见一定
程度上可以强化督察专员机构的效力。另外，媒体、教育机构、培训部门
也可以通过自己的工作来扩大督察专员机构的知名度，协助其获得民众的
信任。

二　国家人权机构

各国根据宪法所创建的基本权利保障机构，除督察专员外，就是日益
受到各国重视的国家人权机构。虽然 1993 年联合国大会第 48/134 号关于
"促进和保护人权的国家机构"的决议②通过后，国家人权机构的建立才蔚
然成风，但是希望每一国都能建立专门处理各自领土上遵守与发展人权事

---

① 法国宪法第十一章之一。
② UN Doc. A/RES/48/134.

业的机构的想法却不是最近的事情。早在 1946 年，联合国在创建人权委员会的决议中就曾邀请成员国"考虑在各自国家建立资料组或地方性的人权委员会并与之合作，以便推进联合国人权委员会的工作"。① 然而，这一邀请在之后的几年中并没有得到多少响应。1966 年《公民权利和政治权利国际公约》、《经济、社会和文化权利国际公约》通过后，这一问题重新又被提上联合国的议程。1978 年以来，联合国曾多次呼吁建立促进和保护人权的国家机构。② 20 世纪 90 年代之后，国家人权机构才大量涌现。

　　国家人权机构的概念可以概括性地描述为由政府建立的专门负责促进和保护人权的常设、独立机构。1993 年的联合国大会决议承认并鼓励国家根据 1991 年确立的"关于国家人权机构的地位的原则"（亦称"巴黎原则"）③ 建立和加强国家机构，并承认各国有权选择最适合其国家具体需要的框架。④ "巴黎原则"为国家人权机构提供了规范，并被认为是建立国家人权机构的最低国际标准。⑤

　　尽管国家人权机构是由政府设立的，但是它应该具有充分的独立性和充足的资金保障。国家人权机构的组成应确保多元化，可以包括争取人权和平等的非政府组织、工会、有关社会组织和专业组织、哲学或宗教思想流派的代表、大学和适格的专家、立法机关的代表等。国家人权机构的职能也应尽可能广泛，至少包括对现有的法律或者法律草案发表评论；监测国内的人权情势；监督政府履行国际人权义务的情况，并建议同国家或地区机构开展合作；提供人权领域的教育和信息。此外，其职能还可以包括接受来自个人或团体的申诉，监督政府遵守国际人权机构的建议和意见的情况，等等。

　　各人权条约机构充分重视国家人权机构在促进人权条约实现方面可以发挥的重要作用，纷纷通过一般性评论，表达希望各国建立国家人权机构

---

① UN Doc. E/RES/9（Ⅱ），para. 5.

② UN Doc. A/RES/33/46（1978），该文件认可了关于保护和促进人权的国家和地方机构的组成和运行准则。

③ 联合国于 1991 年在法国巴黎召开了关于国家人权机构的国际研讨会，会上通过了"关于国家人权机构的地位的原则"，简称"巴黎原则"。UN Doc. E/CN. 4/1992/43，para. 254.

④ UN Doc. A/RES/48/134，paras. 11&12.

⑤ See Brian Burdekin & Jason Naum, *National Human Rights Institutions in the Asia-Pacific Region*, Martinus Nijhoff Publishers, 2007, p. 120.

的建议。例如，经济、社会和文化权利委员会在其关于《国家人权机构在保护经济、社会和文化权利方面的作用》的第 10 号一般性评论中指出，缔约国为履行公约第 2 条第 1 款下的义务，可以采取的一个重要手段是建立"促进和保护人权的国家机构"。意见还提出了国家人权机构为促进经济、社会和文化权利的实现可以采取的行动建议。消除种族歧视委员会建议"设立国家机构推动落实《公约》"。① 儿童权利委员会肯定"独立的国家人权机构是促进和确保执行《儿童权利公约》的重要机制"。②

国家对人权条约机构的号召给予了积极回应。许多国家在宪法中规定了设立专门的国家人权机构，足见其地位之重。还有更多的国家根据专门的法律设立了国家人权机构，其名称多采用国家人权委员会。目前，约旦、危地马拉、毛里求斯、贝宁、赞比亚、乌干达、卡塔尔、韩国、南非、墨西哥、喀麦隆、拉脱维亚、印度、塞浦路斯、亚美尼亚、吉尔吉斯斯坦、爱尔兰、加蓬、立陶宛、肯尼亚、泰国、摩洛哥、卢旺达、斐济、尼日利亚、蒙古、挪威、也门、希腊、马达加斯加、缅甸、俄罗斯、捷克、乌克兰、阿根廷、波兰等众多国家都成立了专门的国家人权机构。截至 2010 年 3 月，在世界范围内成立的 100 余个国家人权机构中，已有 65 个被国家人权机构国际协调委员会（International Coordinating Committee of National Institutions for the Promotion and Protection of Human Rights, ICC）确认为完全符合"巴黎原则"的标准。③ 国家人权机构在传统的公权力之外，通过整合社会力量，形成了保护和促进基本权利的社会机制，在监督和协助政府执行国际人权条约方面已经和正在发挥重要的作用。

总的来说，基本权利的保障机构，无论是督察专员还是国家人权机构，均负有促进、保护和监督宪法与国际人权条约确立的权利得到保障的职责。但由于二者的起源不同，发展到今天虽然职能有所交叉，但还是各有侧重。

① UN Doc. A/48/18，消除种族歧视委员会关于"设立国家机构推动落实《公约》的第 17 号一般性建议"。

② UN Doc. CRC/GC/2002/2（2002），General Comment No. 2：*The role of independent national human rights institutions in the promotion and protection of the rights of the child*, by CRC.

③ 数据来源于联合国人权高专办网站："National Human Rights Institutions-the Critical Links"，可访问 http：//www.ohchr.org/EN/NewsEvents/Pages/NHRICriticalLinks.aspx. 最近访问日期：2010 年 3 月 31 日。

督察专员最经常的工作是对公共当局，特别是行政部门营私舞弊、滥用权力行为的监督，当然这种违法行政行为在许多情况下会导致对个人基本权利的侵害；而国家人权机构工作的出发点主要是督促国家履行国际人权条约义务，因此它不仅监督行政部门的工作，还监督司法机关、立法机关有关保障人权的工作。此外，促进一国的人权教育是督察专员不具备而国家人权机构具有的一项重要职能。人权机构在推动国家履行国际人权条约义务、营造人权保护文化中应当并能够发挥重要的作用。因此，有些国家同时设置了督察专员和人权委员会，例如，马拉维 1994 年宪法第十章规定设置督察专员，第十一章规定创设人权委员会。这将为基本权利提供双重机构保障。

第五节　国际人权条约与宪法中的
基本权利救济制度

“没有救济就没有权利。”宪法在规定基本权利的同时，也规定了基本权利的救济制度。有的国家在宪法中规定，不止一个机构可以处理侵犯基本权利的问题。例如，蒙古最高法院和宪法法庭均有权处理涉及基本权利的问题。根据该国 1992 年宪法第 50 条第 1 款第 3 项，最高法院审理由宪法法庭、国家总检察院移交的关于维护法律及法律规定的人权与自由问题。该宪法第 66 条还规定，宪法法庭自行或根据国家大呼拉尔、总统、总理、国家最高法院、国家总检察院的提议对公民申诉、举报的违宪纠纷进行审理。多数国家的宪法将救济基本权利的职责赋予了宪法法院或者最高法院。宪法法院通过审理侵犯人权的申诉案件或对法律是否符合宪法中基本权利的规定进行审查来达到为基本权利提供救济的目的。例如，利比里亚 1984 年宪法第 26 条规定，任何人受本章保障的权利受到侵犯，或者任何立法或指令与本章规定的权利相违背，都可以要求获得包括审查合宪性在内的适当救济；针对政府的诉讼首先应该在索赔法院（Claims Court）提起，上诉直接向最高法院提起。加纳宪法第 33 条规定，高等法院对基本权利和自由的侵犯提供救济。

综观各国宪法对基本权利救济制度的规定，基本权利受到侵犯的受害者通常可以通过两种宪法途径获得救济：一是由个人或者有关机构向宪法审判机关或最高司法机关提起侵犯基本权利之诉获得救济；二是由违宪审查机关通过审查立法或行政行为的合宪性实现救济。近年来，国际人权条约在这两种救济途径中扮演着重要的角色。在基本权利的诉讼中，越来越多的法院开始援引国际人权条约作为审判依据；在合宪性审查的案件中，国际人权条约也越来越经常地被作为审查的标准。

一　侵犯基本权利之诉

在基本权利受到侵犯后向宪法法院提出申诉属于事后救济。大部分对基本权利提供宪法救济的国家都承认宪法法院对侵权申诉的管辖权。例如，1993 年《俄罗斯联邦宪法》第 125 条第 4 款规定，俄罗斯联邦宪法法院根据联邦法律确立的程序处理关于侵犯公民宪法权利和自由的申诉。韩国宪法第 111 条规定，宪法裁判所的管辖事项包括法律规定的关于宪法诉愿的审判。匈牙利宪法第 32A 条第 3 款规定，人人有权在法律规定的情形下向宪法法院提起诉讼。克罗地亚 1990 年宪法第 126～132 条对宪法法院的职权作出了规定，其中包括通过宪法诉讼，保护公民的宪法自由和宪法权利。

尽管宪法法院被赋予了受理侵犯基本权利的起诉的职能，但是各国宪法规定的起诉主体并不相同。有些国家将可以提起侵犯基本权利之诉的主体限定为特定的国家机关。例如，1997 年泰国确立的宪法法院制度中公民不可以直接向宪法法院起诉，而是根据该国宪法第 198 条，由督察专员代为起诉。对公民提出的国家机构和国有企业的官员怠于履行职责对其造成损害的控诉，督察专员应审查官员的行为是否合法、是否越权。

而为了对个人基本权利予以更充分、更直接的保障，许多国家的宪法赋予个人直接提出侵权申诉的资格。例如，《德意志联邦共和国基本法》第 93 条规定，联邦宪法法院的管辖权包括受理任何人提起的声称其根据基本法第 20 条第 4 款、第 33、38、101、103、104 条享有的权利被公共当局侵犯的宪法诉愿。比利时宪法第 142 条第 3 款规定，法律规定的任何当局，有正当利益的任何个人均可以提起宪法诉讼。波兰宪法第 79 条第 1 款规定，宪法权利和自由受到侵犯的个人有权向宪法裁判所上诉，要求裁判公共当局或法院据以对其权利和自由或宪法义务作出最后决定的法令和规范性文件的合宪性。在奥地利，当事人如果认为公共当局侵犯了其宪法保障的权利，或者公共当局适用了违法的法规、违宪的法律、违法的条约从而侵犯了其权利，可以向奥地利宪法法院提起诉讼。《西班牙王国宪法》第 161 条规定，宪法法院有权审理任何具有合法利益的自然人和法人以及护民官、检察机关提出的针对侵犯该宪法第 53 条第 2 款所规定的权利与自由的行为的上诉。

还有的国家通过修订宪法，为宪法法院增加了受理申诉的职能，或者使个人成为提起侵犯基本权利之诉的适格主体。例如，吉尔吉斯斯坦 2010年通过的新宪法第 97 条是关于最高法院宪法庭的规定。该条第 7 款规定："个人如果认为宪法性法律或其他法律规范侵犯了他依本宪法享有的权利和自由，有权对宪法性法律和其他法律规范的合宪性提出询问。"根据该条，个人被赋予了直接向最高法院宪法庭提起申诉的权利。[①]

各国宪法法院在审理关于侵犯基本权利的诉讼时，经常参照国际人权条约的标准，通过宪法审判的实践来适用国际人权条约。例如，1995 年 2月，南非宪法法院运行第二天就接到了国家诉马可瓦尼亚（S. v. Makwanyane）一案[②]关于死刑合宪性问题的审查。该案于 1995 年 6 月审结，全体法官一致判定，鉴于临时宪法第 9、10、11 条的规定，人人享有生命权、尊严权以及免于酷刑和免受折磨的权利，因而死刑是违宪的。在对公民和政治权利的救济方面，南非宪法法院于 1999 年受理了奥古斯特诉独立选举委员会（August v. Electoral Commission）[③]一案。在该案中，南非籍囚犯奥古斯特认为选举委员会剥夺囚犯的选举权有违宪法对政治权利的保护，因此提起宪法诉讼。法院经审理认为，应对囚犯保留选举的权利，独立选举委员会有义务使所有囚犯享有这个权利。南非宪法在保障经济与社会权利方面也发挥了重要作用。例如，在 2000 年南非共和国政府诉格鲁特布（Government of RSA v. Grootboom）一案[④]中，法院提出公众住房权应

---

① 吉尔吉斯斯坦曾经设立过宪法法院。2010 年通过的新宪法中以最高法院宪法庭取代了宪法法院的建制。根据新宪法，最高法院宪法庭的裁决是终局裁决，不得上诉。

② State v. T Makwanyane and M Mchunu, case No. CCT/3/94.

③ Constitutional Court of South Africa, *August and another v. Electoral Commission and others*, Case No. CCT 8/99, decided on April 1999. available at http://www.constitutionalcourt.org.za/Archimages/1565. PDF，最近访问日期：2009 年 3 月 31 日。

④ Government of the Republic of South Africa and others v. Grootboom and others, case No. CCT11/2000.

受宪法保护；在 2004 年霍萨与其他人诉社会发展部长与其他人（Khosa and others v. Minister of Social Development and others）案①以及马洛与另一人诉社会发展部长与其他人（Mahlaule and Another v. Minister of Social development and others）案②中，法院提出永久居民应享有社会安全保障权。2003 年成立的印度尼西亚宪法法院在巴厘岛爆炸案的裁决中为自己赢得了切实保障人权的口碑。宪法法院裁判，起诉巴厘岛爆炸案的数十名犯罪嫌疑人违反宪法第 28I 条。第 28I 条是对法不溯及既往原则的确认，规定在任何情况下都不应该追溯起诉任何人，这是基本的人权，不可侵犯。因为印度尼西亚的反恐法是在爆炸案发生后才通过的，所以宪法法院认为用反恐法来起诉这些嫌疑犯是不符合宪法规定的。③

另外据统计，1999~2003 年，在西班牙宪法法院受理的 34821 件审查申请中，有 34136 件是关于宪法基本权利保护的上诉案件，约占总数的 98%。这固然说明宪法法院在保障基本权利方面成绩斐然，但也看出人们对普通法院在阐述宪法原则能力方面的深深怀疑，④ 由此可见宪法救济的必要性。从 1992 年至 2002 年十年间，哥伦比亚宪法法院判决案件总数为 9442 件，其中有关基本权利保护的判决数量为 6455 件，占到 68.36%。有学者认为，宪法法院已经成为哥伦比亚当前人权保障领域的主导性参与者。⑤

二　法律合宪性审查

立法是对宪法的具体化，但是立法也可能出现违背宪法宗旨、原则，不当限制或侵害基本权利的情形。此时，通过专门的机构和程序对法律的合宪性作出判断，进而废弃违宪的法律，是对基本权利提供救济的重要途径。主动或依申请审查法律的合宪性，可防患于未然，将违宪的法律可能带来的损害后果降至最低。对基本权利的事前救济对于保障基本权利而言

---

① Khosa and others v. The minister of Social Development and others, Case No. CCT 12/03.
② Mahlaule and another v. The Minister of Social Development and others, Case No. CCT 13/03.
③ 案情可参见胡建淼主编《世界宪法法院制度研究》，浙江大学出版社，2007，第 360 页。
④ 可访问西班牙宪法法院官方网站：Naturalezay Competencias——Datos comparados（1999 - 2003）［EB/OL］. http：//www. tribunalconstitucional. es/，最近访问日期：2009 年 3 月 31 日。
⑤ See Martha I. Morgan, "Taking Machismo to Court: the Gender Jurisprudence of the Colombian Constitutional Court", 30 *U. Miami Inter-Am. L. Rev.* 253, 256（1999）.

更为重要。

关于法律的合宪性审查申请，一般由公共机构，特别是适用法律的司法机构提出。例如，《俄罗斯联邦宪法》第 125 条第 4 款规定："俄罗斯联邦宪法法院根据联邦法律确立的程序，处理法院提出的审查特定案件中适用或即将适用的法律的合宪性问题。"西班牙宪法法院有权审理关于法律和具有法律效力的规章违反宪法的上诉。此类上诉可由政府首相、护民官、50 名议员、地方行政机构或议会提出，司法机构亦可向宪法法院提出判断所适用法律的合宪性申请。① 贝宁共和国 1990 年宪法第 114 条规定，宪法法院应该对法律的合宪性作出裁判，以保障基本人权和公共自由。

有些国家的宪法也将监督法律合宪性的权限赋予公民个人。例如，尼泊尔 2007 年临时宪法第 107 条第 1 款规定，尼泊尔公民可以向最高法院提出申诉，指控任何法律或法律的任何部分对他们依宪法享有的基本权利施加了不合理的限制，要求法院宣告法律无效。《格鲁吉亚宪法法院组织法》第 39 条第 1 款第 1 项规定：格鲁吉亚公民、居住于格鲁吉亚的其他个人和格鲁吉亚法律实体，如果认为他们受格鲁吉亚宪法第 2 章保护的权利和自由受到侵犯或可能直接受到侵犯，则有权提起关于规范性法案或其中特定条款的合宪性之宪法申请。据此规定，在格鲁吉亚境内的个人和实体均有提起合宪性审查的资格。哥伦比亚 1991 年宪法改革后设立的宪法法院也可以依公民申请，对法律和宪法修正案的合宪性进行审查。②

值得一提的是，有些国家的宪法法院还有权对法律进行"合国际条约性"审查，即审查法律法规是否符合该国批准或加入的国际条约，特别是其中的国际人权条约。例如，匈牙利宪法规定，匈牙利遵守其承认的一般国际法规则并保证国内立法符合国际法的义务规定。③ 为此，宪法法院可以对法律进行合条约性审查，违反国际条约的任何立法或法律条款将被宣告为无效。④ 基于这一职权，宪法法院有机会将国内立法与国际法律文件中有关人权的规定和实践惯例加以比较。保加利亚的宪法法院亦可裁决国内法

① 参见《1978 年西班牙王国宪法》第 161～163 条。
② 1991 年《哥伦比亚宪法》第 241 条。
③ 2011 年《匈牙利根本法》第 1 章第 Q 条。
④ 2011 年《匈牙利根本法》第 3 章第 24 条。

与公认的国际法准则及保加利亚作为一方的国际条约是否一致。① 捷克宪法法院可以裁定废除违背宪法性法律或根据宪法第 10 条签署的国际条约的法律、条例及其他规定。② 阿尔巴尼亚宪法第 131 条规定，宪法法院可决定的事项包括法律以及中央机关或地方机关颁布的法规是否符合宪法或宪法第 122 条规定的国际协定。斯洛文尼亚 1991 年宪法第 160 条第 1 款第 2 项、拉脱维亚 1997 年《宪法法院法》第 16 条也作出了类似的规定。波斯尼亚和黑塞哥维那（以下简称"波黑"）的宪法法院有权对波黑任一法院提出的该法院审判时所依据的法律是否符合波黑宪法、是否符合《欧洲人权公约》及其议定书进行审查。③ 2003 年列支敦士登颁布《宪法法院法案》，对宪法法院的职能作了进一步的说明，明确该国宪法法院保护国际人权条约中的权利。这些条约包括 1950 年《欧洲人权公约》、1966 年《公民权利和政治权利国际公约》、1965 年《消除一切形式种族歧视国际公约》、1984 年《禁止酷刑公约》。

　　以上国家的宪法规定，明确将一国批准或加入的国际人权条约置于高于本国法律的地位，当本国的法律被宪法法院裁定为违反国家条约，特别是其中的国际人权条约时，国内法律将面临被修改或停止执行的后果。在实践中，国内法律常常因为被裁定违宪而进行修改。例如，乌克兰宪法法院曾于 1999 年 12 月 29 日作出判决，宣布《乌克兰刑法》规定的死刑制度违宪。④ 根据 2000 年 2 月 22 日的乌克兰法（介绍乌克兰刑法、刑事诉讼法和劳工法的修改），乌克兰刑法接受了宪法法院 1999 年的审查结果，最终，除了一处例外，死刑为无期徒刑所取代。⑤ 又如，1999 年阿尔巴尼亚宪法法院也在其第 65 号判决中明确指出刑法典的死刑规定违宪。⑥

---

① 1991 年《保加利亚宪法》第 149 条第 1 款第 4 项。

② 1992 年《捷克共和国宪法》第 87 条第 1 款。

③ 1995 年《波斯尼亚和黑塞哥维那宪法》第 6 条第 3 款第 3 项。

④ Constitution Watch, "A Country-by-country update on Constitutional Politics in Eastern Europe and the Ex-USSR", 8 *E. Eur. Const. Rev.* 2, 23 (1999).

⑤ Rett R. Ludwikowski, "Constitutionalization of Human Rights in Post-Soviet States and Latin America: A comparative Analysis", 33 *Ga. J. Int'l & Comp. L.* 1 (2004).

⑥ History of the Constitutional Court of Republic of Albania, available at http: //www. gjk. gov. al/ eng/historiku. html. 最近访问日期：2009 年 3 月 31 日。

三　对基本权利的其他救济途径

国际人权保护意在补充国家人权保护的不足，国际人权条约下的个人申诉程序即反映了这种补充性。个人申诉为个人或团体提供了用尽国内救济后进一步获得救济的机会。近年来，一方面，越来越多的国际人权条约增设了个人申诉程序，例如，1976 年生效的《经济、社会和文化权利国际公约》于 2008 年通过了一项包含个人申诉程序的任择议定书，《儿童权利公约》也于 2011 年通过了规定申诉程序的任择议定书；另一方面，越来越多的国家认可了个人向条约机构提起申诉的权利，即除通过合宪性审查和宪法基本权利之诉来实现对基本权利的救济之外，宪法还确认了个人在用尽国内救济后向国际人权机构申请救济的权利。宪法的这一规定使得对基本权利的救济途径从国内延伸到了国际。例如，1993 年俄罗斯联邦宪法第46 条第 3 款规定，根据俄罗斯联邦缔结的国际条约，在用尽国内救济后，人人有权向政府间机构提出保护人权和自由的申诉。委内瑞拉 1999 年宪法第 31 条规定，人人有权根据共和国批准的关于人权的条约、协定和公约，向为此目的设立的国际机构提出申诉，要求保护他（她）的人权。秘鲁1993 年宪法第 205 条也规定，在用尽国内救济后，当事一方如果认为自己由宪法赋予的权利仍然受到损害，可以向根据秘鲁批准的条约或协定建立的国际法庭或机构申诉。

除此之外，一些国家还在宪法和相关法律中进一步规定如何贯彻国际人权机构的决定。例如，捷克 1992 年宪法即表现出遵守国际人权条约及条约机构决定的很大诚意。该国宪法第 87 条第 1 款第 9 项规定：在没有其他途径可以执行对捷克共和国有拘束力的国际法庭的判决时，宪法法院应当决定采取必要措施执行该判决。[①] 捷克《宪法法院法》对宪法法院的这一职能作了进一步的解释，指出此处规定的"国际法庭"是指有权对破坏基本人权和自由的申诉进行裁判的国际组织。捷克将根据已经批准的条约的要求来执行国际法庭的裁判。如果国际法庭认定宪法保障的自然人或法人的基本权利和自由为捷克当局所侵犯，并且这种侵犯是由于法令或其他规章的规定造成的，在这些法令或规章不能通过其他途径被宣告无效或予以修

---

① *Constitution of the Czech Republic of December 16, 1992*, Art. 87（1）i).

改的情况下，捷克政府应当向宪法法院提出宣告该法令或规章或其个别条款无效的申请。①

第六节　本章小结

本章所列举的大量的宪法例表明，许多国家在宪法层面已经形成了较为完备的基本权利的保障制度。在这一制度下，基本权利的主体正在从具有一国国籍的公民扩展到所有人；基本权利的内容正在从公民权利、政治权利扩展到经济、社会和文化权利；基本权利的保障正在从传统的立法、司法、行政机关的保障扩展到由国家人权机构参与并总体协调的专门人权机构的保障；基本权利的救济途径正在从常规的司法机关的救济扩展到更高级别的宪法救济，从国内救济扩展到国际机构的救济。

宪法基本权利制度逐步走向完善的过程也是各国宪法逐步深化对国际人权条约的适用的过程，也是国际人权条约在各国法律体系中的影响效力逐步扩大的过程。

首先，国际人权条约是新近起草或修改的宪法中基本权利制度的标杆。几乎每一个国家的宪法都以专门的章节或专门的权利法案对基本权利作了集中规定。这些宪法中的人权条款同国际人权条约的条款在很大程度上是一致的。如果说条约规范同第二次世界大战后不久制定的宪法之间的关系还不明确，那么，对于"国际人权宪章"生效后颁布的宪法，特别是最近20年制定的新宪法来说，人权条约在国家起草宪法基本权利条款的过程中发挥着重要的示范作用。例如，南非1993年和1996年宪法中的权利条款受到了人权条约的极大影响。巴西在宪法起草时虽未批准却受到《经济、社会和文化权利国际公约》以及《儿童权利公约》的启发。芬兰的权利法案在1995年进行了修改，在起草过程中人权条约的痕迹显而易见，该国宪法甚至引用了条约的原文。在哥伦比亚，1991年宪法的起草是依据"人权两公约"（《公民权利和政治权利国际公约》和《经济、社会和文化权利国际公约》，下同）进行的。爱沙尼亚1992年宪法更多地受到《欧洲人权公约》

---

① 参见胡建淼主编《世界宪法法院制度研究》，浙江大学出版社，2007，第296页以下。

的影响。俄罗斯的一份政府报告显示，"人权两公约"中仅有一项权利没有包含在 1993 年宪法中。① 在国家的新宪法中随处可以找到国际人权条约中的用语；有的干脆直接规定，对某一群体的权利保护以国际人权条约为依据。

区域各国对区域人权条约的适用更为彻底。《欧洲人权公约》在许多国家具有直接适用性，具有法律甚至高于法律的地位。在宪法中包含一套权利法案已经成为西欧国家宪法的典型特征。② "随着东欧各国的民主化，以及新兴自由国家对融入欧洲的渴望，这一地区对人权的宪法保护大大提高了。"③ 一个全面的权利法案成为这些国家宪法的重要组成部分。④ 就连一直特立独行的英国也于 1998 年以正式的法律将《欧洲人权公约》转化到了国内法中。1978 年《美洲人权公约》的生效也影响了南美洲和中美洲的一些国家的宪法制定进程。许多在加入公约后制定或起草宪法的国家都包含有一份基本权利清单。⑤ 非洲大陆宪法基本权利制度的催生剂是 1981 年的《非洲人权和民族权宪章》。此后十年间，各国纷纷制定了包含有一份权利法案的新宪法。许多国家在宪法中还直接提到《非洲人权和民族权宪章》。该宪章以其内容涵盖三代人权，并强调权利与义务的统一性而著称，它不

---

① 俄罗斯总统人权委员会的一份报告显示，新宪法与《世界人权宣言》和"人权两公约"相比，仅遗漏了《经济、社会和文化权利国际公约》第 11 条，关于个人及其家庭享有适当生活水准的权利，包括充足的食物、衣物和住房，以及持续改善生活条件。See Christof Heyns & Frans Viljoen, *the Impact of the United Nations Human Rights Treaties on the Domestic Level*, Kluwer Law International, 2002, p. 503, footnote.

② 奥地利、比利时、法国、德国、希腊、意大利、列支敦士登、卢森堡、马耳他、荷兰、葡萄牙、圣马力诺、西班牙、瑞典、土耳其等都在宪法中规定了基本权利的章节。

③ See Nihal Jayawickrama, *The Judicial Application of Human Rights Law: National, Regional and International Jurisprudence*, Cambridge University Press, 2002, p. 110.

④ 这些新宪法包括白俄罗斯 1994 年宪法、保加利亚 1991 年宪法、捷克共和国 1992 年宪法、爱沙尼亚 1992 年宪法、匈牙利 1997 年宪法、拉脱维亚 1997 年宪法、立陶宛 1992 年宪法、马其顿 1991 年宪法、波兰 1992 年宪法、罗马尼亚 1990 年宪法、俄罗斯联邦 1993 年宪法、斯洛伐克共和国 1992 年宪法、斯洛文尼亚共和国 1991 年宪法、塔吉克斯坦 1993 年宪法、土库曼斯坦 1992 年宪法、乌兹别克斯坦 1992 年宪法、塞尔维亚和黑山 1992 年宪法、吉尔吉斯斯坦 1993 年宪法。

⑤ 可参阅智利 1980 年宪法、哥伦比亚 1991 年宪法、厄瓜多尔 1984 年宪法、圣萨尔瓦多 1983 年宪法、危地马拉 1985 年宪法、海地 1987 年宪法、洪都拉斯 1982 年宪法、尼加拉瓜 1987 年宪法、巴拉圭 1992 年宪法、秘鲁 1979 年宪法、苏里南 1987 年宪法等。

仅规定了内容广泛的经济、社会和文化权利，而且规定了自决权、发展权与环境权等集体人权。该宪章第 22 条第 1 款规定："一切民族在适当顾及本身的自由和个性并且平等分享人类共同遗产的条件下，均享有经济、社会、文化的发展权。"第 24 条规定："所有民族均有权享有一个有利于其发展的普遍良好的环境。"这一条明确将环境权作为集体的人权加以规定。非洲国家的宪法明显呼应了《非洲人权和民族权宪章》中关于人权的主张。许多国家在宪法的序言中引用《非洲人权和民族权宪章》作为国家所保障的人权的根本依据。截止到 2003 年的一项统计显示，在非洲 53 个国家的宪法中，除喀麦隆、科摩罗、民主刚果、索马里和斯威士兰五国之外，均包含有权利法案，这些法案对宪章中的大部分权利给予保障。就经济、社会和文化权利的规定而言，43 个国家规定了贸易自由权，49 个国家规定了财产权，40 个国家规定了受教育权，40 个国家规定了劳动者权或与劳动相关的权利，32 个国家规定了社会保障权，34 个国家规定了健康权。除此之外，大部分国家的宪法中还规定了集体人权，规定自决权的有 30 个国家，规定发展权的有 25 个国家，规定环境权的有 28 个国家。①

这种将国际人权规范内化到国家宪法中的做法，特别是对那些宪法具有直接司法性的国家来说，是国际人权条约在国内得以实现的最强有力的途径。

其次，国际人权条约指引着宪法基本权利制度的改革。在国际人权条约生效前制定宪法的国家，许多也在近期进行了修订。人权条约对这些修订的指引作用更是显而易见的。旧的宪法中对特定群体的权利，例如妇女权利、儿童权利、少数人权利保护不充分的问题在宪法改革的进程中得到了明显改善。特别是在增强对妇女权利的保护方面，各国宪法的修正案主要参照了《消除对妇女一切形式歧视公约》的规定，遵循了消除对妇女歧视委员会的结论性意见和一般性评论。在对基本权利的补救方面，许多国家不仅要审查法律的合宪性，还要审查法律的合条约性，将是否同国际人权条约的规定相一致作为裁定法律废立的依据。不少国家在宪法中确认了对国际人权条约监督机制的接受，为公民向国际人权机构提交申诉的权利

---

① 数据来源于 Christof Heyns，（ed.）*Human Rights Law in Africa*（Vol. 2），Martinus Nijhoff Publishers，2004.

提供了宪法保障。还有的国家在宪法中明确了国家将如何落实国际人权机构的意见。

　　不可否认，推动宪法基本权利制度发展的因素还有很多，比如学习借鉴邻国的经验、政府希望在国际社会树立良好形象或者政府的确希望通过一套完善的制度来保障人权的意愿，等等，但是，这些变化都是在国际人权条约已被各国广泛接受的大环境下进行的；这些变化中所体现出来的人权主体的普遍性、人权内容的普遍性等普遍人权的观念是在国际人权条约的推动下确立起来的。国际人权条约对宪法基本权利制度已经和正在产生的深刻影响有目共睹。宪法基本权利制度为国际人权条约在国内得到广泛深入的适用奠定了坚实基础。

第四章
国际人权条约的立法适用

所谓国际人权条约的立法适用，即指由国家立法机关通过制定或者修改法律来实施国际人权条约。国家对国际人权条约的立法适用通常通过两条路径实现。

一条路径是国家立法机关通过国内法转述国际人权条约的规定，即将国际人权条约的规定转化到国内法律中。在通过转化方式将国际人权条约接受到一国法律体系中的国家，或者虽然是通过纳入方式接受国际人权条约，但人权条约或其条款被认定为不具有自动执行力的国家，都有通过制定或修改国内法来适用国际人权条约的必要。即便是在人权条约被认为具有自动执行力的国家，也需要适当的国内法律来辅助国际人权条约的实施。

另一条路径是立法机关通过制定法律将宪法中的基本权利制度具体化，鉴于宪法基本权利制度是对国际人权条约的宪法适用，通过法律适用宪法基本权利制度的过程实际上也是间接适用国际人权条约的过程。宪法中规定的基本权利是国内保障人权的最高规范。但是在宪法不能被执法和司法部门直接适用的情况下，法律便成为人权保护的重要手段和日常依据。另外，宪法作为国家的根本大法，反映了一国整体的制度构建，其规范往往较为原则和概括，需要用法律来诠释和具体化，使其更具有可操作性。因此，宪法中关于保障基本权利的原则规定经常是通过众多国内法律予以贯彻的。

国家通过立法适用国际人权条约的表现是多方面的。但其中最直观的表现就是国家参照国际人权条约的规定不断改革和完善国内法。国际人权条约与国家法律改革之间的动态关系生动地说明了国家对国际人权条约的立法适用。实践中，各国大量的立法改革是在国际人权条约的推动下进行的。在国家批准条约的准备阶段，一些国家会研究条约与国内法的一致性，据此进行必要的立法改革；条约被批准后，若人权条约在国内不具有直接效力，则条约的内容必须转化到国内立法中才能实施，此时需要制定新的法律。国家如果遵循条约机构在审查国家报告后得出的结论性意见，也可能进行立法改革。条约机构审理个人来文的意见可能会指出国内法不符合国家在人权条约下承担的义务，国家可能据此修改法律。区域人权条约机构的意见也可能成为缔约国国内法律变革的动因。此外，一国宪法法院对法律进行"合国际条约性"审查的结论也可以成为法律改革的依据。

为展现国际人权条约与国家法律改革之间的关系，本章将逐一考察国际人权条约的各个构成要素，即国际人权条约规范、国际人权条约的条约机构及条约机构通过监督程序对国家法律改革所产生的促进作用，以此呈现各国通过立法积极适用国际人权条约的状况。

第一节　国家参照国际人权条约进行立法改革

国家对国际人权条约的立法适用主要体现为国家根据国际人权条约制定新的法律或者修改与人权条约相冲突的法律。国家在制定法律或修改法律时可能将国际人权条约作为指导原则，也可能是直接参照人权条约的具体规定。有些国家在法律中明确提到人权条约，或者明确引用了人权条约的措辞，在这种情况下，国家立法对国际人权条约的借鉴和贯彻更为直接和明确。本节主要讨论国际人权条约规范或国际人权条约文本对国家立法所产生的积极影响。

一　国家立法以国际人权条约为指导原则

许多国家在制定法律或者修改法律时，常常在立法说明或修法说明中，或是在法律的序言部分提到国际人权条约，以此表明有关法律在制定或修订时考虑了国际人权条约的规定，或者表明有关法律是在国际人权条约的指导下制定的。

例如，澳大利亚1993年《土著人授权法案》中提到了《消除一切形式种族歧视国际公约》和《经济、社会和文化权利国际公约》；① 《1993 年工业关系改革法案》和《1996 年职场关系法案》提到了《经济、社会和文化权利国际公约》和《消除对妇女一切形式歧视公约》；② 《1995 年证据法案》提到了《公民权利和政治权利国际公约》；③ 《1984 年性别歧视法案》提到了《消除对妇女一切形式歧视公约》；④ 澳大利亚许多与引渡相关的立法援引了《禁止酷刑公约》。澳大利亚法律改革委员会在其日常活动中还经常提及《公民权利和政治权利国际公约》。由此表明，在澳大利亚，国际人权条约已经成为该国立法和修法工作的一项指导原则。

在其他国家，这方面的例子也比比皆是。例如，巴西的《儿童和青少年法令》提到了《儿童权利公约》。⑤ 加拿大《多文化主义法案》提到了《消除一切形式种族歧视国际公约》和《公民权利和政治权利国际公约》；⑥ 《紧急状态法案》提到了《公民权利和政治权利国际公约》。⑦ 芬兰的《刑法典修正案》提到了《消除一切形式种族歧视国际公约》；⑧ 在对《平等法案》和其他法律进行修改时提到了《消除对妇女一切形式歧视公约》；⑨ 在修改《外国人法案》时提到了《公民权利和政治权利国际公约》。⑩ 在日本，《消除对妇女一切形式歧视公约》引发了其国内一系列法律改革。⑪ 菲

---

① See Act No. 110 of 1993, *Native Title Act 1993*, preamble, Assent on 24 Dec. 1993.
② See Act No. 60 of 1996, *Workplace Relations and Other Legislation Amendment Act 1996*, schedule 6.170CK (1) (a); schedule 7 part 1. 1. Assent on 25 Nov. 1996.
③ See Act No. 2 of 1995, *Evidence Act 1995*, section 138. Assent on 23 Feb 1995.
④ See Act No. 4 of 1984, *Sex Discrimination Act 1984*, article. 3. Assent on 21 March1984.
⑤ See Lei No. 8069, *Estatuto Da Criança E Do Adolescente*, 13 July 1990. 另可见 UN Doc. CRC/C/3/Add. 65, 巴西向儿童权利委员会递交的初次报告，第 30 段。
⑥ See C. 31 of 1988, *Canadian Multiculturalism Act*, preamble. Assent on 21 July 1988.
⑦ See C. 29 of 1988, *Emergencies Act*, preamble. Assent on 21 July 1988.
⑧ 芬兰刑法典（Criminal Code）第 11 章"战争犯罪和反人类罪"（212/2008）第三节将"进行种族歧视"规定为反人类罪的一种行为方式。参见 *Criminal Code of Finland*, Chapter 11, section 3 (e). Translated by Ministry of Justice. Available at www. finlex. fi, latest visit on 30 June 2013.
⑨ UN Doc. CEDAW/C/FIN/5 &6, 芬兰向消除对妇女歧视委员会递交的第 5、6 次报告。
⑩ See *Alien Act of Finland*, section 99, section 100. Translated by Ministry of the Interior. Available at www. finlex. fi, latest visit on 30 June 2013.
⑪ UN Doc. CEDAW/C/JPN/4, CEDAW/C/JPN/5, 日本向消除对妇女歧视委员会递交的第 4、第 5 次报告。

律宾的《1995 年跨国收养法案》、①《1997 年家庭法院法案》、②《1998 年国内收养法案》③ 均引用了《儿童权利公约》。南非《平等法案》提到了《消除一切形式种族歧视国际公约》和《消除对妇女一切形式歧视公约》;④《家庭暴力法案》、《家庭养护法案》提到了《消除对妇女一切形式歧视公约》和《儿童权利公约》。⑤ 西班牙根据《禁止酷刑公约》修订了刑法典。⑥ 赞比亚的《亲属与儿童养护法案》提到了《儿童权利公约》。⑦

　　此外，还有一些国家在创建国家人权机构的法律中广泛援引国际人权条约来诠释国家人权机构所保护的"人权"的含义。以亚太地区创设国家人权机构的法律为例，澳大利亚《1986 年人权和机会平等委员会法案》中称："人权"意味着各公约承认、各项宣言中宣明，或任何有关国际文书承认或宣明之权利和自由，这些国际人权文书目前包括《消除一切形式种族歧视国际公约》、《公民权利和政治权利国际公约》和《儿童权利公约》，此外还提到《儿童权利宣言》、《残疾人权利宣言》、《智力迟钝者权利宣言》、《消除基于宗教或信仰原因的一切形式的不容忍或囚室宣言》、《关于就业及职业歧视的公约》等。印度《1993 年保护人权法案》创设了国家人权委员会，在定义"人权"时提到了《公民权利和政治权利国际公约》和《经济、社会和文化权利国际公约》。印度尼西亚 1999 年关于人权的第 39 号法律的"法律释义"在提到"人权"术语时指出："本法中，有关人权的规定，以《世界人权宣言》、《消除对妇女一切形式歧视公约》、《儿童权利公约》以及若干其他调整人权的国际文书为指导原则来加以决定。"2000 年《蒙古国家人权委员会法案》第 3.1 节声明委员会负责促进、保护和实施规定于宪法、国内法和蒙古是其缔约国的国际条约中的人权。尼泊尔《人权委员会

① See Republic Act No. 8043, *Inter-Country Adoption Act of 1995*, section 9 (g).
② See Republic Act No. 8369, *Family Court Act of 1997*, section 2.
③ See Republic Act No. 8552, *Domestic Adoption Act of 1998*, section 2 (b).
④ See Act No. 4, 2000, *Promotion of Equality and Prevention of Unfair Discrimination Act*, preamble, article 2 (h). In Government Gazette of Republic of South Africa, No. 20876, 9 Feb. 2000.
⑤ See Act No. 116, 1998, *Domestic Violence Act*, preamble, in Government Gazette of Republic of South Africa, No. 19537, 2 Dec. 1998; Act No. 99, 1998, *Maintenance Act*, preamble, in Government Gazette of Republic of South Africa, No. 19513, 27 Nov. 1998.
⑥ 参见西班牙 1995 年刑法典第 174 条。
⑦ See Chapter 64 of the Law of Zambia, *The Affiliation and Maintenance of Children Act*, title.

法案》也称人权指的是"宪法和其他现行法律保障的个人的生命、自由、平等与尊严，以及尼泊尔作为其缔约一方的有关人权之国际条约所包含的权利"。新西兰《1993 年人权法案》的长标题声明了其目的在于"根据联合国人权公约，在新西兰普遍提供更好的人权保护"。韩国《2001 年国家人权委员会法案》第 2 条规定，人权是大韩民国宪法和法律保障的，或由大韩民国加入或批准的国际人权条约以及国际习惯法所承认的人的任何尊严、价值、自由和权利。泰国 1999 年《国家人权委员会法案》第 3 节称人权是"指泰王国宪法、泰国法律和通过有义务遵守的条约所保障或保护的人的尊严、权利、自由和平等"。斯里兰卡 1996 年第 21 号法案创建了斯里兰卡人权委员会，并宣称人权指的是《公民权利和政治权利国际公约》以及《经济、社会和文化权利国际公约》所宣明的权利。①

以上事例说明，各国在制定保障人权或基本权利的法律时，往往自觉考虑国际人权条约的有关规定，适时将人权条约的规定或精神写入国内法律中。国际人权条约所蕴涵的普遍人权概念得到了各国法律的广泛接受，国际人权条约广泛而深刻地指引着各国的立法工作。

二　国家法律改革以国际人权条约为参照蓝本

许多国家的国内法律的修改是对照国际人权条约的规范进行的，此时，人权条约被当作法律改革的参照蓝本。国际人权条约的规定通过国家的法律改革得到了具体适用。

（一）参照《禁止酷刑公约》进行的法律改革

《禁止酷刑公约》无论是在对"酷刑"的定义方面，还是在保障制度方面都提出了比一般国内法更高、更广的要求。国家加入该公约就有义务使国内法与之保持一致。因此，在禁止酷刑方面，许多国家比照公约要求修改了国内法，将公约中的概念和规定引入国内法中。

《禁止酷刑公约》对"酷刑"作了内涵广泛的定义，涵盖了公职人员或经其授意的人为达到特定目的而给他人肉体或精神上带来的各种痛苦或折

---

①　关于亚太地区各国国家人权机构的立法资料，可参阅布瑞安·伯德金《保护人权的制度机制：亚太地区近期发展回顾》，杨欣、孙世彦译，载徐显明主编《人权研究》（第 4 卷），山东人民出版社，2004。

磨。一些国家为缩小与公约规定的差距，在法律改革中纳入了公约对"酷刑"的定义。例如，卢森堡在递交给禁止酷刑委员会的国家报告中称，该国根据《禁止酷刑公约》于 2000 年 4 月 24 日通过了一项法令，将酷刑作为一种特定的罪行和另一项罪行的加重情节列入刑法；该法中对酷刑的定义比照了公约第 1 条，既包括身体酷刑，也包括心理酷刑。① 比利时在《刑法》中引入了关于残忍、不人道或有辱人格的待遇的条款；该国于 2001 年7 月 18 日对《刑事诉讼法》进行修正时，确认比利时法院对在比利时境外犯下的、属于对比利时有拘束力的国际条约覆盖范围的罪行有审判的权力。② 由此可见，比利时不仅将酷刑定为一种犯罪，而且确立了对此种犯罪的普遍管辖权。危地马拉根据《禁止酷刑公约》对刑法进行了改革，写入了酷刑的定义，并规定了相应的刑罚。③ 巴西也根据《禁止酷刑公约》于1997 年 4 月颁布了第 9455/97 号《禁止酷刑法令》，将酷刑定为一项犯罪，并规定了适当的惩罚措施。④ 哥斯达黎加 2001 年 12 月 6 日第 8189 号法律修改了刑法，将酷刑作为刑事犯罪写入刑法第 123 条第 2 款。⑤ 这些国内法反映了《禁止酷刑公约》第 4 条要求将酷刑行为罪化化的规定。

　　另一些国家通过修改法律逐步完善对酷刑的预防和惩治制度。例如，奥地利 1993 年颁布的《治安警察法》按照《禁止酷刑公约》第 11 条的规定，建立起了检察制度。⑥ 该国还向禁止酷刑委员会表示，为保证更好地保护人权和落实公约，正努力修改法律并采取新的必要措施，包括通过了于2009 年 1 月 1 日生效的《刑事诉讼改革法》和修正的《刑事诉讼法》。新法包括以下规定：禁止使用酷刑、强迫、欺骗或其他不可接受的审讯方法获得不利于被告人的供词；被告人享有保持沉默的权利；犯罪嫌疑人、被告人在接受讯问之前享有向律师咨询的权利；被告人享有得到翻译协助的权利；将在押犯与其他囚犯隔离等。⑦ 哥伦比亚也通过了一系列防治和禁止酷

① UN Doc. CAT/C/34/Add. 14，卢森堡向禁止酷刑委员会递交的第 3、4 次合并报告。
② UN Doc. ACT/C/52/Add. 2，比利时向禁止酷刑委员会递交的初次报告。
③ UN Doc. CAT/C/12/Add. 5&6，危地马拉向禁止酷刑委员会递交的初次报告。
④ UN Doc. CAT/C/9/Add. 16，巴西向禁止酷刑委员会递交的初次报告。
⑤ UN Doc. CAT/C/CRI/2，哥斯达黎加向禁止酷刑委员会递交的第 2 次报告。
⑥ UN Doc. CAT/C/17/Add. 21，奥地利向禁止酷刑委员会递交的第 2 次定期报告。
⑦ UN Doc. CAT/C/34/Add. 8，奥地利向禁止酷刑委员会递交的第 3 次定期报告。

刑的新法律，包括新的《刑法》（第 599/2000 号法令），该法对酷刑、灭绝种族、强迫失踪和强迫流离失所等罪行作了界定，并规定服从命令不得作为免除罪责的理由；新的《军事刑法》（第 522/1999 号法令）也规定，酷刑、灭绝种族、强迫失踪等罪行不属于军事刑事法庭的管辖范围，并对服从命令原则作出了规定。① 哥伦比亚国内法的这些规定反映了《禁止酷刑公约》第 2 条的精神。公约第 2 条规定，任何特殊情况都不能成为施行酷刑的理由；上级的命令亦不能成为施行酷刑的理由。

还有的国家为适用公约，通过了专门的法律或在法律中写入了专门的法条。尼泊尔为增进对公约的实施，于 1996 年通过了《与酷刑有关的赔偿法》。② 挪威刑法中也加入了一条新规定，按照《禁止酷刑公约》的要求禁止并惩罚酷刑。③ 立陶宛 2003 年 5 月 1 日生效的新《刑法》、《刑事诉讼法》禁止使用暴力、恐吓、有辱人格的待遇或有损个人健康的待遇。④ 葡萄牙 2007 年 7 月 4 日生效的第 23/2007 号法律规定，外国人如果将在一国有可能遭受酷刑或其他残忍、不人道或有辱人格的待遇，则不得将其驱逐至该国。⑤ 葡萄牙法律的这一规定是对《禁止酷刑公约》第 3 条的直接转述。

（二）参照《公民权利和政治权利国际公约》进行的法律改革

为履行国家在《公民权利和政治权利国际公约》下的义务，缔约国或对现行法律作出修改，或制定内容广泛的人权法、总体上禁止歧视的平等法或解决某一具体问题的单行法。

鉴于该公约涉及的权利内容非常广泛，国家的相关立法也名目繁多、数量巨大。此处只举几个直观的例子来说明国内法律改革与公约间的内在联系。例如，新西兰于 1989 年通过了《废除死刑法》，随后批准了《旨在废除死刑的〈公民权利和政治权利国际公约〉第二任择议定书》。由此可见，新西兰之前的《废除死刑法》是在为随后批准人权条约做准备。此外，该国于 1994 年 2 月 1 日开始生效的《人权法》通过扩大对于歧视的禁止范围，进一步加强了对《公民权利与政治权利国际公约》第 2 条第 1 款规定

---

① UN Doc. CAT/C/39/Add. 4，哥伦比亚向禁止酷刑委员会递交的第 3 次报告。
② UN Doc. CAT/C/33/Add. 6，尼泊尔向禁止酷刑委员会递交的第 2 次报告。
③ UN Doc. CAT/C/81/Add. 4，挪威向禁止酷刑委员会递交的第 5 次报告。
④ UN Doc. CAT/C/37/Add. 5，立陶宛向禁止酷刑委员会递交的初次报告。
⑤ UN Doc. CAT/C/67/Add. 6，葡萄牙向禁止酷刑委员会递交的第 4 次报告。

的保障。① 在突尼斯，为贯彻《公民权利和政治权利国际公约》中的男女平等原则，该国通过了旨在保证和加强妇女在离婚、看管、养护方面的平等权利的《个人地位法案》。② 在加拿大，根据 1996 年 10 月生效的加拿大《就业平等国内法令》建立了一项监察制度，要求联邦各部门确保妇女、属于土著少数民族和明显的少数人种的人员以及残疾人员占其劳动力的相当部分，③ 具体落实了《公民权利和政治权利国际公约》中关于不歧视的规定。挪威于 2005 年 6 月 3 日通过了《反歧视法》，2005 年 6 月 10 日设立"平等和消除歧视监察署"和"消除歧视法庭"，相关的法律和机构于 2006 年 1 月 1 日开始生效和运转。④ 挪威的举措全面贯彻了公约中的禁止歧视规定。

（三）参照《消除对妇女一切形式歧视公约》进行的法律改革

在妇女权利的保护方面，许多国家通过了专门的男女平等法以及防止家庭暴力、防止性骚扰法等专项法律；有的国家通过法律废止了侵害妇女权利的传统习惯；还有的国家废除或修改了现行法律中有关歧视女性的规定。

制定保证男女平等的专项法律或保障妇女权利的专项法律的国家比比皆是。瑞士、韩国、以色列、冰岛、纳米比亚、危地马拉、马耳他、老挝、斯洛文尼亚、罗马尼亚、摩尔多瓦、毛里求斯、墨西哥、塔吉克斯坦、阿塞拜疆、越南、巴基斯坦、列支敦士登、爱沙尼亚、匈牙利、立陶宛、芬兰等国家都有专门的妇女法或男女平等法。

以专门的立法防止家庭暴力、防止性骚扰的国家也不胜枚举，例如韩国、墨西哥、新西兰、以色列、智利、尼加拉瓜、危地马拉、马拉维、塞浦路斯、罗马尼亚、格鲁吉亚、毛里求斯、牙买加、印度、纳米比亚、波兰、希腊、秘鲁、伯利兹、印度尼西亚、巴西、玻利维亚、卢森堡等。多米尼加共和国于 1994 年批准《预防、惩治和根除针对妇女暴力的美洲公

---

① UN Doc. CCPR/C/64/ADD. 10，新西兰向人权事务委员会递交的第 3 次报告；UN Doc. HRI/CORE/1/ADD. 3，新西兰递交的核心报告。

② UN Doc. CCPR/C/84/ADD. 1，突尼斯向人权事务委员会递交的第 4 次报告。

③ UN Doc. CCPR/C/103/ADD. 5，加拿大向人权事务委员会递交的第 4 次报告。

④ UN Doc. CCPR/C/NOR/2004/5，挪威向人权事务委员会递交的第 5 次报告。

约》之后，在 1997 年通过了《禁止家庭暴力法》，以更充分地适用公约。①

　　有些国家在法律中废除了侵犯妇女权利、造成对妇女歧视的习惯做法。例如，多哥于 1998 年 11 月 17 日通过了关于禁止女性外阴切割做法的法案。② 贝宁共和国 2003 年 3 月 3 日通过的法律确定女性生殖器切割是一项应受惩治的罪行。③ 尼日尔 2004 年改革《刑法》，其中包括制定禁止切割女性生殖器和奴役的条款。④ 肯尼亚 2001 年《儿童法》禁止对未成年人实行女性生殖器官切割、禁止强迫未成年人结婚和早婚。⑤

　　还有的国家以法律的形式确定女性参加选举和参与公共事务的比例定额。这种做法是《消除对妇女一切形式歧视公约》中所规定的为加速实现平等而可以采取的暂行特别措施的一种形式。消除对妇女歧视委员会在其发表的第 23 号一般性建议中明确认可了并鼓励此类措施。公共选举中为两性设定配额也逐步成为各国的通行做法。例如，多米尼加《选举法》为市政和议会选举中的妇女候选人规定了 25% 的定额。⑥ 墨西哥联邦议会核准了联邦选举制度和程序法一项暂行的补充条款，其中规定全国各政党在其党章中应考虑同一性别的众议员和参议员候选人数不得超过 70%。⑦ 巴拿马也于 1997 年 7 月 14 日颁布第 22 号法令，改革《选举法》，规定政党参加公开选举的候选人应有 30% 是妇女。⑧ 尼泊尔《地方自治法》规定，地方机构中必须至少有 20% 的妇女代表。⑨ 乌兹别克斯坦 2004 年通过了《选举法》第 22 条修正案，要求各政党在议会选举中至少提名 30% 的妇女候选人。⑩

---

① UN Doc. CEDAW/C/DOM/2 - 3，CEDAW/C/DOM/4，多米尼加向消除对妇女歧视委员会递交的第 2～3、第 4 次报告。

② UN Doc. CCPR/C/TGO/2001/3，多哥向人权事务委员会提交的第 3 次报告。

③ UN Doc. CCPR/C/2004/1/ADD.1，贝宁向人权事务委员会递交的初次报告。

④ UN Doc. CEDAW/C/NER/12，尼日尔向消除对妇女歧视委员会递交的第 2 次报告。

⑤ UN Doc. CEDAW//C/KEN/6，肯尼亚向消除对妇女歧视委员会递交的第 5～6 次合并报告。

⑥ UN Doc. CEDAW/C/DOM/2 - 3，CEDAW/C/DOM/4，多米尼加向消除对妇女歧视委员会递交的第 2～3 次、第 4 次报告。

⑦ UN Doc. CEDAW/C/MEX/3 - 4 和 ADD.1，墨西哥向消除对妇女歧视委员会递交的第 3～4 次合并报告。

⑧ UN Doc. CEDAW/C/PAN/2 - 3，巴拿马向消除对妇女歧视委员会递交的第 2～3 次报告。

⑨ UN Doc. CEDAW/C/NPL/2 - 3，尼泊尔向消除对妇女歧视委员会递交的第 2～3 次报告。

⑩ UN Doc. CEDAW/C/UZB/2 - 3，乌兹别克斯坦向消除对妇女歧视委员会提交的第 2～3 次报告。

哥伦比亚通过和实施了 2000 年第 581 号法案即《配额法案》，该法案保障在最高决策层和所有公共实体的高级管理职位任命中妇女比例至少占 30%。① 塞拉利昂《2004 年地方政府法》规定，妇女在区和城镇选区发展委员会拥有 50% 的配额。② 芬兰通过立法规定国家和地方各级政府任命的机构内男性和女性代表人数至少为 40%。③

　　有些国家根据《消除对妇女一切形式歧视公约》对国内法律进行了全面改革。瑞士就是其中一例。例如，该国婚姻法（1988 年）将"丈夫在家庭中发挥主要作用"修改为"基于配偶双方平等权利和义务的伙伴关系"；关于取得和失去瑞士国籍的联邦法修正案（1992 年）对男女两性提出了相同的条件；新的平等法（1996 年）禁止劳资关系中对妇女的歧视，这一禁止规定同时适用于公共和私营雇主；养老和遗属保险联邦法第 10 次修正案（1997 年）建立了不取决于婚姻状况的个人养恤金制度；新的离婚法（2000 年）规定了离婚的经济后果。④ 哥斯达黎加向消除对妇女歧视委员会汇报时称，该国通过了大量的具体的法律并对国家的普通法进行改革，其目的是确保公约在哥斯达黎加法律框架内得到充分执行。这些法律包括《促进妇女社会地位平等的第 7142 号法》、《负责任生父法》、1995 年《禁止就业和教育场所的性骚扰法》以及 1996 年的选举法改革。根据哥斯达黎加新的选举法，至少应有 40% 的妇女参与选举过程。此外，哥斯达黎加还通过了《禁止家庭暴力法》，同时开展了一个全面关注家庭内暴力的项目。⑤ 为履行公约，日本也在许多方面进行了法律改革，包括修订《平等就业机会法》，禁止从征聘到退休各个环节中基于性别的歧视，并要求管理人员考虑防止在工作场所出现性骚扰现象；2001 年修订了《子女保育和家庭护理假法》，禁止由于休子女保育假而亏待员工；2001 年颁布了《防止配偶暴力及受害者法》，规定为防止家庭暴力可签发保护令；2001 年颁布《禁止跟踪行为及

①　UN Doc. CEDAW/C/COL/5 - 6，哥伦比亚向消除对妇女歧视委员会提交的第 5 ~ 6 次报告。
②　UN Doc. CEDAW/C/SLE/5，塞拉利昂向消除对妇女歧视委员会提交的第 1 ~ 5 次报告。
③　UN Doc. E/1994/104/ADD. 7，芬兰向经济、社会和文化权利委员会提交的第 3 次报告。
④　UN Doc. CEDAW/C/CHE/1 - 2 和 ADD. 1，瑞士向消除对妇女歧视委员会递交的初次和第 2 次报告。
⑤　UN Doc. CEDAW/C/CRI/1 - 3，CEDAW/C/CRI/4，哥斯达黎加向消除对妇女歧视委员会递交的第 1 ~ 3 次、第 4 次报告。

协助受害者法》，规定对跟踪行为实施处罚。①

（四）参照《儿童权利公约》进行的法律改革

关于儿童权利的保护，许多国家通过了专门的儿童保护法或类似法律，还有的国家根据《儿童权利公约》及其议定书的规定修改了现有的法律。

制定专门的儿童权利法典的国家如越南、秘鲁、墨西哥、哥伦比亚、白俄罗斯、尼泊尔、毛里求斯、乌干达、马尔代夫、伯利兹、委内瑞拉、俄罗斯、亚美尼亚、吉尔吉斯斯坦、拉脱维亚、埃及、多米尼加、摩尔多瓦、冰岛、哈萨克斯坦、印度尼西亚、伊朗、玻利维亚、尼日利亚、蒙古、加纳、冰岛、泰国、巴拉圭、也门、巴西、厄瓜多尔等。这些关于儿童权利的法典绝大部分制定于20世纪90年代之后，或于此后进行了修订，所列举的权利反映了《儿童权利公约》的内容。

有些国家在法律中明确采用了《儿童权利公约》中的措辞。例如，泰国2003年通过的《儿童保护法》（B. E. 2546），将未满18岁者定为儿童，他们依不歧视和儿童最大利益的原则有权受到保护并得到福利援助。② 儿童为"18岁以下的任何人"，这是《儿童权利公约》第1条对"儿童"的界定；而不歧视和最大利益原则是《儿童权利公约》第2条和第3条确立的基本原则。泰国此次修法，显然是受到了公约的指导。还有些国家的法律是依据公约而制定的，例如，阿尔及利亚称，根据《儿童权利公约》第32条第2款第1项，该国于1990年4月21日通过了第90-11号法令。该法令第15条规定，最低就业年龄为16岁，只有依法订立的学徒合同除外。③《儿童权利公约》的这一条款恰恰是要求缔约国通过法律规定受雇的最低年龄。阿尔及利亚通过法律适用了公约的有关规定。

《儿童权利公约》两个附加议定书也成为一些国家进行法律改革的蓝本。为批准《〈儿童权利公约〉关于买卖儿童、儿童卖淫和儿童色情制品问题的任择议定书》，意大利通过了关于禁止危害儿童身心健康的卖淫、色情制品和性旅游的《第269/98号法》；④ 日本于1999年通过了《关于儿童卖

---

① UN Doc. CEDAW/C/JPN/4，CEDAW/C/JPN/5，日本向消除对妇女歧视委员会递交的第4次和第5次报告。

② UN Doc. CRC/C/83/Add. 15，泰国向儿童权利委员会递交的第2次报告。

③ UN Doc. CRC/C/28/Add. 4，阿尔及利亚向儿童权利委员会递交的初次报告。

④ UN Doc. CRC/C/70/Add. 14，意大利向儿童权利委员会递交的第2次报告。

淫和儿童色情的惩处行为法和儿童保护法》。①

（五）参照《消除一切形式种族歧视国际公约》进行的法律改革

在消除种族歧视方面，许多国家将煽动种族、民族仇恨作为犯罪写入刑法；而将煽动种族、民族仇恨作为犯罪活动则是《消除一切形式种族歧视国际公约》第4条的要求。这样做的国家有瑞典、丹麦、毛里求斯、布隆迪、拉脱维亚、塞浦路斯、爱沙尼亚、立陶宛、蒙古、挪威、加拿大、匈牙利、芬兰等。

挪威在批准《消除一切形式种族歧视国际公约》之前，政府委托前巡回法官奥勒·弗·哈尔贝克（Ole F. Harbek）评估需要作出哪些必要的立法修改以使挪威遵守公约。1969年2月，哈尔贝克法官提交了报告。根据报告，挪威刑法典第135条作了相应的修改，修改后的刑法典第135A条第1款第1项作了如下规定："以公开发表声明或任何其他方式，基于宗教、种族、肤色、民族或种源的原因，对某个人或一群人实施公开的威胁、侮辱，或使这些个人或群体受到仇恨、迫害、轻蔑的，应当处以罚款，或判处可高达2年的监禁。"该规定由议会发布的1970年6月5日第34号法律通过。它取代了由议会发布的1961年6月9日第8号法律所通过的刑法典第135条第2款中的限制较多的规定。挪威于1970年8月6日批准了公约。②

近年来，许多国家的立法强调多元文化，加强了对少数人、土著人权利的保护。例如，匈牙利于1993年7月6日通过了《民族和族裔少数群体权利法》，丹麦于2003年5月通过了《民族平等待遇法》，加拿大颁布了《努纳武特人权法》等。挪威2005年通过的《芬马克法》，制定程序增强了萨米族人对涉及其居住地和自然资源管理决策的参与权。③玻利维亚1994年《民众参与法》承认土著人群体为法人，并授权这一群体独立于中央当局进行某些活动，包括缔结公共项目合同和为当地发展接受国际援助的权利。④智利1993年《土著法》第1条规定："承认智利的土著居民是哥伦布到达美洲以前即生活在该国领土上的人类群体的后裔，这些群体保留了自

---

① UN Doc. CRC/C/104/Add. 2，日本向儿童权利委员会递交的第2次报告。

② 韩大元、莫纪宏主编《外国宪法判例》，中国人民大学出版社，2005，第150～178页。

③ UN Doc. CERD/C/497/Add. 1，挪威向消除种族歧视委员会递交的第17～18次报告。

④ UN Doc. CERD/C/281/Add. 1，玻利维亚向消除种族歧视委员会递交的第8～13次报告。

己的民族表现形式，土地是他们的存在和文化的主要根基。"① 墨西哥于2003 年颁布了《土著人民语言权利法》，并建立了土著语言学院。② 巴西2003 年生效的新民法典取消了 1916 年民法典对土著人行使民事权利的歧视性限制。③ 南非采取了大量的立法措施，包括 1996 年《电影和出版法》、《南非学校法案》、1998 年《促进文化修正案》、《国家赋予权利基金法案》、《难民法》、1999 年《平等就业法》和 2000 年《提倡平等和防止不正当歧视法案》等，以建立民主和多文化的社会，防止种族隔离和种族歧视。④

（六） 参照 《经济、 社会和文化权利国际公约》 进行的法律改革

一些国家根据《经济、社会和文化权利国际公约》不断完善教育权、劳工权利、住房权、社会保障权等方面的法律。例如，英国向条约机提交国家报告时称，为了实施公约第 11 条规定的住房权利，该国颁布了《1989年地方政府和住房法》和《无家可归法的地方当局准则》。⑤ 俄罗斯表示，其 2001 年新劳工法是直接按照公约以及包括国际劳工组织的文书在内的其他有关国际文书的规定拟定的。⑥ 波兰修改了《劳工法》，禁止以性别、年龄、残疾、国籍或信仰为由的歧视，保证同工同酬。⑦ 比利时 1991 年皇家法令第 44 条保障了公务人员的罢工权利。⑧ 爱沙尼亚于 2000 年 6 月 14 日通过了《工会法》，该法正式承认工会在爱沙尼亚具有自由和独立的地位。⑨这也是《经济、社会和文化权利国际公约》第 8 条第 1 款向缔约国提出的要求。

世界各国采用了大量的立法措施，或制定法律，或修改法律来贯彻执行国际人权条约的规定。国际人权条约的原则，甚至国际人权条约的用语

---

① UN Doc. CERD/C/337/Add. 2，智利向消除种族歧视委员会递交的第 11 ~ 14 次报告。

② UN Doc. CERD/C/473/Add. 1，墨西哥向消除种族歧视委员会递交的第 12 ~ 15 次报告。

③ UN Doc. CERD/C/431/Add. 8，巴西向消除种族歧视委员会递交的第 14 ~ 17 次报告。

④ UN Doc. CERD/C/461/Add. 3，南非向消除种族歧视委员会递交的第 1 ~ 3 次报告。

⑤ UN Doc. E/1986/4/Add. 27，E/1986/4/Add. 28，英国向经济、社会和文化权利委员会递交的第 2 次报告。

⑥ UN Doc. E/1998/22，E/C. 12/1997/10 (1998)，*Report on the sixteenth and seventeenth session*, by CESCR，para. 91.

⑦ UN Doc. E/C. 12/4/Add. 9，波兰向经济、社会和文化权利委员会递交的第 4 次报告。

⑧ UN Doc. E/1990/5/Add. 15，比利时向经济、社会和文化权利委员会递交的初次报告。

⑨ UN Doc. E/1990/5/Add. 51，爱沙尼亚向经济、社会和文化权利委员会递交的初次报告。

越来越多地融入了国内法律中。在法律改革的进程中，国内法也日渐向国际人权条约靠近。

第二节 国家依条约机构的结论性意见
进行立法改革

人权条约机构审查缔约国的国家报告后将发表结论性意见，其中经常建议缔约国参照人权条约的规定修改国内法律。这些建议对缔约国来说并不具有法律拘束力，但是它们却在实际上推动并指导着缔约国的法律改革。

儿童权利委员会关于制定或修改法律的建议受到了缔约国的广泛重视，经常被采纳。例如，玻利维亚根据儿童权利委员会的建议于 1992 年修订了《未成年人法》;[1] 该国根据委员会的建议颁布的教育改革法（1994 年），使玻利维亚境内提供的教育服务不加歧视地向全社会开放。[2] 洪都拉斯根据儿童权利委员会的建议，于 1996 年颁布了《儿童和青少年法》。[3] 哥斯达黎加在儿童权利委员会的建议下颁布了一系列与保障儿童权利相关的立法，包括《少年儿童法》（1998 年）、《残疾人机会平等法》（1996 年）、《少年司法法》（1996 年）、《抚养津贴法》（1996 年）和《保护少女母亲法》（1997 年）。[4] 巴拉圭也在儿童权利委员会的建议下通过了《儿童法》;[5] 此外，该国还根据委员会的建议，于 1997 年颁布了《收养法》，以打击贩卖儿童的现象，严格控制与收养儿童尤其是跨国收养儿童有关的贩卖人口事项。[6] 突尼斯于 1995 年 11 月 9 日通过了《儿童保护法》，该法已于 1996 年 1 月 11 日生效。随后该国根据第 96 - 1134 号法令，任命了一些保护儿童的代表，规定必须汇报儿童所面临的危险，并确立了专门的少年司法制度。根据儿童权利委员会之前的建议，该国分别在《儿童保护法》的第 4 条和第 10 条

---

① UN Doc. CRC/C/15/Add. 1, para. 18.

② UN Doc. CRC/C/15/Add. 1, para. 14.

③ UN Doc. CRC/C/15/Add. 24, paras. 20 – 21.

④ UN Doc. CRC/C/15/Add. 11, paras. 11&15.

⑤ UN Doc. CRC/C/15/Add. 75, para. 29.

⑥ UN Doc. CRC/C/15/Add. 75, para. 41.

中明确规定要维护儿童的最高利益和尊重儿童的意见。① 此外，该国还按照委员会的建议，努力改善数据收集工作，包括根据 2002 年 3 月 12 日第 2002 - 574 号法令，把全国儿童理事会改为一个高级理事会，从而加强其地位，并编写关于儿童情况的年度报告。② 萨尔瓦多于 1995 年通过了《少年犯法案》以及《（监测和监督裁决执行的）少年犯法案》，根据儿童权利委员会先前的建议，这两项法律废除了关于"非正常情况儿童"的定义。③

毛里求斯根据禁止酷刑委员会在审议其第一次国家报告时提出的结论性意见，废除了死刑。④ 该国还根据经济、社会和文化权利委员会的结论性意见，于 1986 年修订了《国籍法》，删除了对有关毛里求斯人外籍配偶的性别歧视条款。⑤ 此外，毛里求斯还废除了 1984 年《报刊法》，因为该法曾阻碍针对政府政策，包括经济、社会和文化权利政策方面的言论自由。⑥ 葡萄牙根据经济、社会和文化权利委员会在审查其第二次国家报告时提出的结论性意见和建议，于 1997 年 9 月 13 日颁布了第 105/97 号法律，以促进男女平等的实现。⑦

拉脱维亚根据消除种族歧视委员会在结论性意见中作出的建议，通过新的《个人身份文件法》，取消了记录个人民族血统的要求。⑧

根据条约机构的建议修改法律或制定新的法律是国家对国际人权条约更进一步的立法适用，体现了国际人权条约监督机制对国家法律改革的直接影响，也是缔约国以更加开放、积极的姿态履行条约义务的体现。但是不可否认，条约机构的结论性意见对国家法律改革的影响并不总是立竿见影的。有些国家的法律改革是在条约机构的结论作出后若干年才进行的；有些改革是经条约机构反复强调、督促后才进行的；还有许多关于法律改革的结论性意见至今尚未被缔约国采纳。即便如此，也并不直接表明国家对履行国际人权条约义务的惰怠。首先，法律的制定和修订本身往往是一

---

① UN Doc. CRC/C/15/Add. 39, para. 7.

② UN Doc. CRC/C/15/Add. 39, para. 12.

③ UN Doc. CRC/C/140, para. 25 (d).

④ UN Doc. A/54/44, para. 120.

⑤ UN Doc. E/1996/22, para. 232.

⑥ UN Doc. E/1996/22, para. 233.

⑦ UN Doc. E/2001/22, para. 405.

⑧ UN Doc. CERD/C/398/ADD. 2 (2002), *Fifth periodic reports of States parties due in 2001: Latvia.*

项牵一发而动全身的系统工程，法律既要适应社会的发展，也要体现其稳定性和可预见性，需要一定的社会条件做准备，不是轻而易举之事。其次，条约机构的结论性意见并不总能为缔约国所认同。条约机构的专家仅仅透过国家报告难以全面地掌握各国的实际情况进而得出中肯的建议，这是客观事实。因此，并不是所有的建议都适合国家的现实。对此，国家应当有选择的权利。更何况，结论性意见本身就属于建议性质，它对缔约国并无正式的法律拘束力，是否采纳几乎完全取决于缔约国的意愿；不被采纳也难有太多非议。再次，即便是言之成理的结论性意见，由于欠缺对缔约国是否执行意见的监督，大量的结论性意见常被束之高阁。为弥补这一缺陷，有些条约机构已经采取了应对措施。人权事务委员会 2002 年 7 月通过的第30 号一般性评论表示，在委员会通过结论性意见后，应该启用后续行动程序以便建立、维持或恢复与缔约国的对话；委员会应任命一位特别报告员以向委员会报告情况。① 禁止酷刑委员会自 2003 年 5 月召开的第 30 届会议起，开始设立结论性意见后续行动报告员的职位，请报告员督促缔约国提供资料，说明履行之前的结论性意见的情况。这些举措无疑将进一步督促缔约国以包括进行法律改革在内的措施来执行结论性意见。

第三节　国家依条约机构对个人来文的意见进行立法改革

在个人来文案件中，国家如果被条约机构认定为违反人权条约，它面临的可能就不只是针对个案的补救或赔偿。一旦条约机构认为该国存在制度性的违反人权条约的情形，便常常会在审议意见中，建议国家修改法律，以防止类似的违反人权条约的情况再次发生。条约机构针对个人来文发表的意见也不具有法律拘束力，但是实践中一些国家还是遵循了条约机构的建议，修改了相关法律。

---

① UN Doc. CCPR/C/21/Rev. 2/Add. 12 (2002), General Comment No. 30: *Reporting obligations of state parties under article* 40 *of the Covenant*, by CCPR, paras. 5&6.

一　国家依人权事务委员会的意见进行的法律改革

人权事务委员会是依据《公民权利和政治权利国际公约》建立起来的条约机构。截至 2013 年 6 月，有 114 个国家接受了人权事务委员会受理个人来文的职能。国家对于《公民权利和政治权利国际公约》下的个人来文程序的接受程度居于各项联合国核心人权条约之首。此外，截至 2012 年 4 月，人权事务委员会已经处理的个人来文达 2145 件，发表意见 916 件，均居联合国各人权条约机构之首。这为人权事务委员会的意见促成国家的法律改革提供了更多的机会。以下举例说明人权事务委员会的意见在部分国家的适用状况。

1. 加拿大

人权事务委员会有关加拿大的两份重要意见，即在拉富雷斯案和巴兰迪纳案中所作的意见，对于加拿大的法律改革起到了积极的作用。虽然即使没有这两份意见，加拿大很可能也会修改有关法律，但是条约机构的意见加速了法律的修改进程。

拉富雷斯案是 1977 年《公民权利和政治权利国际公约》刚刚生效后提交到人权事务委员会的一份来文。来文申请人拉富雷斯是托比克印第安部落的成员，由于她与一名非印第安人结了婚，根据《联邦印第安人法》，她失去了印第安人的身份，主要后果是她失去了在印第安保留区居住的资格。而该法律同时规定，如果具有印第安人身份的男子与非印第安妇女结婚，那么这些非印第安妇女就获得了合法的印第安人身份以及居住在印第安保留区的资格。后来，拉富雷斯的婚姻破裂，她带着孩子回到了故乡印第安保留区的一个亲戚家里住下来。她提出的住房要求遭到了部落首领的拒绝，因为她已失去印第安人身份，所以部落不能合法地向她提供住房。由于她是在公约生效前失去印第安人身份的，人权事务委员会在审理时只涉及关于少数人权利的第 27 条。根据公约第 27 条，委员会得出结论：使拉富雷斯失去印第安人身份的法律妨碍了她同其集团中的其他成员，即属于托比克部落的马利西特印第安人，共同享有自己的文化的权利。虽然在本案的结论通过前，加拿大政府就开始考虑修改《联邦印第安人法》以解决其中的性别歧视问题，而摆在政府面前的另一个关于少数人权利的问题尚没有得到解决。委员会关于拉富雷斯案的意见帮助加拿大政府解决了这个问题。

在 1985 年的法律改革的过程中，印第安人享有更大的自治这一要求基本上得到了满足；因婚姻而丧失印第安人身份的妇女及其子女也重新获得了印第安人的身份。①

巴兰迪纳案涉及加拿大魁北克省颁布的《法语宪章》。该宪章是由持分裂主义的魁北克党组成的政府颁布的。为达到保护法语的目的，该宪章禁止在公共商业标记上使用法语以外的任何语言。加拿大最高法院作出的决定认为，通过对标记的使用作出限制来保护法语这一目标是合法的，但是这一法律对表达自由的干涉超出了必要的范围，因此法院宣布这一法律无效。实际上，当时该省的自由党政府已经同意放松"标志语言法"中的要求。后来省政府重新通过了已被最高法院废除的"标志语言法"。案件提交给人权事务委员会后，委员会在意见中同意加拿大最高法院此前的判决，即该法是对表达自由的干涉："一个国家可以选择一个或多个官方语言，但是它不能在公共生活以外的领域内限制个人用其所选择的语言表达自己的自由。"委员会作出最终决定的推理过程虽然受到了一些挑战，但是总的来说，这项意见是成功的，它被加拿大媒体广泛报道并且为魁北克政府改革有关语言的立法提供了依据。②

2. 玻利维亚

人权事务委员会于 1991 年 11 月 5 日通过了对第 336/1988 号来文比祖阿尔恩和菲拉特诉玻利维亚（Bizouarn and Fillastre v. Bolivia）的意见，认为玻利维亚违反了《公民权利和政治权利国际公约》，并建议其修改相关的国内法律。1997 年 4 月 23 日，玻利维亚向委员会提交答复，指出来文申请人已于 1993 年 6 月 3 日获得释放，随后离开了玻利维亚，未提出任何补偿要求。玻利维亚还指出，该国已改变了关于保释的国内立法，以便与委员会关于公约第 9 条第 2 款的调查结果保持一致，而且正在改革司法制度以避免将来出现违反公约第 9 条第 3 款的情况。③ 虽然玻利维亚的答复是在时隔 6 年后作出的，但是在答复中该国表示所采取的法律改革措施是依据条约机

---

① 拉富雷斯案详见道格拉斯·桑德斯《国际人权公约在加拿大的实施》，载王家福等主编《人权与 21 世纪》，中国法制出版社，2000，第 194～195 页。

② 案情参见道格拉斯·桑德斯《国际人权公约在加拿大的实施》，载王家福等主编《人权与 21 世纪》，中国法制出版社，2000，第 196～198 页。

③ UN Doc. A/52/40, paras. 529～531.

构的意见进行的。

3. 韩国

人权事务委员会在第 518/1992 号来文孙正奎诉韩国（Jong-Kyu Sohn v. Republic of Korea）① 中，认为韩国违反了公约，并要求采取补救措施。韩国于 1993 年赦免了来文申请人，并应委员会的建议，通过了一项新的工会和劳工关系调解法令，该法令于 1997 年 3 月生效，撤销了之前劳资争端调整法中禁止第三方介入劳资争端的条款。现在，根据新法第 40 条，在劳资谈判或工业行动过程中，工会可以得到第三方的支持，第三方可以是该工会加入的或由工会指定的某人加入的协会组织或联合会。

4. 哥伦比亚

根据人权事务委员会对第 563/1993 号来文包蒂斯塔诉哥伦比亚（Bautista v. Colombia）的意见，哥伦比亚向来文申请人支付了损失赔偿费 36935300 哥伦比亚比索。2002 年 10 月 25 日，哥伦比亚通报委员会，为了避免在将来出现类似的违反公约的情形，该国还通过了两项法律，即第 589/2000 号法律和第 599/2000 号法律，把种族灭绝、酷刑和强迫使人失踪定为犯罪行为。该国还通过了其他的法律和法令，特别是第 288/1996 号法律以确保遵守委员会的意见。②

5. 立陶宛

立陶宛针对人权事务委员会关于第 836/1998 号来文盖拉曹斯卡斯诉立陶宛（Gelazauskas v. Lithuania）的意见，于 2003 年 7 月 25 日告知委员会，来文申请人在服满 Kaisiadorys 地区法院所判的刑期之前即被释放。该案促成了立陶宛法院体制的改革和 2003 年 5 月 1 日新刑法典的通过。根据委员会的意见，立陶宛保证其管辖下的每一个人能够实现《公民权利和政治权利国际公约》第 14 条第 5 款规定的权利，即凡被判定有罪者，应有权"由一个较高级法庭对其定罪及刑罚依法进行复审"。③ 根据人权事务委员会对第 875/1999 号来文菲利波维奇诉立陶宛（Filipovich v. Lithuania）的意见，立陶宛于 2003 年 11 月 19 日告知委员会，1998 年 12 月 15 日来文申请人在刑

---

① UN Doc. A/50/40，Vol. II，Communication No. 518/1992，Jong-Kyu Sohn v. Republic of Korea.

② 案情和缔约国答复，参见 UN Doc. A/52/40；A/58/40，Vol. I，para. 229。

③ UN Doc. A/59/40，Vol. I，para. 246.

满之前 10 个月 19 天取保释放。随后，立陶宛向来文申请人提供了 1450 欧元的补偿。立陶宛还告知委员会，将对本国的《补偿法》作必要的修正，修正后的法律将包括对国家当局违法行动造成的损失进行赔偿的规定。立陶宛还向委员会提供了一份新的刑事诉讼法，其中规定国家应对审前调查过分延长造成的损害提供补救。来文申请人于 2004 年 2 月 11 日通知委员会，确认立陶宛向他提供了 1450 欧元的补偿。①

6. 挪威

人权事务委员会对第 1155/2003 号来文莱维格诉挪威（Leirvåg v. Norway）的意见导致了挪威《教育法》的修改。2004 年 11 月 3 日委员会认定，学校不允许免听"基督教知识和宗教及道德教育"（下文简称 CK-REE）课程违反了《公民权利和政治权利国际公约》第 26 条及第 18 条第 4 款，即父母向其子女提供教育的权利。根据公约第 2 条第 3 款第 1 项，挪威有义务向来文申请人提供有效、适当的补救，以此来尊重申请人作为父母有权保证或作为学童有权接受符合其自身信念的教育。委员会还认为挪威有义务避免今后发生类似侵权事件。②

2005 年 2 月 4 日，挪威作出答复，表示政府将向议会建议，在 2005 年 8 月起的新学年里，在法律框架和课程方面作如下改动：删除《教育法》第 2~4 条中提到的目标条款 1、2 的内容，据此，第 2~4 条将不再要求 CK-REE 课程的目标是"向学童提供道德的和基督教的培养"；修改第 2~4 条，从而使不同的宗教和人生哲学在实质上受到同等待遇。同时，国家教学大纲也将作出变动以体现上述修改。在免修课程方面，政府建议 2005 年 8 月前进行下列修改：（1）将在《教育法》的独立章节中阐明，学生有权免听被认为属于某一信仰实践的学校课程。这一修改表明，不参与宗教信仰实践的权利适用于小学和初中教育的所有方面。（2）CKREE 课程修正通报中应明确指出课程中可能会被视为某一宗教实践的那些内容。《教育法》中应规定，学校有义务向父母说明，父母有权决定子女免修他们认为属于宗教实践的任何教学内容。另外，要简化父母为其子女申请免修课程的手续。（3）关于 CKREE 课程的修正通报还将指示教师在使用可能被学生看成宗教

---

① UN Doc. A/59/40, Vol. I, para. 247.

② 案情详见 UN Doc. A/60/40（Vol. II）（2005），pp. 224 – 247。

实践的教学方法时要特别注意。如要使用此种方法，则应当同时提供可选择的其他教学内容。在这些措施实施以前，政府将采取临时措施允许学生有临时免听 CKREE 课程的权利，据此，只需要有父母的书面通知，学生便可以免听这一课程。学校有义务尽可能向这些学生提供其他教学内容。①

2006 年 3 月，挪威再次作出答复，证实按挪威 2005 年 2 月 4 日对委员会的答复所述，对《教育法》提出的修正案已经获得通过，并于 2005 年 6 月 17 日生效。新的免修规则规定如下：如果学生根据自己的宗教或生活哲学，认为宗教课是其他宗教的做法或者是认同其他生活哲学的表现，或者他们认为是冒犯或要反对的，则可以凭父母的书面通知免于参加这种宗教课。在提出要求免修的通知时，不必说明理由。15 岁以上的学生可自己提出免除的通知。免修部分课程的权利适用于所有科目和多科目项目。当学校收到免修通知时，必须确保实际上允许学生免课。学校还必须在教学大纲内给免课学生提供单独调整的教学，但学生不能免除教学大纲对知识的要求。新的 CKREE 教学大纲于 2005 年 8 月通过并生效。它体现了对《教育法》第 2~4 条所作的修订，确保为学生确定能力指标时在质量上同等对待宗教和生活观；而由于基督教对挪威历史和文化的深远影响，可以获得数量上的优先考虑。新的教师用 CKREE 课本于 2005 年 8 月送达各学校。除了教学大纲外，它还就如何教授这门课提供指导。挪威在"政策纲要"中说，它将重新审议目标条款（《教育法》第 1~2 条）。②

7. 奥地利

对于第 965/2000 号来文卡拉库特诉奥地利（Karakurt v. Austria），2002 年 4 月 4 日人权事务委员会通过意见，认为存在就业方面的歧视，建议奥地利根据公约第 2 条第 3 款第 1 项，向来文申请人提供有效的补救；同时修订相关法律，以免今后再在与申请人情况类似的人和其他欧盟公民之间进行不适当的区别。2006 年 2 月 21 日，奥地利答复说，根据委员会的意见，奥地利对其法律制度作了修正。1992 年《劳动工会法》（Arbeiterkammergesetz）和《劳资关系法》（Arbeitsverfassungsgesetz）按《联邦法》③ 作了修

---

① UN Doc. A/60/40（Vol. II）（2005），pp. 564 – 565.
② UN Doc. A/61/40（Vol. II）（2006），pp. 759 – 760.
③ 奥地利《联邦法公报》第 1 卷，第 4/2006 号。

正，即所有工人，无论国籍，现在都有权参加奥地利劳动工会和工人委员会的选举。①

8. 荷兰

人权事务委员会审议第 182/1984 号来文 F. H. 茨万·德·弗里斯诉荷兰政府（F. H. Zwann de Vries v. the Netherlands）② 时，决定审查目前荷兰法律中存在的区别对待是否违反了公约第 26 条。委员会注意到，荷兰法律，即《荷兰民法典》第 84 条和第 85 条规定，夫妇二人对其共同收入享有平等的权利和义务。按照《失业救济法案》第 13 部分第 1 条第 1 款的规定，一个已婚妇女，如果想申请失业救济，必须证明她是家中的"养家糊口者"；而如果一位已婚男子申请失业救济，他则无须这样做。因此，这种区别待遇是建立在性别基础上的，将已婚妇女置于与男子相比不利的地位，这种区别待遇就是不合理的。与此案相似，第 172/1984 号来文 S. W. M. 布勒克斯诉荷兰政府（S. W. M. Broeks v. the Netherlands）③ 涉及的也是同一部法律在相似情况下的适用问题。委员会也判定此案中荷兰违反了公约第 26 条。另一件情况类似的案件，即第 418/1990 号来文，④ 其案情是这样的：1983 年 2 月，来文申请人（女）一次性领到了 6 个月的失业救济款。按当时的法律规定，只有已婚妇女，如果她是家中的养家糊口者，就可以得到额外补助，男子不享受这项权利。1984 年 4 月，申请人找到了一份新工作。1985 年 4 月，荷兰废除了法律中只有妇女才享受额外补助的条款，但保留了追诉时效的限制。1986 年 11 月 11 日，申请人申请应补发的额外失业补助，但没有成功。1991 年 6 月，荷兰进一步修改此项法律，废除了追诉时效的限制性条款。那些以前被拒绝补发补助的妇女，只要她们在申请的当天处于失业状态，就可以得到补发的失业额外补助。人权事务委员会认为即使 1983 年的法律与公约第 26 条有些不符，它的不足之处也已经在 1991 年 6 月修正后的法律中得到了纠正。

---

① 案情详见 UN Doc. A/57/40，Vol. 2，pp. 318 – 325；UN Doc. A/61/40，Vol. 2，p. 740。

② UN Doc. A/42/40，Annex VIII，sect. B，Communication No 182/1984，F. H. Zwaan de Vries v. the Netherlands.

③ UN Doc. A/42/40，Annex VIII，section D，communication no. 172/1984，S. W. M Broeks v. the Netherlands，paras. 13 ~ 14.

④ 案情详见 CCPR/C/49/D/418/1990。

9. 瑞士

根据人权事务委员会之前的意见，① 瑞士于 1998 年 3 月废除了有关外籍人发表政治演说的联邦法令。被废除的法令曾限制无永久居住许可的外籍人享有言论自由。

二　国家依消除种族歧视委员会的意见进行的法律改革

消除种族歧视委员会于 2005 年 8 月 15 日通过了对第 30/2003 号来文奥斯陆的犹太人社区诉挪威的意见，认为挪威没有针对散布种族主义思想和"仇恨言论"的行为采取限制措施，因此违反了公约第 4 条和第 6 条。委员会建议挪威采取措施，确保与舍利（Sjølie）先生的言论相似的言论在挪威法律之下不会得到言论自由权的保护。挪威政府在对该案的后续行动答复中称，挪威《刑法》第 135 条（a）项规定，种族主义言论为刑事犯罪，自舍利案件后已对该条作了两次修订。两次修订均扩大了第 135 条（a）项的惩罚范围，从而能更加有力地防止种族主义言论。2005 年 6 月 3 日挪威颁布了一项新的法令，即第 33 号法令，禁止基于民族、国籍、出身、肤色、语言、宗教和族裔的歧视行为（《禁止歧视法》），这项法令在第 135 条（a）项之外，进一步对防止基于种族主义的歧视作了规定。

本节所举的例证显示，条约机构审理个人来文的意见与缔约国进行法律改革之间的因果关系是实实在在地存在的。虽然上述案例只是举例说明，远没有穷尽缔约国遵照条约机构的意见进行法律改革的实践，但总的来说，这样的实践数量仍比较有限。究其原因，主要有两个方面。一是联合国核心人权条约的条约机构中目前只有四个条约机构在实际履行处理个人来文的职能，而缔约国对这四项个人来文程序的接受程度并不普遍。这四个条约机构收到和处理的个人来文数量非常有限，运行几十年来四个机构针对个人来文通过的缔约国违反条约的意见累计不足千件。在这不足千件的决定中，建议缔约国修改法律的意见数量又将大幅减少。有限的意见所产生的影响力当然也是有限的。而其中人权事务委员会的意见，其影响效果明显优于其他条约机构的意见，这很大程度上是因为人权事务委员会收到和处理的个人来文数量远远超过其他机构的受案数量。第二个主要原因是联

---

① UN Doc. CCPR/C/79/ADD.70, para.28.

合国人权条约机构作出的意见并不具有正式的法律拘束力，也没有强有力的机制监督缔约国对意见的执行。虽然一些条约机构，包括人权事务委员会、禁止酷刑委员会、消除种族歧视委员会相继开展了监督缔约国履行个人来文意见的后续行动，但是缔约国的反馈情况并不尽如人意。有些国家没有按照要求提交答复资料；提交答复的国家中有些表示不同意条约机构的意见；表示接受意见的缔约国有些行动迟缓，尚未按照条约机构的建议采取全面的补救措施。根据人权事务委员会个人来文后续行动报告员截止到 2002 年的一项统计，所收到的缔约国答复中约有 30% 是令人满意的，这类答复表示缔约国愿意执行委员会的意见。其余的答复有的只涉及委员会意见的某一方面，有的以事实或法律理由明确质疑委员会的意见，有的表示因为某种原因而不能执行委员会的意见。①

　　然而，各条约机构仍在坚持着对缔约国执行人权条约状况的监督，并且同越来越多的国家建立起了对话和联系，每年不断有新的履行个人来文意见的资料提交给条约机构。这表明，后续行动对于促进缔约国执行条约机构意见的作用正在显现出来。这将促使国家通过包括制定或修改法律的形式进一步落实条约机构的意见。

第四节　国家的 "合国际条约性" 审查导致立法改革

　　国家的宪法法院或相关机构通过审查法律与本国在国际人权条约下承担的义务的一致性也会带来法律的改革。在这一改革进程中，国家参照国际人权条约所确立的规范，对国内法律是否与国际人权规范相一致进行审查，进而决定是否需要进行法律改革。芬兰发生的法律改革有力地说明了这一点。

　　芬兰 2000 年宪法第 22 条规定："公共当局应该保证对基本权利和自由以及人权的遵守"，第 74 条规定："宪法委员会应该对立法建议及交由其考虑的其他事项的合宪性以及它们与国际人权条约的关系发表声明。"宪法委

---

① UN Doc. A/57/40, Vol. 1, paras. 225 ~ 226.

员会在行使审查人权遵守情况的职能及其他职能时，在许多案例中援引了人权条约机构的工作产出。例如，在第 21/1994 号关于健康保险法的意见中，芬兰宪法委员会认为根据人权事务委员会对 S. W. M. 布勒克斯诉荷兰政府案①和 F. H. 茨万·德·弗里斯诉荷兰政府案②的意见，健康保险法案中提出的在计算父母的利益时基于性别进行区分违反了《公民权利和政治权利国际公约》第 26 条。在第 9/1997 号关于改革上诉程序的意见中，宪法委员会在讨论《公民权利和政治权利国际公约》第 14 条第 5 款是否要求给予所有的刑事案件充分的上诉时，援引了人权事务委员会关于萨尔加尔·德·蒙特霍诉哥伦比亚（Salgar de Montejo v. Colombia）一案③的意见。在 23/1998 号关于外国人法案的意见中，宪法委员会在批评基于遵守《公民权利和政治权利国际公约》的状况来定义"安全国家"的做法时，援引了人权事务委员会的结论性意见。在 16/2000 号关于外国人法案的意见中，宪法委员会援引了人权事务委员会第 15 号一般性评论，以说明判断居留的合法性时必须考虑《公民权利和政治权利国际公约》第 13 条的规定。在 59/2001 号关于未成年人惩罚测试法案的意见中，宪法委员会在批评对相同犯罪作出不同惩罚的现象时，援引了人权事务委员会对卡瓦纳诉爱尔兰（Kavanagh v. Ireland）④ 和盖伊与其他人诉法国（Gueye et al. v. France）⑤ 来文的意见。在 9/2002 号关于语言法案的意见中，宪法委员会提到了人权事务委员会对迪尔加德与其他人诉纳米比亚（Diergaardt et al. v. Namibia）⑥ 来文的意见，以此说明当双方都能理解文件的原始语言时，没有必要一定翻译成芬兰语或瑞典语；同时，宪法委员会还援引了人权事务委员会关于伊格纳塔奈诉拉脱维亚（Ignatane v. Latvia）⑦ 来文的意见来支持对公共机关强加严格的语言要求可能违反公约的观点。

芬兰宪法委员会对法律草案的规定是否符合国际人权法进行了审查，

---

① UN Doc. A/42/40, Annex VIII, communication no. 172/1984, S. W. M Broeks v. the Netherlands.

② UN Doc. A/42/40, Annex VIII, Communication No 182/1984, F. H. Zwaan de Vries v. The netherlands.

③ Human Rights Committee, Communication No 64/1979, Salgar de Montejo v. Colombia.

④ UN Doc. A/56/40 Vol. II. Communication No 819/1998, Kavanagh v. Ireland.

⑤ UN Doc. A/44/40, Annex X. Communication No 196/1985, Ibrahima Gueye et al. v. France.

⑥ UN Doc. A/55/40 Vol. II, Communication No 760/1997, Diergaardt et al. v. Namibia.

⑦ UN Doc. A/56/40, Vo. II, Communication No 884/1999, Ignatane v. Latvia.

将法律颁行后可能造成的违反人权条约义务的情况防患于未然。芬兰宪法委员会在审查法律是否符合本国批准和加入的国际人权条约时，不仅考察法律与人权条约本身的一致性，还考察法律是否符合人权条约机构发表的相关意见；不仅考察人权条约机构针对本国发表的意见，而且考察人权条约机构针对其他国家发表的意见。这些做法表明了该国对国际人权条约义务的严格遵守，也反映了国际人权条约，包括人权条约机构的意见在该国产生的积极影响。

第五节　国家依区域人权条约
进行立法改革

欧洲、美洲和非洲各国除了批准或加入联合国人权条约外，也是区域人权条约的缔约国。鉴于联合国人权条约和区域人权条约在内容上的高度一致性，各国参照联合国人权条约规范和区域人权条约规范进行的法律改革常常是同步的，通过国内立法适用联合国人权条约的同时也达到了适用区域人权条约的效果。然而，各国根据区域人权条约机构的决定进行的法律改革仍需要专门说明。鉴于区域人权条约机构与区域各国的紧密联系，区域人权条约机构的决定在各国的影响更加直接和有效，区域各国根据区域人权条约机构的决定进行法律改革的实践更加丰富。

一　国家依欧洲人权法院的判决进行法律改革

欧洲人权法院对缔约国作出的违反《欧洲人权公约》的判决促成了大量法律改革。法院的判决如果明确指出缔约国的某项法律与《欧洲人权公约》存在冲突，缔约国法律改革的步伐将进一步加快。

法国受欧洲人权法院判决推动而进行立法改革最典型的例子是在欧洲人权法院对克鲁斯林诉法国（Kruslin v. France）[①] 和胡威格诉法国（Huvig

---

① *Kruslin v. France*（Appl. no. 11801/85），Judgement（Chamber），24 April 1990，Series A，Vol. 176 – A.

v. France)① 两案作出判决后进行的法律改革。在这两个案件中，法院详细分析了为什么电话监听的做法同公约的规定相违背。在不到一年后的1991年7月10日，法国便通过了第91-646号法律。该法律的解释性报告明确提到，这项立法来源于欧洲人权法院的法理，遵循了克鲁斯林案和胡威格案的判决。

《欧洲人权公约》以及欧洲人权法院的判例法对德国法律体系的影响比较大，特别是在法院作出德国违反公约的判决后，经常会带来法律的修改。在欧洲人权法院对厄兹蒂尔克诉德国（Öztürk v. Germany）案②作出判决后，德国于1989年6月15日修改了《法庭费用法》（Court Costs Act）和《刑事诉讼法》。新法规定，在刑事诉讼中，只有当翻译费用是由于被告人或者相关人员自身的过失或其他不正当的原因造成时，才应由其来承担。此外，《德国民法典》（Bürgerliches Gesetzbuch）中关于对儿童的监护和探视权的规定也进行了多次修改，许多条款已经为1997年12月16日的《家庭事务法》（Reform zum Kindschaftsrecht）所取代。而之前的规定曾被欧洲人权法院在埃尔斯霍尔茨诉德国（Elsholz v. Germany）案③和类似的案件中批评。

荷兰一般会根据欧洲人权法院判决的要求，包括人权法院针对其他国家的判决来修改国内立法。一个典型的例子是，受到马尔克斯诉比利时（Marckx v. Belgium）一案④的触动，荷兰于1982年赋予了婚生子女和非婚生子女平等的继承权。

在希腊，如果欧洲人权法院作出了该国违反公约的判决，那么希腊最经常作出的反应就是修改法律。举例来说，因为大量案件审理期限过长而被欧洲人权法院判决违反了《欧洲人权公约》第6条第1款，所以希腊对其诉讼程序法进行了多次修改，旨在加快民事、刑事和行政案件的审理速

---

① *Huvig v. France*（Appl. no. 11105/84），Judgement（Chamber），24 April 1990，Series A，Vol. 176-B.

② *Öztürk v. Germany*（Appl. no. 8544/79），Judgement（Plenary），21 February 1984，Series A，Vol. 73. 在该案中，欧洲人权法院认为命令申请人承担翻译费违反了《欧洲人权公约》第6条第3款第5项。

③ *Elsholz v. Germany*（Appl. no. 25735/94），Judgement（Grand Chamber），13 July 2000，Reports 2000-VIII，345 et seq. 在本案中，德国法院拒绝申请人探视自己未婚生的儿子，欧洲人权法院认为德国法院的判决违反了《欧洲人权公约》第8条。

④ *Marckx v. Belgium*（appl. no. 6833/74），Judgement（Plenary），13 June 1979，Series A，Vol. 31.

度。到 2005 年，在过去要花四年时间才能审结的一审民事案件现在只要一年半就可以审结了。

在比利时，无论在联邦一级还是地区一级，《欧洲人权公约》已成为立法过程中经常被参照的对象。例如，2006 年联邦议会通过了支持同性伴侣收养孩子的法律。[①] 在通过此法的议会辩论中，议员们曾就如果不赋予同性伴侣收养孩子的权利是否会违反《欧洲人权公约》第 14 条和第 8 条第 1 款进行了辩论。

瑞典早在 1952 年就是《欧洲人权公约》的缔约国，但直到 1983 年有两起案件被送到欧洲人权委员会和欧洲人权法院时，有关审前拘留的法律规定是否符合公约的问题才被提了出来。1983 年，欧洲人权委员会报告了斯科格斯特伦诉瑞典（Skoogström v. Sweden）[②] 和麦戈夫诉瑞典（McGoff v. Sweden）[③] 两案。前案原告被拘留了一个星期，后案原告被拘留了 15 天。两个案件均违反了《欧洲人权公约》第 5 条，后来均被提交给欧洲人权法院。人权委员会裁决，前案中检察官不是"经法律授权行使司法权的官员"。欧洲人权委员会作出这项裁决旨在说明，检察官可以在后续阶段成为审判一方，但不能亲自审理被告。前案最终得到友好解决；欧洲人权法院对后案作出了判决。这两个案件导致了 1987 年瑞典的法律改革，《司法诉讼程序法典》第 20 章的相应规定被修订为：被告人在 4 天内必须被带见法官。[④]

在布隆尼乌斯奇诉波兰（Broniowski v. Poland）一案[⑤]中，欧洲人权委员会裁定波兰存在违反《〈欧洲人权公约〉第一议定书》第 1 条的系统问题，因为已有大量类似案件排上了欧洲人权法院的日程。波兰在接到判决后，通过了一项新的法律，即 2005 年 7 月 8 日法案，该法案承认申请人对位于波兰境外的财产有获得赔偿的权利。新法案旨在补救欧洲人权法院判决中所批评的问题。新法案规定的赔偿程序允许类似上述案件申请人的个

---

① Act of 18 May 2006（Belgian Official Gazette, 29 December 2006）.

② *Skoogström v. Sweden*，（Appl. no. 8582/79），Judgment（Chamber），2 October 1984.

③ *McGoff v. Sweden*（Appl. no. 9017/80），Judgment（chamber），26 October 1984.

④ 案情参见〔瑞典〕格德门德尔·阿尔弗雷德松、〔挪威〕阿斯布佐恩·艾德编《〈世界人权宣言〉：努力实现的共同标准》，中国人权研究会组织翻译，四川人民出版社，2000。

⑤ *Broniowski v. Poland*（appl. no. 31443/96），Judgement，22 June 2004, Reports 2004 V 1.

人在国家一级提出赔偿主张。

欧洲人权法院在七个案件中裁定西班牙的立法违反了《欧洲人权公约》。① 在这种情况下，西班牙就不得不对法律作出修改。例如，巴尔韦拉、梅塞盖与哈瓦尔多诉西班牙（Barberà, Messegué and Jabardo v. Spain）案②是一个有关获得公正公开审判权的案件。在本案的审理过程中，1985 年 7 月 1 日西班牙通过了第 6/1985 号组织法，该法允许撤销那些违反了公正审判原则和侵犯了获得律师协助权、辩护权的司法决定。由于该法尚不能完全满足《欧洲人权公约》第 6 条第 1 款的要求，于是西班牙又先后通过了修改《西班牙刑法典》和《西班牙刑事诉讼法》的第 3/1988 号和第 4/1988 号组织法。依新法，法官无权再将拘留期限延长到 7 天，而最长只能是 48 小时。另一类关于由公正的法官进行审判的案件也导致了法律的修改。欧洲人权法院曾不止一次地质疑西班牙军事法庭的独立性和公正性。在佩罗特·佩隆诉西班牙（Perote Pellón v. Spain）案③的判决作出后，2003 年 7 月 15 日，西班牙关于军事法院的组成和职能的第 9/2003 号法律对之前的第 4/1987 号法律作出了修订。新法增加了对军事法庭的组成及议事规则的规定，其中上诉案件的审理法官由 5 人减至 3 人，以避免佩罗特·佩隆案中出现的初审法官又参与上诉审的情况。

意大利参照《欧洲人权公约》对许多法律作出了修改，内容涉及正当程序、审理期限、对私人财产的保护以及对通信秘密的保障等方面。在通信秘密方面，欧洲人权法院曾裁定意大利根据《监狱管理法》对犯人通信

---

① 这些案例是：*Barberà, Messegue and Jabardo v. Spain*，（appl. n° 10588/83, 10589/83, 10590/83），Judgment（Plenary），6 December 1988, Series A, Vol. 146；*Union Alimentaria Sanders S. A. v. Spain*（appl. n° 11681/85），Judgment（Chamber），7 July 1989, Series A, Vol. 157；*Ruiz Mateos v. Spain*（appl. n° 12952/87），Judgment（Plenary），23 June 1993, Series A, Vol. 262；*Pérez de Rada Cavanilles v. Spain*（appl. n° 28090/95），Judgment（Chamber），28 October 1998, Reports 1998 – VIII, n° 96；*Valenzuela Contreras v. Spain*（appl. n° 27671/95），Judgment（Chamber），30 July 1998, Reports 1998 – V, n° 83；*Perote Pellón v. Spain*（appl. n° 45238/99），Judgment（Fourth Chamber），25 July 2002 and *Miragall Escolano et al. v. Spain*（appl. n° 38366/97, 38688/97, 40777/98, 40843/98, 41015/98, 41400/98, 41446/98, 41484/98, 41487/98, 41509/98, Judgment（Fourth Section）25 January 2000, Reports 2000 – I.

② *Barberà, Messegue and Jabardo v. Spain*，（appl. n° 10588/83, 10589/83, 10590/83），Judgment（Plenary），6 December 1988, Series A, Vol. 146.

③ *Perote Pellón v. Spain*（appl. n° 45238/99），Judgment（Fourth Chamber），25 July 2002.

施加的限制违反了公约第 8 条。于是，2004 年意大利议会对该法第 18 条作出修改，确立了监督囚犯通信的更加明确的条件，并且禁止对囚犯与律师之间以及与人权国际组织之间的通信进行任何形式的审查。①

欧洲人权条约体系促成缔约国国内法律改革的例子还可以举出许多。欧洲大部分国家均表现出遵守欧洲人权法院判决的诚意。在欧洲，批准《欧洲人权公约》是加入欧洲理事会的前提条件，而批准公约也就意味着接受了欧洲人权法院的管辖权，缔约国的公民随即获得了向欧洲人权法院提起申诉的权利。《欧洲人权公约》明确规定了法院的判决是对缔约国有法律拘束力的终审判决。缔约国对法院判决的执行在欧洲理事会部长委员会的监督下更具实现的可能。

由于向国际人权条约机构提起个人申诉必须是在申请人用尽国内救济之后，因此，如果执行条约机构的决定需要缔约国通过国内司法程序进行，则将面临在终审判决之后重开审判的合法性问题。为此，许多国家通过立法的形式将履行国际人权条约机构的意见作为一种特殊的情况处理。例如，斯洛伐克于 2005 年 5 月 24 日通过的《刑事诉讼法典》第 394 条第 4 款允许在有新的事实的情况下重开已经被终审决定终止的案件。如果欧洲人权法院作出的判决中包含与国内终审决定相关的违反《欧洲人权公约》的裁定，那么欧洲人权法院的裁定构成该条所说的新的事实。该国 2005 年 6 月 24 日通过的《民事诉讼法典》第 228 条第 1 款（d）项规定了欧洲人权法院的判决可以作为重开国内审理的依据。其他国家也采取了类似的举措。挪威考虑到，由于国际机构的裁决有时需要国家对案件进行重新审理，于是对《刑事诉讼法》和《民事诉讼法》进行了修订，以履行国际人权条约机构的裁决结果。在欧洲，采取类似做法的还有奥地利、比利时、丹麦、西班牙等。法国也于 2000 年 5 月 30 日为在欧洲人权法院遭遇败诉的案件设立了再审机制。具体做法是，由设于最高法院的一个委员会在审查当事人请求的基础上决定将案件发回原审法院审理，或由最高法院进行法律撤销审。②

---

① Helen Keller & Alec Stone Sweet, *A Europe of Rights: The impact of the ECHR on domestic legal systems*, Oxford, 2008. pp. 393 – 450.

② 参见张莉《〈欧洲人权公约〉和欧洲人权法院对法国法的影响》，载赵海峰、卢建平主编《欧洲法通讯》（第 5 辑），法律出版社，2003，第 22 页。

二　国家依美洲人权法院的意见进行法律改革

美洲国家经常请求美洲人权法院就本国法与《美洲人权公约》是否一致发表咨询意见。法院的咨询意见往往成为国家法律改革的依据。例如，哥斯达黎加最高法院宪法审判庭在美洲人权法院宣布其国内法同《美洲人权公约》不一致时，要么宣布国内法无效，要么重新解释国内法。[①] 根据美洲人权法院作出的关于"《新闻从业法》规定强制会员"的咨询意见，哥斯达黎加最高法院宪法审判庭宣布相关的国内立法无效，因为该国内立法限制了大学毕业生的会员资格。美洲人权法院的咨询意见认为哥斯达黎加的国内法与《美洲人权公约》所规定的表达自由不一致，因为哥斯达黎加法律否认"人人有权充分利用新闻媒介来表达意见和传播信息的权利"。宪法审判庭在作出国内法无效的决定时重述了美洲人权法院的上述意见，同时指出，当一国请求美洲人权法院作出关于其国内法与《美洲人权公约》是否一致的咨询意见时，意见对请求国具有拘束力，请求国有义务遵守这一意见。[②] 在针对哥斯达黎加的另一件咨询案中，宪法审判庭宣布，根据美洲人权法院关于"哥斯达黎加宪法归化条款的修正提案"的咨询意见，国家关于配偶归化的法律不应以性别为由进行歧视。[③]

美洲人权法院的判决也曾使缔约国废除或修改了被裁定为违反《美洲人权公约》的法律。例如，在叙德尔兹·罗斯洛诉厄瓜多尔（Sudrez Rosero v. Ecuador）案中，美洲人权法院裁定厄瓜多尔《刑法典》的一条规定违反了《美洲人权公约》。厄瓜多尔宪法法院随即宣布《刑法典》的该条规定违宪。[④]

[①]　Accion de Incost, No. 421 – S – 80, *Roger Ajun Blanco*, *Art. 22 Ley Org. Col. de Periodistas*, Sala Constitucional de la Corte Suprema de Justicia（9 May 1995）（Costa Rica）.

[②]　See Nikken, "La Funcion Consultiva", at 179, citing the Constitutional Chamber of the Supreme Court of Justice of Costa Rica Exp. 0421 – S – 90, No. 2313 – 95（9 May 1995）.

[③]　Expediente 2965 – S – 91, Voto: 3435 – 92, *Ricardo Fliman Wargraft v. Director y Jefe de la Section de Opciones y Naturalizaciones*, Sala Constitucional de la Corte Suprema de Justicia（11 November 1992）（Costa Rica）.

[④]　*Sudrez Rosero v. Ecuador*（Reparations）（Art. 63（1），American Convention of Human Rights），Inter-Am. Ct HR, 20 January 1999, Ser. C, No. 44, paras. 81 – 83.

三　国家依非洲人权和民族权委员会的意见进行法律改革

非洲人权和民族权委员会可以对个人来文发表意见，但并未建立任何后续机制或政策来监督国家对委员会意见的执行情况。即便如此，委员会的意见也曾导致缔约国修改相关的国内法。在正义论坛诉塞拉利昂（Forum of Conscience v. Sierra Leone）案中①，24 名士兵接受了军事法庭的审判，但他们指控，其根据《非洲人权和民族权宪章》享有的正当程序权未能获得保障。后来士兵们被判处死刑，却无权向高级法院上诉。非洲人权和民族权委员会认为塞拉利昂违反了《非洲人权和民族权宪章》第 4 条和第 7 条第 1 款（a）项。委员会虽然没有作出任何建议，但是指出："尽管对本案的审理并不能使受害人死而复生，但是它也并未豁免塞拉利昂依据宪章应尽的义务。"委员会在 2000 年 2 月 14 ~ 19 日间向弗里敦派去一个代表团，同负责此案的相关政府官员，包括司法部长进行了讨论。随后，塞拉利昂通过立法，赋予了士兵向上诉法院或后来的最高法院提出上诉的权利。②

第六节　本章小结

法律改革是国家为适用国际人权条约所采取的主要措施。在此进程中，国际人权条约起到了改革模板的作用。联合国人权条约成为许多国家制定或修订法律的指导原则，其规范所确立的标准成为国家修改法律所要达到的目标。《消除对妇女一切形式歧视公约》对国内法的影响让人印象深刻，许多国家制定了专门的妇女权利法典，或者旨在消除性别歧视的男女平等法案；更多的国家以敏感的性别视角审查国内法，并修订其中带有性别歧

---

① *Forum of Conscience v. Sierra Leone*, Comm. No. 223/98, 2000 AHRLR 293（ACHPR 2000）［Sierra Leone Coup case］.

② 非洲人权和民族权委员会"满意地注意到，在向塞拉利昂派去代表团后，塞拉利昂随即将法律修正得同宪章一致了"。根据代表受害人起诉的非政府组织正义论坛（Forum of Conscience）的成员 Thomas Maclean 的说法，委员会通过向政府施加压力，并提高案件的敏感度，加速了新法的通过。See Frans Viljoen and Lirette Louw, "State Compliance with the Recommendations of the African Commission on human rights and peoples' rights, 1994 – 2004", in 101 *the American Journal of International Law*, (1) 2007, p. 11.

视的规定。联合国人权条约机构的工作产出在国家修改法律中所发挥的影响作用也不容小视。比较多的国家依据条约机构在审查国家报告时发表的结论性意见的要求对法律进行了修改，或者制定新的法律。在这方面，儿童权利委员会的贡献是突出的。很多国家依据委员会的要求制定了新的保障儿童权利的专门立法，并在法律中尽量全面地涵盖《儿童权利公约》的内容。条约机构审理个人来文的意见对于促成有关国家修改法律也发挥了一定作用，但这种作用的潜力还有待进一步挖掘。为提高条约机构工作产出的影响力，一些条约机构启用了结论性意见和个人来文意见的后续行动程序。这一程序正在得到越来越多的缔约国的响应，它在提醒和督促缔约国执行条约机构的意见方面不失为一种有益的尝试。

相比之下，以欧洲为代表的区域人权条约体系对国家立法改革的推动作用更加明显。区域人权条约体系在被缔约国接受的普遍性上的优势、在条约机构决定的拘束力和执行力上的优势可以在一定程度上解释这种深刻的影响。相比较而言，欧洲人权条约体系与缔约国法律改革的关系更为密切，美洲次之，非洲又次。《欧洲人权公约》的普遍性和欧洲人权法院判决的执行力在三个区域人权条约体系中都是最强的。一方面，虽然美洲人权法院针对争议案件的判决对当事国也有法律拘束力，但是没有专门的机构监督判决的执行，对法院判决的执行主要依靠当事国的自愿。另一方面，《美洲人权公约》仍未被所有美洲国家组织的成员国接受，这也限制了其影响力。《非洲人权和民族权宪章》虽然也得到了非洲联盟成员的普遍批准，但是非洲人权和民族权委员会意见的效力仍是非常有限的。委员会的意见仅具有建议性质，不具有法律拘束力，更没有相应的机构或程序来监督缔约国执行委员会的意见。新近成立的非洲司法与人权法院的判决将由非洲联盟部长委员会监督执行，或将提高非洲人权条约体系对缔约国的影响力。

值得指出的是，无论联合国层面还是区域层面，条约机构在审理申诉案件时都可能会作出要求缔约国重开司法程序、重新审理的决定或建议。此时，因为国际救济须以用尽国内救济为前提，国内救济程序已经用尽并已终结，条约机构要求缔约国重开司法程序，这将构成对国内既有法律秩序的挑战。然而，一些国家依据实现个人人权的最高指导原则，采取了对国内法律进行扩大解释的灵活处理方式；有的国家甚至专门立法或修改法律，或对为执行国际人权机构的决定而需要采取的司法或行政措施进行特别立法。这些做法体现了国家认真执行国际人权条约义务的积极态度以及与国际人权条约机构进行合作的诚意。一些积极的迹象表明，在很多国家，适用国际人权条约已经成为一项自觉行动。

第五章
国际人权条约的司法适用

国家的成文宪法或者法律转述或融入国际人权条约的内容，这是各国适用国际人权条约的首要措施，是基础。但关键的问题还在于将这些纸面上的规范变为实践中的规范，这就需要司法机关能够切实执行这些规范。国内的法院以及其他的司法机构在作出实质性的决定时，适用人权条约的规范或者参照人权条约机构的意见，使纸面上的权利转变为现实的权利，这是各国适用国际人权条约的关键所在。

司法机关对国际人权条约的适用大体可以分为两个层次。第一个层次是，司法机关通过适用宪法关于基本权利的规定，或者适用法律中保障人权或基本权利的条款来达到间接适用国际人权条约的效果。如果国际人权条约在一国被界定为不具有直接适用性、不能够自动执行，那么，国内法院主要是通过适用宪法或法律来达到保障人权的目的。第二个层次是，司法机关通过直接适用国际人权条约来保障基本人权。实践表明，联合国层面和区域层面的人权条约得到了各国司法机关越来越频繁的引用。

本章分为两节，分别讨论国内法院对联合国人权条约和区域人权条约的适用状况。联合国人权条约体系的各个要素都是国家审判实践中考虑的重要因素。就规范要素而言，联合国人权条约被许多国家的法院看成解释宪法和法律以及裁判案件的依据；就机构要素和程序要素而言，联合国人权条约机构通过监督程序形成的结论性意见、个人来文意见、一般性评论频频被国内法院在审理案件时援引和参考。区域人权条约体系的规范、机构和程序要素对国家的司法实践的影响较联合国制度各要素所产生的影响力更为深刻；而欧洲、美洲、非洲人权条约体系在缔约国的司法实践中得到适用的程度又有所不同。

第一节　联合国人权条约在国内法院的适用

国际法被国内法院适用虽不是什么稀奇的事，但每有此例往往会引起人们的关注，并提出来详加讨论。而近年来关于国际人权法被国内法院适用的案例频频出现，当人们试图反思这一现象时，它似乎已成为一种趋势。例如，2008 年 5 月国际宪法协会（International Association of Constitutional Law）举行了题为"宪法法院中的国际法与国家宪法"的圆桌会议。会议召开的背景正是国家具有宪法管辖权的法院在审理案件时越来越频繁地考虑国际法，甚至是别国法院的判例；而宪法法院在审理基本权利的案件时适用国际人权法以及国际人权法院判例的趋势尤为明显。会上有来自 15 个国家的代表介绍了本国的宪法法院或最高法院适用国际人权法的情况。[①] 国内法院运用联合国人权条约以及联合国人权条约机构的意见来解释法律或审判案件的做法正在成为一种惯常实践。

一　国内法院根据联合国人权条约解释宪法

许多国家的法院在解释宪法基本权利时具有全球视野。有学者判断，国家对宪法权利进行"超越领土的解释"正在成为一种趋势。[②] 许多国家，例如安哥拉、佛得角、马拉维、南非，在宪法中明确授权其法院引用国际法或比较法。安哥拉宪法第 26 条第 2 款、佛得角宪法第 17 条第 3 款规定，关于基本权利的宪法或法律规范应该根据国际人权文件进行解释。马拉维宪法第 11 条第 2 款规定，法院在解释该国宪法时，应"适当考虑国际公法规范以及相关的外国判例法"。南非宪法第 36 条要求对基本权利的任何限制都必须是"在一个基于自由、平等和尊重人格尊严的开放、民主的社会中被认为是合理和正义的限制"；第 39 条规定，法院、法庭在解释权利法

---

① 关于此次圆桌会议的背景介绍，可访问国际宪法学会官方网站 www. iacl-aidc. org/en/e-vents. htm；关于本次圆桌会议的情况，可参阅莫纪宏等《宪法学的新发展》，中国社会科学出版社，2008，第 413～417 页。

② Nsongurua J. Udombana, "Interpreting rights globally: courts and constitutional rights in emerging democracies", in *African human rights law journal*, Vol. 5 no. 1 2005, p. 59.

案时"必须考虑国际法"并且"可以考虑外国法"。由此可见，国际法，尤其是国际人权条约，已经成为许多国家的法院在解释基本权利时的权威依据。

实践中，南非宪法法院在建立后收到的第一个案件国家诉马可瓦尼亚案中，即表示"国际协定和习惯国际法为评估和理解权利法案提供了框架"。① 此外，该案中法庭还援引了联合国人权事务委员会的决定，参考了欧洲人权法院，美国、加拿大、匈牙利、印度等国的法院的决定，以此证明以残忍和不人道的方法执行死刑是违宪的。在波恩·维斯塔社区居民诉南部城市地区委员会（Residents of Bon Vista Mansions v. Southern Metropolitan Local Council）案②中，南非的布德兰德（Budlender）法官明确表示，他运用国际法来解释权利法案，并指出"宪法的用语同国际文件的用语非常类似"。③ 澳大利亚高级法院的柯比（Kirby）法官在许多场合都表示，在他看来，参考国际人权标准，包括联合国人权条约机构的法理来解释宪法是适当的做法。④

加拿大魁北克人权法庭在多项决定中，特别是在解释魁北克的《人权和自由宪章》有关劳工权利的问题时，参考了《经济、社会和文化权利国际公约》。⑤ 冰岛最高法院在 2000 年 12 月 9 日作出的一项判决中裁定，一项减少残疾人社会保障费的新法，侵犯了《宪法》第 76 条第 1 款保障的最低社会福利权，因而是违宪的。法院在得出这一结论时，援引了《经济、社会和文化权利国际公约》第 9 条、第 11 条、第 12 条来解释宪法中的社会

---

① State v. T Makwanyane and M Mchunu, case No. CCT/3/94, Judgement, paras. 36 – 37.

② *Residents of Bon Vista Mansions v. Southern Metropolitan Local Council* (2002) 6 BCLR 625 (High Court Witwatersrand, Local Division).

③ *Residents of Bon Vista Mansions v. Southern Metropolitan Local Council* (2002) 6 BCLR 625 (High Court Witwatersrand, Local Division) at 629, para 15.

④ 最近的例子有 *Austin v. Commonwealth of Australia* [2003] HCA 3, at para 252 n 335 (referring to *Karttunen v. Finland*, Human Rights Committee, 23 October 1992); *Attorney General* (*WA*) *v. Marquet* [2003] HCA 67, paras 173 – 180 (referring to *General comment No 25*; concluding observations on Hong Kong, Paraguay, and Chile; and *Landinelli Silva v. Uruguay* (Communication No 34/78), and *Pietraroia v. Uruguay* (Communication No 44/79)). 然而，法院其他一些成员并不持这种观点，例如，Callinan J in *Western Australia v. Ward* (2002) 191 ALR 1, noted in (2003) 23 *Australian Yearbook of International Law* 234。

⑤ UN Doc. E/1999/22, para. 381.

福利权。①

综上可见，国内法院在解释宪法基本权利条款时援用国际人权条约，有宪法上的依据，有权威人士的认同，更有各国司法机关越来越广泛的实践支持。

二　国内法院根据联合国人权条约裁判案件

联合国人权条约除被国内法院作为据以解释宪法和法律的标准外，还被直接作为裁判案件的依据。

例如，在南非法院审理的国家诉夸雷斯（S. v. Kwalase）案②中，被告人被判犯有抢劫罪，并被判处 3 年监禁和 18 个月的缓刑，条件是在此期间他不犯有盗窃、蓄意抢劫或抢夺罪。被告人在犯罪时的年龄是 15 岁零 11 个月，之前曾犯有入室盗窃罪，宣判推迟 3 年进行。该案根据南非 1977 年第 51 号法令《南非刑事诉讼法》第 302 条和第 304 条的规定，需要接受自动审查。在审查中，高级法院对由地方法官审理未成年被告人提出了质疑。在驳回初审判决时，法院指出，在决定对未成年犯人的适当判决时，南非法院应该考虑到 1994 年之后的宪法特赦令以及国际法律规范。考虑到南非根据《儿童权利公约》承担的义务，法院运用了《联合国少年司法最低限度标准规则》（1985 年）（"北京规则"）和《联合国保护被剥夺自由少年规则》（1990 年）（"哈瓦那规则"）。因为儿童权利委员会曾建议缔约国，在运用《儿童权利公约》中关于未成年人司法的规定时应结合其他相关的国际文件进行考虑，例如《联合国少年司法最低限度标准规则》（"北京规则"）、《联合国保护被剥夺自由少年规则》（"哈瓦那规则"）以及《联合国预防少年犯罪准则》（"利雅得准则"）。③ 基尔希诉基尔希（Kirsh v. Kirsh）案④涉及一名儿童的母亲（被告）携子从南卡罗来纳搬到开普敦城。这位母亲无视两项法院命令，一项是关于父亲应该获得探视孩子的权利（后来改为临时的监护权），第二项是在未提前 60 天通知本案申请人的情况下母亲

---

① UN Doc. E/1994/104/ADD. 25, para. 9.
② 2000（2）SACR 135（C）.
③ UN Doc. CRC/C/GC/10，儿童权利委员会第 10 号一般性意见（2007 年）"少年司法中的儿童权利"，第 4 段。
④ （1999）2 All SA 193（Cape of Good Hope, Provincial Division）.

不得将孩子带离南卡罗来纳。高级法院命令案件应该交给约克郡家庭法院审理。高级法院在作出这项命令时，引用了南非宪法和《儿童权利公约》中规定的"儿童的最大利益"原则。法院指出："儿童的最大利益标准作为公约的四个关键条款之一，实际上是由儿童权利委员会界定出来的，这些条款是公约赖以存在的核心价值。"

在挪威，挪威公民杰克·埃里克·羞示于1995年以政党"白色选举联盟"负责人的身份发布了该党参加1997年大选的纲领原则。挪威奥斯陆城市法院认为该政党纲领中关于收养儿童的声明，即"我们让被收养的儿童继续待在挪威，条件是他们自身必须绝育"，违反了《刑法典》第135条之一，判处该政党负责人羞示60天监禁并处以罚金。挪威最高法院以12∶5的投票结果确认了奥斯陆城市法院的判决，认定羞示有罪。最高法院在解释《刑法典》第135条之一时援引了《消除一切形式种族歧视国际公约》、《欧洲人权公约》、《世界人权宣言》以及《公民权利和政治权利国际公约》的相关条款，并援引了欧洲人权法院的判例，如法格利梅尔文和哈根比克诉荷兰（Glimmerveen and Hagenbeek v. the Netherlands）①、汉迪赛德诉英国（Handyside v. the United Kingdom）②、屈嫩诉德国（KüHnen v. the Federal Republic of Germany）③、耶希尔德诉丹麦（Jersild v. Denmark）④、观察员和监护人诉英国（Observer and Guardian v. the United Kingdom）⑤、《星期日时报》诉英国（the Sunday Times v. the United Kingdom）⑥ 等。法院认为，在解释《刑法典》第135条时，《消除一切形式种族歧视国际公约》是最重要的法源。所援引的人权公约显示，表达自由必须在与保护不受种族歧视之间寻

---

① *Glimmerveen and Hagenbeek v. the Netherlands*, application no 8348/78；8406/78，decision of October 11 1979 by Commission，D. R. 18，p. 187.

② *Handyside v. the United Kingdom*，application no 5493/72，judgment of December 7 1976. Seris A，Vol. 24.

③ *KüHnen v. the Federal Republic of Germany*，Appl. no. 12194/86，decision of May 12 1988 by Commission.

④ *Jersild v. Denmark*，Appl. no. 15890/89，judgment of September 23 1994 by Grand Chamber，Seris A，Vol. 298.

⑤ *Observer and Guardian v. the United Kingdom*，application no 13585/88，judgment of November 26 1991，Seris A，Vol. 216.

⑥ *The Sunday Times v. the United Kingdom*，application no 13166/87，judgment of Novermber 26 1991，Seris A，Vol. 217.

找平衡。宪法第 100 条规定了言论自由，但是该规定必须按照社会的发展予以解释；挪威所承担的国际人权义务也必须考虑。这些义务之一是表达自由，但是基于反对种族歧视的保护也是一项基本人权，《刑法典》第 135 条的规定尤其旨在防止大规模种族主义言论的传播。因此，最高法院得出结论，本案中政党的纲领意味着对个人人格的严重侵犯，它们严重蔑视人的价值。纲领属于《刑法典》第 135 条之一的适用范围。①

1998 年，俄罗斯宪法法院受理了一起公民要求审查《俄罗斯苏维埃联邦社会主义共和国刑事诉讼法典》合宪性的案件。《俄罗斯苏维埃联邦社会主义共和国刑事诉讼法典》于 1960 年由俄罗斯苏维埃联邦社会主义共和国最高苏维埃通过。根据 1993 年《俄罗斯联邦宪法》，该刑事诉讼法典一直适用到 2002 年 7 月 1 日。在法典生效期间的 1986 年 9 月 23 日，俄罗斯公民 B. B. 沙格利因故意杀人罪被判处 15 年监禁。根据该刑事诉讼法典第 325 条第 5 款，被告人对俄罗斯联邦最高法院的刑事判决，不得依上诉程序提出上诉或抗诉。后来，被告人根据《俄罗斯联邦宪法》和《俄罗斯联邦宪法法院法》的规定，提起了宪法控告。俄罗斯联邦宪法法院于 1998 年 7 月 6 日通过决议，决议中称俄罗斯联邦宪法第 50 条第 3 款规定，"每个因犯罪被判刑的人享有由上级法院按照联邦法律规定程序重新审议其判决的权利"。被判刑人的这一宪法权利，也被苏联最高苏维埃主席团于 1973 年 9 月 18 日批准，并于 1976 年 3 月 23 日生效的《公民权利和政治权利国际公约》第 14 条第 5 款加以确认。上述宪法规定和国际公约的规定，都是在 B. B. 沙格利的判决作出之前生效的。这一宪法权利具有绝对性，联邦立法机关无权限制被判刑人的上述权利。② 在这一案件中，《公民权利和政治权利国际公约》的规定成为确认当事人权利的直接依据。

法国是在国际条约与国内法关系中奉行所谓"一元论"的国家。但即便如此，法国还是制定了一些标准来判断国际条约是否达到直接适用性。一般认为，已经缔结并颁布的条约在国内具有法律效力。但是，对于国际人权法条款本身是否能够自动执行这一问题，国家一般会审定条约条款是

---

① 挪威最高法院 1997 年 11 月 28 日决定，《1997 年最高法院公报》第 1821 页以下，转引自韩大元、莫纪宏主编《外国宪法判例》，中国人民大学出版社，2005，第 150～178 页。

② 《俄罗斯联邦宪法法院的决议和裁定（1997～1998）》，1998 年 7 月 6 日，转引自韩大元、莫纪宏主编《外国宪法判例》，中国人民大学出版社，2005，第 235～240 页。

否达到对其国民的权利和义务作出规定所需的足够具体的程度，与此同时，还会考虑条款的宗旨、内容和措辞。但是，这种判断带有很大的主观性，不同的国家对同一条约会得出不同的结论；同一国家的法院在不同的时期也可能得出不同的结论。例如，最近法国有关《儿童权利公约》的案例就说明了这一点。最初，最高上诉法院总体拒绝了该公约的自动执行性，依据是："……该项公约只对缔约国规定了义务，无法作为国内法直接援引。"① 但是，2005 年，也就是该公约生效 15 年之后，最高上诉法院第一民事厅推翻了其先前的判例。该法院在 2005 年 5 月 18 日的决定②中第一次以十分明确的方式适用了《儿童权利公约》。2005 年最高上诉法院的报告强调指出："最高民事厅原本可以只适用本国的法律条款，但是在向涉案各方说明之后，决定自动依据《儿童权利公约》第 3 条第 1 款和第 12 条第 2 款提出论点，从而肯定了该项文书超越本国法规的地位。这与最高行政法院（Conseil d'Etat）的立场相一致。最高行政法院曾宣称赞同直接适用该公约的某些条款，尤其是第 3 条第 1 款，以此要求政府将儿童的最大利益作为最高考虑因素，也就是说，必须超越任何其他考虑。尽管第一民事厅立场的改变看来具有重大意义，但是这只涉及《儿童权利公约》的两项条款……这些决定所推动的趋势③并没有到此为止，而最高上诉法院毫无疑问会对公约其他条款是否具有自动执行的性质陈述其意见。"④

还有许多国家的法院在审判实践中援引了联合国人权公约来审判案件。例如，西班牙宪法法院 1991 年 2 月 14 日宣判，少年法庭以往采取的程序不合宪法规定，宪法法院在裁决中明确援引了《儿童权利公约》第 40 条第 2（b）款全文，最后指出，西班牙宪法规定的所有基本权利在对未成年人的刑事诉讼中也应得到尊重。⑤ 哥伦比亚宪法法院在一个关于国际人权条约地位的判例中给予了国际人权条约等同于宪法的地位。⑥ 1992 年哥伦比亚宪法

---

① 1993 年 3 月 10 日，第 103 号公告；1993 年 6 月 2 日，第 195 号公告；1993 年 7 月 15 日，第 259 号公告；1995 年 1 月 4 日，第 2 号公告。

② 2005 年第 212 号公告。

③ 参看 2005 年 6 月 14 日的决定，第 245 号公告。

④ 转引自 UN Doc. A/HRC/Sub. 1/58/5，特别报告员关于"普遍落实国际人权条约"的最后报告。

⑤ UN Doc. A/51/41，para. 270.

⑥ UN Doc. A/52/40，para. 270.

法院根据《消除对妇女一切形式歧视公约》第 11 条的规定，确立了家务劳动应有报酬的判例。① 此外，该国宪法法院还根据《消除对妇女一切形式歧视公约》以及消除对妇女歧视委员会的一般性建议的有关条款，形成了如下裁决：（1）反对学校因一名女学生怀孕而将其驱逐出校，应重新接纳该学生；（2）小学有义务提供性教育。② 秘鲁宪法法院和最高法院就军事刑事司法系统的权限和管辖权问题发表意见时提到了国际及区域人权标准，这一实践得到了禁止酷刑委员会的肯定。③ 白俄罗斯宪法法院曾作出裁决，承认《公民权利和政治权利国际公约》的效力高于国内法，并根据公约第 15 条宣布不得追溯适用刑法。④ 摩洛哥司法部长在 2003 年 4 月 7 日提交给人权事务委员会的信件中提到，该国最高法院 2000 年 9 月 26 日决定《公民权利和政治权利国际公约》第 11 条具有优先于国内法和惯例的地位。公约的这一条款禁止对无能力履行约定义务的人实行监禁。司法部长在该信中表示，摩洛哥已要求各上诉法庭和一审法庭首席公共检察官适用公约第 11 条，并将所有因此被判刑的服刑者的案件交回各法庭审判。⑤ 埃及最高宪法法院援引《经济、社会和文化权利国际公约》的条款，无罪开释了因 1986 年举行罢工而遭到起诉的铁路工人，并宣布应对《刑法》作出修订，以准许罢工。⑥

　　有一些国家通过法令、通知、声明等形式确认了国际人权条约在司法实践中的直接适用性。例如，乌兹别克斯坦第 40 号法令指示公诉人直接采用《禁止酷刑公约》的条款。⑦ 俄罗斯最高法院合议庭 2003 年 10 月 10 日的一项裁决要求，普通法院在审理案件时有义务以有关国际条约，包括国际人权条约为准绳。⑧ 另有一些国家向国际人权条约机构表示，他们的司法机构经常引用国际人权条约。印度在向人权事务委员会所作的第三次报告

---

① UN Doc. A/50/38, para. 606.
② UN Doc. CEDAW/C/COL/2－3/REV. 1，哥伦比亚向消除对妇女歧视委员会递交的第 2～3 次报告。
③ UN Doc. A/61/44, para. 33 (6).
④ UN Doc. CCPR/C/84/ADD. 4 和 ADD. 7，白俄罗斯向人权事务委员会递交的第 4 次报告。
⑤ UN Doc. A/60/40, para. 84 (6).
⑥ UN Doc. E/1999/5/ADD. 38，埃及向经济、社会和文化权利委员会递交的初次报告。
⑦ UN Doc. A/63/44, para. 37 (3) (e).
⑧ UN Doc. A/59/40, para. 64 (5).

中说，印度的各个法院特别是最高法院经常援引国际人权条约的规定。① 人权事务委员会注意到《公民权利和政治权利国际公约》得到了斯洛文尼亚最高法院和宪法法院的直接运用。② 瑞士则表示，《公民权利和政治权利国际公约》已经成为瑞士法律体系的一个组成部分，具有高于国内法的地位，个人可以在法庭上直接援引其中的规定，法官也可以直接引用公约。瑞士法院特别是联邦法院，已经几度引用《公民权利和政治权利国际公约》的规定，还提到条约机构的一般性评论。③ 斯洛伐克也表示其宪法法院曾引用人权条约的规定，包括参考条约机构的一般性评论。④

第二节　联合国人权条约机构的意见在国内法院的适用

经年累月，条约机构的工作已经产出了相当可观的成果，成为条约机构自身、政府、法院、法庭、律师、非政府组织及其他相关实体解释和适用人权条约时越来越重要的参考，与缔约国履行条约下的义务息息相关。

条约机构工作产出的主要形式包括各条约机构通过的一般性评论或一般性建议、针对国家报告的结论性意见、针对个人来文的意见、禁止酷刑委员会和消除对妇女歧视委员会的调查结果、委员会和缔约国代表的建设性对话（通常概括性地包含在条约机构记录中）等。最近几年国内法院在审判实践中适用条约机构工作产出的例子越来越多，其中两类成果备受关注，一是条约机构针对个人来文发表的意见，二是条约机构发表的一般性评论或称一般性建议。

一　国内法院对条约机构个人来文意见的适用

虽然联合国条约机构对个人来文的意见并不像欧洲人权法院或者美洲人权法院的判决那样，在国际法上具有正式的法律拘束力，但是随着人权

---

① UN Doc. CCPR/C/76/Add. 6.

② UN Doc. A/60/40, para. 93 (4).

③ UN Doc. CCPR/C/81/ADD. 8, 瑞士向人权事务委员会递交的初次报告。

④ UN Doc. CCPR/C/81/ADD. 9, 斯洛伐克向人权事务委员会递交的初次报告。

意识的提升，国内法院越来越重视这些意见，并频频将其援用到案件的审理中。

（一）　人权事务委员会的意见

在联合国的人权条约机构中，人权事务委员会受理的个人来文数量最多，它所发表的意见也最为国内法院所关注。

在阿尔马斯里（Al Masri）案①中，澳大利亚联邦法院面临允许对寻求庇护者进行拘留的立法权力的解释问题。法院指出，对法案进行解释的一般原则是，尽可能将法案解释得同澳大利亚的国际义务相一致。本案涉及《公民权利和政治权利国际公约》第9条第1款和第4款规定的保证免遭任意拘留以及对拘留的合法性保证获得司法审查的权利。考虑到第9条的立法背景，以及人权事务委员会对胡果·范·阿尔芬诉荷兰（Hugo Van Alphen v. Netherlands）案②以及A诉澳大利亚（A v. Australia）案③的决定，澳大利亚法院遵循了人权事务委员会在上述案件中的解释，认为第9条不仅要求对自由的剥夺须经法律的授权，而且要满足非任意性的实质标准。在本案中，这意味着拘留的必要性"起码需要满足一个潜在的限制，即强制拘留的期限不得超过在可合理预见的将来被拘留者因无希望或无实际迁徙可能而被释放所需要的时间"。④

虽然日本并没有接受人权事务委员会受理个人申诉的职权，但是日本的法院经常在审理案件时参考该委员会的意见。1997年11月25日，日本高松高级法院（Takamatsu High Court）在讨论一般法律原则、《欧洲人权公约》的概念以及其他不具有法律拘束力的文件在解释《公民权利和政治权

---

① *Minister for Immigration & Multicultural & Indigenous Affairs v. Al Masri* [2003] FCAFC 70 (15 April 2003), http://www.austlii.edu.au/au/cases/cth/FCAFC/2003/70.html. 本案上诉到了澳大利亚高级法院。在 Al-Kateb v. Godwin（[2004] HCA 37 (6 August 2004)）案中，高级法院作出了不同于阿尔马斯里案（Al Masri）的结论，并且推翻了那个案例。

② UN Doc. A/45/40, Vol. II. Communication No 305/1988, Hugo van Alphen v. the Netherlands.

③ UN Doc. A/52/40, Vol. II, Communication No 560/1993, A. v. Australia.

④ "it would be necessary to read it as subject, at the very least, to an implied limitation that the period of mandatory detention does not extend to a time when there is no real likelihood or prospect in the reasonably foreseeable future of a detained person being removed and thus released from detention". See *Minister for Immigration & Multicultural & Indigenous Affairs v Al Masri* [2003] FCAFC 70 (15 April 2003), para 155. Available at http://www.austlii.edu.au/au/cases/cth/FCAFC/2003/70.html.

利国际公约》的相关性时，提到了人权事务委员会对莫拉埃尔诉法国（Morael v. France）案①的意见。② 但是，日本法院对待该委员会的意见的态度并不是一贯的。东京地区法院在 1998 年 6 月 23 日的一个判决中，否认了原告提出的人权事务委员会关于盖伊与其他人诉法国案的意见与所审理的案件具有相关性的主张，认为该委员会的意见最多只能作为解释法律的辅助手段。③ 尽管如此，这表明东京地区法院在解释法律时还是会考虑条约机构的一般性评论。

新西兰高级法院审理的艾哈迈德·扎维诉司法部长（Ahmed Zaoui v. Attorney General）一案涉及个人基于安全理由而被逮捕的问题。彼特森（Paterson）法官在论证拘留的合法性时，提到了人权事务委员会在 A 诉澳大利亚案的决定中关于任意拘留的概念，认为本案的拘留不属于任意拘留。④

挪威最高法院审理的海外工人工会联盟（Federation of Offshore Workers Trade Unions，Oljearbeidernes Fellessammenslutning，OFS）一案⑤涉及暂行条例中关于海外石油公司联盟与其雇员之间的争议强制仲裁解决条款以及禁止罢工条款的合法性。法院驳回了公司联盟方面关于禁止罢工违反了挪威承担的国际法律义务的主张，在作出这一决定时，法院考虑了人权事务委员会在 J. B. 与其他人诉加拿大（J. B. el al. v. Canada）案⑥中的意见。人权事务委员会在来文意见中认为，尽管罢工权利在《经济、社会和文化权利国际公约》第 8 条第 1 款（d）项中明确提及，但是它并不属于《公民权利和政治权利国际公约》第 22 条规定的范围。法院还考虑了欧洲人权法院以

---

① UN Doc. A/44/40, Communication No 207/1986, Yves Morael v. France.

② 1653 HANREI JIHO（判例時報）117, 120 – 121, 41 JAPANESE ANN. INT'L L. 87（1998）.

③ See also Yuji Iwasawa, *International Law*, *Human Rights*, *and Japanese Law*, Clarendon Press, 1998, p. 119, note 402.

④ High Court of New Zealand, 16 July 2004, para. 81. 此案后上诉到新西兰最高法院，相关判决可参阅 Zaoui v the Attorney-General and Ors, SC CIV 13/2004 [9 December 2004].

⑤ Supreme Court of Norway, Rt 1997 – 580. 该案后被诉至欧洲人权法院，但被裁定不予受理。See *Federation of Offshore Workers Trade Unions and others v. Norway*, application no 38190/97, Decision（third session）, 27 June 2002.

⑥ UN Doc. A/41/40, Communication No 118/1982, J. B. et al. V. Canada.

及国际劳工组织的相关论证。① 在 KRL 课程案②中，部分学生家长因为挪威当局拒绝颁发允许其子女全部免修学校安排的"基督教、宗教和哲学取向"课程的许可，而向挪威最高法院提出了申诉。原告认为，当前的制度与可予适用的保障宗教自由的国际义务、父母有权根据自己的宗教和哲学信仰让子女接受教育的权利以及《欧洲人权公约》、《公民权利和政治权利国际公约》、《经济、社会和文化权利国际公约》、《儿童权利公约》中规定的非歧视的规定相冲突。最高法院在审理该案时，考虑了人权事务委员会关于第 18 条的第 22 号一般性评论、关于非歧视的第 18 号一般性评论、委员会针对哈尔蒂凯宁诉芬兰（Hartikainen v. Finland）来文③的意见，以及委员会针对挪威递交的定期国家报告的结论性意见④、儿童权利委员会针对挪威报告的结论性意见⑤等国际人权文件。挪威最高法院还详细讨论了欧洲人权法院的相关判例法。⑥

坦桑尼亚高级法院在坦桑尼亚共和国诉姆布舒与另一人（Republic of Tanzania v. Mbushuu and Another）案⑦中裁定死刑是违宪的，并要求对两名被告人减刑为终生监禁。在本案的上诉案件姆布舒与另一人诉坦桑尼亚共和国（Mbushuu and Another v. Republic of Tanzania）案⑧中，死刑被认为是合宪的，高级法院关于终身监禁的判决被撤销了。作为被上诉人的国家检察官提到了人权事务委员会对萨克利夫诉牙买加（Sutcliffe v. Jamaica）来文⑨的意见来支持其主张，即迟延执行死刑并不构成残忍或不人道的刑罚。⑩

---

① 本案详细的背景介绍，可参考 *Federation of Offshore Workers' Trade Unions and others v. Norway*，European Court of Human Rights，Application No 38190/97，法院在 2002 年 6 月 27 日作出的关于可否受理的决定中，认为本案不可以受理。

② Supreme Court of Norway, Rt 2001 - 1006（192 - 2001）.

③ Human rights committee, Communication No 40/1978.

④ UN Doc. CCPR/C/79/Add. 27 and CCPR/C/79/Add. 12.

⑤ UN Doc. CRC/C/15/Add. 23, and CRC/C/15/Add. 126.

⑥ 递交给欧洲人权法院的案件。*Folgerø and others v. Norway*，Application No 15472/02.

⑦ ［1994］2 LRC 335.

⑧ ［1995］1 LRC 216（CA, Tanzania）.

⑨ UN Doc. A/47/40, Communications 270 and 271/1988, *Barrett and Sutcliffe v. Jamaica*, paras. 3.5 and 3.4.

⑩ ［1995］1 LRC 216, p. 223, para. f.

被上诉人认为："相反，迟延执行死刑还可能给被判处有罪的犯罪人燃起希望。"①

　　在英国的女王（代表巴特曼和另一人）诉内务部部长（Regina v. Secretary of State for the Home Department, Ex parte Bateman and Another）案②中，巴特曼寻求获得赔偿，他曾被作出有罪判决并被判处拘留，但该有罪判决最终在上诉审中被推翻了。巴特曼援引了《公民权利和政治权利国际公约》第 14 条第 6 款，该条的效力已经得到英国法律《刑事司法法案》（Criminal Justice Act）第 133 条的确认。本案涉及的问题是对于被推翻的有罪判决是否可以支付赔偿，或者这种法律规定的"新的或新查明的事实具有决定性地（排除合理怀疑）显示存在对司法的应用失误"是否仅适用于赦免案。地区法院考虑了人权事务委员会在穆霍宁诉芬兰（Muhonen v. Finland）案③中的观点，得出结论认为，那个限定性短语不仅适用于赦免案，也适用于被上诉法院推翻的有罪判决。在女王（代表乌拉）诉特别裁判者（Regina v. Special Adjudicator, ex parte Ullah）案④中，法官引用了人权事务委员会在 A. R. J. 诉澳大利亚（A. R. J. v. Australia）案⑤中通过的决定，证明英国有义务不将个人移交给存在侵犯人权的实质风险的国家。⑥ 在纳德拉贾诉内务部部长（Nadarajah v. Secretary of State for the Home Department）案⑦中，上诉法院提到了辩护律师所援引的人权事务委员会的意见来支持寻求庇护者不受逮捕的一般原则。⑧

　　人权事务委员会通过对第 526/1993 号来文迈克尔·希尔和布莱恩·希尔诉西班牙（Michael Hill & Brian Hill v. Spain）的意见后，来文申请人于

---

① 　[1995] 1 LRC 216, p. 223, paras. e – f.

② 　Queen's Bench Division (Crown Office List), *The Times*, 10 May 1993, CO/1170/92.

③ 　UN Doc. CCPR/C/24/D/89/1981, Communication No 89/1981, 8 April 1985.

④ 　*Regina v. Speical Adjudicator (Respondent) ex parte Ullah (FC) (appellant); Do (FC) (Appellant) v. Secretary of State for the Home Department (Respondent)*, [2004] UKHL 26, on appeal from: [2002] EWCA Civ 1856.

⑤ 　UN Doc. A/52/40, vol. II. Communication No 692/1996, A. R. J. v. Australia.

⑥ 　[2004] UKHL 26, para. 23.

⑦ 　[2003] EWCA Civ 1768, [2003] All ER (D) 129 (Dec).

⑧ 　[2003] EWCA Civ 1768, [2003] All ER (D) 129 (Dec), 第 49 段（提到了辩护律师根据 B v. Australia 案的主张，Communication No 1014/2001, views of 18 September 2003, para. 7. 2)。

2000 年 9 月 12 日来信通知委员会说，提起诉讼 27 个月以后，他们还在等待西班牙当局对行政索赔作出判决。他们指称，这个程序本不应该超过 8 个月。2001 年 1 月 22 日的一份新闻稿显示，西班牙宪法法院已经裁定，必须将人权事务委员会的意见视为新事实，因此，最高法院可以根据"非常补救办法"复审这个案件。这样，申请人就有机会获得包括补偿在内的切实的补救。① 本案中，西班牙宪法法院援引了人权事务委员会针对该国的个人来文意见，实际上也是西班牙执行委员会意见的体现。

除上述案例外，伯利兹、加拿大、捷克、德国、中国香港、爱尔兰、纳米比亚、尼日利亚、南非、津巴布韦等国家和地区的法院在实践中都曾援用过人权事务委员会针对个人来文的意见。② 这些意见并不一定是针对本国或本地区的，相反，大部分被援用的条约机构的意见都是针对其他国家的。另外，未接受人权事务委员会申诉管辖权的国家，例如日本也曾多次援引委员会的意见。由此可见，人权事务委员会针对个人来文的意见具有广泛影响力。

（二）禁止酷刑委员会的意见

禁止酷刑委员会针对个人来文的意见也经常为国家的法院所援用。例如，加拿大联邦法院审理的布阿瓦尼诉加拿大国籍与移民部（Bouaouni v. Canada〔Minister of Citizenship and Immigration〕）案③ 中，布兰查德（Blanchard）法官在确定解释《移民与难民保护法案》相关条款应予适用的标准时，仔细考虑了禁止酷刑委员会对卡恩诉加拿大（Khan v. Canada）案④和塔拉诉瑞典（Tala v. Sweden）案⑤的意见。这项《移民与难民保护法案》保护个人免于被迁移到有实质性理由相信他可能受到《禁止酷刑公约》

---

① 案情及缔约国的后续答复，参见 UN Doc. A/52/40；A/53/40，Vol. 1，para. 499。

② 相关的案例，可以参阅国际法协会（International Law Association）的报告：International Law Association, *Final report on the impact of Findings of the United Nations human rights treaties bodies*, by Committee on International Human Rights Law and Practice, Berlin Conference（2004）.

③ 〔2003〕FCJ No 1540, at paras 38 - 40；2003 Fed CC LEXIS 1534；Federal Court, *Bouaouni v. Canada（Minister of Citizenship and Immigration）*, 2003 FC 1211（2003），judgment of 20 October 2003。

④ CAT/C/13/D/15/1994, comm. No. 15/1994.

⑤ UN Doc. A/52/44, Annex V, Kaveh Yaragh Tala v. Sweden, comm. No. 43/1996.

第 1 条规定的酷刑威胁的地方。①

　　英国上议院在 A 与其他人诉内政部部长（A and others v. Secretary of State for the Home Department）案②中，审理了根据英国反恐怖主义立法被拘留的众多个人针对特别移民上诉委员会（Special Immigration Appeals Commission）的决定所提出的申诉。其中的一个问题是，由英国领土之外的人而不是英国的官员通过酷刑获取的证据是否可以作为针对被拘留者的证据。法院的所有成员都提到了禁止酷刑委员会在 P. E. 女士诉法国（Ms. P. E. v. France）案③中的意见，④ 还有两位成员提到了人权事务委员会关于第 7 条的一般性评论。

　　禁止酷刑委员会于 2001 年 5 月 11 日通过了针对第 113/1998 号来文里斯蒂克诉塞尔维亚和黑山（Ristic v. Serbia and Montenegro）案⑤的意见。本案的情况是：塞尔维亚和黑山在受害者死亡原因不明的情况下没有对关于酷刑的指控进行调查。委员会认为，塞尔维亚和黑山的行为违反了公约第 12 条和第 13 条，并建议其立即进行有关酷刑的调查，并采取适当的补救办法。塞尔维亚和黑山于 2005 年 8 月 5 日通过普通照会确认，贝尔格莱德市第一法院 2004 年 12 月 30 日裁定，应向受害人的父母支付赔偿。但是，由于此案正在向贝尔格莱德地区法院上诉，该裁定当时既未生效，也无法执行。后来，塞尔维亚和黑山通知禁止酷刑委员会，贝尔格莱德市法院已裁定，要求对里斯蒂克先生的死亡原因进行彻底公正的调查的请求不可受理。而此前有指控称，里斯蒂克先生的死是警察暴力所致。市法院的这一裁定使禁止酷刑委员会的意见得不到执行。2006 年 7 月 28 日，该国再次通知委员会，此案已有转机。2006 年 2 月 8 日，塞尔维亚最高法院认为塞尔维亚

---

①　Immigration and Refugee Protection Act, SC 2001, c 27, s 97（1）（a）. See also *Thamotharampillai v Minister of Citizenship and Immigration*（2001）84 CRR（2d）346; 2001 CRR LEXIS 45; 2001 FCT 370, at para 29（Federal Court Trial Division）（referring to *Tahir Hussain Khan v Canada*, Comm No 15/1994, CAT/C/13/D/15/1994, 18 November 1994）.

②　[2005] UKHL 71, on appeal from [*2004*] *EWCA Civ 1123*, Opinions of the Lords of Appeal for Judgment in the Cause, on 8 December 2005.

③　UN Doc. CAT/C/29/193/2001, comm. No 193/2001, Ms. P. E. v. France.

④　[2004] EWCA Civ 1123（Eng CA）（11 August 2004）, At paras. 108, 136（Pill LJ）, 271（Laws LJ）, and 450（Neuberger LJ）.

⑤　案情及缔约国的答复，参见 UN Doc. A/59/44; A/60/44; A/61/44; A/62/44.

和黑山国家联盟必须按照《禁止酷刑公约》履行义务，还认定联盟对未能即时公正全面调查里斯蒂克的死因一事负有责任。至此，禁止酷刑委员会的决定终于通过塞尔维亚和黑山的法院得到了执行。

二　国内法院对条约机构一般性评论的适用

联合国核心人权条约的每个条约机构都有发表一般性评论或建议（General Comments/General Recommendations）的职能。这些评论一般针对人权条约的某一项或几项具体规定，内容包括条约机构对该规定的详尽解读、条约机构认为缔约国应当根据该规定承担哪些义务以及条约机构对缔约国履行义务的建议等。条约机构的一般性评论虽然仅为建议性质，不具有法律拘束力，但是鉴于条约机构专家在相关领域的权威性，这些评论往往被学者甚至一些国家看成对人权条约的一种解释，甚至在一定程度上发展了人权条约。条约机构也经常要求缔约国参照一般性评论履行条约的义务。实践中，这些评论日益受到缔约国的重视。国内法院通常将人权事务委员会的一般性评论视为"解释《公民权利和政治权利国际公约》的主要渊源"。① 它的决定"具有说服力"，② 或者"很具有说服力和权威性"，③ 或"与歧视问题直接相关"。④ 经济、社会和文化权利委员会的一般性评论被描述为"尽管不具有直接的约束力，但是在解释和发展盟约的法理方面是重要的"。⑤ 一般性评论或建议被认为是"解释国内宪法、立法以及普通法发展方面应予参考的基本要点"。⑥

（一）　人权事务委员会的一般性评论

许多国家的法院在审理案件时会参考人权事务委员会的一般性评论。

---

① *Maria v. McElroy*, 68 F Supp 2d 206, 232（EDNY 27 August 1999）.

② *Nicholls v. Registrar of the Court of Appeal*［1998］2 NZLR 385, at 461（New Zealand Court of Appeal, Smellie J）.

③ *Nicholls v. Registrar of the Court of Appeal*［1998］2 NZLR 385, at 405（New Zealand Court of Appeal, Eichelbaum CJ）.

④ *Quilter v. Attorney General*, CA 200/96（N. Z. CT. APP. 1997）, See also［1998］1 NZLR 523, at 577（New Zealand Court of Appeal, Tipping J）.

⑤ *A and B v. Regierungsrat des Kantons Zürich*, Judgment of 22 September 2000, § 2（g）, Swiss Federal Supreme Court（*Bundesgerichtf*）.

⑥ *Northern Regional Health Authority v. Human Rights Commission*［1998］2 NZLR 218, at 235（High Court of New Zealand, Cartwright J）.

加拿大最高法院在审理案件时就曾援引人权事务委员会的多项一般性评论。最高法院在审理索维诉加拿大总选举事务主任（Sauvé v. Canada〔Chief Electoral Officer〕）案①时认为，加拿大选举法第51条（e）项禁止被判处两年或以上监禁的在押囚犯参加联邦选举，这一规定违反了《加拿大权利和自由宪章》第3条保障的选举权，而且这一规定也不属于宪章第1条所描述的例外。法庭的判决提到了《公民权利和政治权利国际公约》第25条，并且指出，人权事务委员会在第25号一般性评论中声明："对选举权利的限制应该'客观合理'，'如果犯有某种罪行构成中止选举权利的理由，那么中止期限应该与其所犯罪行和获判的刑罚相适应'。"②在此案中，加拿大法院援用了条约机构的一般性评论来解释法律。

苏雷什诉加拿大国籍与移民部（Suresh v. Canada〔Minister of Citizenship and Immigration〕）案③针对的是将一位斯里兰卡泰米尔猛虎组织的成员以国家安全为由驱逐回斯里兰卡的决定。这位斯里兰卡人符合国际公约中所说的难民的条件。最高法院考虑了《公民权利和政治权利国际公约》和《禁止酷刑公约》是否禁止这样的驱逐，以及《禁止酷刑公约》与《难民公约》之间的关系。在关于《公民权利和政治权利国际公约》第7条是否禁止将某人驱逐到一个他可能会面临酷刑的国家时，法院论证道："（第66段）……尽管《公民权利和政治权利国际公约》的规定本身没有专门解决将一个人驱逐到可能面临酷刑的地方的问题，但是对《公民权利和政治权利国际公约》的第20号一般性评论明确了公约的第7条意在涵盖这样的情况。"法院继续解释道："缔约国不应通过引渡、驱逐或其他手段使个人回到另一国时……面临酷刑的危险（一般性评论第9段）。我们不同意罗伯斯通（Roberston）法官认为第20号一般性评论因为同第7条的用语相冲突而应予忽略的观点。我们认为，两项规定之间并不存在冲突。第20号一般性评论与第7条并不矛盾，相反，前者是对后者的解释。并不存在任何障碍阻止缔约国同时遵守第7条和第20号一般性评论；第20号一般性评论也没有贬损第7条的规定。结合一般性评论来解读《公民权利和政治权利国际公约》的明确规定，

① 〔2002〕3 S. C. R. 519, 2002 SCC 68.
② 〔2002〕3 S. C. R. 519, 2002 SCC 68, 第133段；第25号一般性评论，第4段和第14段。
③ 〔2002〕1 S. C. R. 3, 2002 SCC 1.

它意在防止国家将个人驱逐到任何可能面临酷刑的地方。"很显然，在这一案例中，加拿大最高法院直接依据人权事务委员会的第 20 号一般性评论作出了判决。

日本大阪高等法院在 1996 年 6 月 28 日的一个判决中，重申了其两年前在另一个案件①中的主张："人们应该考虑到'一般性评论'或'建议'……应该将其作为解释《公民权利和政治权利国际公约》的补充资料。另外，在内容上具有类似性质的国际公约，例如《欧洲人权公约》及其法理也可以成为解释《公民权利和政治权利国际公约》的补充资料。"在 1994 年的一个案件中，法院审查了对居住在日本的外国人进行指纹识别是否违反《公民权利和政治权利国际公约》第 7 条和第 26 条。法院的结论是，这么做"毫无疑问"构成对公约的违反。在得出这一结论的过程中，法院直截了当地援引了人权事务委员会第 20 号、第 15 号和第 18 号一般性评论，此外还援引了人权事务委员会对个人来文的意见。但是，在另外的案件中，日本法院却认为，一般性评论不应被看成对条约的权威解释，因此它们并不对日本产生拘束效力。例如，1999 年 2 月 26 日东京地区法院裁定，"一般性评论对日本没有拘束力"。② 在 2001 年 3 月 15 日的另一起案件中，东京地区法院裁定，"一般性评论既不代表对《公民权利和政治权利国际公约》的权威解释，也不能约束日本对条约的解释"。③ 可见，即便是在同一国家，不同法院的不同法官对于条约机构的一般性评论的理解也是有差异的，甚至持相反的意见。

拉脱维亚宪法法院于 2002 年 9 月 23 日审理了一个针对选举法的案件。④ 该国的《选举法》规定，一个政党只有获得至少 5% 的选票才可以在立法机构获得席位。申请人援引了拉脱维亚宪法、《〈欧洲人权公约〉第一议定书》第 3 条以及《公民权利和政治权利国际公约》第 25 条来质疑《选举法》的

---

① Judgment of 28 October 1994, Osaka High Ct, 1513 HANREI JIHO（判例時報）71, 87, 38 JAPA-NESE ANN INT'L L 118（1995）, See also Yuji Iwasawa, *International Law*, *Human Rights*, and *Japanese Law*, Clarendon Press, 1998, p. 118.
② 47 SHOMU GEPPO（庶務月報）3640, 3682.
③ 1784 HANREI JIHO（判例時報）67, 74.
④ Constitutional Court of Republic of Latvia, Case No 2002 – 08 – 01, "On the Compliance of Article 38（the Second sentence of its first part）of the Saeima Election Law with Articles 6, 8, 91 and 116 of the Satversme".

有关规定。宪法法院考虑了人权事务委员会的第 25 号一般性评论，以及欧
洲人权法院的判例，最终得出结论，认为受到质疑的立法规定并没有构成
对选举权的不合理限制，与保证选举人意志的自由表达的要求相一致。2000
年 8 月 30 日，在宪法法院审理的另一起关于选举法的案件①中，许多持不
同意见的法官援引了人权事务委员会的一般性评论。案件涉及的问题是，
限制拉脱维亚公民中的某些群体参加国家和地区选举的权利，这种做法是
否合法合宪。参加过或者是在某些组织担任积极分子的人被认为是在从事
破坏民主建设的工作，他们的选举权利因此而受到限制。宪法法院认为，
对他们选举权利的限制是行使政治权利的合理限制。持反对意见的法官则
认为应当结合《公民权利和政治权利国际公约》第 25 条和第 26 条的规定
来考虑这一问题；而公约第 26 条应根据第 18 号一般性评论进行解释。根据
这些国际人权文件，持反对意见的法官认为选举法的有关规定侵犯了申诉
者的人权。

　　波兰宪法法院 1999 年 1 月 27 日审查了一项法律的合宪性。② 这项法律
规定的内容是：如果一位律师的配偶正在担任法官、检察官职位或者是受
律师界控制的机构的成员，则这位律师不得继续执业。③ 作为申请人之一的
波兰督察专员援引了人权事务委员会第 13 号一般性评论，该评论为判定法
官的公正性确立了标准。确定法官公正性的主要条款规定在《公民权利和
政治权利国际公约》第 14 条中，该条只涉及法官的任命、资格要求、晋升
条件、津贴以及他们与行政权力和司法权力在事实上的独立性，但是并没
有要求缔约国将这一义务延伸到上述立法中所要求的程度。宪法法院因此
得出结论：这些立法措施机械地限制了职业自由，与其所追求的目的不相
称，故而无效。

　　除此之外，匈牙利、印度、挪威、南非、美国等国家的法院也曾援引

---

① 　Constitutional Court of Republic of Latvia, Case No 2000 – 03 – 01, "On Compliance of Article 5
（Items 5 and 6）of the Saeima Election Law and Article 9（Items 5 and 6）of the City Dome, Re-
gion Dome and Rural Council Election Law with Articles 89 and 101 of the Satversme（Constitu-
tion）, Article 14 of the Convention for the Protection of Human Rights and Fundamental Freedoms
and Article 25 of the International Covenant on Civil and Political Rights".

② 　K/1/98 of 27 January 1999.

③ 　E. g. Art. 4 b of Act no 106 pos. 668 of 22 May 1998 on Attorneys.

过人权事务委员会的一般性评论。①

（二）　消除对妇女歧视委员会的一般性建议

消除对妇女歧视委员会发表的一般性评论被称为一般性建议（General Recommendations）。它的一般性建议也曾被国内法院引用。例如，美国第二巡回上诉法院在阿班科娃诉美国移民和归化局（Abankwah v. INS）案②中，引用了消除对妇女歧视委员会关于女性割礼的第 14 号一般性建议来支持自己的结论，即"切割女性生殖器的做法被国际社会认为是对妇女和女童权利的侵犯"。值得指出的是，美国尚不是《消除对妇女一切形式歧视公约》的缔约国，但是它的法院并未因此而否认条约机构的一般性建议在论述妇女权利方面的权威性。

（三）　经济、社会和文化权利委员会的一般性评论

在拉脱维亚宪法法院受理的一个涉及社会保险法律的案件中③，申请人主张该法律与拉脱维亚宪法和《经济、社会和文化权利国际公约》第 9 条、第 11 条不相符。宪法法院提到了经济、社会和文化权利委员会关于缔约国义务性质的第 3 号一般性评论。法院虽然注意到公约第 2 条规定的"逐步实现"的义务，但是指出，委员会"强调为达到这一目标而采取的措施，必须在公约对缔约国生效后的合理短时间内执行；每一缔约国均有责任承担最低限度的核心义务，确保至少使每种权利的实现达到一个最基本的水平"。④ 法院声称，它并不否认一国执行社会权利的能力与这些权利在该国的可行性之间的联系，但是如果社会权利已经包含在基本法中，国家就不能忽视它们，因为这些权利不仅仅具有宣示的性质。

---

① 相关案例可参阅 International Law Association, *Final report on the impact of Findings of the United Nations human rights treaties bodies*, by Committee on International Human Rights Law and Practice, Berlin Conference（2004）。

② Adelaide Abankwah v. Immigration and Naturalization Service, 185 F 3d 18, at 23; 1999 US App LEXIS 15545（2d Cir 1999）.

③ Constitutional Court of Republic of Latvia, Case No 2000–08–0109, "On Compliance of Item 1 of the Transitional Provisions of the Law "On Social Insurance" with Articles 1 and 109 of the Satversme（Constitution）of the Republic of Latvia and Articles 9 and 11（the first Part）of the December 16, 1966 International Pact on Economic, Social and Cultural Rights", judgment of 13 March 2001.

④ UN Doc. E/1991/23（SUPP）（1991）, General Comment No. 3: *The nature of state parties obligations*（*Art.* 2, *par.* 1）, by CESCR, paras. 2 &10.

毛里求斯最高法院在藤古尔诉毛里求斯政府和教育部长（Tengur v. The Minister of Education and the State of Mauritius）案①中，援引了经济、社会和文化权利委员会关于教育权的第 13 号一般性评论，据以判断共同被告针对非天主教的初级中学学生的区别对待构成"不合法的歧视还是合法的区别对待"。合法的区别对待的标准是，这种对待的理由必须是合理的、客观的，并是为了达到符合宪法或法律的目的。法院全文引用了一般性评论的第 6 段（B）、第 13 段、第 31～34 段、第 46 和 47 段。法院最终认为，共同被告的录取政策，即为天主教信仰的学生保留 50% 的名额，违反了毛里求斯宪法第 16 条第 2 款。

南非波恩·维斯塔社区居民案②的原告是波恩·维斯塔社区的居民，他们声称其供水系统被非法中止了，要求高级法院紧急采取临时措施。布德兰德法官颁发了恢复供水的临时救济命令，暂停对于案件的最终裁判。③ 在论证颁布这一命令的理由时，法官指出："如果宪法使用的条款同国际文件的用语相似"，他就可以援引国际法来解释权利法案。"《经济、社会和文化权利国际公约》的法理，完全是权利法案相关部分的模板。"法院引用了经济、社会和文化权利委员会的第 12 号一般性评论来解释尊重"获取足够食物"的权利。法官认为："根据国际法，（条约机构的）一般性评论具有权威地位。"

三　国内法院对条约机构结论性意见的适用

条约机构针对国家报告的结论性意见也曾被国内法院在审理案件时援用。例如，《日本民法典》第 900 条第 4 款规定，非婚生子女在遗产继承时只能获得婚生子女继承份额的 1/2。人权事务委员会注意到了《日本民法典》的这一规定，并在 1998 年通过的结论性意见中建议日本对民法典的相关条款作出修改，因为日本法律的相关规定带有明显的歧视性质。但是，2003 年 3 月 28 日日本最高法院作出的两项判决都认为民法典的规定合宪。

---

① S. Tengur Plaintiff v. the Minister of Eudcation, the State of Mauritius: Record no 77387, the Supreme Court of Mauritius.

② *Residents of Bon Vista Mansions v. Southern Metropolitan Local Council* (2002) 6 BCLR 625 (W).

③ *Residents of Bon Vista Mansions v. Southern Metropolitan Local Council* (2002) 6 BCLR 625 (W), At 626 – 627, paras. 1 – 3.

然而，在不同意见和个别意见中，四名最高法院的法官表达了不同意见，并提到了人权事务委员会的结论性意见，认为民法典的该条规定是违宪的，应该进行修改。①

此外，英国、加拿大、挪威、中国香港特别行政区的法院都曾援引过条约机构针对本国或本地区的结论性意见。

第三节　区域人权条约在国内法院的适用

一　《非洲人权和民族权宪章》在国内法院的适用

非洲国家的法院一般在两种情形下援引《非洲人权和民族权宪章》，其一是将宪章作为解释国内法律的依据；其二是直接作为为权利提供救济的依据。

非洲国家的法律传统很大程度上受到殖民地时期殖民者的法律传统的影响。例如，在讲英语的非洲国家，在对待国际人权条约时受到英国法律传统的影响，倾向于以"二元论"为指导，需要将国际规范转化到国内立法中，即通过国内立法来保障国际人权条约中规定的权利。此时，如果引用宪章，一般是作为解释权利的依据。

博茨瓦纳奉行的是"二元论"传统。该国 1984 年通过了一项《一般规定与解释法案》。② 该法案第 24 条第 1 款规定，法院"可以援引相关的国际条约、协定或公约""以帮助解释制定法"。1986 年，博茨瓦纳成为《非洲人权和民族权宪章》的缔约国。1992 年，该国宪法法院受理了博茨瓦纳司法部长诉尤妮蒂·道（Attorney-General of Botswana v. Unity Dow）一案,③ 该案涉及基于性别的歧视是否违宪的问题。该国 1982 年《国籍法案》规定，子女应从父亲的国籍。这就意味着，如果一位博茨瓦纳妇女与一名非博茨瓦纳男子结婚，他们的孩子将不具有博茨瓦纳国籍。一审原告认为，国籍法的这项规定涉嫌歧视妇女，与博茨瓦纳宪法第 15 条相冲突；而一审被告

---

① 1820 HANREI JIHO（判例時報）62.

② *The General Provisions and Interpretation Act*, Laws of Botswana, Vol. 1, Cap 01：01, 1984.

③ [1992] LRC（Const）623.

则主张宪法第 15 条不适用于本案，因为该条款并没有明确提到非歧视的基础中包括"性别"。一审法院即高等法院（High Court）根据博茨瓦纳批准的包括《非洲人权和民族权宪章》在内的国际人权条约得出结论：博茨瓦纳宪法禁止歧视的事项中没有明确列举"性别"并不意味着宪法就可以容忍基于性别的歧视。高等法院根据博茨瓦纳承担的国际义务判定该案存在违反宪法的行为。在上诉法院，上诉人反对初审法院基于国际文件来判案。上诉法院的法官拒绝了这项反对。虽然上诉法院在事实上得出了同高等法院一样的结论，但是认为，国际规范不能被作为"可以直接实施的权利"而只能用来帮助解释制定法，包括宪法中一些难解的条款。关于《非洲人权和民族权宪章》，上诉法院的法官认为，虽然博茨瓦纳签署了宪章，但是宪章并不具有像国会通过的立法那样的拘束力；只是国内立法应该按照与博茨瓦纳在宪章下承担的国际义务一致的方式进行解释。本案判决导致的直接后果是，博茨瓦纳议会修改了《国籍法案》，相关的条款被修改为："出生时父亲或母亲是博茨瓦纳公民的，应当取得博茨瓦纳国籍。"博茨瓦纳上诉法院意在强调本国"二元论"的法律传统，坚持国际人权条约在该国不能被法院直接适用。但是上诉法院并未否认可以根据国际人权条约来解释国内法，这同样也可以达到保障人权的最终效果。

　　纳米比亚于 1990 年独立后很快批准了《非洲人权和民族权宪章》，并原则上以"一元论"为指导对待宪章。纳米比亚高级法院在审理考尔塞诉内政部长（Kauesa v. Minister of Home Affairs）一案[1]时，援引了宪章的若干条款。法院援引纳米比亚宪法第 143 条和第 144 条指出："纳米比亚政府根据《纳米比亚宪法》第 143 条和第 63 条第 2 款（d）项已经正式接受了《非洲人权和民族权宪章》。根据宪法第 143 条和 144 条，宪章的条款对纳米比亚有拘束力，并构成纳米比亚法律的一部分。"[2] 在后来的一个案件中，纳米比亚移民遴选委员会（Immigration Selection Board）拒绝授予德国公民埃尔娜·弗兰克（Erna Frank）纳米比亚永久居民的地位，于是此案被提交

---

[1] *Kauesa v. Minister of Home Affairs*, 1995 1 SA 51（NmHC）；（1994）2 LRC 263（Namibia, HC）. See also *Kauesa v Minister of Home Affairs*, Case No. SA/5/95，［1995］NASC3；1995（11）BCLR 1540（Nms）（11 October 1995）.

[2] 纳米比亚 1990 年宪法第 144 条规定："除非宪法或国会的法案另有规定，国际公法的一般规则以及根据本宪法对纳米比亚有拘束力的国际协定将构成纳米比亚法律的一部分。"

到纳米比亚最高法院，即移民遴选委员会主席诉弗兰克（Chairperson of the Immigration Selection Board v. Frank）案①。弗兰克与纳米比亚一位公民为同性恋的伴侣，两人希望在法律允许的情况下结婚。弗兰克主张移民局拒绝颁发永久居民证侵犯了她及其伴侣的家庭生活权。最高法院大多数法官在描述家庭生活权的范围时，援引了《非洲人权和民族权宪章》第 17 条第 3 款、第 18 条第 1 款和第 2 款。此外，法官们还援引了《世界人权宣言》和《公民权利和政治权利国际公约》，最终得出结论："《非洲人权和民族权宪章》、《世界人权宣言》、《公民权利和政治权利国际公约》以及纳米比亚宪法中所规定的'建立家庭'是一男一女之间的正常关系……他们之间生育子女以确保国家和人类的生存和持续。"本案中，国内法院的法官根据自己对《非洲人权和民族权宪章》及其他人权条约的规定的理解，得出了结论。纳米比亚在处理国际人权条约与国内法的关系时奉行"一元论"，因此在这两个案件中，该国法院均直接援用了国际人权条约的规定。

　　1996 年的南非宪法对待国际法采取的是一种混合式的态度。宪法一方面规定了国际协定只有通过制定在国内法中才成为法律，另一方面也规定了国际协定中"自动执行"的条款，若不存在同宪法或国会法案的冲突，在国会批准后即成为法律。② 南非宪法中的"权利法案"也规定，法院在解释权利法案时"必须考虑国际法"。③ 南非直到 1996 年才加入《非洲人权和民族权宪章》，在加入之前对宪章的援引非常有限。加入之后，南非法院虽多次引用宪章，但目的大多是为了证明南非的权利法案中规定了同宪章相同的内容，或者南非权利法案规定的内容比宪章更加详尽。④ 然而，南非宪法法院在达乌德诉内政部长（Dawood v. Minister of Home Affairs）一案⑤中表达的观点值得关注。在该案中，法院援引了宪章第 18 条，并且认为国际人

---

① *Chairperson of the Immigration Selection Board v. Frank and another*, Case No. SA/8/99，[2001] NASC 1, delivered on 5 March 2001.

② 1996 年南非宪法第 231 条第 4 款。

③ 1996 年南非宪法第 39 条第 1 款（b）。

④ 例如，在 Wittmann v. Deutscher Schulverein Pretoria 一案中，法院强调，《非洲人权与民族权宪章》虽然在第 2 条和第 8 条中规定了宗教自由，但南非宪法对此规定了更多的保障。1999（1）BCLR 92（T），See Christof Heyns，(ed.) *Human Rights Law in Africa*（Vol. 1），Martinus Nijhoff Publishers，2004, p. 417.

⑤ *Dawood v. Minister of Home Affairs*, 2000（8）BCLR 837（CC）.

权法"明确承认了婚姻的重要性，以及国家保护家庭的义务"。本案之所以重要，是因为南非宪法中并没有规定"家庭生活权"。

大多数讲法语的非洲国家在处理国际法与国内法的关系时奉行"一元论"。这些国家的宪法一般都赋予经批准的条约优于国内法的地位。贝宁共和国宪法就是一个很好的例子，该国 1991 年宪法第 147 条规定："经批准的条约有优于国内法的权威。"同时，贝宁宪法法院在一些案例中也以《非洲人权和民族权宪章》为依据作出判决。[①]

从上述例子来看，无论是作为解释国内法的依据，还是作为审理案件的依据，《非洲人权和民族权宪章》已经得到一些非洲国家国内法院的适用，可以预测，随着人权意识逐步提高，各国法院对宪章的援引将愈加频繁。

二　《欧洲人权公约》在国内法院的适用

《欧洲人权公约》也被缔约国法院广泛地运用于案件的审判实践中。

在瑞士教师档案信息案中，原告是苏黎世州的一些教师，他们主张州教育部门保存记录了教师曾经参加某个社会组织信息的档案，侵犯了他们的个人自由，这种做法违反了《欧洲人权公约》第 8 条，因此向联邦法院起诉，要求允许他们接触这些档案，并将其中与他们曾经参加某个社会组织有关的记录撤出。本案的争议点是教育行政部门搜集和保存个人资料是否侵犯了个人自由这一不成文的宪法权利，以及是否违反了《欧洲人权公约》第 8 条的规定。联邦法院最终认定，苏黎世州教育行政部门在搜集和保存与案件当事人相关的资料和信息时缺少明确的法律依据，侵犯了当事人的合法权益，因此要求将这些信息从当事人的档案中撤出。本案是 1998 年新的《瑞士联邦宪法》出台之前根据旧宪法作出的判决。由于旧宪法在权利方面的规定并不非常系统，联邦法院在本案中引用的两个判案依据一是不成文宪法所保护的个人自由，二是《欧洲人权公约》的相关规定。[②] 在

---

① See eg. Decision DDC 03 – 93, discussed in Viljoen 43 *Journal of African Law* (1999) 1.

② SUI – 1997 – 1002, Arrets du Tribunal Federal. 122/360，案情参见韩大元、莫纪宏主编《外国宪法判例》，中国人民大学出版社，2005，第 144~145 页。

此案中，《欧洲人权公约》不仅被当事人作为起诉的依据，也被法院作为得出判决的依据之一。

乌克兰宪法法院在 1999 年至 2005 年间所作出的决定中，有 13 件提到了《欧洲人权公约》。① 宪法法院在关于死刑裁决的一例案件中将《欧洲人权公约》作为解释宪法的依据。乌克兰宪法第 27 条规定："任何人都不得被任意剥夺生命。国家有义务保护人的生命。"尽管"任意"一词意味着并不排除根据法律规定执行死刑，但是宪法法院还是依据宪法的精神裁定死刑是违宪的。法院作出这一判决时援引了《欧洲人权公约》及其议定书。此外，法院还引用了欧洲人权法院关于适用死刑违反公约第 3 条的判决。②

法国法官对《欧洲人权公约》及欧洲人权法院判决的态度经历了一个从将其作为辅助手段到在许多司法决定中将公约作为主要依据的转变过程。这其中有两个主要的促动因素：首先，法国在 20 世纪 90 年代被欧洲人权法院频繁地判定违反了《欧洲人权公约》，这样的结果促使其不得不重视《欧洲人权公约》。其次，法国各级法院对欧洲人权制度的了解逐步加深。统计数据显示，目前，最高行政法院（Conseil d'Etat，又译作国家理事会）几乎 50% 的决定都会提到《欧洲人权公约》。③ 从批准公约到 1997 年 1 月 1 日，最高行政法院只在 1738 件决定中提到了公约，而此后的十余年中有 15337 个案件引用了公约。行政上诉法院（Administrative Courts of Appeal）援引公约的决定数量占到总决定数量的 13.8%，但是 2006 年 1 月 1 日之后的援引频率则攀升至 43%。④ 上诉法院（Court of Cassation）以前很少参考公约，

---

① For the statistical data cf. http：//www. ccu. gov. ua/pls/wccu/indx.

② Ukrainian Constitutional Court, Judgement, 1999.12.29（UKR - 2000 - 1 - 003），No. 11.

③ 17，075 decisions out of the 34，955 in the Juripro database（checked on 31 May 2007）. See also Elisabeth Lambert Abdelgawad and Anne Weber，"the Reception Process in France and Germany"，in Helen Keller & Alec Stone Sweet，*A Europe of Rights*：*The impact of the ECHR on domestic legal systems*，Oxford，2008.

④ 7，841 decisions out of the 56，604 in the Juripro database（checked on 31 May 2007）. After 1.1.2006，the figure rises to 3，361. See also Elisabeth Lambert Abdelgawad and Anne Weber，"the Reception Process in France and Germany"，in Helen Keller & Alec Stone Sweet，*A Europe of Rights*：*The impact of the ECHR on domestic legal systems*，Oxford，2008.

而在 2000 年 1 月 1 日之后，有高达 60% 的决定援引了《欧洲人权公约》。[①]

《欧洲人权公约》及其议定书通过欧洲人权法院的判例法得到诠释、丰富和发展；而公约对国家司法实践的影响更多地通过缔约国援用欧洲人权法院的判例体现出来。

三　《美洲人权公约》在国内法院的适用

《美洲人权公约》经常为缔约国的法院所援引。一些国家的法院将《美洲人权公约》融入国内法，并根据其判决案件。例如，智利最高法院曾作出判决，根据智利批准的并经融入国内法中的《美洲人权公约》，任何人不得因债务受到监禁，而且审问的时候不得使用酷刑。[②] 在秘鲁，在美洲人权法院裁定秘鲁的《赦免法》与《美洲人权公约》相抵触的决定作出之前，秘鲁法院的法官就拒绝驳回针对国家官员的刑事案件，因为这位法官认为，秘鲁的赦免法与秘鲁宪法和秘鲁因批准《美洲人权公约》而承担的国际人权义务相违背。[③] 特立尼达和多巴哥最高上诉法院——司法委员会命令，在囚犯的案件在美洲人权法院和美洲人权委员会审结之前国家应停止一切执行活动。[④] 该国的上诉法院认为，如果不这么做，"就将侵犯申诉者的宪法权利"。

而在另一些国家，《美洲人权公约》的条款被赋予了直接的执行力。例如，阿根廷最高法院根据美洲人权法院关于"答复或更正权的执行力"（Enforceability of the right to reply or correction）的咨询意见，认为《美洲人权公约》已经在阿根廷创造了具有直接执行力的答复权，无须阿根廷通过

[①]　17，321 decisions out of the 360，569 in the Juripro database（checked on 31 May 2007）. From 1 January 2000, the figure stands at 10，149. See also Elisabeth Lambert Abdelgawad and Anne Weber，"the Reception Process in France and Germany"，in Helen Keller & Alec Stone Sweet，*A Europe of Rights：The impact of the ECHR on domestic legal systems*，Oxford，2008.

[②]　See "the last temptation of Christ"（Olmedo Bustos et al. v. Chile），Inter-Am. Ct HR，5 February 2001，Ser. C，No. 73，para. 45（d）.

[③]　Barrios Altos（Chumbipuma Aguirre et al. v. Peru）（Merits），Inter-Am. Ct HR，14 March 2001，Ser. C，No. 75，para. 2（k）.

[④]　Hilaire，Constantine and Benjamin et al. v. Trinidad and Tobago（Merits），Inter-Am. Ct HR，21 June 2002，Ser. C，No. 94，para. 84（q），citing Thomas and Hilaire v. Batiste et al，Privy Council Appeal No. 60 of 1998.

单独的国内法来规定之。① 《美洲人权公约》中的相关条款是这样规定的：
"如果合法的传播媒介向一般公众散布不准确的或者冒犯性的言论或观点，
致使他人受到侵害，受侵害的人有权利用同样的传播媒介，在法律规定的
条件下进行答复或更正。"② 美洲人权法院在咨询意见中指出："任何缔约国
若尚未采取措施保障自由和充分地行使答复权或更正权，则有义务通过立
法或其他依其国内法律制度必要的措施保障这项权利。"③

第四节　区域人权条约机构的意见
在国内法院的适用

区域人权条约机构，特别是欧洲人权法院和美洲人权法院的意见常被
国内法院援用；而其中，欧洲人权法院的判例法在国内法院被引用的频率
更高。

一　欧洲人权法院判例法在国内法院的适用

德国联邦宪法法院于 2004 年 10 月 14 日对格尔居吕 （Görgülü） 一案④
的判决，对于确立欧洲人权法院的判决对德国法院的拘束力，具有里程碑
式的意义。在本案中，联邦宪法法院第一次直接论述了欧洲人权法院的判
决对德国法律体系的效力。本案原告在其对非婚生孩子的探视权遭到德国
法院拒绝后向欧洲人权法院提起了申诉。欧洲人权法院于 2004 年 2 月 26 日

---

① Thomas Buergenthal, 'International Tribunals and National Courts: The International ization of Domestic Adjudication', in *Recht zwischen Umbruch und Bewahrung*, 687, 695 (Max-Planck, 1995) (citing *Ekmekdjian v. Sofovich*, No. E. 64. XXIII, 315 Fallos 1492, 1511 – 15 (Argentina, Corte Suprema de Justicia de la Nacion, 1992)).
② 《美洲人权公约》第 14 条第 1 款。
③ *Enforceability of the Right to Reply or Correction (Arts. 14 (1), 1 (1) and 2 of the American Convention on Human Rights)*, Inter-Am. Ct HR, Advisory Opinion OC – 7/86 of 29 August 1986, Ser. A, No. 7, para. 33.
④ BVerfGE 111, 307.

作出判决,①　认为德国法院的做法违反了《欧洲人权公约》第8条，要求德国采取适当的措施对本案当事人予以补救，即至少让他能够探视自己的孩子；同时请缔约国考虑采取措施防止以后发生类似的违反公约的情形。随后，申请人重新向地方法院提起诉讼，要求获得对其孩子的监护权，并要求法院采取临时措施。地方法院考虑到欧洲人权法院的判决，决定授予其探视权。地方法院的这一决定被地区高级法院（Higher Regional Court）撤销了，理由是，地区高级法院认为，德国法院并不受欧洲人权法院判决的约束，受约束的是作为公约缔约方的德国国家（German State）。于是，申请人向联邦宪法法院提起了宪法申诉。宪法法院推翻了地区高级法院的决定，认为它没有适当地考虑欧洲人权法院的判决。宪法法院首先强调了欧洲人权法院判决的特别重要性，认为"它反映了《欧洲人权公约》及其议定书的发展现状"。②　法院接着说："欧洲人权法院的判决对涉案缔约国有拘束力，因此限制了实质性的终审判决（have limited substantive res judicata）。"③　在这种情况下，违反公约的判决对缔约国施加了三项重要的义务：其一，缔约国从此不能再认为自己的行为同公约相一致；其二，缔约国应该将违反公约的情势恢复原状；其三，如果违反公约的状态仍然存在，缔约国有义务结束这种状态。因此，宪法法院第一次明确地得出，德国法院有义务在解释基本权利和宪法保障时"考虑"（Berücksichtigungspflicht）④《欧洲人权公约》和欧洲人权法院的判例。

在比利时，《欧洲人权公约》对最高上诉法院（Supreme Court of Appeal）和宪法法院的影响较大。它们在作出决定的过程中，经常会考虑欧洲人权法院的判决，包括针对别国的判决。例如，最高上诉法院受到欧洲人权法院在克莱斯诉德国（Klass v. Germany）案⑤和马隆诉英国（Malone

---

① *Görgülü v. Germany*（Appl. no. 74969/01），Judgement（Third Section），26 February 2004，（not reported）.

② *BVerfGE* 111，307，para. 38.

③ *BVerfGE* 111，307，para. 38.

④ *BVerfGE* 111，307，paras. 46 – 48.

⑤ *Klass and Others v. Germany*（appl. no. 5029/71），Judgement（Plenary），6 September 1978，Series A，Vol. 28.

v. the United Kingdom）案①的影响，认为，"根据部委发出的通知调查法官对电话通话进行的跟踪"，这种做法违反了《欧洲人权公约》第 8 条第 1 款。② 因为部委的通知并不属于公约第 8 条第 2 款中所要求的"法律"，"通知"并不为公众所知晓，并且在国内法中缺乏规范性拘束力。

在欧洲人权法院判决俄罗斯违反《欧洲人权公约》的判例中，主要的不是俄罗斯的法律规定违反了公约，而是俄罗斯当局对公约适用不当或未加以适用。因此，执行欧洲人权法院的判决主要依赖俄罗斯的法院及行政部门纠正其日常工作中的不当行为。

西班牙宪法法院在许多重要的案件中明确参考了欧洲人权法院的判例法。在一些案件中，宪法法院根据《欧洲人权公约》宣布一部法律或其中的部分内容违宪。例如，在欧洲人权法院对坎贝尔和费尔诉英国（Campbell and Fell v. the United Kingdom）案③作出判决后，宪法法院很快接受了欧洲人权法院主张的《欧洲人权公约》第 6 条中所说的"所有人"也包括外国人的观点。④ 此外，宪法法院还欣然接受了欧洲人权法院关于私人和家庭生活权的广义解释。这体现在宪法法院对欧洲人权法院关于洛佩斯·奥斯特拉诉西班牙（Lopez Ostra v. Spain）一案⑤判决的声援上。该案的申请人指控巴伦西亚市议会，起因是她家附近一家酒吧的噪声对她的私人生活和健康造成了干扰。在 2001 年 5 月 24 日宪法法院的第 119/2001 号判决中，宪法法院根据西班牙宪法第 15 条"身体和精神完整性"和第 8 条"隐私权"来解释保护个人免遭噪声侵扰的问题。宪法法院根据欧洲人权法院的判例法指出："持续的暴露在本可以消除的让人难以忍受的噪声中，这一问题需要通过对私人及其家庭生活的基本权利的保护来得到补救。"在对表达自由作出解释时，西班牙宪法法院经常援引欧洲人权法院作出的针对其他缔约国的判例。例如，

---

① *Malone v. The United Kingdom*（appl. no. 8691/79），Judgement（Plenary），2 August 1984，Series A，Vol. 82.

② Belgian Supreme Court of Appeal，Judgement，Cass.，2 May 1990，Arr. Cass. 1989 - 90，1132.

③ *Campbell and Fell v. the United Kingdom*，（Appl. no. 7819/77；7878/77），Judgment（Chamber），28 June 1984，Seris A，Vol. 80.

④ See STC 99/1985 of 30 September 1985.

⑤ *López Ostra v. Spain*（appl. n° 16798/90），Judgment（Chamber），9 December 1994，Series A，Vol. 303 - C.

根据汉迪赛德诉英国案①和尼尔森与约翰森诉挪威（Nilsen and Johnsen v. Norway）案②的判决，宪法法院强调了表达自由对于民主社会的运行及发展的重要性。在解释军人的表达自由权时，宪法法院遵循了恩格尔与其他人诉荷兰（Engel and others v. The Netherlands）一案③的判决。西班牙的国内法院有义务遵循宪法法院的判例；而后者对宪法权利的解释极大地受到欧洲人权法院判例的影响。由此可以判断，欧洲人权法院的判决对于西班牙司法机关保障人权的观念和实践产生了深远影响。

　　《欧洲人权公约》及法院判例的影响力所及远不限于该公约的缔约国；可以说在世界各地的法院都可以寻找到欧洲人权法的踪迹。例如，在澳大利亚的利斯克诉联邦（Leask v. the Commonwealth）案中，④图希（Toohey）法官引用了欧洲人权法院对泽林诉英国（Soering v. United Kingdom）案⑤的判决。本案涉及是否可以将申诉者引渡到允许使用死刑的国家的问题。在澳大利亚首都电视私人有限公司诉联邦（Australia Capital Television Pty Ltd v. Commonwealth）案中，法院认为要求政府通过立法限制或约束通信和广播自由权的法案是违宪的。在作出判决时，法院参考了加拿大、英国、美国以及欧洲人权法院的决定。⑥加拿大最高法院在审理美国诉伯恩斯（United States v. Burns）案⑦中同样引用了欧洲人权法院对泽林诉英国一案的判决。一些非洲国家的宪法法院也广泛地参照外国及其他地区司法机构的决定。例如在姆韦伊诉劳动部（Mwellie v. Ministry of Works）案中，⑧纳米比亚的

---

① *Handyside v. The United Kingdom*（appl. n° 5493/72），Judgment（Plenary），7 December 1976，Series A，Vol. 24.

② *Nilsen and Johnsen v. Norway*（appl. n° 23118/93），Judgment（Grand Chamber），25 November 1999，Reports 1999 – VIII.

③ *Engel and others v. The Netherlands*（appl. n° 5100/71，5101/71，5102/71，5354/72，5370/72），Judgment（Plenary），23 November 1976，Series A，Vol. 22 – B. 本案的申请人是在荷兰部队服役的士兵。他们向欧洲人权法院起诉他们的指挥官因为其违反了军事纪律而向其施以刑罚。

④ *Stephen Arthur Leask v. the Commonwealth of Australia*（1996）187 CLR 579 615 – 16.

⑤ *Soering v. United Kingdom*（Appl. no. 14038/88）Judgment（Plenary），7 July 1989，Series A，Vol. 161.

⑥ *Australia Capital Television Pty Ltd & Ors v. Commonwealth*（1992）177 CLR 106，[1992] HCA 45，（30 September 1992）.

⑦ *United States v. Burns* [2001] 1 SCR 283，2001 SCC 7，（15 February 2001），para. 53.

⑧ *Mwellie v. Ministry of Works，Transport and Commnuication and Another*，[1995] 4 LRC 184；1995（9）BCLR 1118（NmH）.

宪法法院考虑了印度、美国、加拿大、英国、马来西亚、南非以及欧洲人权法院的决定。

二　美洲人权机构意见在国内法院的适用

欧洲人权法院在认为缔约国违反公约后，一般判令相关国家对受害人给予公正的补偿，也可以要求缔约国采取个别的措施将受害人置于违反公约之前的状态，即恢复原状；有时也会建议缔约国采取一般措施防止再度发生同样的违法行为，但是法院一般不会具体地建议缔约国以何种特定的方式改变法律或实践。[①]

与欧洲人权法院相比，美洲人权法院走得更远，不仅要求缔约国修改违反《美洲人权公约》的国内法，而且要求废除违反公约的国内法院判决，以及要求国家执行其曾经拒绝执行的对个人有利的判决。美洲人权法院还曾命令缔约国将未得到适当程序保障的受害人从监狱中释放出来。[②] 例如在秘鲁，最高军事法院遵循了美洲人权法院的裁定，宣布其针对切斯蒂·乌尔塔多（Cesti Hurtado）先生的国内判决无效。[③] 随后，该国通知美洲人权法院已经停止了限制受害者自由以及查封其财产的命令，受害人在案件审查赔偿阶段就获得了释放。

第五节　本章小结

一　国内法院对联合国人权条约的适用

还可以举出更多的例子证明，国内法院援引联合国人权条约及条约机构的工作产出来解释法律、作为裁判依据的做法正在不断增多，在有些国家这种做法已经变得经常化。国内法院对联合国人权条约的适用范围在不断扩大，

---

① 〔英〕克莱尔·奥维、罗宾·怀特：《欧洲人权法：原则与判例》（第3版），何志鹏、孙璐译，北京大学出版社，2006，第570~579页。

② Jo M. Pasqualucci, *The Practice and Procedure of the Inter-American Court of Human Rights*, Cambridge University Press, 2003, p. 338.

③ *Cesti Hurtado v. Peru*（Reparations）, Inter-Am Ct HR, 31 May 2001, Ser. C, No. 78, para. 15.

适用频度在提高。哥伦比亚宪法法院对国际人权条约的援引尤为突出，从 1992 年至 1998 年间，它曾在 129 个案件中引用了《公民权利和政治权利国际公约》。《公民权利和政治权利国际公约》在印度的高级法院也发挥着重要作用。另据一项统计显示，截止到 2001 年，在澳大利亚有 844 个案件引用了联合国核心人权条约中的至少一个条约，加拿大引用联合国人权条约的案件有 169 例，芬兰有 36 例以上，南非至少有 28 例，西班牙至少有 28 例，印度 14 例，菲律宾至少有 8 例，罗马尼亚至少有 7 例，捷克至少有 6 例。①

在援引联合国人权条约时，国内法院单独以人权条约得出案件实质性结论的案例仍然是个别的；在大部分情况下，人权条约被国内法院用来解释国内立法，特别是宪法中的基本权利条款或者权利法案。同时，对国际人权条约的运用主要还限于一国高级别的司法机构，特别是宪法法院；地方司法机构对国际人权条约的运用是极其个别的和偶然的。这一方面是因为，相对于地方法院的法官，宪法法院或最高法院的法官们理应具备更加丰富的国际人权法知识和经验，他们不仅要确保国内行为的合宪性，还要对宪法与国家承担的国际条约义务的协调性保持一定的警觉。特别是宪法的基本权利制度是对国际人权条约规范的集中体现，宪法法院监督宪法基本权利与国际人权规范的一致，或将二者解释得一致不仅是国家履行人权条约义务的要求，也为国内法院通过适用宪法或法律来保护人权提供了保证。另一方面，法院处理条约与国内法关系的传统习惯的作用根深蒂固。对于奉行"二元论"的国家，条约已被转化到国内法中，法院自然会适用国内法。即便是对于一般规定条约在国内具有直接效力的"一元论"国家，条约能否被国内法院直接适用还取决于其条款是否具有自动执行的性质。结果可能导致同一项人权条约也许某些条款被认为是可以自动执行的，而另一些条款却不能。此外，在绝大部分国家，宪法仍是至高无上的法律，宪法的地位高于条约，与宪法相违背的条约是不得批准的，除非事先对宪法作出修改。由此，法院会认为，获批准的条约一定与宪法规定相一致，于是在一般国内法不足以适用的情况下，法官更倾向于援引自己所熟悉的宪法来判案。

---

① 这些数据是根据 lexis 数据库案件搜索的结果，转引自 Christof Heyns and Frans Viljoen, *The Impact of the United Nations Human Rights Treaties on the Domestic Level*, Kluwer Law International, 2002, p. 18.

对国家层面案例样本的初步研究显示，人权条约机构的工作为越来越多的国内法院所认识、了解。条约机构的工作产出已经成为许多法院在解释宪法、法律时的重要依据。虽然国内法院尚未准备一般地接受条约机构对条约条款解释的法律效力，但是大部分法院承认，条约机构作为缔约国委托的专家机构根据条约行使职能；在确定是否存在侵犯基本人权的情势时，条约机构的解释值得给予足够的重视。

本书选取的案例显示了一种明显的趋势，即大部分引用条约机构的工作产出的案例，所援引的多是个人申诉程序作出的意见或者条约机构通过的一般性评论或建议；而结论性意见、国家与条约机构的建设性对话记录等其他工作产出较少被引用或参考。此外，人权事务委员会的意见与其他条约机构的意见相比，更受国家的关注。这主要是因为，到目前为止，相对来说，人权事务委员会无论在个人来文意见还是在一般性评论方面的产出量都较大，《公民权利和政治权利国际公约》保护的权利范围较其他联合国人权条约要广泛，人权事务委员会在所有条约机构中的运行时间仅次于消除种族歧视委员会，人权事务委员会及其工作被公众的知晓度相对更高。与之相比，禁止酷刑委员会审理的案件数量有限，从内容来看主要与《禁止酷刑公约》第3条相关，因此它的意见大部分是在国内法院处理与个人被移送或被驱逐的案件时被引用。

在引用了条约机构工作产出的案例中，成果所发挥的作用也各不相同。有的引用看似很偶然，并无逻辑的需要；有的是实质性的引用；有的则进行详细的分析。唯有后者才能对法院作出判决产生重要的实质影响，而这类案件只占到一小部分。条约机构的工作产出产生实质性影响的案件数量较少，原因是多方面的。首先有条约机构工作产出自身的问题，例如条约机构的意见与案件的相关性、条约机构意见论证部分的详细程度和说服力等。其次还有来自国内司法机构方面的原因，比如国内法院对条约机构工作产出的知晓程度、提倡程度、在特定案件中运用人权国际资源的能力、国内法院对待国际法的一般态度等。其他国际人权文件或国内人权文件如果在处理某一问题时更加详尽，并且能够容易获得，同样会影响到对条约机构工作产出的利用。例如，某一地区组织的成员国更倾向于利用该组织有拘束力的判决而不是联合国条约机构仅具有建议性质的意见，欧洲和美洲国家就是这种情况。

在上述因素中，法官对于人权国际资料的知晓程度以及法官是否已经准备好以一种开放的心态来面对国际人权条约至关重要。另一个重要的因素是相关国家，特别是公众对条约机构的了解度。如果公众知晓或者有机会参与国家对条约机构的报告程序，那么就可能激发他们对条约机构工作的了解，继而利用条约机构的工作产出。无论如何，伴随着条约机构工作产出的不断发展和改进，以及条约机构知名度的不断提升，有理由相信它们的工作成果将成为国家法院和法庭在审理案件时越来越重要的资源。

二　国内法院对区域人权条约的适用

与联合国人权条约相比，区域人权条约更经常地被缔约国法院援用，这其中既有地缘因素，也有条约机构的贡献。区域人权条约机构，特别是欧洲和美洲的人权法院，通过有法律拘束力的判决形式增强了人权条约的实际效力。

非洲和美洲国家的法院在适用区域人权条约时仍主要受到处理条约与国内法关系的"一元论"和"二元论"的影响。相比之下，欧洲国家的国内法院在适用《欧洲人权公约》时已逐步淡化了传统理论的分野。《欧洲人权公约》对欧洲国家的法律效力是普遍的。一方面，公约已得到普遍批准；另一方面，欧洲人权法院的工作大大提高了公约在国内法领域中的实际效力。几乎每一个《欧洲人权公约》的实质条款都可以从法院浩如烟海的判例中找到详尽的解释。欧洲人权法院通过判例所形成的法理的影响力通过缔约国频繁引用其判例法而不断传播。国内法院援用欧洲人权法院判例有两个特点，一是所引案例不限于针对本国的判决，引用欧洲人权法院针对其他缔约国判例的做法更为普遍；二是国内法院对欧洲人权法院判例法的援引，多数情况不是执行判决的行为，而是服务于对权利内涵的解释。欧洲人权法院的影响力不仅及于欧洲国家，其详尽而富有说服力的推理和判例为其在世界范围内赢得了市场。已有研究显示，"在非《欧洲人权公约》缔约国的国家，对斯特拉斯堡法理的援引即便不多于联合国条约机构的法理，也至少是给予了同等重视"。①

---

① International Law Association, *Interim report on the impact of the work of the United Nations human rights treaties bodies on national courts and tribunals*, by Committee on International Human Rights Law and Practice, New Delhi Conference（2002）, para. 62.

　　美洲和非洲的人权制度逊于欧洲制度的共同原因是二者相对较弱的强制力。虽然美洲人权法院可以作出对当事国有法律拘束力的判决，但是没有监督判决实施的机构。非洲人权和民族权委员会的意见则不具有这样的拘束力。同时，美洲人权制度的普遍性也是三个区域人权条约体系中最差的。35 个美洲国家组织的成员中仅有 24 国批准了《美洲人权公约》，其中又只有 21 国接受美洲人权法院的强制管辖权；而通常被认为其司法实践可以产生较好的示范作用的美国和加拿大至今仍没有批准公约。没有在该地区最有影响力的国家的支持，美洲人权条约体系在国内法中的效力也是有限的。

　　此外，尽管以欧洲人权法院为典型代表的区域人权法院对国家司法实践的影响是显著的，但这种影响也主要是集中在国家最高级别的司法机构，即宪法法院或类似机构的范围内。这一点同国内法院对联合国人权条约体系的适用特征是一致的。

第六章
国际人权条约的行政适用

国家对国际人权条约的行政适用，其途径是多元的，包括国家行政机关通过颁布政策贯彻国际人权条约，通过调整具体的行政措施来落实国际人权条约，通过建立专门的人权机构或人权部门执行国际人权条约，以及通过开展人权教育活动来推广、普及国际人权条约。此外，国家行政机关所适用的国际人权条约其内容也是非常广泛的，既包括对国际人权条约规范的适用，也包括对国际人权条约机构发表的结论性意见、个人来文意见、一般性评论等工作产出的适用。

第一节　国际人权条约与国家人权政策的制定和调整

一国总体性或专项人权政策的制定在很多时候是一国接受国际人权条约的直接结果。为推动普遍人权实现而举行的重大国际人权活动常常成为国家制定人权政策的契机；国际人权条约所规定的缔约国义务是国家人权政策的指导方针；而条约机构对缔约国的建议和意见则直接指导着国家对人权政策的调整。

一　国家以国际人权大事件为契机出台人权政策

很多国家制定了若干总体性的或专项的人权行动计划。这些行动计划的制定，同世界范围内有影响力的人权事件密不可分。

（1）1990 年世界儿童问题首脑会议，对于推动《儿童权利公约》的普遍批准功不可没。这次会议通过的《儿童生存、保护和发展世界宣言》和行动计划为各国制定国家儿童行动计划提供了指南。在这次会议之后，各国纷纷制定了各自的行动纲领。

摩洛哥、突尼斯、黎巴嫩、毛里求斯、斯洛文尼亚、阿拉伯叙利亚共和国、阿尔及利亚、马里、马拉维、尼日尔等国均制定了题为"儿童生存、保护和发展"的国家行动纲领。越南在世界儿童问题首脑会议后，举行了全国儿童问题首脑会议，通过了《1991～2000年全国儿童行动纲领》草案;① 随后又制定了2001～2010年第二个全国儿童行动计划。② 墨西哥通过的《全国行动纲领》，重点在于保健、教育、基本卫生和援助困难少年。③ 作为对世界儿童问题首脑会议的后续行动，哥伦比亚也编制了全国行动计划，并制定了具体目标。④ 制定保护儿童或儿童问题的全国行动计划或纲领的国家还有菲律宾、斯里兰卡、尼泊尔、缅甸、伊拉克、肯尼亚、阿根廷、博茨瓦纳、赞比亚等，此处不一一列举。

制定保障儿童权利的总体性政策不仅仅是对世界儿童问题首脑会议的后续行动;政策中所载明的目标同《儿童权利公约》中对缔约国提出的要求是一致的，执行政策的过程也是适用《儿童权利公约》的过程。儿童权利委员会逐一肯定了各国制定行动计划的举措。尚未制定类似政策的国家，有的也在儿童权利委员会的建议下采取了相应的措施。例如，尼加拉瓜根据儿童权利委员会的建议，加强了"增进和捍卫儿童权利全国委员会"的监督作用，并通过了"儿童和青少年全国行动计划"（1997～2001年）。⑤

许多国家在第一期国家行动纲领期满后又延长了执行期限或者制定新的总体性儿童政策。例如智利、格鲁吉亚、印度尼西亚、亚美尼亚、巴拿马、利比里亚、尼泊尔、哥斯达黎加、沙特阿拉伯、秘鲁、摩洛哥等国均在21世纪制定了新的儿童战略或行动计划。瑞典制定了1999年落实《儿童权利公约》全国战略，并通过向议会提出呈文加以更新和继续执行。⑥ 波斯

① UN Doc. CRC/C/3/Add.4，越南向儿童权利委员会递交的初次报告。
② UN Doc. CRC/C/65/Add.20，越南向儿童权利委员会递交的第2次报告。
③ UN Doc. CRC/C/3/Add.11，墨西哥向儿童权利委员会递交的初次报告。
④ UN Doc. CRC/C/8/Add.3，哥伦比亚向儿童权利委员会递交的初次报告。
⑤ UN Doc. CRC/C/15/Add.36，para.27.
⑥ UN Doc. CRC/C/125/Add.1，瑞典向儿童权利委员会递交的第3次报告。

尼亚和黑塞哥维那也通过了《2002～2010年促进儿童福利行动计划》。①

（2）1993年维也纳世界人权大会，通过了《维也纳宣言和行动纲领》，建议各国"考虑拟定国家行动计划，认明该国为促进和保护人权所应采取的措施"。②

在维也纳会议后不久，一些国家就制定出了国家的人权保护方案。例如，拉脱维亚1995年1月通过了《拉脱维亚全国保护和促进人权方案》。③巴西根据1996年5月13日颁布的第1904号法令执行全国人权方案，以加快尊重和遵守人权的进程。④ 阿塞拜疆按总统法令于1998年6月通过了《国家保护人权方案》。⑤ 作为对《维也纳宣言和行动纲领》的后续行动而制定人权方案的国家还有澳大利亚、玻利维亚、佛得角、中国、厄瓜多尔、刚果民主共和国、危地马拉、印度尼西亚、立陶宛、哈萨克斯坦、马拉维、毛里塔尼亚、墨西哥、马尔代夫、新西兰、尼泊尔、尼日利亚、挪威、秘鲁、菲律宾、韩国、南非、西班牙、瑞典、泰国、委内瑞拉等国。有些国家如墨西哥，已经接连制定了三期国家人权计划。⑥

（3）1995年第四次世界妇女大会通过了《北京宣言和行动纲领》。纲领鼓励各国制定计划，将性别观点纳入政府工作的主流，推动《消除对妇女一切形式歧视公约》的实现。

各国纷纷响应。例如，菲律宾政府通过了《1995～2025年对性别问题敏感的发展计划》，计划要求全国妇女机构制定必要的优先政策以便执行《北京宣言和行动纲领》，在政府各部门将性别和发展问题纳入主流。⑦ 卢森堡作为执行第四次世界妇女大会的后续行动制定国家行动计划，其中包括

---

① UN Doc. CRC/C/11/Add. 28，波斯尼亚和黑塞哥维那向儿童权利委员会递交的初次报告。

② UN Doc. A/CONF. 157/24，第一部分，《维也纳宣言和行动纲领》（二），第71段。

③ UN Doc. CCPR/C/81/Add. 1/Rev/1，拉脱维亚向人权事务委员会递交的初次报告。

④ UN Doc. CCPR/C/81/Add. 6，巴西向人权事务委员会递交的初次报告。

⑤ UN Doc. E/1990/6/Add. 37，阿塞拜疆向经济、社会和文化权利委员会递交的第2次报告。

⑥ 制定国家人权行动计划的列表，来源于联合国人权高专办网站。可访问 http://www.ohchr.org/EN/Issues/PlansActions/Pages/PlansofActionIndex.aspx，最近访问日期：2013年6月30日。但人权高专的这一统计并不全面，比如其中未包括中国制定的第二期国家人权行动计划（2012～2015）。另据国家向人权条约机构提交的定期报告显示，还有一些国家如蒙古、吉尔吉斯斯坦等也制定了国家人权行动计划，但未被联合国人权高专统计进来。

⑦ UN Doc. CEDAW/C/1997/PHI/3&4，菲律宾向消除对妇女歧视委员会递交的第3～4次合并报告。

与发展中国家合作的新政策和提供经费用于提高妇女地位。① 印度尼西亚政
府制定了《印度尼西亚国家行动计划》来执行《北京宣言和行动纲领》。②
格鲁吉亚政府通过了《1998～2000年提高妇女地位国家行动计划》，以执行
政府对《北京宣言和行动纲领》所作的承诺。③ 约旦在各政府机关、国家机
构和各非政府组织的共同努力之下制定了妇女问题全国战略和执行《北京
宣言和行动纲领》的全国行动方案。这一方案得到了消除对妇女歧视委员
会的肯定。④ 伊拉克政府称，为执行《北京宣言和行动纲领》，该国于1997
年6月通过了《提高妇女地位国家战略》；同时，在2001～2005年的五年计
划中考虑到公约的各项规定。⑤ 在古巴，《第四次妇女问题世界会议全国后
续行动计划》作为法律获得通过。⑥ 越南政府根据《北京宣言和行动纲领》
的建议拟订了一项全国妇女战略（2001～2010年）和一项提高妇女地位的
五年计划（2001～2005年）。该国在1991～2000年的经济和社会发展计划
中也纳入了性别观点。⑦ 斐济制定了《1999～2008年妇女行动计划》，该计
划纳入了《北京宣言和行动纲领》的承诺。⑧ 塞浦路斯根据《消除对妇女一
切形式歧视公约》和《北京宣言和行动纲领》的规定制定了《性别问题主
流化国家行动计划》。⑨

　　（4）2001年，"反对种族主义、种族歧视、仇外心理和有关不容忍行为
世界会议"在南非德班举行，会后通过了《德班宣言和行动纲领》。⑩ 该宣

---

① UN Doc. CEDAW/C/LUX/1&2，卢森堡向消除对妇女歧视委员会递交的第1～2次合并报告。
② UN Doc. CEDAW/C/IDN/2－3，印度尼西亚向消除对妇女歧视委员会递交的第2～3次报告。
③ UN Doc. CEDAW/C/GEO/1，格鲁吉亚向消除对妇女歧视委员会递交的初次报告。
④ UN Doc. CEDAW/C/JOR/1－2，约旦向消除对妇女歧视委员会递交的第1～2次合并报告。
⑤ UN Doc. CEDAW/C/IRQ/2－3，伊拉克向消除对妇女歧视委员会递交的第2～3次合并报告。
⑥ UN Doc. CEDAW/C/CUB/4，古巴向消除对妇女歧视委员会递交的第4次报告。
⑦ UN Doc. CEDAW/C/VNM/2；CEDAW/C/VNM/3－4，越南向消除对妇女歧视委员会递交的第2次、第3～4次合并报告。
⑧ UN Doc. CEDAW/C/FJI/1，斐济向消除对妇女歧视委员会递交的初次报告。
⑨ UNDoc. CEDAW/C/CYP/3－5，塞浦路斯向消除对妇女歧视委员会递交的第3～5次合并报告。
⑩ *World Conference against Racism*, *Racial Discrimination*, *Xenophobia and Related Intolerance Declaration and Programme of Action*, available at http：//www. un. org/WCAR/coverage. htm, latest visit on 30 June 2013.

言指出了种族主义、种族歧视、仇外心理以及有关不容忍行为的根源、原因、形式及当代表现，确认了种族主义及相关行为的受害者，并敦促各国为在国家、区域以及国际层面根除种族主义的后果而采取行动。《德班宣言和行动纲领》通过后，许多国家制定了相应的国家行动计划以根除种族主义。

　　例如，瑞典2001年2月通过了反对种族主义、仇恨心理、仇视同性恋和歧视行为的全国行动纲领。① 俄罗斯于2001年通过了题为"2001～2005年俄罗斯社会培养容忍态度和预防极端主义"的特别联邦方案。② 芬兰于2001年3月22日通过了打击种族歧视和种族主义的《行动计划》，目的是在芬兰社会支持和发展加强种族间关系和防止种族歧视的措施。③ 挪威为执行《德班宣言和行动纲领》通过了2002～2006年四年期的第二个《反种族歧视国家行动计划》，并且设立了一个委员会对执行第一个《国家行动计划》采取后续行动。④ 巴西2002年通过作为执行《德班宣言和行动纲领》重要机制的《国家平权行动方案》，还通过了第二项国家人权方案。⑤ 荷兰根据《德班宣言和行动纲领》，通过了反对种族主义的国家行动计划，其中涉及生活环境、提高意识和劳动力市场上平等待遇等问题。⑥ 阿根廷在联合国开发计划署和人权高专办的支持下，拟定了《反对歧视、仇外心理和其他形式的不容忍现象全国计划》，作为《德班宣言和行动纲领》的后续行动。⑦ 斯洛伐克2002～2003年和2004～2005年间通过了防止一切形式的歧视、种族主义、仇外心理、反犹太主义和其他不容忍现象的行动计划。⑧ 丹麦于2003年11月通过了"增进平等待遇与多样性和打击种族主义的全国行动计划"，作为对《德班宣言和行动纲领》的后续行动。⑨ 列支敦士登于2003年2月批准了一项《国家反对种族主义行动计划》。该国于2002年6

---

① UN Doc. CERD/C/452/Add. 4，瑞典向消除种族歧视委员会递交的第15～16次报告。
② UN Doc. CERD/C/431/Add. 2，俄罗斯向消除种族歧视委员会递交的第15～17次报告。
③ UN Doc. CERD/C/409/Add. 2，芬兰向消除种族歧视委员会递交的第16次报告。
④ UN Doc. CERD/C/430/Add. 2，挪威向消除种族歧视委员会递交的第6次报告。
⑤ UN Doc. CERD/C/431/Add. 8，巴西向消除种族歧视委员会递交的第14～17次报告。
⑥ UN Doc. CERD/C/452/Add. 3，荷兰向消除种族歧视委员会递交的第15～16次报告。
⑦ UN Doc. CERD/C/476/Add. 2，阿根廷向消除种族歧视委员会递交的第16～18次报告。
⑧ UN Doc. CERD/C/419/Add. 2，斯洛伐克向消除种族歧视委员会递交的第4～5次报告。
⑨ UN Doc. CERD/C/496/Add. 1，丹麦向消除种族歧视委员会递交的第16～17次报告。

月建立的"国家反对种族主义行动计划工作组"在 2005 年 8 月后改称为"反对种族主义、反犹太主义和排外情绪工作组"。① 由此可见，列支敦士登当局扩大了对种族主义内涵的理解。

上述关于保障儿童权利、妇女权利、消除种族歧视的国家人权政策以及总体性的人权行动计划都是在重要的国际人权会议或者国际人权文件发表之后，按照会议或文件的要求制定的。由此可见各国对于重大的国际人权事件的重视。各国政府参照国际人权宣言或纲领而制定的政策或行动计划，不仅是对这些人权事件的回应，更是为了有计划、有步骤地履行其在国际人权条约下承担的义务。而国际人权会议的举行和国际人权宣言的制定加快了各国有效执行国际人权条约的步伐。在实际工作中，相关的人权条约机构在审查国家报告时已经将缔约国是否拟定了人权行动计划、计划是否与人权公约的要求相一致、是否在努力履行这样的计划列为审查的内容。条约机构因此得出的结论性意见不断推动国家进一步完善人权政策，加速落实人权政策。

二 国家以国际人权条约为指针制定人权政策

各国政府除了根据宪法、法律中关于保障人权的规定制定政策外，还可以直接依据国际人权条约的有关规定制定人权政策。在国际人权条约可以被直接适用、对国家权力具有直接拘束力的国家更是如此。

国家的人权政策可以是为执行某一具体的人权条约而制定的全面的政策规划。例如，为执行《〈儿童权利公约〉关于买卖儿童、儿童卖淫和儿童色情制品问题的任择议定书》，阿根廷通过了《反对针对儿童的商业性性剥削国家行动计划》；② 瑞典于 1997 年通过了"禁止针对儿童的商业性性剥削的全国行动计划"；③ 澳大利亚于 2000 年制定了禁止对儿童进行性剥削的全国行动计划——"未来儿童计划"；④ 日本也于 2001 年制定了打击对儿童的商业剥削和性剥削的国家行动计划。⑤

---

① UN Doc. CERD/C/LIE/3，列支敦士登向消除种族歧视委员会递交的第 2～3 次报告。
② UN Doc. CRC/C/70/Add.10，阿根廷向儿童权利委员会递交的第 2 次报告。
③ UN Doc. CRC/C/65/Add.3，瑞典向儿童权利委员会递交的第 2 次报告。
④ UN Doc. CRC/C/129/Add.4，澳大利亚向儿童权利委员会递交的第 2～3 次合并报告。
⑤ UN Doc. CRC/C/104/Add.2，日本向儿童权利委员会递交的第 2 次报告。

　　国家也可以为适用国际人权条约中的某一具体规定而制定人权政策。例如，为解决针对妇女的暴力问题，许多国家制定了专项政策。如西班牙政府在 1998 年 4 月通过了一项《对妇女的暴力行为问题行动计划》，并为该计划所涉及的各领域专门分配了预算。① 秘鲁于 2001 年 4 月制定了《禁止家庭暴力和性暴力国家方案》，并通过了《2002～2007 年禁止对妇女暴力行为国家计划》；② 委内瑞拉制定了《防止暴力侵害妇女行为和保护受害者的全国计划》；③ 斯洛伐克在 2004 年通过了《预防并消除对暴力侵害妇女行为及家庭暴力的国家战略》；④ 立陶宛通过了长期的《打击暴力侵害妇女行为国家战略》和《2007～2009 年贯彻措施计划》，旨在以一贯的、综合的和系统的方式减少对妇女的家庭暴力。⑤

　　国家虽然已经通过法律适用了国际人权条约，但是政策相较于法律更加具体、灵活，与公共机关和公众的日常生活的联系更加紧密。以国际人权条约为指针制定人权政策可以更有效地指导国家行政机关的日常工作，更直接地落实人权条约的规定。

三　国家依国际人权条约机构的结论性意见调整人权政策

　　在审查国家报告后，有些条约机构在结论性意见中建议国家制定或修改人权政策。这些建议逐步得到了缔约国的积极响应，并最终导致了国家人权政策的调整。

　　例如，根据人权事务委员会的建议，哥伦比亚政府向联合国人权理事会（前身为联合国人权委员会）下所有特别程序的报告员发出了公开的邀请。⑥ 墨西哥建立了国家人权委员会，并且对选举程序进行了改革，以确保选举的公正。⑦ 爱沙尼亚政府根据人权事务委员会的建议，发动

---

① UN Doc. CEDAW/C/ESP/3，西班牙向消除对妇女歧视委员会递交的第 3～4 次合并报告。
② UN Doc. CEDAW/C/PER/5，秘鲁向消除对妇女歧视委员会递交的第 5 次报告。
③ UN Doc. CEDAW/C/VEN/Q/4－6/Add.1，委内瑞拉向消除对妇女歧视委员会递交的第 4～6 次合并报告。
④ UN Doc. CEDAW/C/SVK/4，斯洛伐克向消除对妇女歧视委员会递交的第 2～4 次合并报告。
⑤ UN Doc. CEDAW/C/LTU/3－4，立陶宛向消除对妇女歧视委员会递交的第 3～4 次合并报告。
⑥ UN Doc. CCPR/C/COL/2002/5，哥伦比亚向人权事务委员会递交的第 5 次报告。
⑦ UN Doc. CCPR/C/76/Add.2，墨西哥向人权事务委员会递交的第 3 次报告。

了一个融合项目，建立了负责非爱沙尼亚人事务部，以及起草融合政策的专家委员会，计划为不讲爱沙尼亚语的人开办专门的学校。① 在人权事务委员会作出建议后，印度政府不打算再继续适用《恐怖分子和破坏活动预防法案》，因为该委员会在结论性意见中担心这个法案的一些条款与公约不协调。②

其他条约机构的意见同样得到了缔约国的尊重和遵守。例如，根据禁止酷刑委员会的建议，捷克政府接受了任择性的个人来文程序，并且撤回了旨在排除委员会根据第 20 条享有的管辖权的声明。③ 埃及根据禁止酷刑委员会的建议，释放了大批根据《紧急状态法案》受到控制的人。当消除对妇女歧视委员会要求日本在报告程序中允许非政府组织参与后，日本的非政府组织现在已被允许参加准备国家报告的活动。马尔代夫根据消除对妇女歧视委员会对初次报告的结论性意见，制定了《国家两性平等行动计划》（2001～2006 年）。④ 印度政府在答复消除种族歧视委员会对其报告的结论性意见时，表示已经在执行第 27 段（采取特别措施防止对在册种姓和在册部族人们的歧视行为）和第 31 段（人权教育）所载的提议，并向委员会保证其将继续这样做。⑤ 墨西哥根据儿童权利委员会的建议，于 1994 年加入了《1993 年关于保护儿童和各国在跨国收养方面合作的海牙公约》。⑥

结论性意见越具体、越有针对性，对国家人权政策的指导性越明确，国家才更愿意考虑采纳。条约机构的结论性意见对于国家人权政策的指导是经常性的，因此可以在促进国家人权政策同人权条约保持一致方面发挥更大的作用。

---

① UN Doc. CCPR/CO/77/EST/Add. 1, *Comments by the Government of Estonia on the concluding observations of the Human Rights Committee.*

② UN Doc. CCPR/C/79/Add. 81, *Concluding observations of the Human Rights Committee*, para. 9.

③ UN Doc. CAT/C/38/Add. 1, 捷克向禁止酷刑委员会递交的第 2 次报告。

④ UN Doc. A/62/38, para. 212.

⑤ UN Doc. A/51/18, 附件九《印度政府对消除种族歧视委员会通过的关于印度在委员会第 49 届会议期间提出的第十次至第十四次定期报告的结论性意见的初步评论》，第 4 段。

⑥ UN Doc. CRC/C/15/Add. 13, para. 18.

第二节　国际人权条约与国家
人权措施的调整

相较于保障人权的具体行政措施，国家人权政策对国际人权条约的适用仍显得较为宏观和抽象；而具体的人权保障措施对国际人权条约的落实则更为直接和及时。国际人权条约，特别是其条约机构的工作产出，对国家调整人权措施发挥着有效的指导作用。

一　国家依联合国人权条约机构的个人来文意见调整人权措施

当一国的行为被人权条约机构认定违反了条约义务时，国家应该立即采取措施予以补救。如果违反条约的行为只是个例，国家以独立的具体行政措施来纠正也许就可以达到救济效果；如果是因为国家的某项政策导致了一系列类似的违反条约的后果，那么国家就应该考虑审查政策的合法性、合理性，并作出必要的修订，以防止再次发生类似的违法后果。

对于联合国人权条约机构作出的缔约国违反条约的意见，国家在很多情况下会虚心接受，并采取措施予以补救。

（一）　禁止酷刑委员会的意见

1999 年 5 月 25 日，禁止酷刑委员会通过了对第 120/1998 号来文舍克·埃勒米诉澳大利亚（Shek Elmi v. Australia）的意见，认为澳大利亚将申请人（索马里人）强行送往索马里或其他任何可能将其驱逐或遣送回索马里的国家的决定违反了《禁止酷刑公约》第 3 条。委员会要求澳大利亚采取临时措施，澳大利亚同意采取。1999 年 8 月 23 日，澳大利亚对委员会的意见作出回应。澳大利亚通知委员会说，1999 年 8 月 12 日，移民和多元文化事务部长决定根据第 958 号移民法第 48B 节的规定行使其职权，以便埃勒米先生再次申请保护性签证。1999 年 8 月 17 日，澳大利亚将该决定通知了埃勒米先生的律师，并于 1999 年 8 月 18 日通知了埃勒米先生本人。2001 年 5 月 1 日，澳大利亚通知委员会说，申诉人已自愿离开澳大利亚，事后还"撤回"了对澳大利亚提出的指控。澳大利亚解释说，申诉人于 1999 年 8 月 24 日第二次提出了保护性签证的申请。1999 年 10 月 22 日，埃勒米先生和他的顾问接受了该部一名官员的面谈。澳大利亚移民和多元文化事务部部长在 2000 年 3 月 2 日的一项决定中表示确信申诉人不属于按《关于难民地位的公约》规定澳大利亚有义务予以保护的人，因此拒绝签发保护性签证。这项决定经主要法庭成员确认予以维持。澳大利亚通知委员会说，他新提出的申请已经根据委员会审议后新出现的证据加以全面评估。①

在本案中，澳大利亚接受了禁止酷刑委员会关于采取临时保全措施的要求，并且在被裁定违反公约后为申请人提供了可能的救济途径。虽然申请人最后仍未能获得签证，但是委员会的意见已经被作为新的证据加以考虑；而且最终申请人也未面临被遣返回国的风险。

禁止酷刑委员会审理的个人来文大部分涉及违反《禁止酷刑公约》第 3 条的指控。例如，禁止酷刑委员会收到的第 13/1993 号穆通博诉瑞士（Mutombo v. Switzerland）、第 262/2005 号洛西兹卡贾诉瑞士（Losizkaja v. Switzerland）、第 280/2005 号埃尔雷格诉瑞士（El Rgeig v. Switzerland）、第 299/2006 号让－帕特里克·伊娅诉瑞士（Jean-Patrick Iya v. Switzerland）等来文均涉及申请人面临被驱逐的危险。委员会经审理后认为，缔约国这么做违反了公约第 3 条。随后，瑞士遵照委员会的决定，分别通过给申请人颁发临时居留许可、给予庇护地位、给予难民身份、颁发永久居留证件等措施纠正了自己的违约行为。②

禁止酷刑委员会审理的第 39/1996 号塔皮亚诉瑞典（Tapia Paez v. Sweden）、第 41/1996 号基索基诉瑞典（Kisoki v. Sweden）、第 43/1996 号塔拉诉瑞典、第 88/1997 号阿维丹斯·阿玛雅克·科尔班诉瑞典（Avedes Hamayak Korban v. Sweden）、第 89/1997 号阿里·法拉卡夫拉奇诉瑞典（Ali Falakaflaki v. Sweden）、第 97/1997 号奥尔汗·阿亚斯诉瑞典（Orhan Ayas v. Sweden）、第 101/1997 号哈利勒·海丁诉瑞典（Halil Haydin v. Sweden）、第 149/1999 号 A. S. 诉瑞典、第 185/2001 号沙兹利·本·艾哈迈德·卡鲁伊诉瑞典（Chedli Ben Ahmed Karoui v. Sweden）、第 226/2003 号塔利纳诉瑞典（Tharina v. Sweden）、第 279/2005 号 C. T. 和 K. M. 诉瑞典等来文涉及的均是缔约国拟将申请人遣返、驱逐至某国。在这些案件中，禁止酷刑委员

---

① 案情可见 UN Doc. A/60/44，禁止酷刑委员会向大会第 60 届会议提交的报告。

② 参见 UN Doc. A/62/44，禁止酷刑委员会向大会第 62 届会议提交的报告。

会作出了一致的决定，即缔约国将申请人驱逐可能使其面临酷刑的危险，因此违反了公约第 3 条。委员会在大部分案件的审理过程中提出的采取临时措施的要求均得到了缔约国的同意。对于上述案件，缔约国均采纳了禁止酷刑委员会的意见，作为救济措施，为申请人颁发了在瑞典的永久居留证。①

在上述案件中，缔约国瑞士和瑞典无一例外地按照禁止酷刑委员会的要求采取了有效的补救措施，避免了损害后果的发生。在这些案件中，禁止酷刑委员会的意见与缔约国调整措施之间有着直接的因果关系，因此国家以行政措施直接适用或执行了人权条约机构的意见。这一系列案件让人产生的另一个思考是，频繁发生大量类似的违反条约的案件，值得缔约国反思既有政策的合理性。也许通过一个一般性的政策调整就可以从根本上解决问题，就可以预防类似事件再次发生。

（二）　消除种族歧视委员会的意见

消除种族歧视委员会在 2000 年 8 月 8 日其第 57 届会议上通过了关于第 13/1998 号来文科普托娃诉斯洛伐克共和国 （Koptova v. Republic of Slovakia） 的意见，认定发生了违反公约的行为，敦促缔约国采取纠正措施，委员会建议 “缔约国采取必要措施，确保全部、立即取消对其管辖下的罗姆人的行动和居住自由实行限制的做法”。② 斯洛伐克共和国在 2001 年 4 月 5 日的书面照会中，向委员会转交了斯洛伐克共和国国务委员会人权和国际事务委员会的声明，其中说：“斯洛伐克共和国政府、其他公共当局以及斯洛伐克共和国国务委员会人权和国际事务委员会，早在联合国消除种族歧视委员会的意见发表之前，已着手在立法领域采取具体措施，规定为在 Cabiny 村临时住宅中居住的罗姆家庭提供适当的住处。该缔约国政府决定调拨资金在 Medzilaborce 重建一座楼房，从而为有关家庭提供社会福利住房。”③ 斯洛伐克政府的回复表明，该国政府认同消除种族歧视委员会的意见，并且已经采取了积极的补救措施。

---

① 参见 UN Doc. A/62/44，禁止酷刑委员会向大会第 62 届会议提交的报告。
② UN Doc. A/55/18，《大会正式记录》，第五十五届会议，补编第 18 号，附件三，b 节，科普托娃诉斯洛伐克共和国，第 10.3 段。
③ 斯洛伐克的答复可见 UN Doc. A/56/18，消除种族歧视委员会向大会第 56 届会议提交的报告。

（三）　人权事务委员会的意见

个人来文程序的目的不是为了谴责缔约国的违约行为，而是为了协助受害者及时获得救济，因此，条约机构非常欢迎缔约国为解决人权问题在早期提供合作。正如上文消除种族歧视委员会审理的涉及斯洛伐克共和国一案的结果那样，斯洛伐克在条约机构发表最后意见之前已经采取了补救措施。人权事务委员会审理的第 655/1995 号来文也是一例。

第 655/1995 号来文的申请人是 1949 年出生于爱尔兰的英国公民。1954 年，他 5 岁时随父母移居澳大利亚，在澳大利亚读书，于 1967 年参加澳大利亚军队，服役 5 年，并在越南受伤。他没有正式申请澳大利亚公民权。1981 年他离开该国旅行，1990 年希望返回澳大利亚定居时被拒绝入境，因为他不是居民且离开时间超过 5 年。1995 年 5 月 16 日，来文申请人写信给人权事务委员会，声称澳大利亚侵犯一个人进入其本国的权利。1995 年 9 月 15 日，来文被转递给澳大利亚。澳大利亚于 1996 年 5 月 3 日通知委员会，表示该国认真讨论了来文申请人的主张，并且"澳大利亚驻伦敦高级专员已于 1996 年 3 月 8 日给申请人颁发了居民签证，这样他就能够以永久居民身份返回澳大利亚"。① 在人权事务委员会作出决定之前，澳大利亚就主动纠正了违反人权条约的行为，对侵犯人权的行为作出及时补救，实现了国际人权机构监督的目的，也使国际人权条约的规定在澳大利亚得以适用。

人权事务委员会采取对个人来文意见的后续行动后，许多缔约国向委员会提供资料表示已经按照委员会的意见采取各种行政措施，对违反公约的行为作出了补救。

1994 年 4 月 7 日，人权事务委员会通过了对第 428/1990 号来文博齐泽诉中非共和国（Bozize v. the Republic of Central Africa）案的意见，认为中非共和国违反了公约的几个条款，同时建议立刻释放来文申请人，赔偿他所受的损失。中非共和国于 1996 年 3 月 14 日通过普通照会告知委员会，1992 年恢复多党制以后，已经释放了博齐泽先生，让他回到临时拘留地法国。博齐泽先生在法国成立了自己的政党，是 1992 年和 1993 年大选的总统候选人。该国又表示，博齐泽先生后来恢复成为该国的公务员，行动完全自由，

---

① UN Doc. A/51/40, Vol. 1, para. 420.

享有盟约所保证的一切公民权利和政治权利。①

　　1996 年 1 月 30 日，法国政府根据人权事务委员会对第 196/1989 号来文盖伊与其他人诉法国案的意见作出答复。法国在答复中指出，自委员会通过意见以来，法国陆军内前塞内加尔士兵和法国陆军内属于其他前法国殖民地公民的士兵的养恤金已经过多次重新调整，情况如下：（1）1989 年 7 月 1 日开始生效的，一般重新调整 8%；（2）1993 年 1 月 1 日开始生效的，重新调整8.2%（对于塞内加尔公民）；（3）1994 年 9 月 1 日开始生效的，一般重新调整军人残疾养恤金 4.75%；（4）1995 年 1 月 1 日开始生效的，一般重新调整某种军人残疾养恤金 20%。该国进一步指出，法国陆军的前塞内加尔士兵协会已经要求巴黎行政法庭重新调整军人养恤金，该法庭正在审查这个案件。②

　　针对第 265/1987 号来文沃兰内诉芬兰（Vuolanne v. Finland）案，人权事务委员会认为芬兰违反了公约第 9 条第 4 款，同时建议赔偿受害者。申请人的律师于 1996 年 7 月 5 日通报委员会，1996 年 4 月 16 日，芬兰最高行政法院确认了乌西马行政法院的决定，其中规定，芬兰向沃兰内先生支付 8000 芬兰马克作为对违反第 9 条的补救，外加 4000 芬兰马克作为对法律费用的赔偿。1996 年 6 月 28 日，这些补偿和赔偿金已经给付了沃兰内先生。③

　　在 1994 年 10 月第 52 届会议期间，人权事务委员会通过了对第 386/1989 号来文科内诉塞内加尔（Kone v. Senegal）的意见，认为塞内加尔违反了第 9 条第 3 款，同时建议赔偿来文申请人。塞内加尔在 1995 年 6 月 26 日的信函中答复，将在彻底调查案件后提供资料。1996 年 7 月 15 日该国通知委员会说，塞内加尔总统已经明令该国的司法部长特准付款给科内先生，作为对他审判前监禁的赔偿。④

　　在人权事务委员会通过对第 633/1995 号戈捷诉加拿大（Gauthier v. Canada）案件的意见后，加拿大政府于 1999 年 10 月 20 日通知委员会，它已任命一位独立专家来审查记者席的认可标准以及来文者的认可申请。加拿大政府也已采取措施允许议会参观者作笔记。为了解决委员会关注的让没有得到记者席位证的个人有机会追索的问题，加拿大表示，今后议会

---

① UN Doc. A/51/40, Vol. 1, para. 457.

② UN Doc. A/51/40, Vol. 1, para. 459.

③ UN Doc. A/51/40, Vol. 1, para. 460.

④ UN Doc. A/51/40, Vol. 1, para. 461.

议长将有权接受申诉并任命独立专家向他报告申诉的正当性。在 2000 年 3 月提交的意见中，加拿大政府向委员会提供了一份关于记者席认可标准及其适用于来文申请人案件的专家报告副本。在印发该报告之后，申请人如果愿意，可再次申请记者席认可证。①

委员会针对第 631/1995 号斯帕克默诉挪威（Spakmo v. Norway）一案的意见发表后，挪威司法部于 1999 年 12 月 23 日的新闻稿中公布了委员会的意见。挪威政府于 2000 年 4 月 3 日提交了关于此案的答复，说它已决定付给来文申请人 2000 挪威克朗的非金钱损失赔偿以及 70000 挪威克朗的法律费用赔偿。②

针对委员会对第 779/1997 号来文阿雷拉诉芬兰（Aarela v. Finland）案的意见，芬兰于 2002 年 1 月 24 日告知委员会，已向来文者退还了判他承担的费用，退还款的一部分可视为对来文者的金钱损害赔偿。至于重新审议来文者申诉的问题，按照芬兰的法律制度，可通过《司法程序法典》第 31 章规定的非常上诉办法来对最后判决提出质疑。因此，芬兰政府把委员会的意见提交给司法部长，由他确定是否仍然有理由提出特别上诉。③

关于第 884/1999 号来文伊格纳塔奈诉拉脱维亚一案，拉脱维亚在 2001 年 10 月 24 日和 2002 年 3 月 7 日的普通照会中告知委员会，为审查委员会的意见而设立的机构已经向内阁提交了关于如何实施委员会意见的建议。2001 年 11 月 6 日，内阁接受了对"国家语文中心章程"和"履行语文能力测试程序方面的专业和职位职责所需要的国家语文能力证书条例"提出的修正案，从而消除了委员会所要查明的问题。④

针对人权事务委员会对第 765/1997 号法布里奥娃诉捷克（Fábryová v. Czech）和第 774/1997 号布罗克诉捷克（Brok v. Czech）案⑤发表的意见，捷克于 2002 年 10 月 17 日照会人权事务委员会，来文申请人的赔偿要求正通过一个赔偿方案进行处理，以减轻大屠杀受害者所遭到的不公正的财产损失。这个方案的目的是赔偿那些现在处于捷克共和国的领土内在德国占

① UN Doc. A/55/40, Vol. 1, para. 607.
② UN Doc. A/55/40, Vol. 1, para. 613.
③ UN Doc. A/57/40, Vol. 1, para. 240.
④ UN Doc. A/57/40, Vol. 1, para. 243.
⑤ UN Doc. A/57/40, Vol. 2.

领期间被剥夺了房地产的个人，他们的财产未能根据之前的法律赔偿规定和国际协定予以归还，也没有以任何其他方式进行补偿。这一方案是 2001 年 6 月 26 日宣布的，政府为该方案拨出了 1 亿捷克克朗。捷克补充说，它将向委员会通报这一赔偿程序的结果。①

国家根据联合国人权条约机构审理个人来文的意见而采取的行政措施包括向受害人支付金钱赔偿、对案件进行重新调查、确认权利、颁发许可证、修订政策等。人权条约机构的意见在很多案件中得到了缔约国的尊重和执行，这是缔约国适用国际人权条约最直接的体现。

二　国家依联合国人权条约机构的调查结果调整人权措施

根据联合国核心人权条约的规定，禁止酷刑委员会、消除对妇女歧视委员会、残疾人权利委员会和强迫失踪问题委员会都可以对有信息反映缔约国存在严重侵犯人权的情势进行调查；在缔约国同意后，可以进行实地访问。目前，只有禁止酷刑委员会和消除对妇女歧视委员会开始实际履行这一职能。两个委员会实施调查的案例尽管为数不多，但是一些受调查的国家已经着手按照条约机构的调查结果采取措施。

2002 年 7 月 8 日至 19 日，禁止酷刑委员会对塞尔维亚和黑山（简称塞黑）进行了访问。委员会的调查结果显示，在 2000 年 10 月之前，塞尔维亚境内曾有组织地实施酷刑。委员会注意到，在新政权之下，酷刑事件似乎显著减少，而且酷刑已经不再是有组织的行为。然而，酷刑行为，尤其是在警察局内仍有发生。随后，委员会提出了一系列建议。2003 年 10 月 13 日，塞黑向委员会表示，委员会的建议十分重要。在联合国人权高专办的技术援助方案下，塞黑根据其外交部和人权高专办达成的谅解备忘录开展了促进人权的工作。塞黑国家联盟第 6/2003 号官方公报颁布了《人权和少数人权利，以及公民自由宪章》，其第 12 条不仅规定禁止酷刑，而且明确禁止不人道或有辱人格的待遇或处罚，这比南斯拉夫联盟共和国宪法和塞黑宪法都前进了一步。在此期间，塞黑司法机构对 1992～2002 年间数千件有关酷刑和虐待的案件进行了审判；在关于受害者赔偿的裁决中，国家联

---

① 案情和缔约国答复，可参见 UN Doc. A/57/40；A/58/40, Vol. 1, para. 237.

盟法院直接适用了《禁止酷刑公约》。①

2005 年 7 月 13 日至 29 日，巴西接受了禁止酷刑委员会的访问。委员会在访问结论中指出，巴西政府对委员会的访问提供了充分的合作，经常对现有问题的严重性表示有所认识和关注，以及有改善问题的政治意愿。2007 年 4 月 16 日，巴西政府提交了所要求的资料，并通知委员会说，巴西已遵守或考虑遵守报告所载的各项建议。巴西指出，巴西政府已主动就委员会的建议采取了许多措施。政府指出，委员会的各项建议对防范和打击各种形式的酷刑和其他残忍、不人道或有辱人格的待遇或处罚极为有效，并希望就此加深和扩大与委员会的对话。②

三　国家依联合国人权条约机构的一般性评论调整人权措施

条约机构的一般性评论或一般性建议通常是条约机构对人权条约的解读，或是条约机构对缔约国履行条约义务的一般指导，因此，也可以成为国家调整人权措施的依据。实践中，各国根据消除对妇女歧视委员会的第 5 号关于暂行特别措施和第 23 号关于妇女参加政治和公共生活的一般性建议采取了大量的旨在提升妇女在公共领域地位的平权措施。

例如，圭亚那政府要求所有参加大选和地方选举的政党的妇女候选人必须占 33.3% 。③ 乌干达通过平权行动政策使担任决策职务的妇女比例从 1994 年的 16.9% 增加到 2002 年的 39% 。④ 挪威采行了用来增加妇女在上市股份有限公司和国有公司的执行董事会人数的创造性战略。该战略强制性地要求这些公司的董事会成员中每一性别成员至少应占 40% ，除非公司在 2005 年底已自愿达到这一指标，否则它将于 2006 年开始接受强制措施。⑤ 加纳共和国 1998 年采用的平权行动政策规定，在所有政府机构、公共管理局、职能委员会、理事会等正式机构，包括内阁和上院中妇女代表的额定

---

① 　UN Doc. A/59/44, IV（B）.

② 　UN Doc. A/63/44, paras. 70－72.

③ 　UN Doc. CEDAW/C/GUY/2, 圭亚那向消除对妇女歧视委员会提交的第 2 次报告。

④ 　UN Doc. CEDAW/C/UGA/3, 乌干达向消除对妇女歧视委员会提交的第 3 次报告。

⑤ 　UN Doc. CEDAW/C/NOR/5, CEDAW/C/NOR/6, 挪威向消除对妇女歧视委员会递交的第 5 次、第 6 次报告。

人数为40%。① 毛里塔尼亚对市镇和议会选举候选人名单实施了20%妇女配额制度。由于配额制度的实施，再加上国家向各政党提供资金鼓励妇女参与，妇女候选人最终赢得了市镇选举33%的席位，并分别赢得了参议院和国民议会17.9%和17%的席位。②

多哥在教育和就业领域根据《消除对妇女一切形式歧视公约》第4条第1款和关于暂行特别措施的第25号一般性建议采取了一些暂行特别措施，如降低女童的学费，为女性进入诸如警察、水利和林业部门以及军队等传统上属于男性职业的部门规定配额等。③

四　国家以更加开放的政策措施接受人权国际合作

通过国际社会的技术援助来促进和提高本国的人权保障水平，不仅为国际人权条约所认可，也为人权条约机构所鼓励，④ 而且有助于突破一些国家在履行人权保护义务时面临的资源和能力上的局限。按照国际人权条约的规定和要求，许多国家以更加开放的政策措施面对来自国际社会和其他国家的技术援助与合作，自愿接受来自国际人权机构的监督。

一些国家主动邀请或者同意联合国人权机构的特别报告员来本国访问和调研。例如，哥伦比亚向联合国人权委员会特别程序的所有报告员发出公开邀请。⑤ 古巴邀请对妇女的暴力行为问题特别报告员于1999年6月访问该国。塔吉克斯坦以开放的态度面对国际监督，2005年接受了联合国"法官和律师独立性问题"特别报告员的访问。尼泊尔接待了来自联合国人权委员会以下特别程序的视察：（1）1996年接待了任意拘留问题工作组；（2）2000年接待了法外处决、即审即决或任意处决问题特别报告员；（3）2004年接待了被强迫或非自愿失踪问题工作组；（4）2005年接待了负责境内流离失所者人权的秘书长特别代表；（5）2005年接待了酷刑问

---

① UN Doc. CEDAW/C/GHA/3-5，加纳向消除对妇女歧视委员会递交的第3~5次合并报告。

② UN Doc. CEDAW/C/MRT/1，毛里塔尼亚向消除对妇女歧视委员会递交的初次报告。

③ UN Doc. A/61/38, para. 144.

④ 例如，经济、社会和文化权利委员会关于"国际技术援助措施"的第2号一般性评论；消除种族歧视委员会关于"技术援助"的第10号一般性评论；消除对妇女歧视委员会关于"履行报告义务的技术咨询服务"的第11号一般性建议。

⑤ UN Doc. ccpr/c/col/2002/5，哥伦比亚向人权事务委员会递交的第5次报告。

题特别报告员。印度尼西亚积极响应禁止酷刑委员会的建议，在 2007 年 11 月接待了酷刑和其他残忍、不人道或有辱人格的待遇或处罚问题特别报告员来访。禁止酷刑委员会注意到，印度尼西亚政府还接待了人权理事会的其他几位特别报告员，其中包括移徙者人权问题特别报告员、人权维护者处境问题秘书长特别代表以及法官和律师独立性问题特别报告员。①白俄罗斯政府愿意与联合国各条约机构和其他人权机制开展合作，特别是允许言论自由问题特别报告员进行访问，允许司法独立问题特别报告员进行访问。阿塞拜疆与红十字委员会达成协议，后者有权走访阿塞拜疆监狱和监禁设施。

截止到 2013 年 4 月，已经有 93 个国家向所有的特别程序报告员发出了持续的公开邀请（Standing Invitation），也就意味着这些国家将随时接受来自所有特别程序的访问请求。② 这些国家遍布全球，既有北美洲的加拿大，大洋洲的澳大利亚、新西兰，北欧的挪威、芬兰、丹麦，西欧的英国、比利时、荷兰，也有中东欧的保加利亚、捷克、波兰、爱沙尼亚、希腊、土耳其等，非洲的南非、赞比亚，拉丁美洲的墨西哥、哥伦比亚、厄瓜多尔、危地马拉、巴拉圭、乌拉圭，以及亚洲的蒙古和韩国。既有发达国家，也有而且大部分是发展中国家。以开放的心态接受国际社会的监督，体现的是一国改善人权状况的信心和决心，也反映了国家对国际人权保障制度的认同和接受在不断深化。而实际上，这也有助于一国在"旁观者"的帮助下认清本国存在的人权问题，以便更好地履行国际人权条约义务。

还有一些国家在国际机构的协助下开展了人权培训、教育，进一步提高履行人权义务的能力。例如，埃及于 1999 年 6 月在开罗主办"阿拉伯区域人权和发展问题讲习会"，政府与联合国开发计划署携手制定了一项提高人权能力的实验项目。③ 联合国人权事务高级专员驻墨西哥办事处于 2002 年设立，墨西哥与办事处开展合作，编写了介绍墨西哥经济、社会和文化权利实现情况的《墨西哥人权状况调查分析报告》。④ 乌克兰在联合国开发

---

① UN Doc. CAT/C/72/Add. 1，印度尼西亚向禁止酷刑委员会递交的第 2 次报告。
② Available at http：//www. ohchr. org/EN/HRBodies/SP/Pages/Invitations. aspx，最近访问日期：2013 年 6 月 30 日。
③ UN Doc. E/2001/22，para. 150.
④ UN Doc. E/2007/22，para. 216.

计划署的帮助下发表了《联合国条约机构就乌克兰的人权报告提出的结论性意见和建议汇编》。尼泊尔于 2005 年 4 月 11 日同人权高专办签署协议，从而设立了人权高专办驻尼泊尔办事处。[1] 2005 年 9 月，联合国人权高专驻危地马拉办事处成立，该办事处兼负技术合作和监督职权。危地马拉政府还同联合国危地马拉人权核查团达成了关于执行《监狱现代化方案》的协定，并根据该方案于 1999 年 11 月开办了监狱系统学院。[2] 希腊两性平等总秘书处与联合国难民事务高级专员办事处签署了一项旨在促进和保护难民妇女和女童权利的合作备忘录。[3]

五　国家依区域人权条约机构的意见调整人权措施

区域人权条约机构发表的最常见的判决或意见是要求国家调整不当的人权行政措施，而这些判决经常能够得到国家积极的回应，并最终得到国家的执行。

非洲人权和民族权委员会针对个人申诉的决定曾促使缔约国采取措施向来文申请人提供救济。统计显示，从非洲人权和民族权委员会 1994 年第一次公布其关于个人申诉的结论到 2003 年委员会的第 16 次年度活动报告，委员会共裁定了涉及 17 个国家的 44 件违反《非洲人权和民族权宪章》的案件。其中委员会关于 6 例案件的意见得到了缔约国的全面执行，14 例案件中缔约国部分地采纳了委员会的意见，另有 7 例案件的意见因为缔约国政府的更迭而在实际上得到了执行，有 13 例案件的建议则未能被缔约国采纳，还有 4 例案件的执行情况无法考证。[4] 在 6 例被完全执行的案件中，帕纽尔（代表马祖）诉喀麦隆（Pagnoulle〔on behalf of Mazou〕v. Camroon）一案，[5] 喀麦隆政府根据非洲人权和民族权委员会的意见恢复了申请人在公共机构中的职位；大赦国际（代表班达和吉纽拉）诉赞比亚（Amnesty International

---

① UN Doc. A/61/44, para. 29 (6).

② UN Doc. CAT/C/49/Add. 2，危地马拉向禁止酷刑委员会递交的第 3 次报告。

③ UN Doc. A/62/38, para. 522.

④ Cf. Frans Viljoen and Lirette Louw, "State Compliance with the Recommendations of the African Commission on Human and Peoples' Rights, 1994 – 2004", 101 AM. J. Int'l L. 1, 4. (2007).

⑤ Pagnoulle (on Behalf of Mazou) v. Cameroon, Comm. No. 39/90, 2000 AHRLR 57 (ACHPR 1997).

〔on behalf of Banda and Chinula〕v. Zambia）一案，① 赞比亚政府撤销了对班达和吉纽拉的驱逐令，并允许他们无条件返回赞比亚；宪法权利项目诉尼日利亚（Constitutional Rights Project v. Nigeria）一案，② 尼日利亚遵从委员会的意见，为申请人提供了适当的司法程序保障；言论自由中心诉尼日利亚（Centre for Free Speech v. Nigeria）案中，③ 四名被秘密逮捕的记者最终获得了释放。另外，委员会针对莫迪塞诉博茨瓦纳（Modise v. Botswana）案、④ 正义论坛诉塞拉利昂案⑤的建议均得到了缔约国的遵守。

美洲人权法院的判决也让许多缔约国政府转变了立场，采取了相应的补救措施。在美洲许多国家，包括阿根廷、⑥ 玻利维亚、⑦ 厄瓜多尔、⑧ 秘鲁、⑨ 委内瑞拉⑩和苏里南，⑪ 当美洲人权法院裁定缔约国侵犯了人权时，这些国家都接受了应该承担的国际责任。例如，在特鲁希略·奥罗萨诉玻利维亚（Trujillo Oroza v. Bolivia）一案被提交给美洲人权法院时，玻利维亚承认了自己逮捕、实施酷刑并且谋杀一名大学生的责任。案情涉及一名大学生在被政府机构管制后失踪了。⑫ 在埃尔·卡拉卡卓诉委内瑞拉（El Caracazo v. Venezuela）案中，直到 1999 年该案被提交到美洲人权法院时，委内

---

① Amnesty Int'l（on behalf of Banda & Chinula）v. Zambia, Comm. No. 212/98, 2000 AHRLR 325（ACHPR 1999）.

② Constitutional Rights Project v. Nigeria, Comm. No. 153/96, 2000 AHRLR 248（ACHPR 1999）.

③ Centre for Free Speech v. Nigeria, Comm. No. 206/97, 2000 AHRLR 250（ACHPR 1999）.

④ Modise v. Botswana, Comm. No. 97/93, 2000 AHRLR 30（ACHPR 2000）.

⑤ Forum of Conscience v. Sierra Leone, Comm. No. 223/98, 2000 AHRLR 293（ACHPR 2000）.

⑥ Garrido and Baigorria v. Argentina（Merits）, Inter-Am. Ct HR, 2 February 1996, Ser. C. No. 26, para. 25.

⑦ *Trujillo Oroza v. Bolivia*（Merits）, Inter-Am. Ct HR, 26 January 2000, Ser. C, No. 64, paras. 36 – 37.

⑧ *Benavides Ceballos v. Ecuador*（Merits）, Inter-Am. Ct HR, 19 June 1998, Ser. C, No. 38, para. 35.

⑨ *Barrios Altos*（*Chumbipuma Aguirre et al. v. Peru*）（Merits）, Inter-Am. Ct HR, 14 March 2001, Ser. C, No. 75, para. 31（1）; *Castillo Pdez, Loayza Tamayo, Castillo Petruzzi et al, IvcherBronstein and Constitutional Court v. Peru Cases*（Compliance with Judgment）, Inter-Am. Ct HR, Order of 1 June 2001, para. 11, citing Peru's acceptance of responsibility in the *Ivcher Bronstein and Constitutional Court Cases*.

⑩ El Amparo v. Venezuela（*Merits*）, *Inter-Am. Ct HR*, 18 *January* 1995, *Ser. C*, *No.* 19, *para.* 19; El Caracazo v. Venezuela（*Merits*）, *Inter-Am. Ct HR*, 11 *November* 1999, *Ser. C*, *No.* 58, *para.* 37.

⑪ *Aloeboetoe etal. v. Suriname*（Merits）, Inter-Am. Ct HR, 4 December 1991, Ser. C, No. 11, para 22.

⑫ *Trujillo Oroza v. Bolivia*（Merits）, Inter-Am. Ct HR, 26 January 2000, Ser. C, No. 64, paras. 36 – 37.

瑞拉才表示承担 1989 年发生的军事镇压平民动乱造成数起死亡事件的责任。① 秘鲁起初并不承认美洲人权法院的管辖权，但是后来改变了立场，并且表示接受法院在几起案件中的判决，包括巴里奥斯·阿尔托斯（Barrios Altos）案②、宪法法院案（Constitutional Court Case）③ 以及伊夫切·布隆施泰因（Ivcher Bronstein）案④。

　　一般来说，美洲国家在被美洲人权法院裁定败诉后，它们更倾向于提供金钱赔偿。例如，甘加拉姆·潘戴诉苏里南（Gangaram Panday v. Suriname）案⑤、布莱克诉危地马拉（Blake v. Guatemala）案⑥、贝纳维德斯·塞瓦洛斯诉厄瓜多尔（Benavides Cevallos v. Ecuador）案⑦、贝拉斯克斯·罗德里格斯诉洪都拉斯（Velasquez Rodriguez v. Honduras）案⑧与戈迪内斯·克鲁斯诉洪都拉斯（Godinez Cruz v. Honduras）案⑨、加里多和拜戈里亚诉阿根廷（Garrido and Baigorria v. Argentina）案⑩、埃尔安帕罗诉危地马拉（El Amparo v. Guatemala）案⑪等。秘鲁在卡斯蒂略·派斯诉秘鲁（Castillo Paez v. Peru）案⑫、内拉·阿莱格里亚与其他人诉秘鲁（Neira Alegria et al. v. Peru）

---

① *El Caracazo v. Venezuela*（Merits），Inter-Am. Ct HR，11 November 1999，Ser. C，No. 58，para. 37.

② *Barrios Altos*（*Chumbipuma Aguirre et al. v. Peru*）（Merits），Inter-Am. Ct HR，14 March 2001，Ser. C，No. 75，para. 31 and 34 – 35.

③ The *Castillo Pdez，Loayza Tamayo，Castillo Petruzzi et al，Ivcher Bronstein and Constitutional Court v. Peru Cases*（Compliance with Judgment），Inter-Am. Ct HR，Order of 1 June 2001，para. 11.

④ The *Castillo Pdez，Loayza Tamayo，Castillo Petruzzi et al，Ivcher Bronstein and Constitutional Court v. Peru Cases*（Compliance with Judgment），Inter-Am. Ct HR，Order of 1 June 2001，para. 11.

⑤ *Gangaram Panday*，Order of the Court of 27 November 1998，reprinted in 1998 Annual Report of the Inter-Am. Ct HR，［531］，OEA/Ser. L/V/III. 43，doc. 11（1999）.

⑥ 2000 Annual Report of the Inter-American Court of Human Rights，OEA/Ser. L/V/111. 50，doc. 4，29 January 2000，at 39.

⑦ *Benavides Ceballos v. Ecuador*（Merits），Inter-Am. Ct HR，19 June 1998，Ser. C，No. 38，para. 56.

⑧ *Velasquez Rodriguez*（Interpretation of the Compensatory Damages），Inter-Am. Ct HR，17 August 1990，Ser. C，No. 9.

⑨ *Godinez Cruz*，Judgment of January 20 1989，Inter-Am. Ct. H. R. Ser. C，No. 5.

⑩ *Garrido and Baigorria v. Argentina*（Merits），Inter-Am. Ct HR，2 February 1996，Ser. C. No. 26.

⑪ *El Amparo v. Venezuela*（Merits），Inter-Am. Ct HR，18 January 1995，Ser. C，No. 19.

⑫ *Casstillo Paez case*，Reparations（art. 63（1）American Convention on Human Rights），Judgment of November 27，1998，Inter-Am. Ct. H. R. Ser. C，No. 43（1998）.

案①、艾洛萨·塔马约诉秘鲁（Loayza Tamayo v. Peru）案②以及宪法法院案中给予了受害人全额赔偿，而在杜兰德和乌加特诉秘鲁（Durand and Ugarte v. Peru）案③以及伊夫切·布隆施泰因案中则部分地赔偿了受害人。

美洲人权制度的经验显示，与要求提供政治性质的救济或者涉及修改国内法律的救济相比，国家更乐意支付赔偿。非洲国家的例证则表明，国家则更倾向于接受需要采取行政措施的救济，而不是修改法律或赔偿受害者。④

第三节　国际人权条约与国家人权部门的建立和加强

本节所谓"国家人权部门"不包括依据"巴黎原则"建立的国家人权机构（NHRIs），而主要指国家权力机关内设立的各种保障人权的部门，以及国家为保障和协调某一特定利益群体的人权问题而建立的专项人权机构，比如国家妇女地位委员会、全国残疾人权利委员会等。这些专门负责人权事务的机构或部门，其设立与履行特定的人权条约有着很强的对应关系。它们根据国际人权条约及其监督机构的要求不断加强和完善。

---

① *Neira Alegria et al. v. Peru*, Reparations（art. 63（1），American Convention on Human Rights），Judgment of September 14，1996，Inter-Am. Ct. H. R. Ser. C，No. 29（1996）.

② *Loayza Tamayo Case*, Reparations Reparations（art. 63（1），American Convention on Human Rights），Judgment of November 27，1998，Inter-Am. Ct. H. R. Ser. C，No. 42（1998）.

③ *Durand and Ugarte Case*, Reparations（art. 63（1），American Convention on Human Rights），Inter-Am. Ct. H. R. Ser. C，No. 89（2001）.

④ 一位学者列举的影响国家遵守区域或国际人权条约的义务的因素包括国家缺乏政治的、法律的、技术的以及经济方面的能力，包括资源匮乏也可能是国家没有履行义务的能力。Shadrack B. O. Guro，"the rule of law，human and peoples' rights and Compliance/non-compliance with regional and international agreements and standards by African states"，a paper prepared for presentation at the African Forum for Envisioning Africa，Nairobi，Kenya（Apr. 26 – 29，2002）. Available at http：//www. worldsummit2002. org/texts/ShadrackGutto2. pdf. Cf. Frans Viljoen and Lirette Louw，"State Compliance with the Recommendations of the African Commission on Human and Peoples' Rights，1994 –2004"，101 *AM. J. Int'l L*. 1，22.（2007）.

一　保障儿童权利的部门

目前，许多国家建立了专门负责监督《儿童权利公约》在该国执行情况的机构。例如，加拿大在世界儿童问题首脑会议之后，设立了儿童局，负责确保政府的各项政策能够顾及《儿童权利公约》的规定，儿童局担负在政府当局与私营及自愿部门之间的协商工作。① 尼日利亚1994年设立了全国儿童权利落实委员会，以确保普及《儿童权利公约》和《非洲儿童权利和福利宪章》；不断审查落实公约的情况，制订提高儿童地位的具体方案和项目；收集和核对有关落实儿童权利情况的数据；为联合国和非洲联盟编写关于落实儿童权利的报告。② 马尔代夫在妇女事务和社会福利部内设立了一个儿童权利股，负责公约在该国内的实施事宜。③ 巴巴多斯1998年9月设立了监督儿童权利国家委员会，负责监督公约的落实。④ 芬兰于1998年设置了一名儿童问题助理议会督察专员，负责监督儿童权利在该国的落实情况。⑤ 丹麦全国儿童理事会于1998年依法永久设立，并受权根据公约的原则和条款，对该国境内的儿童状况进行独立评估。⑥ 希腊建立了负责监督和执行《儿童权利公约》的国家儿童权利监察委员会。⑦ 摩尔多瓦也于1998年设立了以协调和确保公约得到尊重为目标的保护儿童权利全国委员会。⑧

还有许多国家建立了全国性的儿童权利机构，总体协调对儿童权利的保障。这类机构虽未明确表明是为落实《儿童权利公约》而设立的，但是在实际上肩负着落实公约的职能。建立这类机构的国家有冰岛、埃及、秘鲁、哥伦比亚、波兰、罗马尼亚、挪威、阿根廷、尼加拉瓜、意大利、韩国、尼泊尔、摩洛哥、保加利亚、缅甸、孟加拉国、乌干达、多哥、乍得、

---

① UN Doc. CRC/C/11/Add. 3，加拿大向儿童权利委员会递交的初次报告。
② UN Doc. CRC/C/8/Add. 26，尼日利亚向儿童权利委员会递交的初次报告。
③ UN Doc. CRC/C/8/Add. 33，CRC/C/8/Add. 37，马尔代夫向儿童权利委员会递交的初次报告。
④ UN Doc. CRC/C/3/Add. 45，巴巴多斯向儿童权利委员会递交的初次报告。
⑤ UN Doc. CRC/C/70/Add. 3，芬兰向儿童权利委员会递交的第2次报告。
⑥ UN Doc. CRC/C/70/Add. 6，丹麦向儿童权利委员会递交的第2次报告。
⑦ UN Doc. CRC/C/28/Add. 17，希腊向儿童权利委员会递交的初次报告。
⑧ UN Doc. CRC/C/28/Add. 19，摩尔多瓦向儿童权利委员会递交的初次报告。

尼泊尔、英国、斯里兰卡、印度尼西亚、赤道几内亚、卢森堡、毛里求斯等。

儿童权利委员会的结论性意见促使许多国家不断完善保障儿童权利的机构和程序。比如，哥斯达黎加根据儿童权利委员会建议，在调查员办事处（Defensor del Pueblo）之下设立了少年儿童科。[①] 该国还根据委员会关于加强缔约国公约执行协调和监督机制的建议，建立了全国综合保护儿童系统和少年儿童问题全国委员会，颁布了国家儿童信托基金组织法（1996年）。危地马拉根据儿童权利委员会的建议，[②] 成立了全国打击虐待儿童委员会并于1996年及1998年开展了两次打击虐待儿童的全国运动。白俄罗斯根据儿童权利委员会的建议成立了全国儿童权利委员会。[③] 西班牙遵照儿童权利委员会的建议于1999年建立起了儿童事务监测机构。[④] 阿根廷根据儿童权利委员会在结论性意见中的建议设立了国家儿童、青少年和家庭事务委员会，还设立了向犯罪受害者提供全面援助的办事处。[⑤]

二　保障妇女权利的部门

消除对妇女歧视委员会曾在一般性建议中呼吁各缔约国在高级政府一级建立和加强有效的国家机制、机构和程序，来负责监督和协调一国对《消除对妇女一切形式歧视公约》的执行。[⑥] 为此，许多国家设立了专门落实公约的机构或部门。

例如，巴拿马设立了青年、妇女、儿童和家庭事务部，作为在国家一级负责执行《消除对妇女一切形式歧视公约》的政府机构。[⑦] 克罗地亚设立了促进平等委员会，以执行依《北京宣言和行动纲领》采取的促进男女平等的国家政策。[⑧] 斯洛伐克按照《北京和行动纲领》的要求制定了国家行动

① UN Doc. CRC/C/15/Add. 11, paras. 7&11.
② UN Doc. CRC/C/15/Add. 58, para. 33.
③ UN Doc. CRC/C/15/Add. 17, para. 11.
④ UN Doc. CRC/C/15/Add. 28, para. 12.
⑤ UN Doc. CRC/C/15/Add. 36, para. 20.
⑥ UN Doc. A/43/38，消除对妇女歧视委员会关于"有效的国家机制和宣传"的第6号一般性建议。
⑦ UN Doc. CEDAW/C/PAN/2-3，巴拿马向消除对妇女歧视委员会递交的第2~3次报告。
⑧ UN Doc. A/53/38/REV. 1, para. 95.

计划，并设立了妇女问题协调委员会和性别问题中心。① 布隆迪设立了社会行动和提高妇女地位部以及人权、机构改革和国民议会关系部，由两部共同负责执行公约。② 埃及设立了全国妇女委员会，直接向总统负责，其职责是监测影响妇女生活的法律和政策，提高民众意识和监测公约的执行情况。③ 安道尔设立了家庭事务国务秘书处，并将其作为处理妇女问题并确保执行《北京宣言和行动纲领》的机构。④ 苏里南 2001 年成立了性别立法委员会，负责起草注重性别问题的立法，审查与《消除对妇女一切形式歧视公约》有关的法律草案，并就新的立法提出建议。⑤ 萨尔瓦多于 2000 年在提高妇女地位署成立了机构间法律委员会，以便使本国的法律与萨尔瓦多批准的有关国际公约协调一致，并提出相应的修改。⑥ 多米尼加在 1998 年11 月设立了防止和打击家庭内暴力行为国家委员会，该委员会的宗旨是协调和监督旨在预防家庭暴力行为的政策的执行，确保执行关于防止暴力的第 24 – 97 号法和关于保护未成年人的第 14 – 94 号法，以及履行该国批准的国际公约。⑦ 朝鲜于 2001 年 9 月成立了全国协调委员会，负责监督公约的实施情况。⑧

其他设立了提高妇女地位、实现两性平等的专门机构的国家还有比利时、秘鲁、日本、阿根廷、尼日利亚、韩国、希腊、哥伦比亚、喀麦隆、伊拉克、马尔代夫、也门、墨西哥、厄瓜多尔、老挝、以色列、柬埔寨、罗马尼亚、加纳、瑞典等。

另有一些国家根据消除对妇女歧视委员会的结论性意见的建议成立了相应的妇女权利机构。例如，荷兰 1996 年依照消除对妇女歧视委员会的建议在阿鲁巴成立了全国妇女事务局。⑨

---

① UN Doc. CEDAW/C/SVK/1, CEDAW/C/SVK/Add. 1, 斯洛伐克向消除对妇女歧视委员会递交的初次报告。
② UN Doc. A/56/38, para. 46.
③ UN Doc. A/56/38, para. 322.
④ UN Doc, A/56/38, para. 36.
⑤ UN Doc. CEDAW/C/SUR/1 – 2, 苏里南向消除对妇女歧视委员会递交的第 1~2 次报告。
⑥ UN Doc. A/58/38, para. 247.
⑦ UN Doc. A/59/38, para. 277.
⑧ UN Doc. CEDAW/C/PRK/1, 朝鲜向消除对妇女歧视委员会递交的初次报告。
⑨ UN Doc. CEDAW/C/NET/2, ADD. 1, 2; CEDAW/C/NET/3, ADD. 1, 2.

三　消除种族歧视的部门

各国还建立了旨在消除各种形式的种族歧视的机构或部门。例如，澳大利亚建立了1991年《土著人和解法案》理事会。罗马尼亚设立了全国少数民族委员会。新西兰1991年成立了毛利族发展部（Te Puni Kokiri）。丹麦设立了种族平等委员会。匈牙利1990年设立了作为独立行政机构的民族和族裔少数群体办公厅，并设立民族和族裔少数群体权利意见督察专员（议会专员）职位，从1995年起生效。白俄罗斯在部长会议内设立了一个全国少数民族协调委员会，同时建立了关于土著和民族问题的国务委员会以及一个监察专员署。卢森堡于1996年5月设立了反歧视常设委员会。墨西哥于1995年创设了和谐与和解委员会，1996年12月设立了和平协定监测和核查委员会，2003年设立了促进土著人民发展国家委员会。芬兰在全国范围内成立了良好民族关系部长级小组和反种族主义委员会。格鲁吉亚设立了人权和族裔关系问题监察员和委员会。葡萄牙成立了平等和反对种族歧视委员会。波兰1999年8月在议会设立了少数民族事务委员会。危地马拉设立了对土著人民的歧视和种族偏见问题总统委员会，并在总统人权委员会内设立维护土著妇女权利处。意大利2004年11月在机会均等部之下设立了全国消除种族歧视办事处（Ufficio Nazionale Antidicriminazione Razziali），以促进平等和制止基于种族或族裔的歧视。

除上述保障专项人权的机构或部门外，有些国家还成立了其他履行人权条约义务的协调机构。例如，埃及2000年在司法部设立了人权事务署长，职能是负责履行国际人权文书所产生的国际法律义务，包括编写对国际机构的答复、提高公众认识，以及为司法部门和公诉部门的成员提供有关这些问题的培训。厄瓜多尔2002年成立了人权协调委员会这一部门间机构。在此机构中，民间社会有机会参与厄瓜多尔向人权条约机构提交的定期国家报告的撰写工作。塔吉克斯坦设立了政府确保遵守国际人权义务委员会和公民权利宪法保障办公室。

国家保障人权的部门或专项机构，设立于总统、议会或某一政府部门下，或者是为协调国际人权条约在国内的适用而建立，或者是根据人权条约机构的建议而设立。无论如何，国家人权部门或专项机构对于提高国际人权条约在国内的知晓度、促进国际人权条约在国内的适用都具有重要作用。

第四节　国际人权条约与国家人权
教育的发展

　　"受教育本身就是一项人权，也是实现其他人权不可或缺的手段。"①
而人权教育则是实现其他人权更为直接的手段。人权教育和人权信息的传
播对于立法者、法官、政府官员以及社会公众掌握必要的人权知识而言必
不可少，它是国家有效适用国际人权条约的基础和前提。

一　国际人权条约要求加强人权教育

　　所谓人权教育就是"以尊重人权精神的修养为目的而进行的教育活
动"。② 人权教育是一种展望性的计划，为未来的社会设计了一个基础，这
个社会是民主的而且充满对人性尊严以及每个人不可分离的权利的尊重；
人权教育是一种预防性的策略，它推动对于人权的尊重；人权教育还是一
种防卫性的策略，激励人民采取行动保护自己的人权。③ 人权教育并不仅限
于行动计划，事实上，许多学者认为接受人权教育已成为一项特殊的人
权，④ 而许多重要的国际人权文书也确认了接受人权教育的权利。

（一）　国际人权文书强调人权教育

　　《世界人权宣言》在第 26 条第 2 款中指出："教育的目的在于充分发展
人的个性并加强对人权和基本自由的尊重。"《经济、社会和文化权利国际
公约》第 13 条第 1 款以具有法律拘束力的条约的形式再次确认了教育的重
要目的是加强对人权和基本自由的尊重。《儿童权利公约》第 29 条第 1 款
也指出，教育儿童的目的应该是"培养对人权和基本自由……的尊重"。

---

① UN Doc. E/C. 12/1999/10，经济、社会和文化权利委员会第 13 号一般性评论：受教育的权
利，第 1 段。

② 参见《日本人权教育及人权启发法》第 2 条，可访问"亚洲—太平洋人权情报中心"网站
www. hurights. or. jp/database/C/Keihatu_ c. html. 最近访问日期：2009 年 3 月 31 日。

③ 《1995 ~ 2004 年"联合国人权教育十年"国际行动计划》，UN Doc. A/51/506/Add. 1，附
录，第 2 段，载联合国人权事务高专办：《1995 ~ 2004 年"联合国人权教育十年"行动计
划：人权教育——终身的课业》，联合国 1998 年版，第 3 页。

④ 王孔祥：《国际人权法视野下的人权教育》，时事出版社，2008，第 80 ~ 88 页。

区域人权条约也不约而同地强调缔约国有进行人权教育的义务，例如《非洲人权和民族权宪章》第 25 条要求缔约国"通过讲授……促进和确保本宪章所含各项权利和自由受到尊重"；《〈美洲人权公约〉在经济、社会和文化领域权利的附加议定书》（即《圣萨尔瓦多议定书》）第 13 条第 2 款规定，教育"应该加强对人权、意识形态多元主义、基本自由、正义与和平的尊重"。

由是观之，实现对人权的尊重是人权教育的目的，而从事人权教育已成为缔约国应当履行的义务。

（二）　国际人权条约机构诠释人权教育

除了国际人权公约对人权教育重要性的总体性阐释，人权条约机构还以一般性评论的形式强调了专门领域的人权教育的重要性，列举开展人权教育的方法，丰富了人权教育的内涵。

儿童权利委员会在其关于"教育目标"的第 1 号一般性评论中仔细阐释了以尊重人权为目标的教育的重要意义和功能，并呼吁缔约国采取必要措施将这样的目标纳入所有各级教育政策和立法中；学校、大众传媒、政府都应在这一目标的指导下开展工作。①

消除种族歧视委员会指出，国家执法人员能否履行公约，在很大程度上取决于他们是否知晓国家根据该公约应当履行的义务。因此，"执法人员应当接受密集的训练"，缔约国应当"审查和改进其对执法人员的培训工作"，还应"在其定期国家报告中列入与此有关的资料"。② 消除对妇女歧视委员会在审查国家报告的过程中发现对妇女的定性观念仍是阻碍公约执行的重要因素，因此，"促请各缔约国有效地采用教育和大众传播方案，以帮助消除妨碍充分执行妇女在社会上平等原则的偏见和现行习俗"。③ 这一点在该条约机构发表的第 6 号一般性建议中得到了重申。④

---

① UN Doc. CRC/GC/2001/1（2001），General Comment No. 1：*Article* 29（1）*The aims of education*，by CRC.
② UN Doc. A/48/18，消除种族歧视委员会第 13 号一般性建议：关于培训执法人员保护人权，第 2 段、第 3 段。
③ UN Doc. A/42/38，消除对妇女歧视委员会第 3 号一般性建议：关于教育和大众宣传。
④ UN Doc. A/43/38，消除对妇女歧视委员会第 6 号一般性建议：有效的国家机制和宣传。

　　关于由谁来具体执行人权教育工作，经济、社会和文化权利委员会认为，国家人权机构应该担负起推广教育和宣传方案的重任，以提高大众和公务员、司法机构、私营部门以及劳工运动等特定群体对经济、社会和文化权利的认识和理解。① 其他的条约机构，如消除种族歧视委员会②、儿童权利委员会③也提出了类似的主张。

　　（三）　国际人权监督程序督促人权教育

　　在现有的国际人权条约监督机制中，对国家履行人权教育义务的监督，主要是通过条约机构审查国家报告中的相关内容，并提出结论性意见和建议来实施的。

　　条约机构在实践中形成了指导缔约国准备国家报告的准则，2008年编制的《关于国际人权条约缔约国提交报告的形式和内容的准则汇编》第一部分要求缔约国准备共同核心文件时提供如何传播人权文书、如何提高官员和其他专业人员对人权的认识，如何通过教育方案和政府支持的宣传运动提高群众对人权的认识，以及如何通过大众媒介提高公民对人权的认识方面的信息。④

　　而许多条约机构在各自的国家报告准则中也要求缔约国提供实施人权教育的情况。例如，消除种族歧视委员会要求国家在汇报对公约第7条的执行情况时，提供以下信息：在教育、文化、新闻领域打击种族歧视和种族偏见的做法，以及上述领域中增进国家间及种族或民族团体间的谅解、容忍和睦谊的做法。禁止酷刑委员会表示，缔约国有义务根据公约第10条和第16条为参与执法的人员提供培训，缔约国定期国家报告应该反映培训方案及效果等信息。

---

① UN Doc. E/1999/22，经济、社会和文化权利委员会第10号一般性评论：国家人权机构在保护经济、社会和文化权利方面的作用，第3段。

② UN Doc. A/48/18，消除种族歧视委员会第17号一般性建议：关于设立国家机构以推动执行《公约》，第1段（d）。

③ UN Doc. CRC/GC/2002/2（2002），General Comment No. 2: *The role of independent national human rights institutions in the promotion and protection of the rights of the child*, by CRC, para. 19 (1) ~ (o).

④ UN Doc. HRI/GEN/2/Rev. 5, Compilation of Guidelines on the Form and Content of Reports to be Submitted by States Parties to the International Human Rights Treaties.

在条约机构审查缔约国的国家报告时，它们对在人权教育领域已经采取的良好做法给予了肯定，并继续敦促其他国家提供相关信息。

二 国家采取措施发展人权教育

开展人权教育已经成为国家根据国际人权条约承担的一项义务。缔约国不仅有义务从事这项事业，而且有义务向条约机构汇报相关情况。联合国的人权条约机构审查国家报告的情况显示，许多国家按照人权条约监督机制的要求开展了各种形式的人权教育和培训；另有一些国家根据条约机构在结论性意见中的建议，不断采取措施完善人权教育。

（一）国家在宪法中强调人权教育的重要性

为强调人权教育的重要性，一些国家甚至将其写入了宪法。例如，贝宁共和国 1990 年宪法第 40 条规定："国家有义务确保宪法、1948 年《世界人权宣言》、1981 年《非洲人权和民族权宪章》以及经适当批准的国际人权文件的宣传和教育。国家必须将人权融入文化项目、各种学术和大学教育中，融入武装部队、公安力量及相关领域的教育项目中。国家必须确保相关的权利能够通过大众传媒特别是广播和电视，运用民族语言得到平等的传播和教育。"加纳共和国 1992 年宪法第 35 条第 4 款规定："国家应该培养所有加纳人尊重基本人权和自由以及人的尊严。"该宪法第 218 条第 6 款进一步规定了人权教育的机构保障：人权与行政司法委员会的职责之一是对公众进行人权和基本自由的教育，可以采取发行出版物、演讲、研讨会等形式。斐济宪法第 42 条规定人权委员会的职能之一是对公众进行宪法权利法案内容和性质的教育。尼日尔 2010 年宪法第 43 条规定："国家有义务将本宪法以及个人权利和自由翻译成民族语言进行传播和教育。国家保障在各个教育阶段进行宪法、人权和公民教育。"哥伦比亚 1991 年宪法第 67 条第 2 款规定："哥伦比亚公民应该受到人权、和平、民主的教育。"该宪法第 222 条还规定，法律应该规定公安部门成员的职业、文化、社会发展体系。在接受培训时，公安部门成员应该接受民主和人权的教育。第 282 条规定，督察专员应该监督对人权的促进、实施和普及，为此它应该行使以下职责——普及人权，建议通过政策使公众知晓人权。

（二）国家按照国际人权条约的要求开展人权教育

国际人权条约视开展人权教育为缔约国的一项义务。不少国家在宪法中也确认国家有义务开展人权教育。各缔约国提交给人权条约机构的国家报告展示了各国开展的形式多样、内容丰富的人权教育。这其中有许多做法获得了人权条约机构的嘉许。

1. 人权教育形式多样

（1）人权教育进课堂。许多国家将"人权"列入了高等院校乃至中小学生的课程设置。例如，挪威表示自己已采取措施在中小学和大学中进行人权教育。[①] 人权教育也已被列入斯里兰卡的中学和高等教育机构的课程。[②] 巴拉圭表示人权问题已经成为正规的中学课程。[③] 爱尔兰也在中小学生中开展了人权教育。[④] 还有国家开设了专门的人权学科，例如突尼斯就在大学中设立了专门的人权系，开展人权研究和教育。[⑤] 而在白俄罗斯[⑥]和阿尔及利亚[⑦]，还在大学里设立了人权教授的职位。

（2）对执法人员进行人权培训。在丹麦[⑧]、挪威[⑨]、毛里求斯[⑩]、拉脱维亚[⑪]、爱尔兰[⑫]、意大利[⑬]、斯里兰卡[⑭]、塞浦路斯[⑮]、马里[⑯]等许多国家，"人权"课程已经被纳入对警察、军队、监管部门人员、政府官员以及司法人员的基本培训中。在冰岛[⑰]警校中，人权课程是必修课，这项课程向所有

---

① 参见 UN Doc. HRI/CORE/1/Add. 6，挪威向人权事务委员会递交的核心报告，第 88 段。

② 参见 UN Doc. CCPR/C/70/Add. 6，斯里兰卡向人权事务委员会提交的第 3 次报告。

③ 参见 UN Doc. CCPR/C/84/Add. 3，巴拉圭向人权事务委员会提交的初次报告。

④ 参见 UN Doc. CCPR/C/IRL/98/2，爱尔兰向人权事务委员会提交的第 2 次报告。

⑤ 参见 UN Doc. CAT/C/20/Add. 1，突尼斯向禁止酷刑委员会提交的第 2 次报告。

⑥ 参见 UN Doc. CERD/C/Add. 8，白俄罗斯向消除种族歧视委员会提交的第 14 次报告；UN Doc. E/1994/104/Add. 22，白俄罗斯向经济、社会和文化权利委员会提交的第 3 次报告。

⑦ 参见 UN Doc. E/19905/Add. 22，阿尔及利亚向经济、社会和文化权利委员会提交的初次报告。

⑧ 参见 UN Doc. CAT/C/34/Add. 3，丹麦向禁止酷刑委员会提交的第 3 次报告。

⑨ 参见 UN Doc. HRI/CORE/1/Add. 6，挪威递交给人权事务委员会的核心报告，第 88 段。

⑩ 参见 UN Doc. CAT/C/43/Add. 1，毛里求斯向禁止酷刑委员会提交的第 2 次报告。

⑪ 参见 UN Doc. CAT/C/21/ADD. 4，拉脱维亚向禁止酷刑委员会提交的初次报告。

⑫ 参见 UN Doc. CCPR/C/IRL/98/2，爱尔兰向人权事务委员会提交的第 2 次报告。

⑬ 参见 UN Doc. CERD/C/406/Add. 1，意大利向消除种族歧视委员会提交的第 13 次报告。

⑭ 参见 UN Doc. CCPR/C/70/Add. 6，斯里兰卡向人权事务委员会提交的第 3 次报告。

⑮ 参见 UN Doc. CCPR/C/94/Add. 1，塞浦路斯向人权事务委员会提交的第 3 次报告。

⑯ 参见 UN Doc. CERD/C/407/Add. 2，马里向消除种族歧视委员会提交的第 7～14 次报告。

⑰ 参见 UN Doc. CERD/C/299/Add. 4，冰岛向消除种族歧视委员会提交的第 14 次报告。

学员介绍各项主要的国际人权公约。韩国①则采取强制性措施，对法官、律师和检察官进行人权培训。而摩洛哥②则将培训的范围扩大到法律专业人员之外的新闻媒介人员。

（3）发行人权宣传手册。将国际人权文书翻译成当地语言进行传播是扩大国际人权条约影响力的重要途径，也是人权条约机构的普遍要求。一些国家已经采取了相应的措施。例如韩国司法部将国际人权条约的文本译成朝鲜文在国内发行，以增加公众对这些文书的了解。③ 冰岛也印制并广泛分发了载有人权条约的小册子。④

（4）以国际合作开展人权教育。人权教育同样需要资源保障，在人权教育领域寻求国际合作不失为弥补资源欠缺的有效办法。摩洛哥政府与联合国人权高专办缔结了一项协议，以便设立一个人权资料和教育中心，在摩洛哥提供人权培训。⑤ 罗马尼亚通过同各国际人权组织，包括联合国人权中心合作执行人权培训方案来提高人们对国际人权标准的认识。⑥ 几内亚与联合国人权事务高级专员合作，根据消除种族歧视委员会第 13 号一般性建议对警官开展人权培训工作，并就向国际人权条约机构提交国家报告的工作进行了培训。⑦

此外，一些国家，如津巴布韦⑧还借助非政府组织等民间力量对警察进行了人权培训。

2. 人权教育内容广泛

（1）性别教育。智利在学校里开展了注重和平的教育方案，特别是关于对妇女一切形式暴力问题的教育方案，以便执行世界人权大会通过的《维也纳宣言和行动纲领》。⑨ 匈牙利在中小学教育大纲和大学里都提供人权

---

① 参见 UN Doc. CCPR/C/114/Add.1，韩国向人权事务委员会提交的第 2 次报告。
② 参见 UN Doc. CCPR/C/115/Add.1，摩洛哥向人权事务委员会提交的第 4 次报告。
③ 参见 UN Doc. CERD/C/258/Add.2，韩国向消除种族歧视委员会提交的第 8 次报告。
④ 参见 UN Doc. CERD/C/299/Add.4，冰岛向消除种族歧视委员会提交的第 14 次报告。
⑤ 参见 UN Doc. CCPR/C/115/Add.1，摩洛哥向人权事务委员会提交的第 4 次报告。
⑥ 参见 UN Doc. CERD/C/210/Add.4，罗马尼亚向消除种族歧视委员会提交的第 9 ~ 11 次报告。
⑦ 参见 UN Doc. CERD/C/334/Add.1，几内亚向消除种族歧视委员会提交的第 2 ~ 11 次报告。
⑧ 参见 UN Doc. CCPR/C/74/Add.3，津巴布韦向人权事务委员会提交的初次报告。
⑨ 参见 UN Doc. CEDAW/C/CHI/1，智利向消除对妇女歧视委员会提交的初次报告。

教育，而妇女的权利是这一方面的教育的组成部分。① 在白俄罗斯，高等教育机构已经开始进行性别教育。②

（2）平等教育。卢森堡政府努力进行平等观念的教育，启动了名为"分享平等"的项目，该项目旨在将平等的原则纳入教师和培训人员的训练课程，包括制定训练手册和方法，从而从学龄前阶段就开始促进女孩和男孩之间的机会平等。③

（3）反歧视教育。秘鲁已将旨在防止种族歧视的材料编入学校教学大纲。④ 蒙古1995年《教育法》禁止在教育领域实施种族歧视，并且规定将讲授包括必须反对和谴责种族歧视在内的人权知识编入学校教学大纲等教育措施。⑤ 阿拉伯叙利亚共和国也采取了类似的措施。⑥

（4）多元共处的教育。为促进多元文化教育，1992年加拿大教育部正式通过了一项多元教育政策，供学校系统采用。⑦ 德国文化部长会议颁布的教育指导方针要求有系统地讲授人权和在多元文化社会中容忍和共处的原则。⑧ 冰岛人权办事处为与移民一起工作的人和教师举办了关于人权和容忍问题的特别讲座。⑨ 挪威于1994年针对警察、记者、教师、海关官员、保健和社会工作人员发起了一项"挪威作为一个多文化的社会"的教育方案。⑩

（5）对国际人权条约体系的宣传。对人权条约机构的工作产出的宣传应该成为人权教育的一项重要内容，这不仅有助于扩大条约机构工作的影

---

① 参见 UN Doc. CEDAW/C/HUN/3 & CEDAW/C/HUN/3/Add.1，匈牙利向消除对妇女歧视委员会提交的第3次报告。

② 参见 UN Doc. CEDAW/C/BLR/3，白俄罗斯向消除对妇女歧视委员会提交的第3次报告。

③ 参见 UN Doc. CEDAW/C/LUX/3 & CEDAW/C/LUX/3/Add.1，卢森堡向消除对妇女歧视委员会提交的第3次报告。

④ 参见 UN Doc. CERD/C/298/Add.5，秘鲁向消除种族歧视委员会提交的第12~13次报告。

⑤ 参见 UN Doc. CERD/C/338/Add.3，蒙古向消除种族歧视委员会提交的第11~15次报告。

⑥ 参见 UN Doc. CERD/C/338/Add.1/Rev.1，阿拉伯叙利亚共和国向消除种族歧视委员会提交的第12~15次报告。

⑦ 参见 UN Doc. CERD/C/210/Add.2 & CERD/C/240/Add.1，加拿大向消除种族歧视委员会提交的第11、12次报告。

⑧ 参见 UN Doc. CERD/C/299/Add.5，德国向消除种族歧视委员会提交的第13~14次报告。

⑨ 参见 UN Doc. CERD/C/299/Add.4，冰岛向消除种族歧视委员会提交的第14次报告。

⑩ 参见 UN Doc. CERD/C/320/Add.1，挪威向消除种族歧视委员会提交的第12~14次报告。

响力，而且有助于社会公众更加深入地理解国际人权条约的内涵，了解国际人权机构对国家履行人权义务的要求，进而督促国家更好地履行人权义务。一些国家及时公布了条约机构审理个人来文的意见，并自愿接受公众监督。例如，人权事务委员会审理了第 919/2000 号来文马勒和恩格尔哈德诉纳米比亚（Muller & Engelhard v. Namibia）一案，认为纳米比亚违反了公约。① 纳米比亚在 2002 年 10 月 23 日的普通照会中通报委员会，表示它已通过来文申请人的律师通知申请人，他们可以根据外侨法案 1937 号的规定，采用妻子的姓作为家庭的姓氏。值得指出的是，该国政府将人权事务委员会的意见公布在了纳米比亚大学人权和文献中心的网站上，该中心是一个专门进行人权教育和宣传的机构。② 人权事务委员会在审理第 1070/2002 号来文亚历山德罗斯·库韦蒂斯诉希腊（Alexandros Kouidis v. Greece）一案③时，认为希腊存在逼迫招供的问题，违反了公约第 14 条第 3 款（庚）项，建议希腊对来文申请人作出切实和适当的补救。2006 年 7 月 3 日，希腊作出答复，表示已将"意见"翻译出来，将向主管司法机构散发，并在国家法律委员会的网页上公布。同时，该国也采取了相应的补救措施。在审理第 1321/2004 号来文尹扬帆诉韩国（Yeo-Bum Yoon v. Republic of Korea）案和第 1322/2004 号来文崔明镇诉韩国（Myung-Jin Choi v. Republic of Korea）④案后，人权事务委员会于 2006 年 11 月 3 日通过意见，认为缔约国违反了关于出于良心拒服义务兵役的公约第 18 条第 1 款，要求韩国作出包括赔偿在内的有效补救。2007 年 3 月，韩国告知委员会，委员会的意见全文已被翻译并发表在韩国政府的官方公报上，意见的主要内容于 2007 年 1 月 8 日被韩国的主要报纸和主要广播网报道。韩国同时表示已采取措施对申请人进行补救。此外，挪威对消除种族歧视委员会关于第 30/2003 号来文奥斯陆的犹太人社区诉挪威一案的意见进行了大力宣传，包括司法部和警方对媒体发表声明、媒体报道、在司法部的网站上公布意见的译文、就意见和对挪威法律的影响举行研讨会和散发资料等。斯洛伐克将消除种族歧视委员会对第 31/2003 号来文

---

① UN Doc. A/57/40, Vol. 2.

② UN Doc. A/58/40, Vol. 1, para. 242.

③ 案情参见 UN Doc. A/61/40（Vol. 2），pp. 154–164.

④ 案情参见 UN Doc. A/62/40（Vol. 2），pp. 196–209.

L. R 等人诉斯洛伐克一案①的意见翻译并分发给有关的政府机构和国家管理当局，包括市政府和全国人权中心。

（三）　国家采纳条约机构意见开展人权教育

一些国家根据条约机构在审议国家报告的结论性意见中提出的建议，不断加强人权教育。例如，禁止酷刑委员会在审理摩洛哥递交的初次报告时提出，缔约国应说明在人权教育方面采取了哪些行动。摩洛哥在第二次报告中表明该国已经采纳委员会的建议，针对执法人员和中小学生，开展了一项重大的人权教育和提高认识的项目。②类似的例子还有洪都拉斯，它根据儿童权利委员会的建议，将包括儿童权利在内的人权教育纳入了学校课程设置。③

还有一些国家根据条约机构的建议，通过宣传定期国家报告以及联合国人权条约机构的结论性意见等文件的方式来提高公众对政府履行国际人权义务的了解、参与和监督。例如，儿童权利委员会在尼加拉瓜提交第一份报告后，建议其公开国家报告以及委员会的结论性意见；并建议该国政府对所有专职儿童工作者提供培训。④尼加拉瓜在第二次报告中反映了针对这些建议所采取的措施。这包括以开展研讨会、公众活动等多种形式宣传国家报告和条约机构的结论性意见，吸引民众关注人权公约，对人权问题展开讨论。该国的国家警察署把《儿童权利公约》纳入警察学院课程中，并且对警察进行有关儿童权利的培训。对这些做法，儿童权利委员会逐一给予了肯定。⑤

第五节　本章小结

一　国家以人权政策适用国际人权条约

国家制定人权政策的目的，在很大程度上是为了有计划、有步骤地适用国际人权条约，履行国际人权义务。人权政策对于全盘规划并尽快实现

---

① 案情参见 UN Doc. A/60/18, Annex III。
② UN Doc. A/54/44, para. 194.
③ UN Doc. A/55/41, para. 661.
④ UN Doc. CRC/C/15/Add. 36, para. 41, para. 30.
⑤ UN Doc. A/55/41, paras. 770 &771.

人权具有重要意义。原则上，国家可以自主决定何时、何地、采取何种具体措施来履行这些义务。但是国际人权条约对于国家及时推出这样的政策、对于国家设定政策所要到达的目标发挥了重要的指引作用。大量总体性的国家人权政策，无论是综合性的国家人权行动计划，还是关注某一特定利益群体的行动计划都是在国际人权大事件后出台的，并且在内容上主要受到国际人权条约的影响。人权条约规范是国家制定专项人权政策以解决某一领域人权问题，比如对儿童性剥削的问题、针对妇女的家庭暴力问题的指针。在国家人权政策的制定和完善过程中，人权条约机构的结论性意见也成为经常被参考的对象；这些意见已经督促许多国家调整了不利于实现人权目标的政策。

当然，并不是所有国家都能及时响应国际人权条约的要求和人权条约机构的呼吁。有些国家的人权政策是"千呼万唤始出来"，有的至今仍未出台。例如，《维也纳宣言和行动纲领》建议各国制定国家人权行动计划作为执行纲领的后续行动，但目前只有 30 余国制定了这样的国家计划。能否及时出台政策除了需要国际人权监督机制的鼓励和督促，还要受到诸如政府意愿、物质准备等多方面因素的影响。值得欣慰的是，即便是行动迟缓的国家也并没有放弃出台相关政策的努力，近年来仍不断有新的人权政策推出。

二　国家以人权措施执行国际人权条约

国际人权条约机构的工作产出对国家调整人权行政措施、执行国际人权条约，产生了直接的积极的影响。不少案例证明，国家依据条约机构对个人来文的意见，采取了补救来文申请人的措施；根据条约机构的结论性意见，修改了不适当的人权措施；根据条约机构的一般性评论或建议，采取积极主动的人权措施。在国际人权条约和人权条约机构的要求和鼓励下，国家以更加开放的心态接受并享有国际合作和技术援助带来的益处。一些国家在回复条约机构的结论性意见时，表达了努力改善本国人权状况的持久决心。例如，2002 年印度尼西亚（以下简称印尼）常驻联合国代表对禁止酷刑委员会的结论性意见发表评论时称，在印尼，纸面上的法律和实践中的法律还存在较大的差距。尽管印尼的法律机制为达到国际标准正在稳步提升，但是司法体系仍不能与民主的步伐相匹配。在法律方面，印尼有三个方面需要改善，（1）印尼法律的普遍适用性；（2）司法的统一性；（3）司法判例的不证自明性。① 由此可见印度尼西亚政府对目前国家人权状况的清醒认识，和与国际人权机构合作的坦诚态度。

国际人权条约特别是国际人权条约机构，对国家具体的人权行政措施的监督，通过定期审查各国的国家报告而得以经常化。人权条约机构应该充分发挥审查定期国家报告制度的潜在作用，建立和完善对结论性意见的后续行动程序，引导各国的人权措施向着更有利于保障人权的方向发展。

三　国家以人权部门协调国际人权条约的履行

无论是设立于国家权力机关下的人权部门还是专项人权机构，其主要职责都是监督或协调一国政府对国际人权条约的执行。设立此类机构并不断完善其职能，是国际人权条约要求国家采取的主要的行政举措之一。人权条约机构在各国人权部门的设立和发展过程中也发挥了重要的指导作用。

但是，目前许多国家的人权机构或人权部门还面临地位较低、资源匮乏、受制于权力机构因而独立性较差等问题，大大限制了其作用的发挥。对此，各国应以履行国际人权条约为目标，设法提高人权部门或机构的能力和效力。而国际人权条约机构也可以通过合作与指导，协助国家解决这些问题，使国家人权机构或部门真正起到协调落实国际人权条约的作用。

四　国家以人权教育传播国际人权条约

一方面，国际人权条约为国家设定了进行人权教育的义务，国际人权条约机构通过审查国家报告督促缔约国改进人权教育；另一方面，国家采取各种措施开展人权教育、履行国际义务。此外，国家还根据条约机构的意见不断增强人权教育。

尽管各国在人权教育领域已经作出了诸多努力，在人权教育的内容和形式上取得了明显的效果，但是距离实现《联合国人权教育十年行动计划》② 所设定的目标还有较大差距。尽管实施人权教育的主体主要是国家，但是国际人权条约机构作为一个有力的督促机构在促进各国深化和扩大人

---

① UN Doc. CAT/C/GC/2002/1.

② UN Doc. A/51/506/Add. 1，Annex.

权教育方面仍可以发挥较现在更大的作用。

　　鉴于人权教育的重要性和深远影响，人权条约机构在审查国家报告时，应该要求各缔约国提供关于人权教育的一般信息和与各条约有关条款相关的信息。在缔约国尚未采取措施或采取的措施不够有力时，条约机构应该提出明确的建议督促其改进。同时，随着非政府组织对条约监督机制参与程度的不断加深，条约机构可以发动非政府组织的力量协助缔约国政府发展人权教育。另外，既然建立工作组或特别报告员已是一些条约机构开始尝试的做法，条约机构就可以建立人权教育问题特别报告员或工作组，在世界范围内推广正面经验，为各国政府提供可资借鉴的良好做法。①

---

① 〔挪威〕A. 艾德、C. 克洛斯、A. 罗萨斯主编《经济、社会和文化权利教程》（修订第 2 版），四川人民出版社，2004，第 234 页。

第七章
国际人权条约在中国的适用

中国对联合国人权条约体系的参与始于这一体系的初创阶段。目前，中国已经加入了 20 余项联合国人权条约，包括 6 项核心人权条约，并接受了人权条约机构的监督。中国对联合国人权条约体系的参与和接受过程，与中国人权保障制度的建设和发展进程密切关联。联合国人权条约体系作为一个整体，对中国的人权观念、宪法基本权利制度、保障人权的立法、人权政策措施等方面均产生了积极的影响。但是，中国人权保障制度建设的水平同联合国人权条约对缔约国的要求之间还有较大的差距。中国人权保障制度中存在的一些问题仍制约着中国更加充分、有效地适用联合国人权条约。只有解决了这些问题，中国才能顺利履行在国际人权条约下承担的义务，使中国的人权保障事业再上新台阶。

第一节　中国对国际人权条约的接受

一　中国政府人权观念的演进

中国对国际人权条约是否接受以及接受的程度，同中国政府所持的人权观念直接关联。

新中国成立之初，以自然人为主体的人权概念并没有被我国接受。直到 1978 年 5 月，《实践是检验真理的唯一标准》一文掀起了解放思想的热潮。紧接着 1978 年 6 月 19 日《光明日报》上发表了徐炳撰写的《论"人权"与"公民权"》的文章，成为"文化大革命"后第一篇公开发表的讨论人权问题的文章，也揭开了理论界讨论人权的序幕。① 在 1979 年改革开

---

① 参见莫纪宏等《人权法的新发展》，中国社会科学出版社，2008，第 2 页。

放的第一年，我国学者提出"人权是作为神权和君主权的对立物提出来的，是作为反封建的口号提出来的"，因此，对人权要作历史的具体的分析，不能笼统地加以反对。中国也要进行人权保障，"要采取措施同侵犯人权的现象进行坚决的斗争，切实保障公民的人身权利、民主权利和其他权利"。① 也是在这一年，我国学者提出了社会主义中国要搞法治的主张。②

20世纪80年代初，中国开始陆续接受国际人权条约，先后批准了《消除对妇女一切形式歧视公约》、《关于难民地位的公约》以及以《消除一切形式种族歧视国际公约》为代表的一系列禁止种族歧视的条约。新中国从成立之初就确立了引以为荣的男女平等，民族平等、团结，各民族共同繁荣的基本原则，③ 批准这些条约同我国一贯的立场是一致的；而且条约中所保障的特定群体的权利同我国政府所主张的"人权"内涵并没有明显的冲突。在此期间，邓小平曾讲："什么是人权？首先一条，是多少人的人权？是少数人的人权，还是多数人的人权，全国人民的人权？西方世界的所谓'人权'和我们讲的人权，本质上是两回事，观点不同。"④ 可见，当时依然强调的是集体的人权、人民的人权，而不强调个人的人权。但整个20世纪80年代，对"人权"问题，理论界表现得非常沉寂。⑤

1989年的政治风波打破了这种沉寂。这次事件让中国政府认识到人权国际斗争的复杂性，并立即对人权问题的研究给予了高度重视。1991年11月中国政府发表了首份《中国的人权状况》的白皮书，公开表达了中国对于人权保护的基本立场，白皮书的发表也为学者从理论上研究人权问题打开了一个新局面。

1991年，中国政府指出："人权状况的发展受到各国历史、社会、经济、文化等条件的制约，是一个历史的发展过程。由于各国的历史背景、社会制度、文化传统、经济发展的状况有巨大差异，因而对人权的认识往

---

① 吴大英、刘瀚：《对人权要做历史的具体的分析》，《法学研究》1979年第4期。

② 谷春德、吕世伦、刘新：《论人治和法治》，《法学研究》1979年第5期。

③ 1949年《中国人民政治协商会议共同纲领》第6、9、50条。

④ 邓小平：《搞资产阶级自由化就是走资本主义道路》，1985年5月、6月。转载于中国人权研究会网站，可访问 http://www.humanrights.cn/cn/rqlt/zgldrlrq/t20061017_163635.htm，最近访问日期：2013年6月30日。

⑤ 据统计，1983~1988年在法学类核心期刊上发表的与人权相关的文章仅有两篇。参见莫纪宏等《人权法的新发展》，中国社会科学出版社，2008，附件一。

往并不一致，对人权的实施也各有不同。对于联合国通过的一些公约，各国基于本国的情况，态度也不尽一致。"因此，"观察一个国家的人权状况，不能割断该国的历史，不能脱离该国的国情；衡量一个国家的人权状况，不能按一个模式或某个国家和区域的情况来套。这是从实际出发，实事求是的态度"。对于人权的国际保护，中国政府虽然承认人权问题有其国际性的一面，但认为"主要是一个国家主权范围内的问题"，"人权问题本质上是属于一国内部管辖的问题，尊重国家主权和不干涉内政是公认的国际法准则，适用于国际关系的一切领域，自然也适用于人权问题"。中国政府同时指出，人权国际保护的主旨和活动，应促进国际人权领域的正常合作和各国之间的和谐、互相理解和相互尊重；应该照顾到各种政治、经济、社会制度和不同历史、宗教、文化背景的国家对人权的观点，本着求同存异、互相尊重、增进了解、加强合作的精神来进行。① 在这一时期，中国政府主要强调人权是具体的、历史的，而不是抽象的；强调人权具有特殊性的一面，强调人权观念以及保护人权的方法取决于各国的国情。

1995 年，中国政府在谈到人权实现的条件时指出："人权的实现离不开世界的和平与发展。和平与发展是当今世界的两大主题，也是实现普遍人权和基本自由的必不可少的前提。没有和平安定的国际环境，没有公正、合理的国际经济秩序，就不可能实现普遍的人权。"国际合作的目标是建设一个"和平稳定、经济发展和普遍享有人权的世界"。② 由是观之，中国政府开始承认人权普遍性的一面，不仅认识到人权的内容是普遍的，也认识到人权主体的普遍性，即所有人"普遍享有人权"。

2000 年"中非合作论坛——北京 2000 年部长级会议"通过的《中非合作论坛北京宣言》再次重申了中国对待人权国际保护的立场："人权的普遍性原则和基本自由应得到尊重，世界的多样性和求同存异原则必须得到维护；各国在促进和保护本国人权时有权选择不同的方式和模式；将人权问题政治化以及在提供经济援助时附加人权条件，本身就是违反人权，应予以坚决反对。"③ 可见，中国政府既承认人权在内容和享有主体方面的普遍

---

① 中华人民共和国国务院新闻办公室：《中国的人权状况》，1991 年 11 月。
② 中华人民共和国国务院新闻办公室：《中国人权事业的进展》，1995 年 11 月。
③ 中华人民共和国国务院新闻办公室：《2000 年中国人权事业的进展》，2001 年 4 月。

性，又强调人权在实现途径上的特殊性；偏废哪一点都是片面的。

中国政府对待国际人权条约的态度也经历了一个微妙的变化过程。对于国际人权条约机构的活动，在 2000 年，中国政府并不认为递交国家报告是接受监督，而是为了"增进有关公约机构和国际社会对中国人权状况的了解"。① 2003 年，中国政府表示"支持加强人权领域的国际合作，主张应充分考虑和利用联合国现有的法律、人权文书和监督机制"。② 2004 年，中国政府表示"重视国际人权文书在促进和保护人权方面发挥的重要作用，……采取一系列措施履行公约义务，并根据公约规定及时提交履行公约情况的报告，接受联合国条约机构的审议"。③ 2008 年中国政府表示，将"认真履行所承担的相关义务，积极提交履约报告，充分发挥国际人权公约在促进和保护本国人权方面的积极作用"。④ 上述表述在字里行间体现出中国对待国际人权条约和人权条约监督机制的态度经历了从最初认为是对外宣传、增进了解，到认为是履行条约义务、接受国际监督，再到表示将主动运用国际人权条约促进本国人权的积极转变过程。

2009 年 4 月 13 日，国务院新闻办公室发布了《国家人权行动计划（2009～2010 年）》。这是中国第一次制定以人权为主题的国家规划，行动计划明确了未来两年中国政府在促进和保护人权方面的工作目标和具体措施。《国家人权行动计划》的发布，体现了中国政府推动人权事业不断健康发展的决心和信心。2012 年 6 月 11 日，国务院新闻办公室又发布了《国家人权行动计划（2012～2015 年）》。在第一期人权行动计划的任务顺利完成后，国家发布了第二份为期四年的保障人权的新计划，中国的人权事业进入了有序发展的新阶段。

从 1991 年中国政府对人权的国际保护持谨慎的尊重态度到 2008 年主动表示将"充分发挥国际人权公约在促进和保护本国人权方面的积极作用"，

---

① 中华人民共和国国务院新闻办公室：《2000 年中国人权事业的进展》，2001 年 4 月，第七部分第二段。

② 中华人民共和国国务院新闻办公室：《2003 年中国人权事业的进展》，2004 年 3 月，第八部分第二段。

③ 中华人民共和国国务院新闻办公室：《2004 年中国人权事业的进展》，2005 年 4 月，第七部分第二段。

④ 中华人民共和国国务院新闻办公室：《中国的法治建设》，2008 年 2 月，第三部分。

再到于 2009 年和 2012 年相继发布两期《国家人权行动计划》，可以看出，中国对待国际人权保护制度的态度更加开放、更加认同，展现出将认真适用国际人权条约、积极履行国际人权义务的姿态。

在 2008 年 12 月 10 日《世界人权宣言》诞生 60 周年之际，时任中国国家主席的胡锦涛致信中国人权研究会，强调中国将"一如既往坚持以人为本切实推动人权事业发展"。在信中，胡锦涛指出，《世界人权宣言》"表达了世界各国人民对推进世界人权事业的共同愿望"，"中国人民将一如既往地加强国际人权合作"，在保障人权的进程中"既尊重人权普遍性原则，又从基本国情出发，切实把保障人民的生存权、发展权放在保障人权的首要位置，在推动经济社会又好又快发展的基础上，依法保证全体社会成员平等参与、平等发展的权利"。① 2009 年 2 月，中国在接受联合国人权理事会普遍定期审查时，再次表明了中国政府关于人权的基本立场："中国尊重人权的普遍性原则，认为各国均有义务按照《联合国宪章》的宗旨及国际人权文书的有关规定，结合本国国情，不断采取促进和保护人权的措施。国际社会应尊重人权的不可分割性，同等重视公民、政治权利和经济、社会、文化权利以及发展权的实现。各国由于政治制度、发展水平和历史文化不同，在人权问题上存在不同看法是正常现象，应该在平等和相互尊重的基础上，开展对话与合作，共同促进和保护人权。"② 上述这两段话集中体现了中国对待人权的基本立场，即人权既有普遍性的一面，也有特殊性的一面；实现普遍人权的途径并不是唯一的。另外，承认人权的国际保护，也并不意味着应当偏废主权平等、相互尊重、国际合作等国际法的基本原则，相反，对话与合作才是国际社会促进和保护人权的有效途径。

二　中国参加的联合国人权条约

（一）　中国批准和加入的国际人权条约

截止到 2008 年 8 月，中国先后批准和加入的国际人权条约共计 25 件，分别是《防止和惩治灭绝种族罪公约》、《关于难民地位的公约》、《关于难

---

① 新华社北京 12 月 11 日电，《胡锦涛致信中国人权研究会强调一如既往坚持以人为本切实推动人权事业发展》。

② UN Doc. A/HRC/WG. 6/4/CHN/1，《中国根据人权理事会第 5/1 号决议附件第 15（a）段提交的国家报告》，第 6 段。

民地位的议定书》、《消除一切形式种族歧视国际公约》、《禁止并惩治种族隔离罪行的国际公约》、《消除对妇女一切形式歧视公约》、《儿童权利公约》、《男女同工同酬公约》、《禁止酷刑公约》、《改善战地武装部队伤病者境遇的日内瓦公约》、《改善海上武装部队伤病者及遇海难者境遇的日内瓦公约》、《关于战时保护平民的日内瓦公约》、《关于战俘待遇的日内瓦公约》、《一九四九年日内瓦四公约关于保护国际性武装冲突受难者的附加议定书（第一议定书）》、《一九四九年日内瓦四公约关于保护非国际性武装冲突受难者的附加议定书》、《（残疾人）职业康复和就业公约》、《关于农业工人的结社和联合权利公约》、《经济、社会和文化权利国际公约》、《〈儿童权利公约〉关于买卖儿童、儿童卖淫和儿童色情制品问题的任择议定书》、《禁止和立即行动消除最恶劣形式的童工劳动公约》、《最低就业年龄公约》、《消除就业和职业歧视公约》、《就业政策公约》、《〈儿童权利公约〉关于儿童卷入武装冲突问题的任择议定书》和《残疾人权利公约》。

中国加入的联合国核心人权条约如表7-1所示。

表7-1　中国加入的联合国核心人权条约

条约名称	条约生效日	中国签署日	中国批准/加入日	提出的保留
《消除一切形式种族歧视国际公约》	1969.01.04		1981.12.29	第22条
《经济、社会和文化权利国际公约》	1976.01.03	1997.10.27	2001.03.27	第8条第1款第1项
《公民权利和政治权利国际公约》	1976.03.23	1998.10.05		
《消除对妇女一切形式歧视公约》	1981.09.03	1980.07.17	1980.11.04	第29条第1款
《禁止酷刑公约》	1987.06.26	1986.12.12	1988.10.04	第20条、第30条第1款
《儿童权利公约》	1990.09.02	1990.08.29	1992.01.31	第6条
《〈儿童权利公约〉关于儿童卷入武装冲突问题的任择议定书》	2002.02.12	2001.03.15	2007.12.29	

条约名称	条约生效日	中国签署日	中国批准/加入日	提出的保留
《〈儿童权利公约〉关于买卖儿童、儿童卖淫和儿童色情制品问题的任择议定书》	2002.01.18	2002.12.03	2003.01.03	
《残疾人权利公约》	2008.05.03	2007.05.30	2008.08.01	声明

数据来源：联合国人权高专办网站：www.ohchr.org，最近访问日期：2013 年 6 月 30 日。

对于联合国已经生效的 9 项核心人权条约，中国已经批准了其中的 6 项，另外签署了《公民权利和政治权利国际公约》，尚未批准或签署的核心人权条约是《保护所有移徙工人及其家庭成员权利国际公约》和《保护所有人免遭强迫失踪国际公约》。可以说，在国际人权条约领域，中国已经作出了非常广泛的国际承诺，担负了非常全面的人权保障义务。这一方面体现了中国政府在人权保障领域的积极态度，另一方面也意味着中国政府担负着艰巨的适用国际人权条约、保障普遍人权的义务。

（二）　中国对联合国人权条约的保留和声明

中国在加入《消除一切形式种族歧视国际公约》时对该公约第 22 条，即"有关公约的解释和适用出现争议时提交国际法院或协商同意的第三方裁定"的规定提出了保留，称中国将不受此条款的约束。中国在加入人权条约时所作的类似保留还有针对《消除对妇女一切形式歧视公约》第 29 条第 1 款，以及针对《禁止酷刑公约》第 30 条第 1 款的保留。

除了对争议管辖权的保留外，中国还对一些公约的实质条款也提出了保留。中国在签署《经济、社会和文化权利国际公约》时对公约的第 8 条第 1 款第 1 项发表了如下声明："公约第 8 条第 1 款第 1 项在中国的适用应该同《中华人民共和国宪法》、《工会法》和《劳动法》的规定相一致。"[1]该公约相关条款是这样规定的："人人有权组织工会和参加他所选择的工会，以促进和保护他的经济和社会利益；这个权利只受有关工会的规章的限制。对这一权利的行使，不得加以除法律所规定及在民主社会中为了国

① 中国在签署《经济、社会和文化权利国际公约》时发表的声明；下文提及的荷兰、挪威、瑞典针对中国的声明的反对意见均见《联合国条约集》，可访问 http：//treaties. un. org/Pa-ges/ViewDetails. aspx？src = TREATY&id = 321&chapter = 4&lang = en#6。

家安全或公共秩序的利益或为保护他人的权利和自由所需要的限制以外的任何限制。"① 对于中国发表的声明，荷兰、挪威、瑞典发表了看法，认为中国的声明在实际上构成对条约的保留，因为这项声明意图以国内法的规定为理由来排除国际条约的适用，与公约的目的和宗旨相违背，因此提出反对中国的这项保留。

中国在批准《禁止酷刑公约》时确认了签署公约时提出的对公约第 20 条的保留，即"中国不承认公约第 20 条中规定的禁止酷刑委员会的权限"。② 《禁止酷刑公约》第 20 条授予了禁止酷刑委员会可以根据有关指控缔约国系统侵犯人权的可靠信息对缔约国进行秘密调查，甚至访问的权限。③ 不过，《禁止酷刑公约》第 28 条同时规定，缔约国可在签署、批准或加入公约时声明不承认条约机构第 20 条的权限。此外，中国迄今也未表示接受公约第 21 条关于国家间指控和第 22 条关于个人来文程序的规定。对《消除一切形式种族歧视国际公约》第 14 条所规定的个人来文程序，中国也未发表接受声明。不过这些都是有关人权条约明确允许的保留或不接受。

中国在批准《儿童权利公约》时提出，中国"将在公约与《中华人民共和国宪法》第 25 条关于计划生育的规定以及《未成年人保护法》第 2 条的规定相一致的前提下履行公约第 6 条规定的义务"。④ 该公约第 6 条是这样规定的："缔约国承认每一个儿童固有的生命权。缔约国应确保最大限度地实现儿童的生存与发展。"

2008 年 8 月 1 日中国政府在交存关于《残疾人权利公约》的批准书时发表声明，根据香港特别行政区和澳门特别行政区基本法，公约同样适用于这两个特别行政区。此外，该公约中关于残疾人迁徙自由和国籍的规定在适用时不应影响香港特别行政区有关移民管理和国籍申请的法律的效力。

由上述保留的内容可以看出中国在加入人权公约时提出保留的特征。首先，对条约争议管辖权的规定不予接受。此类保留并不仅针对人权条约；

---

① 《经济、社会和文化权利国际公约》第 8 条第 1 款（甲）项。
② 中国在批准《禁止酷刑公约》时提出的保留见《联合国条约集》，可访问 http：//trea-ties. un. org/Pages/ViewDetails. aspx？src ＝ TREATY&id ＝ 129&chapter ＝ 4&lang ＝ en#5。
③ 《禁止酷刑公约》第 20 条。
④ 中国在批准《儿童权利公约》时的保留见《联合国条约集》，可访问 http：//trea-ties. un. org/Pages/ViewDetails. aspx？src ＝ TREATY&id ＝ 133&chapter ＝ 4&lang ＝ en#4。

在加入其他条约时，中国在大部分时候也会提出类似的保留。通常认为，
这是包括中国在内的第三世界国家对主要由欧美把持的国际法庭的不信任
所致。其次，当公约的实质规定同中国的现行法律相冲突或可能存在潜在
的冲突时提出保留。一般来说，中国在批准条约前会对国内法律进行审查，
对国内法中明显违背条约内容的规定及时予以修正。但是，当国内法中的
规定是不易变动的，或至少在当时是中国所坚持的规范时，为了表示对公
约绝大部分内容的认可和接受，只能作出保留的决定。

　　至于荷兰、挪威、瑞典针对中国对《经济、社会和文化权利国际公约》
的保留提出的反对意见应再加讨论。反对者认为，中国对公约中与国内法
规定不一致的内容提出保留是"以国内法的规定为理由排除国家依据条约
应当承担的义务"，进而违反了公约的宗旨，所以不能接受。笔者认为，这
一推理逻辑值得商榷。这里至少涉及三个问题。第一，是否允许对《经济、
社会和文化权利国际公约》提出保留。一般来说，只要条约不加明确禁止
均可以提出保留。公约本身没有规定这个问题，因此推定是可以提出保留
的。第二，什么样的保留可以被接受。已经得到公认的是，在条约允许保
留的前提下，保留的内容不得同条约的目的和宗旨相违背，即违背公约目
的和宗旨的保留是无效的，从而不能接受。判断中国提出的保留是否同公
约的目的和宗旨相违背是困难的。国际法院关于《防止和惩治灭绝种族罪
公约》的保留问题的咨询意见中有一条结论值得注意："如果该公约的一个
当事国反对一个保留，并认为该保留不符合该公约的目的和宗旨时，该国
可以事实上认为该保留国不是该公约的当事国。"① 是否可以反推——"如
果提出反对的国家认为保留国依然是公约的缔约国，就意味着保留国的保
留实际上已经被接受了"？如果这一命题成立，那么包括反对国在内的其他
缔约国实际上已经接受了中国提出的保留。这是因为，荷兰、挪威和瑞典
在反对意见的最后无一例外地表明，"这项反对不排除该公约在中国和荷兰
王国/挪威王国/瑞典之间生效"。这说明，这些国家认可中国是公约的缔约
国。第三个问题，是被接受的保留与一国承担的条约义务之间的关系。保
留的目的在于排除条约的某些规定对保留国的适用或改变其法律效果。被

---

① 　国际法院对 1948 年 12 月 9 日关于《防止和惩治灭绝种族罪公约》的保留问题的咨询意见
　　的结论，可参见李浩培《条约法概论》（第 2 版），法律出版社，2003，第 145～148 页。

接受的保留实际上排除了保留国在保留范围内的义务，换言之，保留国只需要承担保留范围之外的条约义务。保留国在履行保留之外的条约义务时，如果又想以国内法的规定为理由来排除这些义务，才会带来违背其国际义务、违反国际法的后果。综上所述，提出保留的行为本身并不能被视作以国内法的规定为理由排除条约义务的举动，否则就应坚决禁止一切保留。"以国内法排除条约义务"针对的是发生在履行条约义务过程中的行为；而一国承担的条约义务又以被接受的保留之外为限。

笔者上面所言仅是关于对人权条约的保留问题可能出现的认识偏差的一点反思，并无意为中国所作保留的内容辩护。实际上，国家应致力于最大限度地满足所有人的全部人权，而不应该为履行义务的方便而打折扣。中国也应该努力尽快撤回可能限制个人实际享有人权的保留。

三　中国在国际层面对人权条约的执行

中国接受的联合国人权条约机构的监督职能非常有限。从中国批准的人权条约的范围来看，中国没有接受任何个人来文程序或调查访问程序。目前中国在人权条约下所承担的主要国际义务就是按时提交国家报告。

截至 2012 年 7 月，中国已就《消除一切形式种族歧视国际公约》提交了 6 次 13 期报告；就《消除对妇女一切形式歧视公约》提交了 5 次 8 期报告；就《禁止酷刑公约》提交了 5 次 4 期报告；就《儿童权利公约》提交了 3 次 4 期报告；就《儿童权利公约》的两项任择议定书分别提交了首期报告；就《残疾人权利公约》提交了首期报告；就《经济、社会和文化权利国际公约》提交了两次两期报告。具体情况如表 7 - 2 所示。

表 7 - 2　中国履行国家报告义务的情况

条　　约	报告到期日	实际提交日
《禁止酷刑公约》	第一次 1989.11.02	1989.12.01
	补充 1990.12.31	1992.10.08
	第二次 1993.11.02	1995.12.02
	第三次 1997.11.02	1999.05.04
	第四次 2001.11.02	2006.02.14
	第五次 2012.11.21	

续表

条　约	报告到期日	实际提交日
《消除对妇女一切形式歧视公约》	第一次 1982.09.03	1983.05.25
	第二次 1986.09.03	1989.06.22
	第三、四次 1994.09.03	1997.05.29
	第五、六次 1998.09.03	2004.02.04
	第七、八次 2010.09.03	2012.01.20
《消除一切形式种族歧视国际公约》	第一次 1983.01.28	1983.02.22
	第二次 1985.01.28	1985.06.12
	第三、四次 1987.01.28	1987.12.28
	第五至七次 1991.01.28	1996.01.15
	第八、九次 1997.01.28	2000.10.03
	第十、十一次 2003.01.28	
	第十二次 2005.01.28	
	第十三次 2007.01.28	2009.07.30（第十至十三次）
	第十四至十六次 2013.01.28	
《经济、社会和文化权利国际公约》	第一次 2002.06.30	2003.06.27
	第二次 2010.06.30	2010.06.30
《儿童权利公约》	第一次 1994.03.31	1995.03.27
	第二次 1999.03.31	2003.06.27
	第三、四次 2009.03.31	2010.07.16
《〈儿童权利公约〉关于买卖儿童、儿童卖淫和儿童色情制品问题的任择议定书》	第一次 2005.01.03	2005.05.11
《〈儿童权利公约〉关于儿童卷入武装冲突的任择议定书》	第一次 2010.03.20	2010.11.17
《残疾人权利公约》	第一次 2010.08.31	2010.08.30

数据来源：联合国人权高专办网站：www.ohchr.org，最近访问日期：2013 年 6 月 30 日。

　　表 7－2 显示，中国在向国际人权条约机构提交国家定期履约报告方面的总体情况较好，没有中断履行义务的情况，基本都能按时提交报告。但是也不可否认，中国政府也有未能按时递交报告的情况，有的报告拖延时间甚至长达 5 年之久。有时因为拖欠时间太久，时过境迁，只好将几次的报告合并提交，尽管这是个别条约机构所能容忍的情况，但并不能看成认真

履行义务的结果。有时因为上一次报告的递交时间太晚，条约机构不得不推迟了下次报告的递交时间。例如，向禁止酷刑委员会递交的第四次报告本应在 2001 年到期，可是中国 2006 年才递交，于是委员会只好将第五次报告的递交日推到 2012 年（实际上应该是 2005 年提交）。综观中国履行国家报告义务的情况，呈现了两头紧、中间松，或者两头好、中间差的现象。在刚加入公约的头几年，中国提交报告的积极性较高，可越到后来情况越不容乐观；而近一两年来，中国又积极递交报告，基本上达到了条约机构要求的进度。中间出现履约松散的情况，一个可能的原因，恐怕是向某些国家效尤的结果。不递交、迟延递交定期国家报告已经成为让联合国以及关心和支持条约机构工作的各界人士头疼的"老大难"问题。虽然国际社会一再强调并采取了各种催交办法，但是一些国家仍然我行我素，对自己应当承担的国际义务置若罔闻。而近年来，中国对人权保障的重视程度逐年递增；参与人权领域的国际交流也日益频繁。2009 年中国政府出台《国家人权行动计划（2009～2010 年）》，其中专门规定了"关于国际人权义务的履行"的计划。根据国务院新闻办公室 2011 年 7 月 14 日发布的《〈国家人权行动计划（2009～2010 年）〉评估报告》，中国政府全面完成了第一期国家人权行动计划，包括按期提交了各项国际人权条约的履约报告。这在一定程度上解释了为什么在近两年中，中国积极、按期提交了各项履约报告；也从一个侧面说明了《国家人权行动计划》在推动一国的人权保障事业中所发挥的积极、有效的作用。

第二节　中国对国际人权条约的宪法适用

新中国成立后，中国先后出现过四部宪法，即 1954 年宪法、1975 年宪法、1978 年宪法和 1982 年现行宪法。中国宪法演进的历史，是一段人权不断受到重视，人权的重要性和价值日益凸显的历史。1982 年宪法在结构上把"公民的基本权利和义务"安排在"国家机构"之前，预示了相关内容在宪法制度安排中的重要地位。与之前三部宪法相比，现行宪法具有权利主体内涵明确、权利内容范围扩大、权利义务相互统一、权利保障更加完善等特点。

　　1982 年宪法在颁布后经历了四次修订，历次修宪均把对基本权利制度的保障向前推进一步。1988 年现行宪法第一次修正时，确认了私营经济的存在，并认可了依法转让土地使用权的合法性。这次修宪，迈出了保护私有财产的第一步。1993 年宪法修正案的突出意义是确立了我国实行社会主义市场经济的经济制度。市场经济是权利经济，确立市场经济的经济制度，为提高公众权利意识、逐步养成人权观念奠定了基础。1999 年第三次宪法修正，确立了"依法治国、建设社会主义法治国家"的治国方略。将法治原则写入宪法，凸显了我国宪法规范国家权力、保障公民权利的基本功能。2004 年宪法第四次修正案从多方面加强了对基本权利的保障。首先，此次修宪的最大亮点是增加了"国家尊重和保障人权"的规定，"人权"作为汉语词汇第一次出现在国家的根本大法中。其次，本次修宪确认了对公民私有财产权的宪法保护，完善了依法征收、征用必须给予补偿的公益补偿制度。这是对宪法基本权利内容的扩展。再次，宪法修正案明确了国家应建立和完善与经济发展水平相适应的社会保障制度。这是保障和实现公民经济、社会和文化权利的要求。最后，宪法修正案以更加科学的"紧急状态"概念取代"戒严"的措辞。明确"紧急状态"的概念为发生公共紧急状态时正确和合法地限制公民基本权利提供了依据。

　　2004 年，中国将"国家尊重和保障人权"作为一项宪法原则写入宪法，引起了各界的普遍关注。尽管宪法并没有对人权的内涵作出界定，但是学者们从"人权"这个概念中解读出了此次修宪的深远意义。首先，"人权"入宪修正了中国的人权主体观，从前的公民人权观为现在的"一切人"的人权观所取代，这是普遍人权的题中之义。普遍人权应理解为国际人权条约所规定的适用于缔约国境内所有自然人的权利。否则，作这样的修正就毫无意义。① 其次，"人权"入宪修正了宪法中的权利体系，将现在封闭的列举式的权利规范体系变成了一个开放的体系，为保障宪法中没有明确列举的人权提供了依据。再次，"人权"入宪修正了中国的人权标准观。国家所尊重和保障的人权不再拘泥于国家现行法律的标准，还应扩展到国家在

---

① 参见莫纪宏等《人权法的新发展》，中国社会科学出版社，2008，第 179 页。

国际人权条约下接受的人权标准。①

　　笔者赞同将"人权"入宪与我国在国际人权条约下承担的义务结合起来进行解读的思路。实际上，我国宪法中基本权利制度完善的过程与我国接受国际人权条约的进程是同步的。我国对人权的国际保护、对国际人权条约及其制度的逐步接受也主要是 20 世纪 80 年代以后的事情。前几次修宪有步骤地确立起了市场经济和依法治国的基本制度和基本原则，为人权的行使提供了条件，也为最近一次修宪中国家郑重承诺"尊重和保障人权"做了制度和观念上的准备。对其中的"人权"应该作扩大解释，主体不限于中国公民，内容不限于宪法中规定的公民基本权利，权利保障的程度不限于我国宪法和法律规定的程度；权利的主体、权利种类和权利内涵应该按照我国批准和加入的国际人权条约的规定加以解释。否则，就无法满足我国承担的人权条约义务的要求。

　　此外，"尊重和保障"也应该被赋予适当的含义，"保障"不应局限地理解为仅指"保护"。如本书第二章所述，国家在人权条约下的义务分为三个层次，即"尊重、保护和实现"人权的义务。我国宪法规定的国家"尊重和保障"人权也应被解释为包含这三个层次的含义，国家不仅要做到不去妨碍个人行使权利；保护个人权利不受他人的侵犯；而且应该采取措施、创造条件，增强个人行使权利的能力，保证权利的最终实现。

　　中国现行宪法明确规定了"国家尊重和保障人权"的宪法原则。宪法第二章"公民的基本权利和义务"对公民的各项权利作了详尽规定，包括选举权和被选举权，言论、出版、集会、结社、游行、示威、宗教信仰、通信、人身自由等公民权利和政治权利；劳动、休息、受教育、社会保障、学术创作等经济、社会和文化权利。现行宪法对保障妇女、老年人、未成年人、残疾人、少数民族等特定利益群体的权利也作了专门规定。中国保护处于中国境内的外国人的合法权利和利益；对因政治原因要求避难的外国人可以提供庇护。经过历次修宪，中国宪法中的基本权利清单逐步扩展，基本权利体系不断完善，日益接近于中国批准的国际人权条约的规定。

　　中国宪法第 41 条规定："中华人民共和国公民对于任何国家机关和国

---

　　①　关于人权入宪的意义，参见徐显明《宪法修正条款修正了什么》，中国人权研究会编《"人权入宪"与人权法制保障》，团结出版社，2006，第 44 ~ 49 页。

家工作人员，有提出批评和建议的权利；对于任何国家机关和国家机关工作人员的违法失职行为，有向有关国家机关提出申诉、控告或者检举的权利"；"对于公民的申诉、控告或者检举，有关国家机关必须查清事实，负责处理。任何人不得压制或打击报复"；"由于国家机关和国家工作人员侵犯公民权利而受到损失的人，有依照法律规定取得赔偿的权利。"这条规定可以看成为公民基本权利提供保障和救济的一条途径。然而，宪法并未明确规定基本权利的保障机构、保障程序或者救济机制。宪法也没有明确基本权利是否对国家权力具有直接效力。因此，对于基本权利的保障与救济，主要还是通过制定保障人权的法律、执行保障人权的政策措施以及司法机关对法律权利的司法救济来实现的。

第三节　中国对国际人权条约的立法适用

根据中国当前的实践，中国批准或加入的国际人权条约并不能被直接纳入国内法律体系中，也不能被直接适用，而需要通过国内立法转化适用。因此，为加入人权条约，中国通常要首先做好法律上的准备，事先检审现行的国内法是否与拟批准的国际人权条约相一致，有没有修改法律或者制定新法的必要。可以认为，如果全国人大常委会决定批准某项人权条约，即表明立法者认为中国的现行法律与人权条约的规定是一致的，至少并无明显的冲突之处。同时，即便在批准人权条约时被认为是与国际人权条约要求相一致的法律，随着社会的发展变化以及立法者认识的逐步提高，也可能日益暴露出与国际人权条约之间的差距，需要不断修改完善。在修订法律的过程中，国际人权条约发挥了重要的指导作用。国际人权条约机构审查中国的国家报告时提出的结论性意见和建议对于中国完善人权保障法律也起到了很大的启发作用。

一　国际人权条约与中国国内法的关系

对国际人权条约与国内法的关系，在中国国内法上目前还没有明确的法律规定或原则可循。中国在向联合国提供的关于"人权条约如何成为国内法律体系的一部分"，以及"各项人权文件的规定是否可以为法院、行政机构引用或直接实施，或这些规定必须转变为国内法或行政条例才能由有关当局加以实施"等问题的"答复"中指出，为使国际人权公约的规定与国内法相一致，并成为国内法律体系中的一部分，根据《宪法》第67条第14项的规定，中国加入国际人权公约需要经全国人民代表大会常务委员会批准，公约一经批准即对中国具有法律约束力，中国即依公约规定承担相应的义务，而不必再专门为此制定相应的法律将之转化为国内法。关于国际条约可能与国内法发生冲突的问题，一般而言，中国在缔结或参加国际条约时，往往要考虑到国际条约与国内法的协调问题，不会发生原则性冲突。在履行国际条约义务时，如果国际条约与国内法在某些具体规定上存在差异，除中国在批准或加入时声明保留的条款外，以国际条约的规定优先。这一点在一些法律法规中有明文规定。对于国际人权公约没有规定的具体的处罚规定，则援引与公约宗旨相符的国内法规定，以保障人权公约内容得以落实。①

中国政府的上述表态有许多模糊之处。首先，"答复"中虽然说明经批准的条约对中国具有法律约束力，但这并不表明条约在中国国内具有直接效力，因为直接效力意味着个人或国家机关，如行政机关、法院等可以直接援引公约来主张权利、执行公务、判决案件，至少到目前为止中国还没有出现直接适用公约的案例。其次，"答复"先指出条约不必转化为国内法，后强调在批准条约的过程中解决了国内法与条约的一致性问题，因此原则上国内法不会与公约发生冲突。由此可见，中国相信中国的国内法同人权条约的规定是一致的；对人权的日常保障，依据的主要还是国内法。这一点表明，中国实际上还是通过适用国内法来间接达到适用国际人权条约的法律效果。这与"不必转化"的说法有矛盾之处。

关于人权条约与中国宪法、与中国国内法的关系在现行法律中没有任何界定，学者们的各种推测也得不到强有力的证据支持。鉴于到目前为止，中国批准的25件人权条约没有一件被援用到司法实践中，笔者认为人权条约在中国不具有直接适用的效力。据此，中国对保留之外的条款之所以接受，至少是在批约时认为中国的法律同这些条款的内容相一致，或可以解

① UN Doc. HRI/CORE/1/Add.21/Rev.2，中国向联合国人权条约机构递交的作为国家报告组成部分的核心文件，第51～52段。

释得一致。除此之外，还应有一部分人权条约确认的，但在中国现行法律中缺失的规范。对这些内容，需要通过不断完善中国人权保障的法律体系来补足。这表明，中国在以国内法律适用国际人权条约方面，还有很大的提升空间。

二　中国参照国际人权条约进行的法律改革

（一）《未成年人保护法》的修改

在 1990 年世界儿童问题首脑会议上，时任中国政府总理李鹏代表中国政府签署了《儿童生存、保护和发展世界宣言》及《执行九十年代儿童生存、保护和发展世界宣言行动计划》两个文件。这既是对数亿中国儿童，也是对国际社会的庄严承诺。1990 年 12 月 29 日，中国正式签署了《儿童权利公约》。翌年，全国人大常委会决定批准该公约，公约于 1992 年 4 月 1 日正式对中国生效。1991 年 9 月，全国人大常委会通过了《中华人民共和国未成年人保护法》（以下简称《未成年人保护法》），明确规定"国家保障未成年人的人身、财产和其他合法权益不受侵犯"，并规定了保护未成年人的各项工作原则以及家庭、学校、社会和司法机关在保护未成年人方面的职责，从而使保护儿童权利的工作走上了法制化的轨道。1992 年，国务院颁布了《九十年代中国儿童发展规划纲要》，具体规定了 20 世纪内中国儿童事业发展的主要目标和策略措施。2001 年，中国制定了《中国儿童发展纲要（2001～2010 年）》，从健康、教育、法律保护、环境等方面，促进儿童发展。

不得不说，在 20 世纪 90 年代初期，中国出台《未成年人保护法》是履行《儿童权利公约》义务的需要，是公约要求缔约国采取的立法措施的集中体现。但是，该法律的一些规定并未达到公约的标准。儿童权利委员会在 1996 年和 2005 年审议中国的履约报告时，对中国提出了大量的改进建议，其中包括禁止歧视，确保儿童的参与权，使其看法得到听取和考虑；以及确保一切涉及儿童的活动均以儿童的最大利益为首要考虑等。[①]

2006 年 8 月，中国《未成年人保护法（修订草案）》出台。在关于该法的修订说明中，全国人大常委会明确表示："我国已签署联合国《儿童权

---

① 　UN Doc. CRC/C/54, paras. 105 – 149; CRC/C/153, paras. 282 – 402.

利公约》、《联合国少年司法最低限度标准规则》等国际法律文件，文件规定的儿童利益优先和儿童利益最大化等基本原则，在修订草案中应加以体现。"① 这是我国首次在修订法律时明确提到国际人权条约，并表示修订将参照条约规范的要求进行。此次修订的主要内容之一是进一步明确未成年人的权利。在总则一章设专条加以规定："未成年人享有生存权、发展权、受保护权、参与权和受教育权等权利。国家保障未成年人的合法权益不受侵犯。"生存权是指未成年人享有其固有的生命权、健康权和获得基本生活保障的权利；发展权是指充分发展其全部体能和智能的权利；受保护权是指不受歧视、虐待和忽视的权利；参与权是指参与家庭和社会生活，并就影响他们生活的事项发表意见的权利。考虑到受教育权对未成年人的特殊重要性，草案把这一权利从发展权中单列了出来。草案还规定："未成年人依法平等地享有权利，不因其本人、父母或者其他监护人的民族、种族、性别、户籍、家庭状况、宗教信仰、教育程度、财产状况、身体状况等而受歧视。"这是对非歧视原则的规定。2006 年 12 月 29 日，第十届全国人民代表大会常务委员会第二十五次会议通过了该法的修正案，修订后的法律从 2007 年 6 月 1 日起施行。

从上述修法说明和修订的内容可以看出，此次修订《未成年人保护法》参照了《儿童权利公约》，接受了儿童权利委员会关于禁止歧视、保障儿童参与权的建议，体现了儿童最大利益原则，是对《儿童权利公约》更进一步的适用。

（二）《妇女权益保障法》的修改

中国是 1980 年首批签署《消除对妇女一切形式歧视公约》的国家之一；1990 年，中国正式批准了国际劳工组织的《男女工人同工同酬公约》。1992 年，中国颁布实施《中华人民共和国妇女权益保障法》（以下简称《妇女权益保障法》）；1995 年 8 月，中国政府还颁布了《中国妇女发展纲要》（1995～2000 年）。

一般认为，1992 年的《妇女权益保障法》是为实施《消除对妇女一切形式歧视公约》而颁布的，但是该法以及其他涉及妇女权利的立法同公约

---

① 2006 年 8 月 22 日在第十届全国人民代表大会常务委员会第二十三次会议上关于《中华人民共和国未成年人保护法（修订草案）》的说明。

所确立的标准之间还有很大的差距。正如消除对妇女歧视委员会在审议中国的第三、四次国家报告时所指出的："中国政府执行公约的方式明显偏向保护妇女而不是增强妇女能力。在妇女保健领域，工作的重点是妇幼保健，且仅局限于妇女的生育功能方面；劳动就业方面的法律和条例也过分强调保护妇女。"① 因此，委员会建议中国采取措施提高妇女的能力。② 此外，委员会建议中国制定打击针对妇女的暴力，特别是家庭暴力的专门法律。③ 鉴于以上建议和问题，中国也作了一些努力。例如，2001 年新修订的《婚姻法》，在禁止家庭暴力、夫妻财产和家庭成员关系等许多领域作出了新的规定。2002 年颁布的《农村土地承包法》，规定将土地分配给已婚、离异和丧偶妇女。2001 年 5 月 22 日，政府制定了《中国妇女发展纲要（2001～2010年）》，将两性平等作为促进国家社会发展的一项基本国策。

　　2005 年，中国对《妇女权益保障法》作了全面修订。修订后的法律第 2 条，强调了 "实行男女平等是国家的基本国策。国家采取必要措施……消除对妇女一切形式的歧视"。在关于妇女享有与男子平等的选举权的第 11 条，增加规定："国家采取措施，逐步提高全国人民代表大会和地方各级人民代表大会的妇女代表的比例。居民委员会、村民委员会成员中，妇女应当有适当的名额。" 这条规定呼应了消除对妇女歧视委员会关于中国应采取公约第 4 条第 1 款规定的暂行特别措施，提高妇女参政能力的建议。委员会在 1999 年审议中国履约报告时，曾促请中国政府治理性骚扰问题，向在工作单位遭受性骚扰的妇女提供法律补救措施。这一建议在修订后的《妇女权益保障法》第 40 条中得到体现，该条明确 "禁止对妇女实施性骚扰。受害妇女有权向单位和有关机关投诉"。新法第 46 条对禁止家庭暴力作了更加明确的规定，并规定国家有义务预防和制止家庭暴力。新法还增加了对妇女享有同男子平等的社会保障权、执行国家退休制度时不得以性别为由歧视妇女、媒体不得贬低妇女人格等内容。

　　尽管修订后的《妇女权益保障法》加强了对妇女权利的法律规定，但是正如消除对妇女歧视委员会指出的，修订后的法律中仍没有关于 "歧视"

---

① UN Doc. A/54/38, para. 280.

② UN Doc. A/54/38, para. 281.

③ UN Doc. A/54/38, para. 286.

的一般定义。此外，新法与旧法一样，仍未能解决法律责任主体不明、可操作性差等弊端。这阻碍了对权利的实际救济。而严重阻碍中国实现妇女人权的，则是重男轻女观念下产生的对妇女和男子家庭和社会角色的偏见和传统歧视。中国作为《消除对妇女一切形式歧视公约》的缔约国，改变基于男女任务定型而产生的习俗和偏见，是其应履行的一项重要义务。

（三）《刑事诉讼法》的修改

中国于 1988 年正式加入了《禁止酷刑公约》，随后接受了禁止酷刑委员会对履行公约的国家报告的四次审议。在早期的结论性意见中，禁止酷刑委员会曾建议被拘留者和被逮捕者的权利能够得到及时、广泛的保障；对被指控犯有酷刑的人能够启动刑事诉讼程序。① 1996 年和 1997 年中国相继修订了《刑事诉讼法》和《刑法》，其中 1997 年《刑法》设立了涉及酷刑的犯罪，包括非法拘禁罪、非法搜查罪、刑讯逼供罪、暴力取证罪、虐待被监管人罪、报复陷害罪等。1996 年修订的《刑事诉讼法》对被告人、犯罪嫌疑人的权利给予了更多保护，内容涉及及时会见辩护律师、无罪推定等。中国为做到公平审判修改《刑法》、《刑事诉讼法》，更严厉地惩罚酷刑行为的努力得到了禁止酷刑委员会的认可。2005 年新的《治安管理处罚法》第 79 条规定："公安机关及其人民警察对治安案件的调查，应当依法进行。严禁刑讯逼供或者采用威胁、引诱、欺骗等非法手段收集证据。以非法手段收集的证据不得作为处罚的根据。"这是中国第一次以法律的形式明确了非法证据排除规则。中国在进行有关酷刑的立法改革时参照了《禁止酷刑公约》的规定，也考虑了禁止酷刑委员会的建议。但是，亦如该委员会指出的那样，中国的法律中至今仍未纳入关于"酷刑"的一般定义。

2012 年 3 月 14 日，第十一届全国人大第五次会议通过了对《刑事诉讼法》的修正案，再次对《刑事诉讼法》作出了许多重要的修正，进一步强化了尊重和保障人权的理念。这一修正案不仅进一步强化了"禁止酷刑"的规定，而且增强了对刑事诉讼程序中的当事人各种诉讼程序权利的保障，凸显了《刑事诉讼法》不仅要惩治犯罪，也要保障人权的基本任务。2012年《刑事诉讼法》修正案进一步完善了非法证据的排除制度，在规定严禁刑讯逼供的基础上，增加了不得强迫任何人证实自己有罪的规定；进一步

---

① UN Doc. A/48/44, paras. 427 – 428.

加强了对证人、鉴定人、被害人的保护；严格限制采取强制措施后不通知家属的例外情形；完善了辩护人在刑事诉讼中的法律地位和作用，扩大了法律援助的适用范围；完善了审判程序中的重要环节；专门规定了未成年人刑事案件诉讼程序等。这些修订不仅更加贴近《禁止酷刑公约》的规定，在很多方面也体现了《公民权利和政治权利国际公约》的要求。中国已经签署了《公民权利和政治权利国际公约》，此次《刑事诉讼法》的修订将为未来批准公约作出进一步的法律努力。

（四）《残疾人保障法》的修改

2008年8月1日，中国批准了《残疾人权利公约》。在批准公约之前，中国做了一系列法律上的准备。首先，国务院将《残疾人保障法（修订草案）》列入2008年立法工作计划。2008年3月28日，中共中央和国务院联合发布了《关于促进残疾人事业发展的意见》，其中要求应"积极参与国际残疾人事务，做好《残疾人权利公约》的批约和履约工作"。① 2008年4月24日，第十一届全国人大常委会第二次会议修订通过了《中华人民共和国残疾人保障法》，自2008年7月1日起施行。修订后的法律重申了残疾人在政治、经济、文化、社会和家庭生活等方面享有同其他公民平等的权利的宪法原则，明确了"禁止基于残疾的歧视"原则。2008年6月，中共中央宣传部、司法部、中国残疾人联合会、全国普法办发出《关于进一步加强〈中华人民共和国残疾人保障法〉普法宣传工作的通知》，要求在全国范围内开展该法的宣传普及活动。

对《残疾人权益保障法》的此次修订，显然是在批准公约前对国内法律与公约进行一致性审查的结果，是在批约推动下进行的法律改革。

三　中国保障人权的法律体系

截至2012年底，中国已制定现行宪法和有效法律243部、行政法规721部、地方性法规9200部，涵盖社会关系各个方面的法律部门已经齐全，各个法律部门中基本的、主要的法律已经制定，相应的行政法规和地方性法规比较完备，法律体系内部总体做到了科学和谐统一。中国特色社会主义

---

① 《中共中央、国务院关于促进残疾人事业发展的意见》（中发〔2008〕7号），2008年3月28日，第18段。

法律体系的形成，实现了中国人权保障的法制化。^① 目前，中国已形成了以宪法为核心，包括《立法法》、《刑法》、《刑事诉讼法》、《行政诉讼法》、《行政复议法》、《法官法》、《检察官法》、《人民警察法》、《律师法》、《国家赔偿法》、《民族区域自治法》、《妇女权益保障法》、《残疾人保障法》、《未成年人保护法》、《义务教育法》、《物权法》、《劳动法》以及《安全生产法》等在内的较为完备的人权保障法律体系。^②

（一）　生命权的法律保障

中国现行宪法、《刑法》和《民法通则》等法律对保障公民的生命权作了基本规定。《安全生产法》、《职业病防治法》等法律法规，对保护劳动者的生命安全和身体健康作出了规定。根据本国情况，中国在法律上保留了死刑，但坚持"少杀、慎杀"的政策，严格控制和慎重适用死刑，确保死刑仅适用于极少数罪行极其严重的犯罪分子。犯罪的时候不满 18 周岁的人和审判的时候怀孕的妇女，不适用死刑。中国《刑法》还规定了有利于严格控制死刑适用的死刑缓期二年执行的制度，以减少实际执行死刑的人数。

（二）　人身自由、人格尊严的法律保障

中国现行宪法规定，公民的人身自由不受侵犯。任何公民，非经人民检察院批准或者决定或者人民法院决定，并由公安机关执行，不受逮捕。禁止非法拘禁和以其他方法非法剥夺或者限制公民的人身自由。公民的住宅不受侵犯，禁止非法搜查或者非法侵入公民的住宅。公民的通信自由和通信秘密受法律保护，禁止非法检查公民的通信。《刑事诉讼法》明确禁止刑讯逼供，对于拘留、逮捕、搜查取证等涉及人身自由和安全的强制方法和手段，规定了严格的法律程序。《刑法》对于司法人员的刑讯逼供罪也专门作了规定。《立法法》和《行政处罚法》还规定，行政法规和地方性法规均不得设定限制人身自由的处罚；限制人身自由的强制措施和处罚，只能由法律设定。国务院于 2003 年颁布了《城市生活无着的流浪乞讨人员救助管理办法》，同时废止了《城市流浪乞讨人员收容遣送办法》。现行宪法规定，公民的人格尊严不受侵犯，禁止用任何方法对公民进行侮辱、诽谤和

① 中华人民共和国国务院新闻办公室：《2012 年中国人权事业的进展》，2013 年 5 月。
② 以下关于中国保障人权的法律体系的划分参考了中国国务院新闻办公室 2008 年发表的《中国的法治建设》白皮书关于"尊重和保障人权的法律制度"的介绍。参见中华人民共和国国务院新闻办公室《中国的法治建设》，2008 年 2 月。

诬告陷害。《民法通则》规定了公民的姓名权、名誉权、肖像权等各种人格权。

（三） 平等权的法律保障

中国现行宪法确立了公民在法律面前一律平等的原则。任何公民都平等地享有宪法和法律规定的权利，同时平等地履行宪法和法律规定的义务；在适用法律时，对于任何人的保护或者惩罚，都是平等的，不得因人而异；任何组织或者个人都不得有超越宪法和法律的特权，一切违反宪法和法律的行为都必须予以追究。现行宪法和《民族区域自治法》规定，各民族一律平等，国家保障各少数民族的合法权利和利益，禁止对任何民族的歧视和压迫。各民族都有使用和发展自己的语言文字的自由，都有保持或者改革自己的风俗习惯的自由。现行宪法和《妇女权益保障法》等法律规定，妇女在政治的、经济的、文化的、社会的和家庭的生活等方面享有同男子平等的权利。

（四） 政治权利的法律保障

中国现行宪法规定，国家的一切权力属于人民。《立法法》规定，只有法律才能设定对公民政治权利的剥夺。选举权是公民的一项重要的政治权利。宪法和法律规定，年满 18 周岁的中国公民，除依法被剥夺政治权利外，不分民族、种族、性别、职业、家庭出身、宗教信仰、教育程度、财产状况、居住期限，都有选举权和被选举权。根据《选举法》和《地方各级人民代表大会和地方各级人民政府组织法》的规定，选民或者代表 10 人以上联名，可以推荐代表候选人，并与政党、社会团体推荐的代表候选人具有同等法律地位；各级人民代表大会代表、地方各级人民代表大会常务委员会副主任和人民政府副职领导人员，一律由差额选举产生。地方各级人民代表大会常务委员会主任、人民政府正职领导人员、法院院长和检察院检察长也由差额选举产生；如果提名的候选人只有一人，也可以等额选举。宪法和法律还保障公民的言论、出版、集会、结社、游行、示威的自由。《选举法》、《集会游行示威法》等法律以及有关出版、社团登记管理方面的行政法规，为公民的政治权利和自由提供了法制保障。国务院颁布的《信访条例》，通过强化政府信访工作职责依法保障公民的批评、建议、申诉、控告、检举权利。

（五） 宗教信仰自由的法律保障

中国现行宪法规定，公民有宗教信仰自由，任何国家机关、社会团体和个人不得强制公民信仰宗教或者不信仰宗教，不得歧视信仰宗教的公民和不信仰宗教的公民。国家保护正常的宗教活动。任何人不得利用宗教进行破坏社会秩序、损害公民身体健康、妨碍国家教育制度的活动。宗教团体和宗教事务不受外国势力的支配。国务院颁布的《宗教事务条例》，依法保护宗教团体、宗教活动场所以及信教公民的合法权益和正常的宗教活动。改革开放以来，中国公民的宗教信仰自由得到了充分尊重和保障。为了尊重在中国境内的外国人的宗教信仰自由，依法保护和管理境内外国人的宗教活动，依法保护境内外国人在宗教方面同中国宗教界进行的友好往来和文化学术交流活动，1994 年国务院还颁布了《境内外国人宗教活动管理规定》。

（六） 劳动者权益的法律保障

在中国，《劳动法》、《劳动合同法》、《劳动争议调解仲裁法》、《就业促进法》和《职工带薪年休假条例》、《劳动保障监察条例》等法律法规，规范和促进了就业，合理界定了用人单位和劳动者的权利和义务，维护了劳动者的合法权益。《工伤保险条例》、《失业保险条例》、《社会保险费征缴暂行条例》以及《企业职工生育保险试行办法》等法规、规章，保证了劳动者在养老、失业、患病、工伤和生育等情况下能够享有必要的物质帮助。《残疾人就业条例》、《女职工劳动保护规定》、《禁止使用童工规定》等法规和规章，对不同类型的弱势群体的身心健康和合法权益给予了特别保护。

（七） 经济、 社会、 文化和其他权利的法律保障

中国现行宪法规定，公民的合法的私有财产不受侵犯。《物权法》规定，国家、集体、私人的物权和其他权利人的物权受法律保护，任何单位和个人不得侵犯。《老年人权益保障法》、《母婴保健法》、《未成年人保护法》及《残疾人保障法》等法律，加强了对特殊群体的保护。《城市居民最低生活保障条例》、《农村五保供养工作条例》等法规，规定对城市贫困人口和农村无劳动能力、无收入来源又无人赡养、抚养、扶养的农民提供基本生活保障。《军人抚恤优待条例》和《退伍义务兵安置条例》等法规，规定了国家对退役和伤亡军人及家属的抚恤优待制度。公民受教育的权利受宪法和法律保护。《义务教育法》强化了国家保障义务教育实施的责任，将义务教育全面纳入财政保障范围，保障所有适龄儿童、少年平等接受义务

教育的权利。现行宪法还规定，公民有进行科学研究、文学艺术创作和其他文化活动的自由。

第四节　中国对国际人权条约的司法适用

对国际人权条约的司法适用主要表现为，法院依据国际人权条约的有关规定审判案件，保障当事人的基本人权。在国际人权条约不能被直接适用的国家，法院一般不会直接援引国际人权条约的规定，而是通过引用宪法或法律中保障人权的规定来实现和保护当事人的人权。而在宪法不能被法院直接适用的国家，法院则通过适用法律来救济侵犯人权的行为。

在中国，经批准或加入的国际人权条约是否具有直接适用性并不明确，也罕有法院适用国际人权条约来审判案件的案例，[①] 宪法中规定基本权利的条款能否被法院直接适用也一度成为疑问，[②] 法院主要是通过适用保障人权的法律来实现对人权的司法救济。

因此，在中国，对人权的司法保障主要表现为当公民个人由宪法或法律保障的基本权利受到侵犯时，通过民事诉讼、刑事诉讼或行政诉讼，由法院依法作出公正判决，予以救济。此外，司法机关还采取了一系列措施，例如为有困难的诉讼参与人提供法律援助，遏制和防范刑讯逼供，保障犯

---

① 在北京市朝阳区人民法院受理的"徐高诉北京燕莎中心有限公司侵犯人格权案"中，原告徐高在起诉书中以中国加入的《消除一切形式种族歧视国际公约》为依据，以受到被告种族歧视，伤害了其民族自尊心为由，向人民法院提起诉讼。然而，法院在审判书中并未提及这一公约，而是以《消费者权益保护法》等国内法律为依据作出了判决，将侵犯人格尊严之诉的宪法案件转变为侵犯消费者权益的民事案件。参见北京市朝阳区人民法院（2000）朝民初字第 120 号徐高诉北京燕莎中心有限公司侵犯人格权案。

② 2001 年，山东省高级人民法院受理的齐玉苓诉陈晓琪冒名顶替到录取其的中专学校就读侵犯姓名权、受教育的权利损害赔偿案，法院以宪法第 46 条为依据判定原告（上诉人）关于受教育权受到侵犯的主张成立。2001 年 6 月 28 日，最高人民法院法释〔2001〕25 号《最高人民法院关于以侵犯姓名权的手段侵犯宪法保护的公民受教育权的基本权利是否应承担民事责任的批复》中肯定了山东省高级人民法院的判决。这一判决与批复让人们认为，中国宪法基本权利条款可以被法院直接适用。然而，2008 年 12 月 8 日最高人民法院《关于废止 2007 年底以前发布的有关司法解释（第七批）的决定》又将上述法释〔2001〕25 号批复列入了应予废止的司法解释之列。这让法院是否可以直接援引宪法基本权利条款裁判案件再次变得扑朔迷离。

罪嫌疑人、被告人的辩护权，保障律师的执业权利，限制适用羁押措施，维护被羁押人的合法权益，加强未成年犯罪嫌疑人、被告人的权益保障，严格控制和慎用死刑，健全服刑人员社区矫正和刑满释放人员帮扶制度，建立刑事被害人救助等制度，来落实司法活动中诉讼参与人的基本人权。

当公民的基本权利因为国家机关及其工作人员履行职务的行为而受到侵犯时，公民个人可以通过请求国家赔偿获得救济。

中国现行宪法第41条第3款规定："由于国家机关和国家工作人员侵犯公民权利而受到损失的人，有依照法律规定取得赔偿的权利。"《行政诉讼法》第2条、第67条规定，公民、法人或其他组织认为行政机关及其工作人员的具体行政行为侵犯其合法权益，有权依照本法向人民法院提起诉讼，并有权请求赔偿。第68条和第69条规定，犯故意或重大过失而造成公民损害的，国家行政机关及其工作人员应承担赔偿责任。赔偿的费用，从各级财政列支。各级人民政府可以责令有责任的行政机关支付部分或全部赔偿费用。

自1995年1月1日起，《中华人民共和国国家赔偿法》开始施行。2010年4月29日，第十一届全国人大常委会第十四次会议通过了关于修改《国家赔偿法》的决定，对《国家赔偿法》作出了修订。此次修订健全了国家赔偿工作机构，畅通了赔偿请求渠道，扩大了赔偿范围，明确了举证责任，增加了精神损害赔偿，提高了赔偿标准，保障了赔偿金及时支付，进一步完善了行政赔偿、刑事赔偿和非刑事司法赔偿制度。

根据修订后的《国家赔偿法》，国家机关和国家机关工作人员行使职权，有该法规定的侵犯公民、法人和其他组织的合法权益的情形，造成损害的，受害人有依照该法取得国家赔偿的权利。国家赔偿的范围包括行政赔偿、刑事赔偿以及非刑事司法赔偿。

对于行政赔偿，如果行政机关及其工作人员在行使行政职权时有下列侵犯人身权情形之一的，受害人有取得赔偿的权利：（1）违法拘留或者违法采取限制公民人身自由的行政强制措施的；（2）非法拘禁或者以其他方法非法剥夺公民人身自由的；（3）以殴打、虐待等行为或者唆使、放纵他人以殴打、虐待等行为造成公民身体伤害或者死亡的；（4）违法使用武器、警械造成公民身体伤害或者死亡的；（5）造成公民身体伤害或者死亡的其他违法行为。行政机关及其工作人员在行使行政职权时有下列侵犯财产权情形之一的，受害人也有取得赔偿的权利：（1）违法实施罚款、吊销许可证和执照、责令停产停业、没收财物等行政处罚的；（2）违法对财产采取查封、扣押、冻结等行政强制措施的；　（3）违法征收、征用财产的；（4）造成财产损害的其他违法行为。

对于刑事赔偿，行使侦查、检察、审判职权的机关以及看守所、监狱管理机关及其工作人员在行使职权时有下列侵犯人身权情形之一的，受害人有取得赔偿的权利：（1）违反刑事诉讼法的规定对公民采取拘留措施的，或者依照刑事诉讼法规定的条件和程序对公民采取拘留措施，但是拘留时间超过刑事诉讼法规定的时限，其后决定撤销案件、不起诉或者判决宣告无罪终止追究刑事责任的；（2）对公民采取逮捕措施后，决定撤销案件、不起诉或者判决宣告无罪终止追究刑事责任的；（3）依照审判监督程序再审改判无罪，原判刑罚已经执行的；（4）刑讯逼供或者以殴打、虐待等行为或者唆使、放纵他人以殴打、虐待等行为造成公民身体伤害或者死亡的；（5）违法使用武器、警械造成公民身体伤害或者死亡的。行使侦查、检察、审判职权的机关以及看守所、监狱管理机关及其工作人员在行使职权时有下列侵犯财产权情形之一的，受害人有取得赔偿的权利：（1）违法对财产采取查封、扣押、冻结、追缴等措施的；（2）依照审判监督程序再审改判无罪，原判罚金、没收财产已经执行的。

此外，人民法院在民事诉讼、行政诉讼的过程中，违法采取对妨碍诉讼的强制措施、保全措施，或者判决、裁定及其生效法律文书执行错误，造成损害的，赔偿请求人可比照刑事赔偿的程序规定要求赔偿。

《国家赔偿法》的颁布，为公民和相关权利主体在依法享有的权利遭受国家行政机关、国家审判机关和国家检察机关非法侵犯时提供了获得救济的法律保障和物质保障。近年来，国家刑事赔偿标准随着经济社会发展不断提高，侵犯公民人身自由权每日赔偿金额从 1995 年的 17.16 元人民币，上升到 2012 年的 162.65 元人民币。2011 年，各级法院审结行政赔偿案件（一审）、刑事赔偿案件、非刑事司法赔偿案件共计 6786 件；其中，审结刑事赔偿案件 868 件，赔偿金额 3067 余万元人民币，与 2009 年相比，分别增长 16.04%、42.9%。①

---

　　① 中华人民共和国国务院新闻办公室：《中国的司法改革》，2012 年 10 月。

第五节　中国对国际人权条约的
行政适用

一　人权政策的制定

（一）综合性的人权政策

中国制定、实施综合性的人权政策也与重要的国际人权事件密切相关，同时也是贯彻实施国际人权条约的需要。例如，1990 年世界儿童问题首脑会议之后，中国政府先后颁布了《九十年代中国儿童发展规划纲要》和《中国儿童发展纲要（2001～2010 年）》，作为保障儿童权利的国家行动计划。1995 年世界妇女大会之后，中国政府又先后制定了《中国妇女发展纲要（1995～2000 年）》、《中国妇女发展纲要（2001～2010 年）》，作为政府有计划地实现妇女权利的一般性政策。

1993 年的维也纳世界人权大会，建议各国能够制定一个总体性的人权计划。经济、社会和文化权利委员会在 2005 年审议中国的初次履约报告时也建议中国制定国家人权计划，并希望中国说明将如何通过计划落实经济、社会和文化权利。2009 年 4 月 13 日，国务院新闻办公室正式发布《国家人权行动计划（2009～2010 年）》①，这是中国第一次制定以"人权"为题名的综合性人权政策，是中国政府贯彻落实"国家尊重和保障人权"的宪法原则和以人为本的科学发展观的重要举措。《国家人权行动计划》是中国对《维也纳宣言和行动纲领》的后续行动，虽然推出的时间较晚，却是一项非常积极的举措。

《国家人权行动计划（2009～2010 年）》同我国政府之前颁布的中国人权白皮书在对人权的界定和表述上均有较大不同。行动计划分为五个主要部分，分别是"经济、社会和文化权利保障"、"公民权利和政治权利保障"、"少数民族、妇女、儿童、老年人和残疾人的权利保障"、"人权教育"、"国际人权义务的履行及国际人权领域教育与合作"。这五个部分涵盖

① 中华人民共和国国务院新闻办公室：《国家人权行动计划（2009～2010 年）》，2009 年 4 月。

了国际人权条约中所反映的普遍人权的主要类型，可以看成我国政府对"人权"内涵的解读。依据该计划，2009～2010年，中国政府着重保障的经济、社会和文化权利具体包括工作权利、基本生活水准权利、社会保障权利、健康权利、受教育权利、文化权利、环境权利、农民的权益和四川汶川特大地震灾后重建中的人权。其中，"基本生活水准权"、"社会保障权"、"健康权"等表述是中国首次以"权利"的形式对宪法和法律中的相关规定作出界定，这些词汇也是《经济、社会和文化权利国际公约》中所采用的措辞。行动计划在这一部分明确地提到了集体人权——环境权。行动计划还突出强调了农民和灾民的经济、社会和文化权利，将其单列出来作为最近两年人权保障工作的重点，反映了中国人权保护工作的新特点。在这两年中，中国政府着重保障的公民权利和政治权利主要包括人身权利、被羁押者的权利、获得公正审判的权利、宗教信仰自由、知情权、参与权、表达权和监督权。其中，"被羁押者的权利"、"获得公正审判的权利"、"表达权"等也是首次以《公民权利和政治权利国际公约》中的措辞来确认这些权利，而"知情权"和"表达权"则是我国现行宪法基本权利制度中所没有规定的权利。行动计划在保障妇女权利的规划中，提出为提高妇女的参与权，50%以上的国家机关部（委）和省（自治区、直辖市）、市（地、州、盟）政府工作部门要有女性领导成员，提高女性在市（地）级以上国家机关中的厅局级、处级公务员中的比例，在省、市、县级后备干部队伍中女性不少于20%。这是我国政府首次具体地提出为实现男女事实上的平等而采取的特别平权措施。在保障儿童权利的规划中，行动计划再次强调"根据儿童最大利益原则，努力保障儿童的生存、发展和参与的权利"，再次重述了《儿童权利公约》的基本原则和1990年世界儿童问题首脑会议的要求。人权教育本身也是一项人权。行动计划在第四部分对未来两年政府将采取和支持的人权教育措施作出了全面、细致的安排。在第五部分，行动计划对中国未来两年将要完成的在国际人权条约下的程序义务作出规划，并表示中国政府将结合中国的国情积极考虑、采纳和落实人权条约机构提出的建议和意见。行动计划明确表示，将邀请一位联合国人权特别程序的特别报告员访华。同时，行动计划还表示中国政府将继续对联合国人权宪章制度和亚洲人权制度的建设做出贡献，体现了中国在提升本国人权保障水平和推动世界人权保障发展方面的决心和信心。综上所述，《国家人权行动计划（2009～2010年）》内容全面、重点突出、关注民生问题、重视人权教育，以更加开放的姿态面对和迎接人权国际保护的影响。行动计划是对人权的立法保障的巩固。此外，计划中所规定的权利在很多方面超越了我国现行宪法和法律中对基本权利的保障，代表了我国政府对人权的最新理解，也是更加全面、更符合普遍人权标准的理解。

2011年7月14日，国务院新闻办公室发布了《〈国家人权行动计划（2009～2010年）〉评估报告》，对中国政府制定的第一份人权行动计划的执行情况进行了总体评估，得出的结论是"如期完成了《行动计划》规定的目标任务"。

以此为契机，2012年6月11日，国务院新闻办公室发布了《国家人权行动计划（2012～2015年）》，明确了政府在2012年到2015年间促进和保障人权的目标和任务。新一期行动计划明确规定，其基本原则之一是"遵循《世界人权宣言》和有关国际人权公约的基本精神，从立法、行政和司法各个环节完善尊重和保障人权的法律法规和实施机制"。与第一期人权行动计划相比，新一期行动计划更加完善，在措辞上更加靠近国际人权标准；在具体内容上，注重呼应热点问题和民众的实际需求；增加了许多具体指标，操作性和可评估性更强；增加了"实施和监督"一章，强调要发挥人民群众、社会组织以及媒体在人权保障中的参与、实施和监督作用。新一期《国家人权行动计划》为国家保障人权提出了更高的要求，也更符合国际人权条约的要求。先后两期国家人权行动计划的发布使中国的人权保障事业走上了逐步、有序推进的轨道。

（二）专项人权政策——以禁止酷刑为例

为适用某一项国际人权条约，我国也曾颁布专项的人权政策。例如，1989年，公安部下发了《公安部关于严格履行国际公约中与公安工作有关的规定的通知》（以下简称《通知》），① 其中特别提到我国已经批准《禁止酷刑公约》，并认识到这个公约中的一些条款规定直接涉及公安工作，要求"各级公安机关的领导同志要提高和加强对这方面工作的认识和领导，严格履行国际公约的有关规定"。《通知》还要求"组织广大干警特别是侦查、

---

① 《公安部关于严格履行国际公约中与公安工作有关的规定的通知》（〔89〕公法字33号），1989年3月24日。

预审和羁押场所的干警，认真学习和严格执行国际法和有关国际公约的规定"，"除采取必要的法律规定的强制措施和实施必要的自卫行为外，不得有殴打、体罚、辱骂或其他有损人格的行为。在侦查、预审办案过程中要重证据，重调查研究，严禁对人犯刑讯逼供"。在该《通知》中，政府部门直接援引国际人权条约作为采取行政措施的依据，这在我国还是比较少见的。

二　人权机构的设立

从广义上讲，在中国承担人权保障职能的行政机构包括国务院和地方政府所属的公安机关、司法行政机关和监察机关等。这些机关在执法过程中，以国际人权条约为指导，以保障人权的国内法律为直接依据，通过执法行为实现对人权的日常保障。

中国的公安机关是维护社会治安秩序和公共安全的国家机关，在中国的国家机构体系中属于行政机关系统。但它也依法具有一定的司法职能，即在刑事诉讼中负责对刑事案件的侦查、拘留和预审工作，并执行逮捕等刑事诉讼的强制措施。司法行政机关属于国家行政机关系统，它是指国务院所属的司法部及地方各级政府的司法行政机关和罪犯改造等机关。公安机关和司法行政机关的工作与被羁押者的人权的保障息息相关。这些机关应以中国批准的《禁止酷刑公约》以及《刑事诉讼法》、《监狱法》等有关法律约束其日常执法行为。

为了充分、及时、有效地行使行政监督职能，国家还专门设立了监察机关。监察机关负责监督检查国家行政机关及其工作人员对国家法律、法规以及决定、命令的执行情况，受理对国家机关及其工作人员违法违纪行为的控告、检举，依法立案调查，并根据调查结果，向主管的行政机关提出监察建议，或者作出诸如警告、记过、降级、撤职等监察决定。监察机关是对行政机关工作人员的司法外监督，与人民法院根据《行政诉讼法》设立的行政审判庭是不同的。监察机关对于监督行政机关工作人员依法行政，防止权力滥用、防止侵犯个人的基本权利有重要意义。

上述机构的工作虽然都直接或间接同保障人权相关联，但并不是符合"巴黎原则"的国家人权机构。国务院于20世纪90年代设立了国务院妇女儿童工作协调委员会，后改称为国务院妇女儿童工作委员会。该机构被认为是负责协调中国适用《消除对妇女一切形式歧视公约》和《儿童权利公约》的机构。但是，该机构从设立之初就面临级别低、编制少、缺资源、无实权等问题，限制了其协调落实国际人权条约的作用。目前，中国尚不存在专门、全面负责人权事务的国家机构。

三　对侵犯人权的行政救济

当公民认为其基本权利受到行政权力的侵犯时，在向司法机关提起诉讼之前，也可以通过一定的行政措施寻求救济。中国现行的行政救济主要有行政复议和信访两个途径。

行政复议是指公民、法人或者其他组织认为行政机关的具体行政行为侵犯了自己的合法权益，可以向行政机关提出行政复议申请，要求行政机关撤销或者改变原来的具体行政行为的一种救济制度。

所谓信访，是指公民、法人或者其他组织采用书信、电子邮件、传真、电话、走访等形式，向各级人民政府、县级以上人民政府工作部门反映情况，提出建议、意见或者投诉请求，依法由有关行政机关处理的活动。[①] 信访权是由公民的申诉、控告、检举等基本权利派生出来的具有浓厚中国特色的一项权利。[②] 2005 年，国务院制定了《信访条例》，使公民信访有法可依，也使信访工作更加规范。根据该条例第 14 条的规定，信访人对下列组织、人员的职务行为反映情况，提出建议、意见，或者不服下列组织、人员的职务行为，可以向有关行政机关提出信访事项：（1）行政机关及其工作人员；（2）法律、法规授权的具有管理公共事务职能的组织及其工作人员；（3）提供公共服务的企业、事业单位及其工作人员；（4）社会团体或者其他企业、事业单位中由国家行政机关任命、派出的人员；（5）村民委员会、居民委员会及其成员。县级以上人民政府都应当设立信访工作机构；县级以上人民政府工作部门及乡、镇人民政府应当按照有利工作、方便信访人的原则，确定负责信访工作的机构或者人员，具体负责信访工作。

行政复议制度和信访制度都是行政系统内部自我监督，对侵犯公民及相关权利人合法权益的行为进行自我纠正的制度。对于经这两个程序仍未

---

① 2005 年《信访条例》，第 2 条。

② 林喆：《公民基本人权法律制度研究》，北京大学出版社，2006，第 177 页。

能解决的问题，还可以通过司法手段获得最终的补救。

第六节　中国对国际人权条约的适用：
问题与完善

随着中国对国际人权条约的接受程度不断深化，中国人权保障制度的各个方面也都在国际人权条约的影响下发生着积极的变化。首先，中国从不提人权，到在宪法中写入了"国家尊重和保障人权"；从不承认个人的人权，到平等地保护所有公民的普遍人权，人权观念发生了很大的转变。在对待人权国际保护的态度上，从观望到参与，再到接受监督并遵从国际人权条约机构的建议，态度日益开放，合作更加真诚。其次，在完善权利保障制度时，近年来中国越来越重视国际人权条约中的标准和人权条约机构的意见，许多立法改革和政策制定参照和比照了人权条约的规范，采纳了条约机构的建议。另外，在人权教育和宣传领域，关于人权的讨论日渐高涨，与国际同行的交流日益频繁，越来越多的学校、研究机构开始开展人权教学和研究，为营造一个人权文化浓厚的氛围奠定了基础。

一　中国在适用国际人权条约方面存在的问题

中国在政府的主导和社会各界的不断努力下，对国际人权条约的适用已经取得了很大的进展，但是不足之处也很明显。比如，现行法律对人权的规定并未涵盖我国已经接受的国际人权条约的规定，已经批准的国际人权条约以及宪法中关于基本权利的规定并未得到司法机关的有效适用，我国尚未建立起能够总体协调国家适用国际人权条约的专门机构，等等。这与我国在国际人权条约下承担的义务要求还有较大的差距。

从宏观上讲，以下问题与缺陷制约了中国对国际人权条约的有效适用。

（一）　国际人权条约在中国法律体系中的地位不明

中国的现行宪法、《立法法》及《缔结条约程序法》均没有就如何协调条约与国内法的关系作出具体、明确的规定，人权条约与国内法的关系也并没有因为其重要性而受到特别的关注。这种局面导致中国的官员每当被国际人权机构问及相关问题时总是显得模棱两可、含糊其辞；中国的法官因为没有法律的明确授权，所以也不敢越雷池一步；中国的学者，因为找不到法律的依据和实践的支持，虽绞尽脑汁也理不顺这对关系。由此可能带来的后果是，国际社会怀疑中国对待国际人权条约义务的态度。因为从上文提到的官方答复来看，一方面，官员的说法不能证明人权条约在国内的直接效力；另一方面，官员认为批准的条约不需要专门的立法转化到国内法中。那么，在实践中究竟该如何适用条约呢？中国在国际人权条约下的义务通过实施现有的国内法律能够得到全面履行吗？答案显然是否定的。按照目前这种处理人权条约与国内法的态度，处于中国管辖范围内的个人最多只能享受到中国国内法设定的权利；而对那些中国批准的国际人权条约中规定了而现行法律中未规定的权利，中国虽然承诺要保障，但对公民个人来说只是可望而不可即的"海市蜃楼"。如果是这样，批准人权条约就难以起到促进公民权利实现的作用。改变这种现状，首先应认清国际人权条约的法律属性，加入人权条约对缔约国来说主要意味着法律上的义务和责任，而不仅仅是在国际社会展现一种姿态。加入人权条约就表明缔约国愿意按照国际人权条约的要求来改进人权保障工作，意味着国家将要就履行国际人权条约的情况接受国际监督。这需要缔约国做好接受国际人权条约的法律准备，理顺国际人权条约在国内适用的渠道，首要的就是明确如何处理国际人权条约与国内法的关系。

（二）　中国人权权利体系与人权国际义务差距很大

由于没有明确人权条约在国内法律体系中的地位，在中国，公民的权利主要来源于宪法和现行法律中的规定。但是，由宪法和现行法律构建的人权权利体系同我国在国际人权条约下承诺要保障的权利之间还有很大的差距。这种差距主要表现为三种形态：一是国际人权条约中规定了的权利，而我国人权权利体系没有规定；二是我国的人权权利体系中的规定同人权条约的要求不一致，甚至构成抵触；三是我国的人权权利体系虽然作了规定，但权利的内涵窄于国际人权条约的规定。

有学者对我国宪法与"人权两公约"进行了逐条比对后，得出宪法基本权利的规定同国际人权条约的规定存在以下几个方面的差异：（1）我国宪法中明显缺省的权利，包括受教育权中父母或法定监护人为未成年人选择接受教育的机构和教育种类的权利、法律人格、工作权中获得晋升的权利、消极的表达自由（包括持有主张的自由，寻求和接受信息、思想的自由）、结社和工会自由中的罢工自由、不因无力履约而受监禁的权利。（2）我国宪法规定与"人权两公约"的规定相左的权利，包括生命权、迁徙自由中在一国境内的迁徙自由、不被奴役和不被强制劳动、公正审判权中的司法独立、刑事案件中被告人最低限度的保障、禁止双重危险原则。（3）相比之下我国宪法规定尚不完整的权利，包括少数人权利、平等权、隐私权、和平集会的权利、人身自由和安全、迁徙自由中回归本国的自由、外侨不被非法驱逐的权利、被拘禁者享有的人道待遇的权利、罪刑法定等。① 鉴于宪法是国家的根本大法，我国的法律均依据宪法而制定，所以法律中规定的权利内容与国际人权条约的要求之间的不一致也不可避免会存在。

在中国，还存在另一个问题，即宪法关于基本权利的规定是否具有直接适用性。这是存在疑问的。公民个人、行政机关、司法系统通常只能依据法律来主张权利、执行公务、审判案件。因此，如果宪法中的规定没有被充分地、具体地规定在法律中，即便宪法中赋予了公民某一方面的权利，也可能会由于法律规定的缺失而得不到实现。这样，公民实际享有的权利范围就又一次被缩小了。

（三）对人权的司法救济不到位

人权遭到侵犯时，需要依靠健全的司法机制来得到有力的保护和救济，而且司法工作的各个环节都有保障人权的需要。但是在当前中国，由于司法系统整体没有树立起保障人权的指导思想，因此，即使通过司法途径，许多权利仍无法得到救济。首先，宪法权利在司法审判中的不可诉性导致宪法中规定的人权一旦遭遇侵犯便没有救济的途径。其次，现行司法程序的某些设置不利于对人权的保障。例如，法律上规定的诉讼时效过短，在诉讼时效届满后仍然权利纠纷不断；再审诉讼难以立案，形成了当事人告状无门和经年累诉的局面；上诉时限过紧，不利于公民充分利用诉权来维护自己的合法权益；行政终局裁决制度依然存在，使一部分人权保护案件无法进入司法审判程序，尤其是劳动教养制度不符合人权的司法最终救济

---

① 刘连泰：《〈国际人权宪章〉与我国宪法的比较研究》，法律出版社，2006，第260～271页。

原则。① 再次，由于司法工作人员没有养成良好的人权意识，欠缺应有的人权知识，导致在侦查、审理案件的过程中侵犯人权的事件屡屡发生。例如，侦查中的酷刑行为、任意剥夺或限制当事人辩护权利等问题依然存在，尚未得到彻底纠正。

（四）　国家人权机构缺失

在中国，虽然立法、司法、行政机关以及一些监督机制的日常职务行为都能直接或间接地发挥保护人权的作用，但是这些机构并不是专为保障人权的目的而设，也不是为保障人权的目标而运行的。虽然政府也设置了一些负责协调人权事务，特别是协调特定群体权利问题的机构，但这些机构大多数级别较低，在人力、财力上不独立或没有保障，对促进人权的保障形不成有力的影响，并且日益被边缘化。例如，中国政府将国务院妇女儿童工作委员会作为在中国全面负责协调落实《消除对妇女一切形式歧视公约》和《儿童权利公约》的机构。这个机构在国务院的行政级别中被列入国务院议事协调机构，而它的具体工作则还是由中华全国妇女联合会来承担的。后者在性质上被列为社会群众团体。与国务院妇女儿童工作委员会同一性质的国务院残疾人工作委员会，被认为是协调残疾人权利的机构，其具体工作也是由非政府组织中国残疾人联合会来承担的。② 这就意味着，在中国的政府部门中，没有在实际上行使协调人权事务的机构。在中国目前公民社会发育不足的情况下，国家权力机构依然占据着绝对权威的地位。由社会群众团体来负责协调国家对国际人权条约的适用事宜，其效果自然不会理想。

（五）　执法人员人权意识淡薄

虽然"人权"这个词汇目前在中国的政府官员口中和在执法人员口中频频出现，但是言者是否真正领悟了这个词的内涵及其对自己行为的约束作用是另一回事。一些权力机关往往强调公共权力的管理职能，忘记了公共权力的服务职能，现代政治制度保障人权的基本价值取向受到不同程度的忽视。虽经三令五申，在司法和执法部门，重则施加酷刑，轻则违反程

---

① 关于司法程序设置不符合人权保障要求的表现，参见莫纪宏《论人权的司法救济》，《法商研究》2000 年第 5 期。

② 《国务院关于议事协调机构设置的通知》（国发〔2008〕13 号）。

序办案，进而侵犯公民基本权利的事件层出不穷、屡禁不止。孙志刚因为未带证件被"收容审查"并被殴打致死；司法程序各个环节出现大量的超期羁押，严重者甚至构成非法拘禁的刑事犯罪；媒体曾频繁爆出的云南、海南、广东等地犯罪嫌疑人在看守所内猝死的非正常死亡事件等事例，集中暴露了执法人员知法违法、法制观念淡漠、人权意识缺失等严重问题。虽然国家也采取了一些教育措施，对执法人员进行法制培训、人权知识的培训，但效果并不明显。提高人权意识和法治观念的教育并非一蹴而就的，而是一项持久工程。另外，社会各界人权意识和法治意识的提高将对抑制、减少类似的侵犯人权事件起到积极的监督和防范作用。

二　完善人权保障制度，有效适用国际人权条约

结合中国当前的实际情况，笔者认为可以从以下方面着手完善中国的人权保障制度，以有效适用国际人权条约，保障基本人权。

（一）在宪法中明确条约与国内法的关系

在宪法中界定国际法与国内法的关系不仅是各国宪法实践中的惯常做法，而且是完善中国人权保障的权利体系的需要。许多国家，特别是广大发展中国家的宪法不仅规定了条约与国内法的关系，而且给予人权条约在国内法上的地位以特别的规定，充分显示出对于人权保障的特殊重视。这种特别规定表现为：给予一国批准的人权条约宪法地位，或至少是高于国内法律的地位；赋予人权条约在国内直接适用的效力；在宪法中明确援引国际人权条约，作为解释国内法的依据等。中国可以考虑借鉴别国的立法经验，结合本国的实际情况和司法传统选择一种处理国际法与国内法的模式，并在宪法中予以明确。鉴于中国许多民商事法律已经有当条约的规定与国内法发生冲突时优先适用条约的立法实践，又鉴于"条约必须遵守"，且不得以国内法的规定为由而拒绝履行条约义务的法谚，可以在宪法中给予经全国人大常委会决定批准的条约优于国内法的地位。

而在适用条约的实践中，通过专门的国内立法将条约的内容转化到国内法律中是一种可行的办法。因为无论是行政部门还是司法部门，相对于国际条约，更熟悉也更倾向于适用本国的法律。通过专门立法将条约的内容转化到国内法中，执法人员对国内法的执行实际上也就是对条约的执行。对人权条约而言，这样的转化更加必要。上文已经提到，国内法律的规定

远远没有覆盖条约规定的范围。直接将人权条约转化为国内法，可以弥补权利内容上的不足，使得对公民基本权利的法律保障更加充分。另外，将国际人权条约转化为国内法，在一定程度上还可以弥补我国当前宪法权利在司法审判中不具有直接适用性的缺陷。因为宪法中规定了而国内法没有规定的权利，有一些可以在被转化的条约中找到，公民和司法机关通过适用转化条约的国内法，可以使国际人权条约中规定的权利得到保障。

（二）　比照国际人权条约完善保障人权的法律体系

完善的人权保障法律体系应达到权利主体广泛、权利内容完整、救济途径畅通的目标。中国在修改和完善法律时，除参照国际人权条约的规定外，还应该适当考虑人权条约机构在对中国的结论性意见中提出的建议。

对于应该如何完善人权保障的法律体系，学者们提出不少建议。在宪法层面，虽然现行宪法写入了"国家尊重和保障人权"的原则，但是其中"人权"的具体含义仍不甚明了。为说明宪法所列举的公民权利并没有穷尽我国法律所保障的人权的全部内容，也为了满足我国承担的国际人权条约义务的要求，有学者建议在宪法中增加"本宪法列举的人权为不完全列举，不应解释为公民享有的权利以该章列举者为限"的条款。[①] 这一建议实际上是指出应当适用对权利保障更为有利的规定。如本书第二章所讨论的，适用对保障基本人权更为有利的规定，既是国际人权条约的要求，也是许多国家宪法的明确规定。在中国宪法对基本权利的规定尚不完善的情况下，宪法中可以加入"本宪法并不排除其他法律对基本权利作更为有利的规定"等类似条款。

关于具体的法律制度和权利内容的修改，学者们提到应赋予公民罢工权、恢复迁徙自由权、明确结社自由的范围、加强对集会自由的保障、完善表达自由并增加新闻自由的内容以及完善社会保障制度；严格限制死刑的适用、增加酷刑罪，修改刑事诉讼法确定无罪推定、一事不再审的原则，完善辩护制度，加强对被告人、犯罪嫌疑人、罪犯的基本权利的保障。在一些制度设计上，提出改革劳动教养制度、修改户籍制度、加强救助管理制度、改革计划生育制度和新闻出版制度等。[②] 除此之外，还有学者提议依

①　刘连泰：《〈国际人权宪章〉与我国宪法的比较研究》，法律出版社，2006，第271页。
②　谭世贵主编《国际人权公约与中国法制建设》，武汉大学出版社，2007，第286～323页。

据我国宪法确立的人权保障原则，参照国际人权条约的规定，制定一部专门的人权保障立法。专门的《人权保障法》对于合理安排我国国内法上人权保障的法律结构，建立起以每个自然人都享有的普遍人权为基础，以公民的基本权利为重点，以宪法和法律所保障的特殊主体享有的宪法和法律权利为补充的人权法律保障体系，从而使我国国内法上所建立的人权保障体系适应国际人权公约的要求，均具有重要意义。① 这些众多的法律改革建议也从一个侧面反映出我国现行人权权利体系同人权条约之间的确存在较大的差距。如果逐条比较，不难发现存在的问题。因此，解决问题的关键是立法机关能够认识到改革和完善中国人权法律体系的必要性和重要性，并着手开始改革。

（三）　建立专门的国家人权机构

上文提到，中国当前不存在专门负责人权事务的政府部门。对于现在仍然是"大政府、小社会"的中国来说，社会群众团体在推行国际人权条约中发挥的作用是无足轻重的。建立专门的国家人权机构，不仅是中国认真负责地履行国际人权条约义务的现实需要，也是国际人权条约机构对中国提出的要求。经济、社会和文化权利委员会建议中国按照"巴黎原则"设立国家人权委员会；② 消除对妇女歧视委员会要求中国审查并加强提高妇女地位问题的国家机构的权威和资源；③ 儿童权利委员会对中国没有采取充分措施确保协调公约的机构切实有效地监督公约在国家、地方各级的执行表示关注，并建议中国建立独立的机构负责落实儿童权利。④ 联合国大会第 48/134 号决议也鼓励会员国设立促进和保护人权的国家机构，以防止和制止如《维也纳宣言和行动纲领》以及有关的国际文书中所列举的所有侵犯人权的行为。

国家人权机构可以通过宪法或者专门法律来建立，它应该在保障和促进人权方面享有尽可能广泛的权限。根据"巴黎原则"，国家人权机构应该至少担负以下职责：（1）应有关当局的要求，或在咨询基础上，就有关促进和保护人权的任何事项，向行政机关、立法机关和任何其他主管机构提

---

① 参见莫纪宏《〈中华人民共和国人权保障法〉立法说明、专家建议稿及立法释义》，载莫纪宏主编《人权保障法与中国》，法律出版社，2008，第 359～453 页。

② UN Doc. E/C. 12/1/Add. 107, para. 41.

③ UN Doc. A/54/38, para. 282.

④ UN Doc. CRC/C/15/ADD. 56, paras. 10 & 26.

出意见、建议、提议和报告。这些建议或报告，应与维护或扩大人权的任何立法、行政决定以及司法组织的规定有关，或者与处理任何侵犯人权的情况有关，或是与国家某一方面的人权问题相关，或提请政府注意国内任何地区人权遭受侵犯的情况。（2）国家人权机构应促进并确保国家的立法规章和惯例与该国所加入的国际人权文书相一致，并能得到有效执行。（3）鼓励国家批准或加入上述国际人权文书并确保其得到执行。（4）参与准备国家向人权条约机构递交的报告。（5）与联合国系统内或区域的、外国的人权组织、机构合作。（6）协助制定人权问题教学方案和研究方案，并参加这些方案在学校特别是大学和专业团体中的执行。（7）宣传人权和反对各种形式的歧视，通过宣传和教育来提高公众认识。（8）国家人权机构还可以被赋权受理和审议个别情况的申诉和请愿。该机构可以通过调解、告知救济途径、将争议移交有关当局处理等方式解决申诉。国家可以自己选择设立国家人权机构的方式以及机构成员的选举程序，但是机构应有充分的独立性，特别是有充足的资源保障使其有能力发挥上述职能。另外，机构成员应有来自各个领域的代表，以体现其多元性和广泛的代表性。

（四）　要着力加强人权宣传教育

目前中国的人权教育主要集中在高校或研究机构中，人权领域国际交流的参与者也主要是高校教师和人权专家。普通百姓绝大部分没有国际人权条约的概念。在一个拥有13亿人口的国家，只有极少数精英人士了解人权的概念、了解人权的国际保护，甚至连执法人员也一知半解甚至全然不知，这是我国人权教育的失误，也就谈不上人权文化的养成。因此，应该将人权教育作为一项长期任务，常抓不懈。笔者认为，今后开展人权教育应三管齐下。

首先，应让人权知识和人权活动成为各种媒介宣传的经常内容，即加强人权宣传。目前，对于人权的基本知识，只有在屈指可数的几个人权研究机构的网站上可以读到一些；而对于我国政府开展的人权活动，参与国际人权机构的情况，只有外交部一家偶有报道。中国向国际人权条约机构提交履约报告是外交部门负责的事项，报告的编写也似乎成了这一个部门的事，中国什么时候递交了报告、递交了什么样的报告以及国际人权机构作出了怎样的结论性意见，除非通过联合国的网站了解，否则连某些从事人权研究的专家也不得而知。这与国际人权条约机构所要求的国家报告的编写应广泛征求各方面的意见，特别是民间社会的意见，以及报告和条约机构的结论性意见应在该国广泛传播的要求是不相符合的。值得欣慰的是，笔者注意到，近期外交部已开始刊载我国递交给联合国人权条约机构的部分报告。这是一个积极的动向，今后应该继续并扩大相关的宣传。加强宣传的另一个着力点是加强普通媒体，特别是各种报纸、电台、电视台和门户网站对于人权基本知识以及国家人权活动的报道，这些媒体才是公民主要的信息来源。另外，应将国际人权公约以及相关的国际文件译成少数民族的语言，印制成宣传手册，利用普法日等活动的机会进行免费散发。

其次，应加强人权培训。培训的对象包括政府机关工作人员、警察、法官、检察官等国家机关工作人员，律师、从事法律服务和法律援助的其他工作人员，以及媒体工作人员。国家机关工作人员和提供法律服务的人员，他们的日常活动以保障人权为中心，自然应该具备充分的人权知识水平，以及高度自觉的人权意识。这对于杜绝上文提到的司法过程中滥施酷刑、执法违法、随意剥夺当事人权利等问题将有直接的抑制作用。而媒体工作人员，只有自己具备了一定的人权知识储备，并形成正确的人权观念，才有可能以人权的视角开展宣传报道，以人权的敏感度去捕捉有价值的新闻事件进而将这些信息传递给受众。

最后，应加强人权教育。人权教育不应只局限于高等学府中有关人权领域的研究人员的培养，而应开展从小学到老年大学的终身教育，将人权教育作为一门独立的课程，或者与法制教育一起安排到从小学到大学的教学大纲中。同时，要强调让教师和学生一起接受教育。由于社会总体对于儿童人权的认识不够，成年人侵犯儿童权利后事件已经屡见不鲜。特别是中小学教师，无视学生的基本权利，进行体罚、人格侮辱的事情仍很常见。① 而教师的一言一行都会对学生产生深刻的影响，因此，对教师进行人权教育、提高人权意识至关重要。

综上所述，我们要在宪法中确立人权条约在国内法律体系中的地位，

---

① 曾有媒体报道，甘肃省兰州市第十中学 6 名初二女生因上课迟到，与老师闹情绪遭体罚后集体出走。另有沈阳市某小学五年级一些学生上课时大声说笑，被校方斥为"一群败类"，班主任更让每位学生以"败类"为题写一篇 900 字的作文。参见许林贵、全晓书《读懂孩子们的自尊心，中小学教师人权意识待提高》，新华社北京 2004 年 12 月 23 日电。而教师对于学生进行辱骂、挖苦、侵犯学生隐私的情况更加普遍。

依据我国加入的国际人权条约完善国家人权保障的法律体系，建立专门的国家人权机构负责推动国际人权规范在我国的落实、监督政府履行人权义务的情况，在全社会开展形式多样、内容丰富的人权宣传、培训和教育，通过多方共同努力，使中国的人权保障事业再上新台阶。

第八章
国际人权条约的国内适用：
总结与展望

第一节　国际人权条约在国内
适用状况的总体分析

有国际政治领域的学者这样评价人权国际保护的进程："从 1945 年至本世纪（20 世纪）80 年代末，国际人权运动充满了资本主义和共产主义的意识形态之争以及东方、西方和第三世界关于人权的政策和理论所代表的分裂倾向。本世纪 80 年代末看到了民主多元主义、法治和尊重不可转让人权等学说的胜利。"[①] 本书的研究在一定程度上印证了这个观点。本书第三章至第七章中提到的大量例证，几乎都发生在 20 世纪 90 年代以降。这些例证传递着一个强烈的信号，即国际人权条约实实在在地在各国境内得到了适用，国际人权条约对国家人权保障制度产生了切实的影响，而且一步一步地推动着后者的发展。在一国宪法和法律所构建的基本权利制度中，在各国法院审判案件的判决书中，在各个国家制定的人权政策中，到处都可以看到国际人权条约的名字和人权条约机构的主张。国际人权条约正在客观上促使国家的人权保障制度与之相适应；国际人权条约也正在通过国家人权保障制度的运转而逐步得到实现。回头看，联合国的前半个世纪，从《世界人权宣言》诞生开始，国际社会就致力于起草各种人权文书，国际人

[①] 〔美〕拉姆查伦：《20 世纪 90 年代人权的国际保护战略》，塞生译，载沈宗灵等主编《西方人权学说》（下），四川人民出版社，1994，第 542 页。

权保护的规范体系不断扩充，但是大量的规范常常被束之高阁。现如今，联合国的人权条约被写进了各国的宪法，条约和条约机构的结论、意见、建议被作为标准用到审判实践中，被作为指导性意见反映在国家的政策计划中。在区域层面，如欧洲，自 1998 年新的人权法院成立后，每年收到的人权申诉案件从过去的几百上千件急剧增加到上万、数万件，短短十余年时间形成了浩如烟海的判例，并为缔约国所广泛引用。这不由又让人想起了美国学者对国际人权制度发展趋势的预言，国际人权条约已经从宣示型、发展型走入了实施型，甚至显露出强制型的端倪。①

一　国际人权条约在国内适用的总体特征

本书的例证显示了现阶段国家适用国际人权条约的一些总体特征。

第一，国家人权保障制度各个组成部分对国际人权条约适用的程度有所差异。我们可以明显地感觉到，各国的基本权利体系，特别是宪法的基本权利制度对于国际人权条约的呼应是最强有力的。在司法实践中，以国家的宪法法院或其他最高级别的法院为代表的司法机构逐渐表现出对国际人权条约，特别是区域人权条约体系的关注。而国家在作出保障人权的行政举措时，对于国际人权条约的观照还只是孤立的个案，尚未形成一种常态。由此，国际人权条约对国家人权立法保障、司法保障、行政保障的影响效力大致呈现一种逐级递减的阶梯状形态。

第二，国家人权保障制度对国际人权条约规范的适用程度大大超过了其对人权条约机构的工作产出的适用程度。国际人权条约几乎被各国普遍接受，经正式批准或加入的条约对缔约国具有法律拘束力。人权条约通过宪法化或通过国内法律转化到国内法中，成为国家人权保障制度日常运行的依据。而人权条约机构经过了几十年的发展才有了今天的规模，条约机构本身又存在低效率的问题，受到工作积压、重复、出具的意见不具有正式的约束力等因素的影响，其工作产出自然不会受到与国际人权条约规范同等的重视。

---

① 美国学者将人权体制的规范强度划分为四种类型：声明型、发展型、实施型、强制型。See Jack Donnelly, "International human rights: a regime analysis", in *International Organization*, Summer 1986, pp. 603 – 605.

第三，国家人权保障制度对不同的条约监督机构的工作产出适用程度不同。欧洲人权法院的工作对缔约国产生的影响最为广泛和深入，因此其判例法也常为国家所适用。而在联合国的人权条约机构中，监督《公民权利和政治权利国际公约》实施的人权事务委员会，与其他人权条约机构相比，其工作产出更易被缔约国接受。

第四，不同国家对国际人权条约的适用程度是不同的。东欧剧变、苏联解体后独立的新国家和20世纪90年代后重新修订宪法的非洲国家、拉丁美洲国家，他们重新制定或修订的宪法更加全面地反映了国际人权条约中规定的权利。相比之下，一些发达国家的宪法在近期的调整并不多，部分原因是原来的宪法本身比较先进，部分是因为坚持本国关于人权的理论和观点。例如，1999年生效的《瑞士联邦宪法》仍将经济、社会和文化权利视为国家努力实现的社会目标而不是基本权利。① 条约机构针对国家的结论性意见和来文决定，能够被一些国家虚心采纳，而常常被另一些国家忽略。

二　国际人权条约在国内适用的促进因素

促进国家逐步深化对国际人权条约的适用，需要国家和国际社会的共同努力。

（一）　国际层面的促进因素

国际人权条约体系本身的制度设计鞭策着国家履行条约义务。在联合国层面，联合国人权条约体系中的规范要素和程序要素为条约机构实施监督从而敦促缔约国适用国际人权条约提供了可能。具体而言，首先，如果各国都能严格按照条约及其监督机构制定的国家报告指南履行报告义务，那么这一进程将在国家层面产生重要影响。各国为履行国家报告义务而开展的自我评估，为国家衡量国际条约所规定的人权在国内法上得到保护的程度提供了机会；收集国家保障人权的信息的过程，是帮助政府规划并实施以权利为本的发展方案的重要手段。许多国家将准备国家报告、制定国

---

① 1999年《瑞士联邦宪法》第三章"社会目标"第41条是这样规定的："联邦和州促进实现社会福利、健康、保护家庭和儿童、劳工标准、住房、教育；联邦和州在宪法的权限内利用可以获得的资源努力实现这些社会目标。"第41条第4款还规定："不得为实现社会目标提要求国家补贴的直接申诉。"可见，经济、社会和文化权利在瑞士没有作为基本权利看待，并且明确规定这些权利没有可诉性。

家人权行动计划和实施国家发展计划的过程结合起来进行。把这些过程结合起来，能确保将人权置于国家战略规划的核心地位，从而确保在国内更有效地落实人权标准。其次，来自条约机构的切合实际的建议和援助，能为各国提供有益的指导，使缔约国了解为加强对人权的保护还需要在哪些方面采取更多的行动。各条约机构针对个人来文所发表的意见是具体指导国家采取行动的另一个来源。条约机构的一般性评论为指导缔约国如何执行条约提供了更为详细的补充信息。

在区域层面，以欧洲人权条约制度为例，随着《〈欧洲人权公约〉第十一议定书》的通过，欧洲人权法院几乎具备了对欧洲人权条约体系的发展产生决定性影响所要求的所有权限。《欧洲人权公约》第1条要求国家保障处于其管辖下的每一个人的权利和自由，欧洲人权法院的职责是促使国家能够达到这项要求。而人权法院能否做到这一点几乎不受国家的牵制，因为《欧洲人权公约》第32条授予人权法院对"所有与公约的解释和适用相关的问题"享有排他的最终决定权。这样，欧洲人权法院实际上就获得了决定自己的管辖权范围的权限。根据公约第46条，缔约国"保证在其作为当事方的任何案件中遵守法院的终审判决"。如果想推翻人权法院的这些权限，缔约国只有通过修改公约的条款才能实现。事实上这种可能性几乎为零。

此外，重大的国际人权活动被证明能有效地推动国际人权条约的实现。1990年的世界儿童问题首脑会议促成了国家对《儿童权利公约》的普遍批准；历次世界妇女大会有效地唤起了各国对妇女人权的重视。联合国人权教育十年唤醒了各国开展人权教育的意识，在世界范围内播下了传播人权知识、萌发人权文化的种子。

（二）国家层面的促进因素

国家批准或加入国际人权条约是适用条约的前提条件。国家对国际人权条约的普遍接受为国际人权条约在国内得到适用创造了现实的可能性。

从国家对联合国的人权条约的接受情况来看，截至2013年6月，以联合国有193个会员国计，各国对《经济、社会和文化权利国际公约》、《公民权利和政治权利国际公约》、《消除一切形式种族歧视国际公约》、《消除对妇女一切形式歧视公约》、《禁止酷刑公约》、《儿童权利公约》这六项核心人权条约的批准率已经达到89%以上。各国批准了条约就表示认同条约中确立的人权保护标准并承诺在国家层面落实这些权利，同时也表示各国接受了具有强制性的定期国家报告义务。对于个人来文程序的接受，同意公民向人权事务委员会提交来文的国家已达 114 个，占《公民权利和政治权利国际公约》缔约国数的 68.3%，另有 104 个国家同意个人向消除对妇女歧视委员会提交来文，占《消除对妇女一切形式歧视公约》缔约国数的55.6%。这些数据还在不断增长中。

除了对国际人权条约的正式接受外，各国借争取加入 2006 年成立的联合国人权理事会之机，纷纷作出了将进一步接受国际人权条约、接受国际人权监督的政治承诺。例如，巴林和巴基斯坦对批准《公民权利和政治权利国际公约》和《经济、社会和文化权利国际公约》作出了具体承诺。中国作为《公民权利和政治权利国际公约》的签署国表示，她"正在修订刑法、民法和行政法并加深司法改革，为尽早批准创造条件"。南非指出，她正处于批准《经济、社会和文化权利国际公约》的进程之中。巴西宣布，打算批准《公民权利和政治权利国际公约》的两项议定书；阿尔巴尼亚有意批准《〈公民权利和政治权利国际公约〉任择议定书》，乌克兰打算批准该公约旨在废除死刑的第二项任择议定书。吉布提打算批准《消除一切形式种族歧视国际公约》；印度尼西亚和南非打算批准《保护所有移徙工人及其家庭成员权利国际公约》。一些国家宣布打算批准《〈消除对妇女一切形式歧视公约〉任择议定书》。亚美尼亚、印度尼西亚、摩洛哥和韩国，她们宣布打算审查其对《消除对妇女一切形式歧视公约》的保留。同样，许多国家打算批准《儿童权利公约》的任择议定书，准备批准两项议定书的有阿尔巴尼亚、吉布提和印度尼西亚；打算批准"关于儿童卷入武装冲突"的议定书的有荷兰；打算批准"关于买卖儿童、儿童卖淫和儿童色情问题"的议定书的有芬兰、德国、希腊和斯里兰卡。对《禁止酷刑公约》的任择议定书作出坚定承诺的有亚美尼亚、阿塞拜疆、巴西、捷克共和国、芬兰、法国、德国、匈牙利、印度尼西亚、荷兰、葡萄牙、罗马尼亚、塞内加尔、斯洛文尼亚、南非和乌克兰。韩国也设想"在不远的将来"加入《禁止酷刑公约》任择议定书。尽管这些政治承诺能否经得起法律现实的考验还有待观察，但是它至少唤起了各国推进人权保障事业的决心，也对这些国家在国际社会形成了一定的舆论压力。

国家对区域人权条约的接受程度更高。截止到 2013 年 6 月，欧洲理事会 47 个成员国均批准了《欧洲人权公约》；美洲国家组织 35 个成员国均是《美洲国家组织宪章》的缔约国，其中 25 国批准了《美洲人权公约》；非洲联盟 53 个成员国全部加入了《非洲人权和民族权宪章》。除了国家接受区域人权条约的普遍性更高，区域人权条约体系与联合国人权条约体系相比的另一优势是个人申诉程序在国际监督程序中的突出重要性。以欧洲人权条约体系为例，接受欧洲人权法院的管辖对缔约国来说是强制性的。欧洲人权法院发挥影响力的现实可能性从其每年数以万计的受案数量可窥见一斑。在 20 世纪 60 年代，欧洲人权委员会受理的案件是 49 件，70 年代是 163 件，80 年代是 455 件。1998 年新的欧洲人权法院成立后案件受理数量激增到 18200 件，2006 年一年的受案数量竟高达 50500 件之多。① 如此充足的案源，一方面体现了个人对欧洲人权条约体系的信任，另一方面使得该体系有很大的空间对国家的人权保障制度施加影响。

除此之外，国内法与人权条约保持最低限度的一致性是国际人权条约能够在各国得到适用的重要前提。人权从应有权利转化为法定权利是人权实现过程中最有效、最基本的手段。国际人权条约中规定的人权更加接近人权的应然状态，将这些应然的人权几近全面地转化到国内法律中成为法定权利，将大大扩大人权实现的机会和可能性。

在国内形成对国际人权条约强有力的支持团队也将促进国际人权条约在国内的充分适用。这个团队包括政府官员、法官、律师、以非政府组织为代表的公民社会以及媒体。政府接受人权条约的意愿在很多时候能起到决定性作用。政府官员、法官、律师对于国际人权条约的认知和运用是将法定权利转化为实有权利的必然过程。非政府组织和媒体如果具备高度的人权意识并以此开展活动将成为政府履行国际人权义务有力的国内监督力量。

三　国际人权条约在国内适用的制约因素

现阶段国家适用国际人权条约的实践所呈现出来的上述特征表明，国际人权条约在国内适用的现状与其潜在的对国家人权保障制度的引导力之

---

① See Helen Keller & Alec Stone Sweet，（eds.）*A Europe of Rights：The impact of the ECHR on domestic legal systems*，Oxford，2008，p. 20.

间还有很大差距。是什么原因制约了国际人权条约体系发挥作用呢？国际
人权条约能否在国内得到有效适用取决于国际人权条约体系和国家人权保
障制度两方面的情况。

（一）　国际人权条约体系自身的制约因素

国际人权条约规范本身的恰当性是决定它是否能被普遍接受，进而得
到国家的广泛适用力的首要因素。有学者认为，从联合国主持制定的国际
人权条约来看，虽然它们在一定程度上体现了国际社会共同的人权价值观，
代表了大多数发展中国家的人权保障要求，然而，不可否认的是，西方国
家传统的人权价值观毕竟在人权条约里占主导地位，[①] 因此，一定程度上限
制了不具有西方传统的国家对条约的接受，这些国家还可能通过提出范围
广泛的保留的形式在客观上缩减对国际人权条约的接受程度。

与对缔约国具有法律效力的国际人权条约相比，人权条约机构及其监
督程序一般都不具有拘束力，总体上处于低效的状态。联合国核心人权条
约虽然在国际层面创立了形式多样的监督机制，但这些制度在实际运行过
程中并不尽如人意，有些制度状况令人担忧，严重影响到条约监督机制的
效力和声誉。

1. 国家报告程序千疮百孔

缔约国报告制度是各主要人权条约共有的监督制度，也是备受国际社
会关注、受到责难最多的一项制度。第一，缔约国不递交或不按时递交报
告成为被反复指出却不见起色的"老大难"问题。根据美国明尼苏达州一
个非政府人权组织2007年的一项统计，截至2007年5月，7个联合国核心
人权条约下缔约国逾期未交的报告总数达1472份，其中《消除一切形式种
族歧视国际公约》缔约国迟延递交报告的状况最为严重，累计达483份，
而于2003年7月生效的仅拥有37个缔约国的《保护所有移徙工人及其家庭
成员权利国际公约》下迟延递交的报告数已达29份。[②] 也许是条约机构广
泛认可或默许缔约国提交合并国家报告的结果，另据2011年联合国秘书长

---

① 彭锡华：《国际人权条约实施的国际监督制度》，《西南民族学院学报（哲学社会科学版）》
2001年第10期。

② Minnesota Advocates for Human Rights："The State of the UN Human Rights Treaty Body System
2007, an NGO perspective", 20 June 2007, http://www.projecteleanor.com/treatybody/
indextb.html.

的一项统计显示，截至 2011 年 5 月，联合国各核心人权条约下逾期未提交的报告数为 621 份（如表 8 - 1 所示）。尽管在总量上较 2007 年有所减少，但情况仍不容乐观。第二，已经递交的报告内容和形式多有不合要求之处，或过于简单，或避重就轻、报喜不报忧，使报告流于形式，无法全面反映缔约国真实的人权状况。第三，由于不同人权条约的内容有所交叉，所以国家向不同人权条约机构递交的报告内容时有重复，这不仅加重了缔约国的报告负担，也增加了条约机构的工作量。第四，条约机构对国家已提交的报告不能及时审议，工作积压，甚至出现审议前次报告时已值下次报告递交日，由于时过境迁，缔约国不得不提交补充信息。第五，一些缔约国经适当通知仍不出席审议报告的建设性对话，影响到条约机构的工作进程。第六，建设性对话过程中一些委员提问涉及的主题宽泛而不集中，影响到对话的深度和效果。第七，对条约机构针对报告提出的结论性意见和建议，缔约国反馈不积极，据以采取改进措施的例子更为鲜见。第八，条约机构提出结论性意见和建议本身的质量参差不齐，有些欠具体，缺乏可操作性，不能起到指导缔约国实践的作用，等等。

表 8 - 1　逾期未提交的国家报告数目

条约名称	初次报告数目	定期报告数目
禁止酷刑公约	30	28
公民权利和政治权利国际公约	30	61
消除一切形式种族歧视国际公约	14	78
消除对妇女一切形式歧视公约	15	38
经济、社会和文化权利国际公约	38	45
保护所有移徙工人及其家庭成员权利国际公约	22	4
儿童权利公约	3	51
儿童权利公约关于儿童卷入武装冲突问题的任择议定书	51	不适用
儿童权利公约关于买卖儿童、儿童卖淫和儿童色情制品问题的任择议定书	72	不适用
残疾人权利公约	41	
共计	316	305

资料来源：UN Doc. A/66/344，统计截至 2011 年 5 月。

2. 个人申诉程序受到冷遇

现行联合国核心人权条约下的个人申诉制度均以缔约国自愿接受为前提，与公约整体被接受的程度相比较，个人申诉制度被接受的程度还较为有限（见表 8 - 2）。主权观念、不干涉内政原则成为国家不接受个人申诉制度的主要原因。对于同是联合国人权条约体系和区域人权条约体系的缔约国来说，区域个人申诉已经引起了国家的难堪，因此不愿再接受国际的申诉机制。还有一些国家是由于缺乏处理这些申诉可能带来的后果的行政能力和人员，也缺乏可能要求赔偿的能力；另外，一些国家也表达了对国际申诉程序效力的怀疑。

而在接受了此项制度的有限的国家里，能充分利用该制度的仍为数不多。该制度在运作过程中也逐渐暴露出多方面的问题。第一，条约机构被指责将主要的精力放在审议国家报告上，对个人申诉制度的重视不够。这也部分地导致了第二个问题，即处理个人申诉的过程相当耗时，仅决定来文是否可被接受就需要花费一年到一年半的时间，进一步确定是非曲直并最终作出决定则要经历更长的时间；而缔约国合作与否更可能使来文的决定变得遥遥无期。第三，一些国家对条约机构针对来文的决定置之不理。个人申诉不能及时被处理及其决定不具有法律拘束力的状况严重动摇了这项制度的效力及人们对它的信任度。第四，个人申诉制度不被广泛利用还受限于它低微的知名度以及缔约国司法资源的匮乏。

表 8 - 2　个人申诉程序被接受的情况

人权条约名称	ICERD	ICCPR	CEDAW	CAT
公约缔约国数	176	167	187	153
接受个人申诉的国家数	54	114	104	64

3. 条约机构亦须完善

除监督制度在运作过程中遇到的困难和挑战外，条约机构本身也面临诸多亟待解决的问题。首先，造成报告积压和个人来文积压的一个重要原因被认为是可供条约机构使用的资源严重短缺，体现为经费以及秘书服务供给不足。而在联合国经费总体匮乏的大背景下，人们面对这一问题显得束手无策，个别条约机构甚至被迫少开、停开会议，造成工作进一步积压的恶性循环。其次，条约机构的成员选举也成为让人诟病的焦点，问题表现为：成员集中于少数国家和地区，地域代表性不强；性别比失衡；一些成员的政府背景影响到其独立性；一些成员专业素质较低不能胜任专家角色等。再次，影响条约机构工作效率的另一个因素是成员的非专职性，委员们各有自己专职的工作，不能从条约机构的工作中获得报酬，常有成员缺席会议，对条约机构工作的投入没有保障。另外，条约机构相互之间缺乏沟通与合作，参加多个条约的缔约国常常接到来自不同条约机构的重复要求，有个别国家被安排在相同的时间接受多个机构的审议；不同机构针对条约发表的一般性评论不相协调甚至互相矛盾，影响到联合国条约体系整体的一致性；人权条约机构与《联合国宪章》下建立的人权机构，例如人权理事会之间的关系尚未理顺，职能或有重复；条约机构对与联合国的专门机构、非政府组织以及国家人权机构进行交流与合作的态度仍不积极。最后，条约机构及其工作并不为众人知晓，国家媒体对条约机构的工作鲜有报道，地方媒体更不感兴趣，严重束缚了条约机构工作的宣传和普及。

4. 条约机构的意见质量有待提高

条约机构的工作成果未能像条约那样被广泛接受，除了监督程序在运行中出现的上述问题外，与条约机构所出具的意见的质量也有关系。在大多数情况下，个人来文意见只能为个案的申请人实现救济，却不能产生示范效应，除了意见的拘束效力有限外，还与意见中所表现出来的论理不够周密、详尽因而不为有关国家法院的法官所信服有很大关系。对结论性意见执行不力，有时是因为结论性意见本身不够准确、过于概括、不具有实用性和可操作性；有时也是因为其客观性遭到缔约国的质疑。最近一例是禁止酷刑委员会于2008年11月审议中国第四次国家报告后得出的结论。委员会在结论性意见中表示十分关切中国最近"对西藏自治区及其周边藏族自治州、县实施的镇压，加剧了恐怖气氛"；委员会还特别关切中国未能调查"警方开枪滥射甘孜县、阿坝县和拉萨市的据称和平示威人群造成的死亡"事件；并要求中国"对和平示威者过度使用武力一事进行彻底和独立的调查"。① 委员会在结论性意见中所描述的2008年"3·14"西藏事件与中国人所认识的事件刚好相反，可谓颠倒黑白。委员会的这份结论自然也

---

① UN Doc. CAT/C/CHN/CO/4, para. 23.

让中国代表团颇感震惊，紧接着于 2008 年 12 月 10 日，发表了对这份结论性意见的评论。中国在评论中认为，委员会的这份报告有意将审议报告的过程政治化，偏听偏信反华势力的言论而无视中国递交的报告，因此得出了许多错误的结论，这些结论是对中国的诽谤，是不真实的。[①] 中国代表团在后文对条约机构这么做可能产生的后果作了进一步评论："禁止酷刑委员会是根据公约建立的，应该在公约的框架内，根据客观、公正的原则开展工作；委员会应该与缔约国在平等、互相尊重的基础上，通过合作促进公约的执行。委员会个别成员滥用报告员的角色，利用审理缔约国报告的机会不怀好意地攻击缔约国，严重损害了其行为的公正性与客观性，严重破坏了其正直的形象。这样的行为与公约的目标相违背，亵渎了公约的权威；他们不仅破坏了中国同委员会之间的合作基础，而且损害了委员会的形象和信誉。"[②] 这段话即便排除了缔约国维护本国形象的主观因素，也很值得条约机构反思。

此外，条约机构的意见缺乏有效的后续监督程序也是其效力不足、不被缔约国执行的一个因素。

（二）　国家层面的制约因素

国际人权条约能否被国家有效适用还取决于国家是否具备保障人权制度顺利运行的各种内、外部条件。在现实中，即便一国政府表现出接受和落实国际人权规范的诚意，但是在各种政治的、经济的、社会的、文化的、法律的以及国际的因素的制约下，政府的美好愿望也难以践行。从实践来看，制约国家有效适用国际人权条约的因素主要有以下方面。

1. 政治因素

保护人权是民主社会的必要组成部分，而实现真正的民主是人权能够适当和有效实现的必要条件。拉丁美洲一些长期处于军事独裁统治之下的国家虽然推翻了军事政权，但是其残余影响仍然制约着对人权的促进。前苏联和东欧国家因为处于向民主转型的过渡进程中，所以也被认为在促进人权方面面临着政治上的困难。而菲律宾寡头政治和宗教保守势力根深蒂固，也曾被条约机构指出这将阻碍人权的实现。另外，在津巴布韦，大多

---

① 有关中国的评论，参见 UN Doc. CAT/C/CHN/CO/4/Add. 1。

② UN Doc CAT/C/CHN/CO/4/Add. 1.

数居民依然生活在种族隔离和歧视的制度之下。

2. 经济因素

人权的实现需要一定的物质基础作为保障。经济发展水平低下，贫困现象严重成为许多国家有效保障人权的重要障碍。例如，亚美尼亚、喀麦隆、斯里兰卡、圭亚那、尼泊尔、阿拉伯利比亚、危地马拉、玻利维亚、纳米比亚、多米尼加、巴拿马、牙买加、委内瑞拉、巴基斯坦、约旦、智利、洪都拉斯、尼加拉瓜、菲律宾、巴西、摩洛哥等都曾被委员会关注到因为经济形势非常困难而无法有效地保障人权。而受经济因素困扰最严重的是非洲的广大地区。有学者指出："全球化虽然大肆鼓吹效率、创造性和能力，但是对于保持、保护、促进基本人权以及非洲穷人的尊严方面毫无作为。"① 非洲的贫穷问题同其他因素混合在一起，包括受教育水平低、大范围失业、不利的政治和经济政策、自然灾害、武装冲突，以及广泛蔓延的艾滋病，等等。这些问题的持续存在，严重阻碍了非洲一些国家人权状况的改善。

正如有的学者正确地指出，衡量一国人权状况的指标除了独立的法庭、负责任的政府和适当的立法等机制框架外，还有其他众多因素。而这其中最重要的是经济指标。如果没有最低限度的经济发展，不断贫困、毫无节制的人口增长、营养不良、疾病和难以满足的需求将耗尽一个社会对基本的人权需求作出回应的潜能。在这方面，经济和社会权利的实现与政府提供良好的经济环境的能力息息相关。②

3. 社会因素

一些国家和地区武装冲突和暴力事件不断，社会的不安定使政府无暇顾及人权事项。而武装冲突和动乱，使一些国家长期处于非正常状态，公民的基本权利因此受到许多限制，严重阻碍了人权的实现。例如，在危地马拉，军警文化、暴力文化根深蒂固，公民持有武器受到宪法保护。在哥

---

① John C. Mubangizi, "some reflections on recent and current trends in the promotion and protection of human rights in Africa: the pains and the gains", in *African Human Rights Law Journal*, Vol. 6 no. 1 2006, p. 157.

② Michael Kirby, "Indicators for the Implementation of Human Rights", in Janusz Symonides, (eds.) *Human Rights*: *International Protection*, *Monitoring*, *Enforcement*, Ashagate UNESCO Publishing, 2003, pp. 325 – 346.

伦比亚，因为存在游击战争，武装平民团体形成了一般暴力气氛。在阿尔
及利亚、圭亚那，社会暴力事件频发。印度尼西亚、斯里兰卡、尼泊尔、
格鲁吉亚、黎巴嫩、塞内加尔等国都将大量精力放在处理国内武装冲突上。
多哥长期面临毁灭性战乱；塞浦路斯长期存在民族和宗教团体之间的紧张
局势。埃及、也门、突尼斯、西班牙、印度等国面临恐怖主义的威胁。非
洲一些国家，如刚果、苏丹武装冲突不断。而在牙买加，暴力犯罪率极高。

　　学者对非洲国家遵守非洲人权和民族权委员会建议的情况进行的一项
研究显示，稳定的政府与处于内战或者面临其他不稳定因素的政府相比，
更易于遵守人权条约机构的决定。这项研究所涉及的明确没有遵守条约机
构决定的国家，如安哥拉、布隆迪、民主刚果和苏丹，它们经常与内战和
政局不稳定联系在一起。①

　　4. 文化因素

　　一些传统文化和做法与普遍人权所主张的平等、不歧视原则格格不入，
而这样的传统文化往往根深蒂固，与人权立法形成了长期的对峙。

　　例如，在南非，虽然已经废除了种族隔离的制度，但是种族隔离的残
余影响依然存在。纳米比亚仍留有殖民主义和种族隔离的遗迹。美国对原
住民的奴役、隔离、破坏性政策的歧视性后果继续存在，而种族主义和性
别歧视的后果也没有被彻底铲除。印度的种姓制度、等级制度深入人心。
丹麦的种族主义、不容忍外国人特别是寻求庇护者和移徙工人现象有所增
长。英国出现了大量针对少数民族成员的出于种族动机的袭击事件。

　　在实现男女平等方面，国家面临的文化传统障碍更大，几乎每一个社
会都没有男女平等的传统，而在一些国家对于妇女的歧视观念更是根深蒂
固。在许多国家，如日本、韩国、蒙古，男性主导的价值观、关于男女不
同任务的传统观念、个人与所属群体的独特关系，制约了妇女人权的实现。
塞浦路斯、斯洛文尼亚、阿根廷、孟加拉国、尼日利亚、列支敦士登、斯
洛伐克、委内瑞拉、越南等国对男女作用的陈规定型的传统看法依然存在。
而在喀麦隆、摩洛哥、多哥、也门、赞比亚、加蓬、塞内加尔、纳米比亚、
布隆迪、牙买加、乌拉圭等许多国家甚至存在残害妇女健康的传统习俗和

---

　　① Frans Viljoen and Lirette Louw, "State Compliance with the Recommendations of the African Commission on Human and Peoples' Rights, 1994 – 2004", 101 *AM. J. Int'l L.* 1, 27. (2007).

做法。一个突出例子就是切割女性生殖器，在非洲 53 个国家中有 28 个存在这样或那样形式的女性割礼。

5. 法律因素

首先，一国对于国际法，特别是国际人权条约的态度将决定条约如何在国内得到执行。条约机构认为，在条约与国内法的关系上奉行二元论不利于条约的国内适用，因为国内法可能并不能全面吸收条约的内容。在条约在国内具有直接效力的国家，如果区分所谓直接适用和间接适用，也会给条约的实现带来困难。其次，加入条约时的保留构成人权条约普遍实现面临的一个重大问题，而其中又以对《消除对妇女一切形式歧视公约》的保留最为严重。该条约 187 个缔约国中有近 80 个国家提出过保留或解释性声明，而保留共涉及公约 30 个条款中的 12 个，其中包括第 1、2、4、5、7（a）（b）、9、11、13、14、15、16 等主要的义务性条款，保留已直接危及公约的目的和宗旨的实现。再次，美国、墨西哥等联邦制国家，因为联邦和州之间缺乏执行公约的有效沟通机制，州立法仍然存在同公约相抵触的规定。

6. 外部因素

例如，古巴因为美国的经济禁运导致经济情况日益恶化。伊拉克因为长期遭受制裁和禁运而造成大量的死亡和痛苦。美国等国家惯用经济制裁甚至更严厉的措施来向别国施压，企图实现所谓保障人权的目的。而有的学者，特别是西方的学者也赞成这种做法，认为有效保护人权的策略包括经济制裁、利用国内法院以及强权施压（coercive power）。①

自 20 世纪 90 年代以来，联合国安理会实施了各种各样期限不等的制裁，分别涉及南非、伊拉克、南斯拉夫的一部分、索马里、阿拉伯利比亚、利比里亚、海地、安哥拉、卢旺达、苏丹等。经济制裁真的那么有效吗？这些国家今天的人权状况如何呢？这是很值得质疑的问题，特别是对于经济、社会和文化权利的影响可能正好适得其反，反而雪上加霜。正如经济、社会和文化权利委员会所指出的："制裁的情况虽然各有不同，但制裁几乎

---

① 参见 David Barnhizer，（ed.）*Effective Strategies for Protecting Human Rights: Economic sanctions, use of national courts and internationaiybra and coercive power*，Dartmouth Publishing Company，2001。

每次都对《公约》所承认的权利造成巨大影响。"① 虽然安理会后来也认识到这一问题，并要求在制裁制度中包含人道主义豁免，使服务于人道主义目的的基本用品和服务得到继续供应。但是最近的研究报告显示，豁免并没有产生这样的效果，脆弱群体因制裁所遭受的影响更是没有得到应有的重视。经济、社会和文化权利委员会曾呼吁："一个国家的居民不能由于外部认定其领导人违反了与国际和平和安全有关的准则，便丧失了他们的基本的经济、社会和文化权利……不能以一种非法代替另一种非法。"②

第二节　增强国际人权条约体系：
改善人权保障的外部动因

一　增强国际人权条约体系的努力

在肯定国际人权条约体系已经得到了各国的广泛适用，已经和正在对国家人权保障事业发挥积极影响的前提下，应该看到，这个体系本身还存在很大的提升空间，还可以对国家人权保障制度产生更加深远的、积极的引导。上文提到在国际和国内层面，包括国际人权条约自身都存在阻碍其得到国家有效适用的问题，因此增强国际人权条约体系在国内法律体系中的效力需要不断增强这一体系。鉴于联合国的人权条约体系与区域人权条约体系相比在效力上的软弱性，又鉴于国际社会对联合国人权条约体系的普遍关注，以下以联合国人权条约体系的增强进程为中心进行讨论。

（一）联合国关于增强人权条约体系的探索

对于人权条约体系如何不断提升效力的问题，联合国早有关注，并且经历了理论论证和实践摸索循环往复的漫长过程。

1. 理论论证

从邀请独立专家进行专门研究，到主持召开正式、非正式的研讨会议，

---

① UN. Doc. E/1998/22，经济、社会和文化权利委员会第 8 号一般性评论：实施经济制裁与尊重经济、社会和文化权利的关系，第 3 段。

② UN. Doc. E/1998/22，经济、社会和文化权利委员会第 8 号一般性评论：实施经济制裁与尊重经济、社会和文化权利的关系，第 16 段。

再到联合国大会、秘书长、人权事务高级专员等机构一份接一份的决议、报告；从论证改革人权条约体系的必要性到探索具体的改革之道，可以说联合国对改革的论证从未停止过。这其中较为系统、全面的论证当推独立专家的三份研究报告和两次马尔邦会议。

（1）独立专家的研究报告

联合国对人权条约监督制度的困境早有察觉，但真正开始寻求解决之道可以追溯到 1988 年联合国大会第 43/115 号决议①，该决议要求联合国秘书长委托一名独立专家研究并探索监督新的人权文件的长效途径。联合国秘书长应联合国大会决议要求，指派了澳大利亚的菲利普·阿尔斯通（Philip Alston）教授作为独立专家从事这项研究。于是，阿尔斯通教授先后于 1989 年②、1993 年③、1997 年④提交了三份研究报告。这三份报告发展地研究了人权条约监督机制，特别是国家报告制度遇到的问题，全面分析其成因并提出了许多改进建议。

在初次报告中，针对报告制度，阿尔斯通教授建议在决定缔约国的报告周期时可以给予条约机构更多的自由裁量权，允许国家对不同公约下报告中的重复之处进行交叉引用，应当鼓励条约机构列出问题清单同缔约国进行对话的做法等。针对条约机构，阿尔斯通教授建议条约机构应通过各种途径，包括通过其他条约机构、联合国专门机构、非政府组织等来获得可靠的信息；在短期内可以灵活调整会期，来弥补会期不足的问题；鉴于个别条约机构由缔约国资助，但难以获得保障，建议应统一将条约机构的工作开支列入联合国的正常预算；条约机构的委员们应得到充分的酬金；从长远看，可以考虑将现存分散的条约机构合并为一个或两个机构。针对整个联合国人权条约体系，阿尔斯通教授建议应将规范的一致性作为努力目标，在确立新标准时应该谨慎行事。

---

① UN Doc. A/RES/43/115, Reporting obligations of States parties to international instruments on human rights and effective functioning of bodies established pursuant to such instruments, para. 15.

② UN Doc. A/44/668, Effective implementation of international instruments on human rights, including reporting obligations under international instruments on human rights, Annex.

③ UN Doc. A/CONF. 157/PC/62/Add. 11/Rev. 1, Addendum, Interim report on updated study by Mr. Philip Alston.

④ UN Doc. E/CN. 4/1997/74, Annex, Final report on enhancing the long-term effectiveness of the United Nations human rights treaty system.

　　中期报告针对初次报告之后的新进展以及出现的新问题而提出。在这份报告中，阿尔斯通教授直言不讳地指出缔约国积欠报告的状况日益恶化，认为造成这一情形的一个重要原因是缔约国的报告负担过重，而条约机构职能重复、对缔约国提出过多的额外要求、一些缔约国的资源不济进一步加重了这种负担。专家建议联合国应当为缔约国提供关于国家报告的咨询服务；从长远看，减轻报告的方案可以包括减少条约机构数目、合并报告、用有重点的报告代替定期综合报告等措施。在这份报告里，专家再次强调了保持国际人权规范连贯、一致的重要性，为促进总体国际人权制度的连贯发展，建议联合国和各区域人权条约机构深化交流、彼此参照。

　　在提交最终报告之前，前两份报告的许多建议已经被不同程度地采纳，例如，由联合国作为所有条约机构的经费来源、增加会议时间、准备问题清单、扩展信息来源、减少对缔约国的额外报告要求、必要时对缔约国履约情况进行无报告审议等。在最终报告中，独立专家系统地分析了人权条约体系面临的政策问题以及中、长期问题，分析了可能的应对方案，并再次提出诸多具体建议。这些建议包括：继续采取措施推进对核心人权条约的普遍接受；以提供咨询服务和没有报告情况下进行审查，促成不提交报告问题的解决；采取改革措施应对条约机构工作积压的问题；不主张对缔约国报告的长度作出限制；建设性对话应予以记录；为条约机构的工作建立电子数据库；加大对条约体系的宣传力度；维持条约机构和其他特别机制之间的分工；扩大咨询服务的服务范围；以合并报告和合并条约机构等举措改革报告制度；加强人权高专与条约机构的合作；条约机构应提高结论性意见的质量，使其更加详细、准确和富有针对性。

　　独立专家提交最终报告后，秘书长应人权委员会的要求向联合国各机关、各国政府、各专门机构、政府间和非政府间组织以及感兴趣的人士征求了对报告的意见，并先后于 1998 年①和 2000 年②两次向人权委员会报告了国际社会的反馈情况。这些反馈意见除对最后报告的多数建议表示赞同外，也提出了一些反对意见或是其他建议。例如，以色列和古巴反对在没有报告的情况下审议国家履约状况的做法，认为这么做与条约的文字、宗

---

①　UN Doc. E/CN. 4/1998/85；E/CN. 4/1998/85/Add. 1.

②　UN Doc. E/CN. 4/2000/98.

旨和原则不符；澳大利亚和加拿大对合并条约机构的建议表现出谨慎的态度；联合国儿童基金会及一位独立专家则认为合并报告的建议不可行，这么做既不利于审议也不利于拟定具体建议；还有的意见强调了对条约机构的会议制作录音磁带的重要性，认为非政府组织可以利用根据这些录音磁带整理的记录作为日后施加压力的工具。

（2）马尔邦会议

联合国人权高专办在列支敦士登政府的合作下，先后于 2003 年和 2006 年在列支敦士登的马尔邦①和特里森贝格②举办了两届讨论人权条约机构系统改革问题的会议，与会者包括各人权条约机构的成员、各国代表、联合国各实体、各国议会联盟、非政府组织以及国家人权机构的代表。这两次会议也被称为"关于人权条约机构改革的集思广益会议"或"马尔邦会议"。

在第一次马尔邦会议召开之前的 2002 年，联合国秘书长发表了一份题为《加强联合国：进一步改革纲领》的联合国改革报告。秘书长在报告中指出："各不相同的人权委员会——每个委员会都着重处理重要而不同的问题——的现行结构对条约签署国都提出了困难的报告要求。"③ 他认为，有两项措施有助于解决现行体制的不足，一是各委员会制定协调一致的办法开展活动，并将各种不同的报告要求标准化；二是应允许各缔约国编写一份单一的报告，综述其遵守已加入所有国际人权条约的情况。④

这次马尔邦会议对条约机构应协调一致工作方法的建议表示赞同，并称赞委员会间会议是条约机构之间交换意见、进行协调的宝贵论坛。但是，会议否决了秘书长关于单一报告的设想，认为尽管从节省费用和资源的角度考虑可以将其作为一项长期目标来探讨，但是采用单一报告的做法首先涉及对条约的修改，在实践中会给缔约国准备和条约机构审议带来很大困难，而且这样的报告缺乏针对性，会使特定的问题被忽视，难免成为一份

---

① UN Doc. A/58/123, annex, Report of a meeting on reform of the human rights treaty body system, Malbun, Liechtenstein, 4 – 7 May 2003.

② UN Doc. A/61/351, annex, Chairperson's Summary of a brainstorming meeting on reform of the human rights treaty body system（"Malbun II"）.

③ UN Doc. A/57/387, para. 53.

④ Ibid, para. 54.

总结报告，报告的效用特别是对民间社会的效用随之降低，也并不能解决不提交报告的问题。

关于单一报告的建议，各条约机构也均表现出谨慎甚至消极的态度。人权事务委员会反对单一报告；经济、社会和文化权利委员会认为单一报告有可能使缔约国回避对某些义务执行情况的深入报告，还可能降低缔约国现在给予经济、社会和文化权利的突出地位；儿童权利委员会除担心单一报告会弱化各条约必要的专门性外，认为这么做还将给非政府组织、联合国机构对报告程序的投入造成困难，也会给缔约国和条约机构带来实践上的困难；消除对妇女歧视委员会同样担心这样做会危害妇女公约的宗旨和目标。①

此外，第一次马尔邦会议还提出了充分利用"核心文件"、各条约机构相互协调报告周期等具体的建议。

第二次马尔邦会议是在联合国秘书长发表《大自由：实现人人共享的发展、安全与人权》的联合国改革报告以及人权事务高级专员提出设立常设条约机构的大背景下召开的。秘书长在《大自由：实现人人共享的发展、安全与人权》的联合国改革报告中再次强调了"应当敲定并执行所有条约机构的统一报告准则，使这些机构能够作为一个统一的系统运行"。② 应报告的要求，联合国人权事务高级专员编写了一份应对联合国在人权领域面临的挑战的行动计划。③ 在这一行动计划中，人权高专提出，"从长远来看，显然有必要合并7个条约机构的工作，建立一个统一的常设条约机构"。④ 随后，秘书长在《关于高级专员设立统一常设条约机构建议的构想文件》的报告中进一步详述了人权高专的这一改革建议并提出了可供选择的改革方案。⑤（有关该提议及构想文件的相关内容将在下文详述）

---

① UN Doc. HRI/ICM/2003/3, Background note on the Secretary-General proposals for reform of the treaty body system.

② UN Doc. A/59/2005, "In Larger freedom: towards development, security and human rights for all", para. 147.

③ UN Doc. A/59/2005/Add. 3, Annex, "Plan of action submitted by the United Nations High Commissioner for Human Rights".

④ Ibid, para. 99.

⑤ UN Doc. HRI/MC/2006/2, "Concept Paper on the High Commissioner's Proposal for a United Standing Treaty Body".

第二次马尔邦会议主要围绕"设立统一常设条约机构"的提议这一问题展开讨论。非洲集团和亚洲集团的代表从一开始就不赞成这一提议，并得到很多发言者的声援。不赞成者认为，构想文件中提出的改革方案要么可能重复区域人权条约体系，要么可能造成重复现行制度；另外，统一机构会降低针对性和具体性，弱化对某些类别的权利持有者的保护力度。对于秘书长提出的实行改革须具备的法律选择方案，会议认为，由于各国的法理十分不同，很难在短期内对某一方案形成一致意见，这需要更多地参考民间社会的意见，并下大力气推动政治意愿的转变。尽管也有个别人认为这一建议颇具价值和潜力，值得深入讨论，但从总体上看，设立统一常设机构的建议在这次会议上没有得到多少支持。

会议并没有否认统一、协调条约机构工作方法的大方向，甚至还提出了现阶段可以努力的方面。比如，消除对妇女歧视委员会提出，现阶段可做的工作是推动条约机构在结论性意见和个人申诉方面的后续行动的协调，并努力保持条约机构在处理个人申诉时在法理和决定上的连贯一致。消除种族歧视委员会认为，设立处理个人申诉的统一机构有助于实现法理和决定的一致，而且在法律上也是可行的。但就如何处理不同条约机构的专家之间的意见分歧、在作出来文决定时如何利用不同条约机构的一般性评论和建议等问题还有待进一步讨论。

会议还认为，应充分利用各种机会讨论条约机构的改革问题，包括委员会间会议、所有条约机构成员的联席会议、缔约国会议、有关的政府间会议都应将条约机构改革作为一项议程。

2. 实践中的修补调整

在改革论证的同时，各条约机构也在解决实践问题的过程中，在现存人权条约监督机制的框架内进行了自适应的调整。条约机构在决定调整措施时不同程度地采纳了联合国在改革论证中提到的意见和建议。调整的总体趋势是通过加强各条约机构内部以及条约机构同其他联合国机构、国家与国际人权组织的沟通发展条约机构的工作方法，尽量减少冲突与重复，使其更加协调一致。

发展条约机构的工作方法从第一个条约机构消除种族歧视委员会1970年的第一次会议就开始讨论了。始于1984年并于1994年起一年一度的人权条约机构主席年度会议以及始于2002年的一年一度的委员会间会议一直在讨论包括改进工作方法在内的条约监督机制的改革问题。目前的人权条约机构主席年度会议一般紧随委员会间会议举行。委员会间会议的惯常议题包括协调工作方法以及对上一届委员会间会议和主持人会议建议的后续行动、包括统一工作方法在内的条约机构改革、精简报告要求加强条约机构体系、条约的保留问题，与联合国各专门机构、基金和方案以及其他实体的合作、与非政府组织的对话、与人权事务高级专员的对话、与国家促进和保护人权机构国际协调委员会主席团的对话、关于统计资料的讨论等。委员会间会议最后将形成协议要点，提交给主持人会议讨论。主持人会议期间将安排条约机构主席同人权理事会主席/人权高级专员、人权理事会特别程序负责人、独立专家和工作组主席等会晤，同缔约国代表进行非正式磋商；讨论的议题包括审议前次主持人会议建议的后续行动、审查涉及条约机构工作的新发展、讨论条约机构系统的改革问题、审议并通过委员会间会议的协议要点，提出主持人会议的决定和建议。

人权条约机构主席年度会议和委员会间会议为各条约机构相互之间以及条约机构同联合国其他机构、非政府组织、国家人权机构等提供了一个难得的对话与互动的平台。由不同条约组成的联合国人权条约体系应该是一个内部协调一致的统一整体，负责监督不同条约的条约机构在实践中又面临许多共同的问题，通过这些会议，各条约机构可以了解到其他机构为解决这些问题采取的新举措，各机构相互参照、彼此协调，尽量避免重复劳动，在工作的协调化方面已经取得了令人欣慰的成效。我们可以举出以下明显的例子。

首先，报告指南的一致化。发展一致的报告指南在1984年条约机构主持人第一次会议上就被讨论过。应联合国大会第52/118号决议①和第53/138号决议②的要求，联合国秘书长从2001年开始发布各条约机构的报告准则汇编，并定期进行修订。目前，这项汇编除载有各条约机构发布的准则外，已经形成了根据国际人权条约提交报告的协调准则和编写共同核心文件的协调准则，该协调准则适用于提交给任何条约机构的报告，为报告程序和建议的报告形式提供一般指导。

---

① UN Doc. A/RES/52/118, para. 13.

② UN Doc. A/RES/53/138, para. 18.

其次，条约机构工作程序的协调化。根据联合国大会第 55/90 号决议①的要求，秘书长从 2002 年开始发布人权条约机构程序规则汇编。各条约机构也在努力探索可能使用共同方法的具体领域，包括议题清单、有针对性报告、国家报告员、统一各条约具体的准则和词汇、后续行动程序以及会前工作组程序、一般性评论/建议的提出以及审查程序等方面的做法。而在议题清单、国家报告员、会前工作组、灵活处理报告周期、允许缔约国合并递交报告、合并审议已到期的报告、在没有报告的情况下直接审议、后续行动和扩大与联合国专门机构、非政府组织以及国家人权机构的对话与合作等方面，尽管条约机构的具体做法尚不完全一致，但这些方法被条约机构普遍采用，无不是条约机构在实践中不断摸索、自我调整、相互借鉴的结果。

除已被各条约机构普遍采取的做法外，一些条约机构的创新也正被其他机构学习。例如，儿童权利委员会为了解决报告积压的问题，率先采取了分两组平行审议国家报告的做法。受其启发，消除对妇女歧视委员会在 2006 年 8 月的第 36 届会议上也尝试了平行分组审议的做法；同年，该委员会还获准举行三届年度会议，平行审议和会期的加长使委员会 2006 年度审议报告的数量达到了往年的 2 倍。禁止酷刑委员会则采取了用整个委员会会议代替会前工作组的办法来争取更多的审议报告时间，处理报告积压问题。

条约机构工作方法协调化的另一个值得提出的例子是消除对妇女歧视委员会工作地点和秘书服务来源的变更。尽管同是核心人权条约的监督机构，与其他的条约机构在日内瓦开会、由联合国人权高专办统一提供秘书服务不同，消除对妇女歧视委员会一直在纽约开会，并由提高妇女地位司资助其工作。这么做不仅严重阻碍了该委员会同其他条约机构的沟通，而且还使其工作被边缘化。经过独立专家的倡导以及人权条约机构主席年度会议和委员会间会议的长期反复呼吁，该委员会终于获准从 2008 年 1 月起开始在纽约和日内瓦两地轮流举行会议，并由人权高专办提供秘书服务。

条约机构所采取的这些调整措施可以说都是对现行制度的小修小补，多属于应急之策，从长远来看，很难解决可供条约机构支配的资源相当有限甚至进一步萎缩与伴随条约被普遍批准而生的工作量急剧增加之间的矛

---

① UN Doc. A/RES/55/90.

盾。于是，对条约机构进行结构性改革的探索成为必然。

　　3. 结构性改革的探索

　　在联合国系统内明确提出对条约机构进行结构性改革的提议始于2005年联合国人权高级专员应秘书长的改革报告要求起草的《行动计划》。在《行动计划》中，高级专员重申了秘书长关于采用统一的报告准则、使条约机构作为统一的系统开展活动的呼吁，并提议建立一个统一的常设条约机构，以便提供一个得到加强的、更较有效的监测系统。随后，秘书长向人权条约机构第五次委员会间会议和第十八次人权条约机构主席年度会议提交了《关于高级专员设立统一常设条约机构建议的构想文件》（下文称"构想文件"）。

　　构想文件肯定了条约机构以往的贡献，简要回顾了人权条约监督机制近些年来的改革举措，并直言不讳地指出条约监督机制仍然困难重重，而且随着时间的推移困难会逐渐加剧。文件认为，人权条约监督制度"从现有结构来看即将接近其绩效的极限。尽管可以采取措施在中短期内改善运作状况，但为了确保其长期有效性，将需要进行更为根本性的、结构性的变革"。① 构想文件列举了设立统一的常设条约机构可能产生的积极效果，并设计了统一常设条约机构可能的运作方式，例如不设审议室的单一机构、职能相同的多个平行审议室、不同职能的多个审议室、依条约设不同的审议室、依专题设不同审议室、按区域设审议室等。② 构想文件所设想的统一常设机构的监测职能包括审议国家报告、审理个人申诉、提供查询服务、发表一般性评论、采取后续行动、启动早期预警与情况调查、与其他机构互动合作、加强一般讨论日的作用等。③ 实际上，现行的条约机构均不同程度地履行着上述全部或部分职能。秘书长的这份文件肯定了条约机构的既有职能，并希望拟议中的机构能将其发扬光大。文件的一处创新是提出了条约机构提供查询服务的职能。拟议中的机构由于常年开展工作，有可能

---

① UN Doc. HRI/MC/2006/2, "Concept Paper on the High Commissioner's Proposal for a United Standing Treaty Body", para. 27.

② UN Doc. HRI/MC/2006/2, "Concept Paper on the High Commissioner's Proposal for a United Standing Treaty Body", paras. 38 – 35.

③ UN Doc. HRI/MC/2006/2, "Concept Paper on the High Commissioner's Proposal for a United Standing Treaty Body", paras. 46 – 58.

提供这项服务；增设这一职能也是为了补救现行制度知名度低、不为人知的缺陷；为公众提供查询条约机构工作的机会还将起到监督缔约国履行条约义务、提高后续行动效率的作用。

在构想文件中，秘书长也罗列了建立统一的常设条约机构需要考虑的问题，包括对特定群体的权利保护的具体性问题；各国对条约的不同批准模式给建立统一常设条约机构在程序上带来的挑战；统一常设机构成员的资质、选举及薪酬问题；设立统一常设机构的合法性问题，即常设条约机构的产生依据问题。

构想文件提出后，首先在人权条约机构第五次委员会间会议和第十八次人权条约机构主席年度会议上进行了讨论。两次会议的许多与会者对这一建议表示了担忧。与会者强调任何改革都应维持各项条约的独特性，而条约之下的具体权利以及特定权利持有者的权利不应受到减损。① 会议还希望在随后即将召开的马尔邦第二次会议上能够继续讨论这一问题。

第二次马尔邦会议的确将设立统一的常设条约机构的提议作为了一个讨论的重点，但如上文所述，许多与会者表现出谨慎甚至悲观的态度。

一些缔约国在应邀参加第十九次人权条约机构主席年度会议时对设立统一常设条约机构的提议感到关切，并强调讨论的重点还应放在协调各条约机构的工作方法上。② 人权条约机构第六次委员会间会议以及第二十次人权条约机构主席年度会议没有再对这一问题着更多的笔墨。

人权高专提出的这一结构性改革探索虽然在联合国系统内似乎并没有带来积极的回应，却在民间社会激起了热烈的讨论（将在下文详述）。提出结构性改革的提议，显现了联合国的改革思路在不断拓宽，这一次探索为今后更多的探索开了一个头。

4. 对改革进程的反思

联合国人权高专提出的建立"统一常设条约机构"的建议，因为涉及对国际人权条约的修改，没有得到国家和条约机构的积极响应。是否修改

---

① UN Doc. A/61/385, Annex, "Report of the fifth inter-committee meeting of human rights treaty bodies", para. 16.

② UN Doc. A/62/224, "Report of the Chairpersons of the human rights treaty bodies on their nine-teenth meeting", para. 18.

国际人权条约，由缔约国决定；如何改革条约体系，也是"缔约国的事"。①因为没有国家的积极响应，"改革"建议终被束之高阁。但人权条约体系困境依旧。于是，现任人权高专决定反思之前的努力，于 2009 年 9 月主动启动了针对人权条约机构的"加强进程"，以期进一步简化和加强条约机构，最终建立一个"高效、可持续的条约机构体系"。鉴于"之前的改革倡议所得到的教训"，人权高专从一开始就强调这一进程旨在"强化"而非"改革"条约机构体系，"这一进程的基础是条约的法律要素不能有丝毫改变"。②至此，关于增强联合国人权条约机构体系有效性的讨论进入了一个新阶段。

　　这一"加强进程"邀请了条约机构专家、缔约国、联合国合作伙伴、国家人权机构以及包括民间社会在内的有关利益相关者，就加强条约机制的方法和手段进行反思。为此，联合国人权高专办组织了多次协商会议，为不同的利益相关方提供阐释想法和建议的平台。这其中包括 2009 年和 2010 年分别在爱尔兰的都柏林与波兰的波兹南为条约机构专家举行的协商会；2010 年在马拉喀什为国家人权机构代表举办的协商会；为民间社会在韩国首尔及南非的比勒陀尼亚组织的会议，以及 2011 年 5 月在瑞士锡永（Sion）为缔约国举办的会议等。这些会议旨在集思广益，汇集各种意见和建议；讨论的焦点集中于缔约国的报告进程、建设性对话、条约机构成员的独立性和专业性以及条约机构各项建议在国家一级的落实等。

　　2012 年 6 月，人权高专将"加强进程"以来出现的建议进行了汇总，按照是否尊重条约、是否具有获得最广泛认同的可能、是否与其他建议相兼容、是否能够加强条约机构等标准对建议进行筛选，以此为基础形成了人权高专《关于加强联合国人权条约机构体系的报告》。在报告中，人权高专从以下六方面提出了具体的意见和建议：一是制定"综合报告日程表"（Comprehensive Reporting Calendar），以解决提交和审议国家履约报告中存在的迟滞、负担重等问题；二是简化和统一各核心人权条约下的报告流程；三是加强个人申诉程序、调查以及国家访问程序；四是加强条约机构成员

---

①　UN Doc. A/59/2005/Add. 3（2005），附件，第 99 段。

②　UN Doc. A/66/860（2012），《联合国人权事务高级专员报告：加强联合国人权条约机构系统》，"内容摘要"。

的独立性和专业知识；五是加强缔约国落实条约的能力；六是提高条约机构的可见性和普及性。[①]

（二）国家对条约体系 "加强进程" 的参与

在联合国系统内讨论如何增强人权条约体系的进程中，国家的参与一直非常有限。而针对 2009 年联合国人权高专启动的针对人权条约机构的 "加强进程"，各国却给予了很高的关注。

2011 年，联合国人权高专办将 "加强进程" 以来在各种会议上涌现出来的建议进行了不完全的分类归纳，[②] 许多国家针对这一汇总清单发表了书面意见。面对众多的改革建议，国家的关注点主要是这些建议是否符合国际法的基本原则，是否符合现行人权条约的有关规定，是否恰当地反映了国家与条约机构之间的关系定位。

例如，对有关以条约机构的专家进行国别访问来替代国家报告的提议，俄罗斯、阿尔及利亚、埃及等国家明确表示反对。这些国家指出，除非修改现行的人权条约或者制定新条约，否则这一办法不可行。对于不提交报告的国家，条约机构欲对其情况进行研究。中国认为，这种做法没有条约依据，也无助于增进缔约国与条约机构之间的合作。至于为执行条约机构的结论性意见而增设后续行动程序的提议，俄罗斯、阿尔及利亚、埃及等国均强调了这不是人权条约规定的内容，超出了条约机构的职权范围，国家没有与条约机构的后续行动程序进行合作的法律义务。同时，各国指出，对于如何在国内执行条约机构的结论性意见，属于国家的责任，对此国家具有完全的自主权。条约机构或者联合国的其他实体打算介入国家一级的执行行动，对其进行评估或者进行后续访问等提议，不仅于条约无据，而且需要以相关国家的同意为前提。澳大利亚、葡萄牙等国也明确反对这样的提议。对于个人申诉制度，一些提议建议允许国家人权机构和非政府组织参与进来，公布与申诉相关的材料，并请缔约国在定期履约报

[①]　UN Doc. A/66/860 (2012)，《联合国人权事务高级专员报告：加强联合国人权条约机构系统》。

[②]　*Non-exhaustive list of emerging proposals identified so far in the context of the treaty body strengthening informal consultations and those of the ICM and MC, as well as other proposals stemming from the process*，来源：http://www2.ohchr.org/english/bodies/HRTD/docs/ProposalsTBStrengthening-Process.pdf，访问日期：2012 年 2 月 20 日。

告中反映落实条约机构关于个人申诉的决定的情况。俄罗斯明确反对这些提议，认为这些提议均与现行人权条约的规定不符，并提出考虑到条约机构针对个人来文的决定没有正式的法律拘束力，只有在缔约国和申诉者达成协议的情况下，其申诉材料、审议程序以及结果才可以被公布。条约机构在工作中有不断寻求扩大职能范围的倾向，甚至超出了人权条约规定的范围。俄罗斯直言不讳地指出："条约机构目前的处境，也是由其承担了过多相关国际条约之外的责任所导致的。"针对这一问题，包括中国和古巴在内的一些国家附议了为条约机构的成员制定行为守则的提议，认为有必要以此来防止委员们滥用或错误地履行职责，避免其工作中出现的政治化倾向。①

　　从国家对加强人权条约体系提议的评论可以看出，国家首先希望找回在增强人权条约体系进程中的应有地位。毕竟，国际人权条约是各国协议制定的，条约机构的设立及其运作应依据人权条约的规定进行，并以国家的接受为前提。在讨论增强人权条约体系时，自然应以国家的意见为主。中国政府代表一直在不同场合强调联合国人权高专及条约机构加强与缔约国的对话和交流的重要性。② 中国还提议在人权条约缔约国会议的日程中增加一个一般性辩论项目，使缔约国有机会表达他们对条约机构的工作的意见和评论。其他国家也强调了应当突出国家在这一进程中的地位和作用。美国也认为："最终的决定应当是缔约国决定的事情"，并且主张尽量在现行的条约框架允许的范围内进行改革，"避免需要进行修改条约的讨论"。

　　为扭转国家在人权条约体系加强进程中参与不足的局面，中国与部分联合国会员国联合提议，在联合国大会框架内启动一个不限成员名额的政府间进程，就如何加强和增进人权条约体系有效运作的问题进行公开、透

---

① 以上各国的意见详见 http://www2. ohchr. org/english/bodies/HRTD/StakeholdersContext-Consultations. htm，访问日期：2012 年 5 月 9 日。

② 例如 2005 年 6 月 7 日《中国关于联合国改革的立场文件》，2006 年 10 月 17 日《中国常驻联合国副代表刘振民大使在第 61 届联大三委关于"人权文书的执行"（议题 66a）的发言》，2008 年 10 月 21 日《中国常驻联合国副代表刘振民大使在第 63 届联大三委关于执行人权文书问题的发言》，等等。

明和包容的谈判。① 这一提议已在联合国大会以决议形式获得通过。② 联大主席在评价这一决议时指出："该是将这一进程的领导权交由会员国和联合国大会的时候了"，"毫无疑问，联合国大会作为一个由全体会员国组成的机构，是确保人权条约体系有效运行的最佳平台。"③

上述增强人权条约体系的政府间进程于 2012 年 7 月以及 2013 年 2 月、4 月和 5 月围绕"如何使条约机构有效运行"的若干具体问题进行了讨论。这一进程有望于第 67 届联大结束时推出结果文件。④ 目前，讨论仍在密集进行。

（三）　学术界关于提高人权条约体系效力的讨论

面对联合国举步维艰的改革尝试，关心人权条约体系有效性的人们也展开了热烈的讨论。

联合国秘书长邀请独立专家菲利普·阿尔斯通教授所作的三份研究报告对执行难问题的关注引起了学术界的广泛共鸣。这一时期，许多学术机构和非政府组织附和独立专家的观点，描述条约机构面临的困难，进行解释并提出了可能的对策。

1996 年，国际法协会（International Law Association）国际人权法律与实践委员会向赫尔辛基大会提交了一份题为《联合国人权条约：面临执行危机》的报告。报告确认了独立专家指出的条约机构的缺陷，并提出将普遍批准作为条约机构的一个目标实际上可能转移条约机构对已经批准的文件的有效执行的注意力及相应的资源。⑤

随后，从 1999 年至 2001 年间，加拿大的安娜·贝叶斯奇（Anne Bayef-

---

① UN Doc. A/66/L. 37，白俄罗斯、多民族玻利维亚国、中国、古巴、印度尼西亚、伊朗伊斯兰共和国、尼加拉瓜、巴基斯坦、俄罗斯联邦、阿拉伯叙利亚共和国、塔吉克斯坦、委内瑞拉玻利瓦尔共和国和津巴布韦：《大会关于加强和增进人权条约机构体系有效运作政府间进程》的决议草案，2012 年 2 月 16 日。

② UN Doc. A/Res/66/254（2012），*Intergovernmental Process of the General Assembly on Strengthening and Enhancing the Effective functioning of the human rights treaty body system.*

③ GA/11209，*General Assembly Adopts Resolution to Strengthen Human Rights Treaty System by Vote of 85 – 0 – 66*，23 Feb 2012.

④ UN Dco. A/RES/66/295（2012），para. 2.

⑤ ILA，Committee on International Human Rights Law and Practice，*Report on the UN Human Rights Treaties*：*Facing Implementation Crisis*，available at http：//www. bayefsky. com/reform/ila. php/pfriendly/1.

sky）教授在联合国人权高专办的支持下主持进行了一项对联合国人权条约体系全面的研究工作，并于 2001 年提出了《联合国人权条约体系：处在十字路口的普遍性》的大型研究报告。① 这项报告首次确认了"后续行动"（Follow-up）程序是目前执行制度遗漏的一个关键因素。该报告确信时间的推移将证明对条约机构进行合并的必要性，认为如果不合并，即便普遍地豁免报告义务，条约机构仍将无效力也无效率。她的报告主张将现有的条约机构合并成两个功能不同的机构，一个负责审议国家报告，另一个专门负责个人来文和调查程序。报告还提出了一些具体建议，包括引入包含所有人权条约的国家执行策略，国家递交分主题的综合报告，加强委员会同联合国机构之间的信息交流，等等。

与安娜·贝叶斯奇教授的研究同时进行的另一项关于"联合国人权条约在国内层面的影响"的实证研究的结论则建议通过区域会议审议国家报告，条约机构的功能可以在一定程度上进行合并，允许缔约国进行有重点地报告，另外，条约机构应着力改进结论性意见以强化后续程序。②

由来自 90 个国家的 114 个国家人权组织组成的国际人权联盟（International Federation for Human Rights）于 2002 年发表了一篇题为《条约监督机构：需要支持的机制》的报告。该组织在报告中认为，目前条约机构应该在一些具体方面不断进行调整，例如更充分地保证专家的独立性；强化和扩大在没有报告的情况下的审查程序；强化和扩大紧急程序；加强非政府组织委员会工作的参与；改善结论性意见的后续行动，不仅在国家层面而且要在条约机构内部设立后续行动机制；加强协调和效率，为减少重复性应加强委员会的专门化；以对特别问题作出回应取代定期综合报告；等等。与此同时，该组织认为应该将合并委员会作为条约机构改革的一个方向，当然这一方向要以统一委员会的工作方法、全面报告等改革步骤为前提。③

---

① Anne F. Bayefsky, *The UN Human Rights Treaty System*: *University at the Crossroads*, available at http：//www. bayefsky. com/report/finalreport. pdf.

② 这项实证研究由南非比勒陀尼亚大学的 Heyns 与 Viljoen 教授主持，考察了联合国核心人权条约对全球范围内 20 个国家的影响力。研究结论可参见 Heyns & Viljoen, "The Impact of the United Nations Human Rights Treaties on the Domestic Level", 23 *Human Rights Quarterly* 483。

③ International Federation for Human Rights, *Treaty Monitoring Bodies*: *Mechanisms to be supported*, Report No. 322/2, December 2002, available at http：//www. fidh. org.

建立"统一常设人权条约机构"的提议也一度引起了学术界的关注。英国诺丁汉大学主办的《人权法评论》（Human Rights Law Review）杂志还于 2007 年开辟一期特刊，专门讨论联合国人权机构改革的问题（Special Issue：Reform of UN Human Rights Machinery），所刊文章中不乏对"统一常设条约机构"这一设想的担忧和质疑。有人认为，"统一常设机构"的提议有考虑欠成熟、冒进之嫌。例如，弗莱厄蒂（Michael O'Flaherty）教授指出，也许是因为早期对条约机构的批评中主张统一、合并的建议占支配地位，所以秘书长的构想文件更倾向于断言而不是为统一性辩护，从而显得不太有说服力。① 作者进一步指出，构想文件至少忽略了两个关键性的问题，一是条约机构与联合国人权理事会的关系，是重复还是相互补充，理顺这一关系对提高条约机构的效率至关重要；二是如何保障人权保护的专门性的问题。教授的担忧与各人权条约机构的担忧不谋而合，他们均认为统一的机构将降低联合国人权框架对不同的权利持有群体的关注。约翰斯通（Rachael Lorna Johnstone）教授也认为，在新的人权理事会的形式和效果明了之前对条约机构进行改革显得过于匆忙；条约机构的改革应考虑人权理事会的角色，应保证二者既不重复又不会出现断层而遗漏重要的事项。② 汉普森（Francoise J. Hampson）教授则更加直白地批评这一建议"在根本上是破绽百出、不负责任的"。③

有学者进一步分析了这一提议可能面临的法律和现实的困难。迈克尔·伯曼（Michael Bowman）教授撰文指出，现行人权机制以条约为基础，条约效力的发挥取决于国家的自愿同意，而众多实践证明，修改条约是一项费力、耗时的工作。"以法律上无懈可击的方法进行改革"和"快速完成改革进程"是一对相互矛盾的标准，却是当前的改革需要同时达到的目标。因此，目前提出来的改革途径没有哪一个是十拿九稳的，成败皆取决于能

---

① Michael O'Flaherty & Claire O'Brien，"Reform of the UN Human Rights Treaty Monitoring Bodies：A ceitique of the Concept paper on the High Commissioner's Proposal for a Unified Standing Treaty Body"，7*Hum. Rts. L. Rew.* 141.

② Rachael Lorna Johnstone，"Cynical Savings or Reasonable Reform? Reflections on a Single Unified UN Human Rights Treaty Body"，7 *Hum Rts. L. Rev.* 173.

③ Francoise J. Hampson，"An Overview of the Reform of the UN Human Rights Machinery"，7 *Hum Rts. L. Rev.* 7，12.

在多大程度上说服国家接受改革的方案。①

　　鉴于人权高专的提议存在上述可以预见的缺陷和困难，还有学者另辟蹊径，提出了其他的改革建议。例如，曼弗雷德·诺瓦克教授就提议成立世界人权法院。它将联合国的人权保障体制同欧洲的人权保障体制作比较后发现，联合国正缺少类似于欧洲理事会部长委员会与欧洲人权法院这样的在政治机构和专家机构之间的分工，这也是联合国人权体制没有效率并被高度政治化的主要原因。他进一步认为，新成立的人权理事会可以扮演类似于欧洲理事会部长委员会的角色，负责人权案件决定的执行；而世界人权法院就负责对个人来文、国家间指控、调查程序等作出决定。缔约国报告最终将由统一后的条约机构来负责审查。② 马丁·舍伊宁（Martin Scheinin）教授则从《〈经济、社会和文化权利国际公约〉任择议定书》的起草工作中受到启发，认为由于经社文委员会并不是根据条约设立的，因此无须修改条约就可以由另一个机构来接管该委员会现存的审查缔约国报告的职能；议定书可以将经社文公约下的个人来文审查权交给人权事务委员会行使；经社理事会同时通过新的决议，代替 1985/17 号决议，将经社文公约的国家报告也交给人权事务委员会来进行审查。按照这样的思路，合并两公约的改革开始实施后，就可以考虑重新安排其他条约机构的会议，可以将它们安排在紧随人权事务委员会前后，条约机构作为一个整体一致运行将促使国家递交一个合并报告。至于具体的实现方法，合并公约的想法可以通过经社文公约的议定书来实现，其他合并步骤需要国家、人权高专和条约机构本身的行动。③ 目前，《〈经济、社会和文化权利国际公约〉任择议定书》已经获得通过，议定书将审议个人来文、调查访问的职权赋予了经济、社会和文化权利委员会。舍伊宁教授的设想目前并没有得到采纳。

---

①　Michael Bowman, "Towards a Unified Treaty Body for Monitoring Compliance with UN Human Rights Conventions? Legal Mechanisms for Treaty Reform", 7 *Hum Rts. L.* Rev. 225.

②　Manfred Nowak, "The Need for a World Court of Human Rights", 7 *Hum Rts. L. Rev.* 251.

③　Martin Scheinin, "The Proposal Optional Protocol to the Covenant on Economic, Social and Cultural Rights: a Blueprint for UN Human Rights Treaty Body Reform—without Amending the existing Treaties", 6 *Hum. Rts. L. Rev.* 131.

二　定位国际人权条约体系的人权保障功能

（一）　明确增强人权条约体系效力的目标

任何改革首先应明确方向，即改革要达到什么样的目标。以往的改革实践和建议体现出来的共同思路是"武装"条约机构，让它变得更有锋芒；相应的对策包括对不遵守规则的缔约国进行点名、通报批评、羞辱（shame）、强化执行措施等。

笔者认为，确定改革的目标，首先应对人权条约体系有准确的定位，即人们创设这一体系的初衷是希望它发挥什么样的作用，这一体系是否起到了这样的作用。从各主要人权条约的文本可以看出，条约机构由若干以个人身份任职的、人权领域的专家组成，从性质上讲它是独立于缔约国政府的专家机构。这样的独立专家机构被赋予的职责不外乎审查缔约国履约报告并发表建议和意见；经缔约国认可，接收来文、提请相关缔约国注意并要求缔约国答复或解释；在缔约国的同意和配合下进行调查，经缔约国同意后将调查结果载入工作报告。就条约机构被赋予的这些职能来看，它是经缔约国合意授权督促国家履行公约义务的机构，它行使每一项职责均离不开缔约国的密切配合，它的工作结论均以"建议"、"意见"、"评论"等形式出现，因此仅具有参考、国家酌情决定是否接受的有限效力。那么，人权条约体系是否在发挥这样的督促作用呢？答案是肯定的。每个条约机构都在马不停蹄地审查缔约国的履约报告，经授权的条约机构在抓紧审议个人来文，有些机构，例如禁止酷刑委员会还在对一些国家进行调查。但是，由于种种原因，条约监督机制发挥的督促作用非常有限，或者说效果较差。于是，改革的直接目标应该确立为争取所有的缔约国都能按时递交报告，条约机构能够及时地审查递交来的报告、能及时审议收到的来文。达到这一步，只能说条约机监督机制实现了形式上的正常运转。而条约监督机制"督促国家履行人权条约义务"职能的实际效果则要看国家对条约机构提出的建议、作出的决定的执行程度。

（二）　客观评价正在进行的改革努力

如上文所述，一方面，联合国一直在朝着减少工作重复、加快工作速度的方向努力。个别机构已经开始通过灵活处理报告时间、分组审议等方法来提高工作效率。可以说，这些调整都是在对症下药，但是虽经反复倡导仍迟迟不能成为惯常做法，随着时间的推移，缔约国的报告负担、条约机构的工作负担还是会越积越重。因此，为使条约监督机制能够正常运转起来的这些技术性调整只在有限的范围内起到了零星的积极作用，尚未形成规模效应。

另一方面，近些年联合国开始强调各种制度的后续行动程序，通过跟踪监督来督促缔约国落实条约机构的建议。笔者认为，不应过高估计这一措施的效果，因为这无疑又给已经不堪重负的条约机构增加了一项工作内容，而受制于监督机制的"建议"性质，即便跟踪相劝，也没有强制力保障缔约国一定听从。以提升条约监督机制的实际效果为出发点还提出了五花八门的建议，这些建议的思路，如前文指出的，就是"武装"条约机构。这么做，一是忽略了条约监督机制的性质，二是忘记了由谁来"武装"条约机构。现行机制是缔约国合意授权产生的，缔约国曾承诺自愿接受条约机构的监督，但实际上仍消极懈怠，漠视承诺；如今我们还能指望缔约国以更加严厉的机制来监督自己吗？因此，在对其可行性进行充分论证之前不应该大张旗鼓地推行这种改革路径。

（三）　通过完善国家人权保障制度提升国际人权条约的效力

提高人权条约体系的有效性只靠监督机制独善其身是远远不够的。人权条约体系的主要目的，是通过促进国家履行人权条约规定的义务，使人权在国家一级受到保护，其作用的发挥无不受制于国家配合的程度。评估条约监督机制的有效性要看机制的产出在多大程度上被国家纳入了保护人权的努力当中。既然是这样，我们何不换一种思路，将推动改革的力量用到促进国家人权保障制度的完善上呢？正如海因斯与维尔乔恩教授通过实证研究所证明的："当条约规范或多或少的同时成为国内法的一部分……而不是（通过国家报告、个人申诉、秘密调查程序）作为对规范的执行时"，将产生最大的影响力。①

鉴于人权条约监督机制对国家人权保护的监督仅是一种外部的促进因素，是外因，而它的效果有赖于国家的合作，最终体现为国家人权保护水平的提高，所以，国家人权保障水平的提高对条约机构高效运行将起到决

---

① Heyns & Viljoen, "The Impact of the United Nations Human Rights Treaties on the Domestic Level", 23 *Human Rights Quarterly* 483.

定作用。若从这方面努力，作者认为理顺条约机构与缔约国的关系是前提。上文提到，一方面，许多西方学者坚称将条约监督机制演变为一种具有强制执行力的压制机制；另一方面，许多在国际社会活跃的非政府人权组织以公开披露、批评指责的口吻"羞辱"、"刺激"国家改善人权状况。这些做法，要么得不到多少响应，要么可能诱发矛盾。如果依然承认主权平等是国际法和国际关系的一项基本准则，国与国之间、国际组织与国家之间就应该以对话、合作的方式建立联系。人权条约监督机制与缔约国之间的关系更应如此。作为督促机构，条约机构善意的鞭策当然是必要的，同时应与缔约国平等对话，给予其更多的鼓励和信任；而缔约国则应铭记"条约必须遵守"的准则，以自觉、积极的态度进行合作，明确自身的责任，在提高国内人权保护水平上下工夫。

第三节　完善国家人权保障制度：提高人权水平的内在力量

提高一国的人权保障水平，使国际人权条约在国内得到有效适用，是否存在完善的国家人权保障制度是决定性因素。结合各国适用国际人权条约的现状，国家人权保障制度亟须从以下方面加以完善。

首先，使条约成为国家法律的一部分，并被正式承认为解释基本权利的标准。每个法院都应该有一份用当地语言写成的人权条约文本。法官应该尽可能将判决建立在人权条约的法理，包括条约机构发表的一般性评论的基础上。

其次，鉴于国家报告是国家根据各项联合国人权条约所承担的一项强制性义务，履行国家报告义务对于提升一国的人权保障水平意义重大；又鉴于国家对这一义务的履行状况堪忧，各国有必要建立一套督促国家履行国家报告义务和条约机构的意见的国内机制。这一套机制需要包括相关国家机构、国家人权机构和非政府组织在内的社会各界参与并做出贡献。（1）政府可以建立数据库，实时反映该国履行人权条约义务的信息。（2）所有与条约机构相关的部门应该联合起来，包括政府部门、非政府组织、学术机构以及其他机构，在国家报告的起草等问题上进行合作。

（3）国家报告提交之前应该在立法机关或者政府内被作为一个常规程序进行审议。最好能够对报告进行公开听证。（4）各国建立跨省市、跨部门的人权论坛，来处理关于报告和执行结论性意见的问题。（5）鼓励非政府组织在条约监督机制中发挥积极作用：监督报告程序，提醒政府报告义务，确保报告公开发行，认真准备影子报告，注意条约机构的审查和结论性意见，以条约机构的结论性意见为依据开展活动。（6）国家人权机构应该在联系联合国和国家之间发挥更加突出的作用。它们应该形成自己的后续行动程序，跟踪监督政府对结论性意见和个人申诉程序意见的执行情况。这些信息应该反映在其年度报告中。

再次，国内人权保障水平的提高需要以公民人权意识的提高为基础，唤醒了权利意识才可能走上争取权利的道路。国际社会和国内人权倡导者们应该努力让人权知识变成老百姓特别是政府公职人员的常识。为此，应针对以下目标群体开展广泛的关于人权条约的教育：在小学和初级中学进行国际人权条约教育，包括对教师的教育；法律教育应该成为主要的关注领域，使包括人权条约体系在内的国际人权法成为培训所有法学院学生的必修课，在这方面充分利用国际技术援助与合作，包括到法学院访问、开发示范课程，与教师合作，提供可能的学习资料，支持区域的人权硕士项目等；人权教育还应该面向政府官员、法官和律师、非政府组织、媒体成员。作为宣传教育、提高人权意识的第一步，政府、非政府组织、国际机构应该将人权条约资料翻译成当地的语言，将这些信息通过政府的网站广泛传播。

结　论

　　近年来关于国际人权条约是否在国内得到了有效适用，是否在事实上和法律上对缔约国的法律秩序产生了"影响"或"效果"被抱以越来越多的学术关怀。围绕"人权条约是否让世界变得与从前不同"① 这一问题，出现了乐观派与怀疑派的论争。美国耶鲁大学的哈瑟威（Oona A. Hathaway）教授认为，"批准条约与坏的人权纪录之间的联系并不像人们想象的那样罕见"，② 换言之，"批准条约往往与坏的人权纪录联系在一起"，这是怀疑派的典型观点。而乐观派认为这种观点是以偏概全，一国批准条约时仍然存在人权问题并不能说明什么，③ 关键是随后能在批准条约的促进下采取保障人权的国内措施。

　　本书是对乐观派的再次呼应。虽然国家人权保障制度是保障人权的根本，是实现人权的首要的和主要的保证，但是国家对国际人权条约的广泛的自愿接受也为国际人权条约体系对国家人权保障制度施加影响创造了前提条件。人权条约监督机制通过发挥其准司法性质的监督职能，推动着国家人权保障制度的完善。

　　国家的人权观念在国际人权条约的影响下不断发生改变，普遍人权观

---

① See, Douglass Cassel, "International Human Rights Law in Practice: Does International Human Rights Law Make a Difference?" 2 CHI. J. INT'L L. 121 (2001); Oona A. Hathaway, "Do Human Rights Treaties Make a Difference?" 111 *YALE L. J.* 1935 (2002); Linda Camp Keith, "The United Nations International Covenant on Civil and Political Rights: Does it Make a Difference in Human Rights Behavior?" 36 *J. PEACE RES.* 95 (1999).

② "Treaty ratification is not infrequently associated with worse human rights ratings than otherwise expected." See Oona A. Hathaway, Do Human Rights Treaties Make a Difference? 111 *YALE L. J.* 1935 (2002).

③ See David Weissbrodt, "do human rights treaties make things worse?" in *Yale Law Journal*, Vol. 111, no. 8, June 2002, New Haven.

被越来越多的国家通过宪法中确认权利主体的普遍性和人权内容的普遍性而树立起来。一些国家在宪法中明确规定了国内法接受人权条约的方式。大部分国家赋予人权条约优于国内法律的地位，有些国家甚至将其提高到与宪法等同的地位。人权条约成了解释宪法和法律中的基本权利的依据。许多国家通过在宪法中规定人权条约与国家立法择优适用的原则来表达最大限度地保护人权的意愿。

国家的人权保障制度在国际人权条约的推动下更加完善。经济、社会和文化权利同公民权利和政治权利一体作为基本人权被写入宪法中的基本权利章节或权利法案中。就特定群体的人权保护而言，妇女的人权和儿童的人权在新制定或新修订的宪法中得到了充分重视。一些国家在宪法中规定了公民寻求国际救济的权利，一些国家以法律为国家履行国际人权条约机构的建议和意见疏通了渠道。在国际人权条约规范和机构的指导和指引下，国家修改不适当的法律，制定新的法律。国家司法机构将国际人权条约规范和人权条约机构的意见作为审理案件的依据或参考。政府的人权政策反映着国际人权条约规范和人权机构的要求。国家人权保障制度在国际人权条约促进下的发展显示出国际人权条约已经从规范宣示型制度走向规范实施型制度。

然而，国家人权保障制度的各个方面适用国际人权条约的程度并不相同：宪法基本权利制度对国际人权条约的适用是全面而有效的；国家司法实践对国际人权条约的适用日益频繁但尚不深入；而国家人权行政机关对国际人权条约的适用还是个别的、有限的。

人权条约体系自身的不足和国家人权保障制度运行的内外部环境制约着国家对国际人权条约的充分适用。为充分而有效地发挥国际人权条约体系在国内法律体系中的影响效力，完善国际人权条约体系的机构设置和程序安排固然重要，但是在国家层面完善协调国家履行人权条约义务的机制将起到决定作用。为完善国家人权保障制度，可以首先从确立人权条约在国内法律体系中的地位、建立监督国家履行国际人权条约义务的专门机构以及提高社会各界的人权意识进而培养人权文化等方面入手。

主要参考文献

一 中文著作

（一）书籍

1. 周鲠生：《国际法》（上册），商务印书馆，1981。
2. 〔荷〕亨利·范·马尔赛文、格尔·范·德·唐：《成文宪法的比较研究》，陈云生译，华夏出版社，1987。
3. 姜士林、陈玮主编《世界宪法大全》（上卷），中国广播电视出版社，1989。
4. 庞森：《当代人权 ABC》，四川人民出版社，1991。
5. 许崇德、张正钊主编《人权思想与人权立法》，中国人民大学出版社，1992。
6. 沈宗灵、黄枬森主编《西方人权学说》（下），四川人民出版社，1994。
7. 董云虎、刘武萍主编《世界各国人权约法》，四川人民出版社，1994。
8. 〔英〕詹宁斯、瓦茨修订：《奥本海国际法》（第 1 卷第 1 分册），王铁崖等译，中国大百科全书出版社，1995。
9. 〔美〕托马斯·伯根索尔：《国际人权法概论》，潘维煌、顾世荣译，中国社会科学出版社，1995。
10. 王铁崖主编《国际法》，法律出版社，1995。
11. 刘楠来等主编《人权的普遍性和特殊性》，社会科学文献出版社，1996。
12. 〔美〕路易斯·亨金：《权利的时代》，信春鹰、吴玉章、李林译，知识出版社，1997。
13. 〔美〕路易斯·亨金：《宪政·民主·对外事务》，邓正来译，生活·读书·新知三联书店，1996。
14. 〔英〕R. J. 文森特：《人权与国际关系》，凌迪、黄列、朱晓青译，知识出版社，1998。

15. 朱晓青、黄列主编《国际条约与国内法的关系》，世界知识出版社，2000。

16. 杨成铭：《人权保护区域化尝试——欧洲人权机构的视角》，中国法制出版社，2000。

17. 刘杰：《国际人权体制——历史的逻辑与比较》，上海社会科学出版社，2000。

18. 刘海年主编《〈经济、社会和文化权利国际公约〉研究——中国挪威经社文权利国际公约研讨会文集》，中国法制出版社，2000。

19. 王家福等主编《人权与 21 世纪》，中国法制出版社，2000。

20. 〔瑞典〕格德门德尔·阿尔弗雷德松、〔挪威〕阿斯布佐恩·艾德编《〈世界人权宣言〉：努力实现的共同标准》，中国人权研究会组织翻译，四川人民出版社，2000。

21. 莫纪宏：《现代宪法的逻辑基础》，法律出版社，2001。

22. 〔美〕杰克·唐纳利：《普遍人权的理论与实践》，王浦劬等译，中国社会科学出版社，2001。

23. 〔英〕伊恩·布朗利：《国际公法原理》（第 5 版），曾令良等译，法律出版社，2002。

24. 邵沙平、余敏友主编《国际法问题专论》，武汉大学出版社，2002。

25. 国际人权法教程项目组：《国际人权法教程》（第 1 卷），中国政法大学出版社，2002。

26. 李浩培：《条约法概论》（第 2 版），法律出版社，2003。

27. 朱晓青、柳华文：《〈公民权利和政治权利国际公约〉及其实施机制》，中国社会科学出版社，2003。

28. 朱晓青：《欧洲人权法律保护机制研究》，法律出版社，2003。

29. 赵海峰、卢建平主编《欧洲法通讯》（第 5 辑），法律出版社，2003。

30. 刘杰：《人权与国家主权》，上海人民出版社，2004。

31. 徐显明主编《人权研究》（第四卷），山东人民出版社，2004。

32. 徐显明主编《国际人权法》，中国政法大学出版社，2004。

33. A. 艾德、C. 克洛斯、A. 罗萨斯主编《经济、社会和文化权利教程》（修订第 2 版），四川人民出版社，2004。

34. 李步云主编《人权法学》，高等教育出版社，2005。

35. 朱晓青主编《国际法》，社会科学文献出版社，2005。

36. 莫纪宏：《国际人权公约与中国》，世界知识出版社，2005。

37. 韩大元、莫纪宏主编《外国宪法判例》，中国人民大学出版社，2005。

38. "人的安全网络"组织编写：《人权教育手册》，李保东译，生活·读书·新知三联书店，2005。

39. 〔美〕路易斯·亨金：《国际法：政治与价值》，张乃根等译，中国政法大学出版社，2005。

40. 刘连泰：《〈国际人权宪章〉与我国宪法的比较研究》，法律出版社，2006。

41. 林喆：《公民基本人权法律制度研究》，北京大学出版社，2006。

42. 中国人权研究会编《"人权入宪"与人权法制保障》，团结出版社，2006。

43. 潘灯、单艳芳译：《西班牙宪法典》，中国政法大学出版社，2006。

44. 〔英〕克莱尔·奥维、罗宾·怀特：《欧洲人权法：原则与判例》（第3版），何志鹏、孙璐译，北京大学出版社，2006。

45. 谷盛开：《国际人权法：美洲区域的理论与实践》，山东人民出版社，2007。

46. 蔡高强等：《人权国际保护与国内实践》，法律出版社，2007。

47. 胡建淼主编《世界宪法法院制度研究》，浙江大学出版社，2007。

48. 谭世贵主编《国际人权公约与中国法制建设》，武汉大学出版社，2007。

49. 莫纪宏主编《人权保障法与中国》，法律出版社，2008。

50. 莫纪宏等：《人权法的新发展》，中国社会科学出版社，2008。

51. 莫纪宏等：《宪法学的新发展》，中国社会科学出版社，2008。

52. 莫纪宏：《宪法学原理》，中国社会科学出版社，2008。

53. 〔奥〕曼弗雷德·诺瓦克：《〈公民权利和政治权利国际公约〉评注》（修订第2版），孙世彦、毕小青译，生活、读书、新知三联书店，2008。

54. 王孔祥：《国际人权法视野下的人权教育》，时事出版社，2008。

55. 万鄂湘主编《国际法与国内法关系研究》，北京大学出版社，2011。

56. 《世界各国宪法》编译委员会编译《世界各国宪法》，中国检察出版社，2012。

（二）文章

1. 吴大英、刘瀚：《对人权要做历史的具体的分析》，《法学研究》1979 年第 4 期。

2. 谷春德、吕世伦、刘新：《论人治和法治》，《法学研究》1979 年第 5 期。

3. 徐显明：《人权主体之争引出的几个理论问题》，《中国法学》1992 年第 5 期。

4. 李步云、王修经：《人权的国际保护与国家主权》，《法学研究》1995 年第 4 期。

5. 万鄂湘、陈建德：《论国际人权条约的准司法监督机制》，《武汉大学学报》（哲学社会科学版）1997 年第 6 期。

6. 韩延龙：《中国法律对人权的保护》，载王家福主编《人权基本理论》，中国社会科学院法学研究所、中国社会科学院人权研究中心 1997 年版。

7. 徐显明：《对人权的普遍性与人权文化之解析》，《法学评论》1999 年第 6 期。

8. 杨成铭：《简评区域性人权机构与世界人权机构的关系》，《法学评论》1999 年第 4 期。

9. 吴慧：《国际条约在我国国内法上的地位及与国内法冲突的预防和解决》，《国际关系学院学报》2000 年第 2 期。

10. 陈寒枫、周卫国、蒋豪：《国际条约与国内法的关系及中国的实践》，《政法论坛》2000 年第 2 期。

11. 杨泽伟：《人道主义干涉在国际法中的地位》，《法学研究》2000 年第 4 期。

12. 莫纪宏：《论人权的司法救济》，《法商研究》2000 年第 5 期。

13. 徐贲：《秩序和道义：哈贝马斯的国际人权观》，《二十一世纪》2000 年 4 月号总第 58 期。

14. 谷盛开：《西方国家的世界新秩序论评析——关于“新干涉主义”的法律和政治思考》，《中国人民大学学报》2000 年第 5 期。

15. 李龙、汪习根：《国际法与国内法关系的法理学思考——兼论亚洲国家关于这一问题的观点》，《现代法学》2001 年第 1 期。

16. 孙世彦：《论国际人权法下国家的义务》，《法学评论》2001 年第 2 期。

17. 张秀三：《论人道主义干涉及其实质》，《东南亚研究》2001 年第 3 期。

18. 莫纪宏：《论国际法与国内法关系的新动向》，《世界经济与政治》2001年第4期。

19. 时弘毅、沈志雄：《论人道主义干涉及其严格限制——一种侧重于论理和法理的阐析》，《现代国际关系》2001年第8期。

20. 彭锡华：《国际人权条约实施的国际监督制度》，《西南民族学院学报》（哲学社会科学版）2001年第10期。

21. 齐延平：《论普遍人权》，《法学评论》2002年第3期。

22. 伍艳：《浅议人道主义干预的立法规制》，《现代国际关系》2002年第10期。

23. 谷盛开：《西方人道主义干预理论批判与选择》，《现代国际关系》2002年第6期。

24. 欧阳强：《国家主权是国际法与国内法关系的基本因素——兼论国际法与国内法的关系》，《湖南省政法管理干部学院学报》2002年第S2期。

25. 慕亚平、冼一帆：《WTO协议在我国国内适用的问题》，《暨南学报（哲学社会科学版）》2003年第1期。

26. 贺鉴：《论区域性人权保护与人权的国际保护》，《世界经济与政治》2003年第4期。

27. 张兴平：《论国际法与国内法的关系——以国际政治为视角》，《甘肃社会科学》2003年第5期。

28. 蔡高强：《论全球化进程中国际法与国内法的关系》，湘潭大学2003年硕士学位论文。

29. 何志鹏：《人权国际化基本理论研究》，吉林大学2004年博士学位论文。

30. 莫纪宏、李岩：《人权概念的制度分析》，《法学杂志》2005年第1期。

31. 车丕照：《论条约在我国的适用》，《法学杂志》2005年第3期。

32. 周桂银：《奥斯威辛、战争责任和国际关系伦理》，《世界经济与政治》2005年第9期。

33. 迟德强：《人道主义的合法性辨析》，《理论月刊》2006年第4期。

34. 罗国强：《"人道主义干涉"的国际法理论及其新发展》，《法学》2006年第11期。

35. 李杰豪、龚新连：《"保护的责任"法理基础析论》，《湖南科技大学学报（社会科学版）》2007年第5期。

36. 李步云、杨松才：《论人权的普遍性和特殊性》，《环球法律评论》2007年第 6 期。

37. 张立伟：《人权的普遍性与特殊性析论》，《西部法学评论》2008 年第 3 期。

38. 王蔚：《权力制衡与宪政转型——以法国最新宪改为指向》，2008 年 10 月四川成都宪法学年会论文。

39. 刘松山：《人民法院的审判依据为什么不能是宪法——兼论我国宪法适用的特点和前景》，《法学》2009 年第 2 期。

二　外文著作

（一）书籍

1. United Nations, *Yearbook of the United Nations*, （1946 - 1947）, （1947 - 1948）.

2. Osita C. EZE, *Human Rights in Africa: Some Selected Problems*, Macmillan Nigeria Publishers Ltd, 1985.

3. R. Bernhardt（ed）, *Encyclopedia of Public International Law*, Vol. 10, Elsevier Science Publishers B. V. 1987.

4. Mark W. Janis, Richard S. Kay, *European Human Rights Law*, Connecticut, 1990.

5. Scott Davidson, *The Inter-American Human Rights System*, Dartmouth, 1997.

6. HR/PUB/91/1（Rev. 1）, *Manual on Human Rights Reporting*, United Nations Publication, 1997.

7. Yuji Iwasawa, *International Law, Human Rights, and Japanese Law*, Clarendon Press, 1998.

8. Philip Alston & James Crawford,（eds.）*The Future of UN Human Rights Treaty Monitoring*, Cambridge University Press, 2000.

9. Vincent O. Orlu Nmehielle, *The African Human Rights System: Its Laws, Practice, and Institutions*, Martinus Nijhoff Publishers, 2001.

10. Gudmundur Alfredsson, Jonas Grimhcdcn, Bertram G. Ramcharan and Alfred de Zayas, *International Human Rights Monitoring Mechanisms*, Martinus Nijhoff Publishers, 2001.

11. David Barnhizer, (ed.) Effective Strategies for Protecting Human Rights: Economic Sanctions, Use of National Courts and Internationaiybra and Coercive Power, Dartmouth Publishing Company, 2001.

12. Lori Damrosch, Louis Henkin, Richard Rugh, Oscar Schachter, Hans Smit, *International Law: Cases and Materials*, (Fourth edition), West group, 2001.

13. Christof Heyns & Frans Viljoen, *the Impact of the United Nations Human Rights Treaties on the Domestic Level*, Kluwer Law International, 2002.

14. Nihal Jayawickrama, *The Judicial Application of Human Rights Law: National, Regional and International Jurisprudence*, Cambridge University Press, 2002.

15. Manfred Nowak, *Introduction to the International Human Rights Regime*, Martinus Nijhoff Publishers, 2003.

16. Jo M. Pasqualucci, *The Practice and Procedure of the Inter-American Court of Human Rights*, Cambridge University Press, 2003.

17. Janusz Symonides, (eds.) *Human Rights: International Protection, Monitoring, Enforcement*, Ashagate UNESCO Publishing, 2003.

18. Christof Heyns, (ed.) *Human Rights Law in Africa* (Vol. 1 & Vol. 2), Martinus Nijhoff Publishers, 2004.

19. Duncan B. Hollis, Merritt R. Blakeslee, Benjamin Ederington, *National Treaty Law and Practice*, Martinus Nijhoff, 2005.

20. Brian Burdekin & Jason Naum, *National Human Rights Institutions in the Asia-Pacific Region*, Martinus Nijhoff Publishers, 2007.

21. Bryan A. Garner, (eds.) *Black's Law Dictionary*, eighth edition, West, Thomson, 2nd reprinted, 2007.

22. Helen Keller & Alec Stone Sweet, (eds.) *A Europe of Rights: The Impact of the ECHR on Domestic Legal Systems*, Oxford, 2008.

（二）文章

1. Jack Donnelly, "International human rights: a regime analysis", in *International Organization*, Summer 1986.

2. B. G. Ramcharan, "Vie Travaux Preparatoires of the African Commission on Human Rights", in *Human Rights Journal*, Vol. 13, 1992.

3. Martha I. Morgan, "Taking Machismo to Court: the Gender Jurisprudence of

the Colombian Constitutional Court", 30 *U. Miami Inter-Am. L. Rev.* , 1999.

4. Constitution Watch, "A Country-by-country update on Constitutional Politics in Eastern Europe and the Ex-USSR", 8 *E. Eur. Const. Rev.* , 1999.

5. Linda Camp Keith, "The United Nations International Covenant on Civil and Political Rights: Does it Make a Difference in Human Rights Behavior?" 36 *J. PEACE RES.* 95, 1999.

6. Lori Damrosch, "The inevitability of selective response? Principles to guide urgent international action", in *Kosovo and the Challenge of Humanitarian Intervention*, New York, 2000.

7. Anne Gallagher, "Making Human Rights Treaty Obligations a Reality: working with new actors and partners", in Philip Alston & James Crawford, (eds.) *The Future of UN Human Rights Treaty Monitoring*, Cambridge University Press, 2000.

8. Christof Heyns, "The African Regional human rights system: in need of reform?" in *African human rights law journal*, vol. 1, no. 2, 2001.

9. Douglass Cassel, "International Human Rights Law in Practice: Does International Human Rights Law Make a Difference?" 2 *CHI. J. INT'L L.* 121, 2001.

10. Heyns & Viljoen, "The Impact of the United Nations Human Rights Treaties on the Domestic Level", 23 *Human Rights Quarterly* 483, 2001.

11. Oona A. Hathaway, "Do Human Rights Treaties Make a Difference?" 111 *YALE L. J.* 1935, 2002.

12. David Weissbrodt: "do human rights treaties make things worse?" in *Yale Law Journal*, vol. 111, no. 8, June 2002.

13. Rachel Murray, "a comparison between the African and European courts of human rights", in *African human rights law journal*, vol. 2 no. 2, 2002.

14. Konstantin Korkelia: "New challenges to the regime of reservations under the international covenant on civil and political rights", in *European Journal of International Law*, vol. 13. No. 2, 2002.

15. Christof Heyns, Wolfgang Strasser and David Padilla, "A schematic comparison of regional human rights systems", in *African Human Rights Law Journal*, Vol. 3 No. 1, 2003.

16. Jean-Bernard Marie, "National Systems for the protection of human rights", in Janusz Symonides, (eds.) *Human Rights: International Protection, Monitoring, Enforcement*, Ashagate UNESCO Publishing, 2003.

17. Michael Kirby, "Indicators for the Implementation of Human Rights", in Janusz Symonides, (eds.) Human Rights: *International Protection, Monitoring, Enforcement*, Ashagate UNESCO Publishing, 2003.

18. Rett R. Ludwikowski, "Constitutionalization of Human Rights in Post-Soviet States and Latin America: A comparative Analysis", 33 *Ga. J. Int'l & Comp. L.*, 2004.

19. Nsongurua J Udombana, "Interpreting rights globally: courts and constitutional rights in emerging democracies", in *African human rights law journal*, vol. 5 no. 1, 2005.

20. Christof Heyns, David Padilla and Leo Zwaak, "A schematic comparison of regional human rights systems: An update", in *African human rights law journal*, vol. 5 no. 2, 2005.

21. Martin Scheinin, "The Proposal Optional Protocol to the Covenant on Economic, Social and Cultural Rights: a Blueprint for UN Human Rights Treaty Body Reform—without Amending the existing Treaties", 6 *Hum. Rts. L. Rev.* 131, 2006.

22. John C. Mubangizi, "some reflections on recent and current trends in the promotion and protection of human rights in Africa: the pains and the gains", in *African Human Rights Law Journal*, vol. 6 no. 1, 2006.

23. Francoise J. Hampson, "An Overview of the Reform of the UN Human Rights Machinery", 7 *Hum Rts. L. Rev.* 7, 2007.

24. Michael O'Flaherty & Claire O'Brien, "Reform of the UN Human Rights Treaty Monitoring Bodies: A ceitique of the Concept paper on the High Commissioner's Proposal for a Unified Standing Treaty Body", 7 *Hum. Rts. L. Rew.* 141, 2007.

25. Rachael Lorna Johnstone, "Cynical Savings or Reasonable Reform? Reflections on a Single Unified UN Human Rights Treaty Body", 7 *Hum Rts. L. Rev.* 173, 2007.

26. Michael Bowman, "Towards a Unified Treaty Body for Monitoring Compliance

with UN Human Rights Conventions? Legal Mechanisms for Treaty Reform", 7 *Hum Rts. L. Rev.* 225, 2007.

27. Manfred Nowak, "The Need for a World Court of Human Rights", 7 *Hum Rts. L. Rev.* 251, 2007.

28. Frans Viljoen and Lirette Louw, "State Compliance with the Recommendations of the African Commission on Human and Peoples' Rights, 1994 – 2004", 101 *AM. J. Int'l L.* 1, 2007.

索　引

二　案例

阿根廷

爱尔兰

澳大利亚

奥地利

比利时

秘鲁

波兰

玻利维亚

博茨瓦纳

厄瓜多尔

三　基本概念

后　记

自学习国际人权法以来，"国际人权条约的国内适用"一直是我关注的问题。本书在我博士论文的基础上，几易其稿，终于成书，算是对前一阶段学习和研究的一个小结。

本书即将付梓，心情却异常忐忑。一是深知书中多有纰漏，囿于精力和能力，只能留待以后的学习和研究中继续补足。二是自知即将面世的作品尚不足以回报所有培养、关爱、帮助我的人对我的期望。此处谨表由衷的谢意！

首先要感谢我的恩师，中国社会科学院法学研究所的莫纪宏研究员。莫老师学识广博，著述颇巨，却仍不知疲倦、孜孜以求，从未有一丝懈怠。他为人谦和，真心爱护后学。在我博士学习期间，老师不仅在学业上给我悉心指导，而且在生活中给我无微不至的关心。我工作以后，老师仍关注我的成长，时时鼓励，促我前进。老师的人品和学品让我敬仰，值得我终身学习。

同时要感谢我的另一位恩师，我的硕士学位导师，中国社会科学院国际法研究所的朱晓青研究员。朱老师引领我走入国际法学的殿堂，并带领我开启人权法学研究之门。从我考入中国社会科学院研究生院学习，到后来留所从事研究工作，朱老师一直如慈母般给予我关爱。在我学习、工作、生活中每有疑问时，朱老师都帮我分析，给我指导，让我拨开云雾，继续前行。

感谢我所在的单位——中国社会科学院国际法研究所，以及各位所领导对年轻学子的关怀。各位领导设身处地，为青年学者的成长创造尽可能良好的环境。在我工作的短短几年中，承蒙各位领导、老师的信任和抬爱，让我有机会赴美国哥伦比亚大学进行访问研究，并有机会与国际、国内的同行交流，有机会获取丰富的资料和前沿信息，扩大学术视野，攀登学术高峰。

感谢中国社会科学院国际法研究所的刘楠来研究员、王可菊研究员、陶正华研究员、沈涓研究员、赵建文研究员、孙世彦研究员和柳华文研究员。他们不仅在学业上给我指导，而且在事业和生活上给我无私的帮助。他们的时时提携，助我学习和研究不断进步。

感谢我的家人，对我学业和事业的支持，以及为此付出的艰辛。最要感谢我的父母，每当我疲于坚持时，他们总会站在我身边，给我救援。父母永远是我最坚实的后盾。

最后，要特别感谢社会科学文献出版社的刘骁军女士，以及各位编辑同仁，正是他们的热情相助和辛苦努力，才促成了本书的顺利出版。

戴瑞君

2013 年 7 月于北京

图书在版编目（CIP）数据

国际人权条约的国内适用研究：全球视野/戴瑞君著.
— 北京：社会科学文献出版社，2013.10
（国际法论丛）
ISBN 978 - 7 - 5097 - 5143 - 5

Ⅰ.①国…　Ⅱ.①戴…　Ⅲ.①人权 - 国际条约 - 法律
适用 - 研究 - 中国　Ⅳ.①D815.7②D920.4

中国版本图书馆 CIP 数据核字（2013）第 234893 号

·国际法论丛·
国际人权条约的国内适用研究：全球视野

著　　者／戴瑞君

出 版 人／谢寿光
出 版 者／社会科学文献出版社
地　　址／北京市西城区北三环中路甲 29 号院 3 号楼华龙大厦
邮政编码／100029

责任部门／社会政法分社　（010）59367156　　责任编辑／赵建波
电子信箱／shekebu@ ssap. cn　　　　　　　　责任校对／李佳佳
项目统筹／刘骁军　　　　　　　　　　　　　责任印制／岳　阳
经　　销／社会科学文献出版社市场营销中心　（010）59367081　59367089
读者服务／读者服务中心　（010）59367028

印　　装／北京季蜂印刷有限公司
开　　本／787mm×1092mm　1/16　　　　印　　张／22.75
版　　次／2013 年 10 月第 1 版　　　　　　字　　数／374 千字
印　　次／2013 年 10 月第 1 次印刷
书　　号／ISBN 978 - 7 - 5097 - 5143 - 5
定　　价／69.00 元